国家出版基金项目
NATIONAL PUBLICATION FOUNDATION
国家出版基金项目
“十四五”时期国家重点出版物出版专项规划项目

高速铁路基础研究与技术创新丛书

工程施工与组织系列

高速铁路桥梁 BIM 技术研究与实践

本丛书编委会　总主编
盛黎明　苏　伟　刘延宏　宋树峰　编　著
杜彦良　主　审

中国铁道出版社有限公司
2022年·北　京

内容简介

本书为“高速铁路基础研究与技术创新丛书”之分册。我国高速铁路桥梁BIM技术理论和方法研究在世界处于领先水平。本书构建了高速铁路桥梁BIM技术理论体系，基于京雄城际铁路、京张高铁等多个高速铁路项目，从勘察、设计、施工、运维等四个层面对我国桥梁BIM技术工程应用进行了前沿性的实证研究和案例分析，凝练了我国高速铁路桥梁BIM技术多年来的经验和成果，具有较高的学术价值。

本书适合铁路桥梁工程、交通工程、计算机与信息技术工程等专业领域科研、设计、施工、养护维修人员参考，也可作为高校桥梁工程专业研究生和本科生学习参考用书。

图书在版编目(CIP)数据

高速铁路桥梁BIM技术研究与实践/盛黎明等编著．—北京：中国铁道出版社有限公司，2022.4
(高速铁路基础研究与技术创新丛书．工程施工与组织系列)
“十四五”时期国家重点出版物出版专项规划项目
ISBN 978-7-113-28938-6

Ⅰ．①高…　Ⅱ．①盛…　Ⅲ．①高速铁路-铁路桥-桥梁设计-计算机辅助设计-应用软件-研究　Ⅳ．①U448.13-39

中国版本图书馆CIP数据核字(2022)第037557号

书　　名：**高速铁路桥梁BIM技术研究与实践**
作　　者：盛黎明　苏　伟　刘延宏　宋树峰

策　　划：刘　霞
责任编辑：刘　霞　　**编辑部电话**：(010)51873405　　**电子邮箱**：604105550@qq.com
封面设计：高博越　刘　莎　　**丛书标识设计**：崔丽芳
责任校对：孙　玫
责任印制：高春晓

出版发行：中国铁道出版社有限公司(100054，北京市西城区右安门西街8号)
网　　址：http://www.tdpress.com
印　　刷：北京联兴盛业印刷股份有限公司
版　　次：2022年4月第1版　2022年4月第1次印刷
开　　本：787 mm×1 092 mm　1/16　**印张**：21.5　**字数**：433千
书　　号：ISBN 978-7-113-28938-6
定　　价：138.00元

高速铁路基础研究与技术创新丛书

编　辑　组

序

我国高速铁路起步晚、发展快、后劲足，经过几代人的不懈努力，通过原始创新、集成创新、引进消化吸收再创新，成功地走出了一条符合中国国情路情、具有中国特色的自主创新之路。我国已系统掌握各种复杂地质和气候条件下高速铁路建造成套技术；在工务工程、列车运行控制、牵引供电、动车组等高速铁路核心技术方面实现自主化；形成了复杂路网条件下处理跨线运行的运营管理成套技术，构建了人防、物防、技防三位一体的主动安全保障机制。我国已成为全球高速铁路运营里程最长、在建规模最大、运营速度最快、技术体系最全、运营和管理经验最丰富的国家。我国高速铁路技术已走在世界前列，成为推动世界高速铁路发展的重要力量。

为贯彻落实中共中央、国务院《交通强国建设纲要》，推进国铁集团《新时代交通强国铁路先行规划纲要》的落地，系统总结、梳理我国高速铁路各领域前沿理论和技术，向我国乃至世界高速铁路科研工作者和工程技术人员提供一套前沿性的参考书，中国国家铁路集团有限公司铁道出版社公司特组织编著出版“高速铁路基础研究与技术创新丛书”。

丛书以习近平新时代中国特色社会主义思想为指导，以国家自然科学基金课题、国家基金委-国铁集团高铁联合基金课题、国家“973”课题、国家重点研发计划课题等科研成果为支撑，从高速铁路前沿研究、补短板技术、核心技术、技术发展趋势等方向组织选题，涵盖动车组、供电、通信与信号、列控与检测、工程勘察与设计、智能建造、运营与管理、现代信息技术、安全和维护等领域，规模为100册，是全面系统论述我国高速铁路基础研究与技术创新成就的大型系列原创性科技著作。

丛书力求突出制高点、原创性、权威性、全覆盖特色。丛书各册内容以作者团队长期从事高速铁路科学研究的成果为依托，多数成果居于国内领先水平甚至世界先进水平，多种成果荣获国家科学技术奖一等奖、二等奖，国家技术发明奖一等奖、二等奖，茅以升科学技术奖，詹天佑铁道科学技术奖，铁道科技进步奖等奖项，丛书内容体现了我国当今最新、最前沿以及展现未来发展趋势的高速铁路相关研究成果和应用技术。丛书包括动车组、供电、工程施工与组织等十个系列，基本实现高速铁路各领域全覆盖。

丛书由编委会总负责。编委会阵容强大，认真负责。编委会各成员都是长期从事我国高速铁路科研、技术、生产和管理的一流专家学者，是所从事领域的翘楚，其中包括高速铁路及其相关领域的四位院士。编委会多次开会商讨丛书的体系、内容特色、作者条件及质量保障机制；分工负责，精心审订和修改各册编写提纲；多次遴选选题，先从150多个选题意向中遴选出100个选题，后又剔除了内容特色不太鲜明的8个选题，还对10多个选题提出了较大的改进意见，补充了8个关键技术和弥补技术空白的选题；最后邀请专人对各册内容进行审定，从而保证了各册内容的正确性和先进性。

2021年年底，国家新闻出版署经过严格评审，"高速铁路基础研究与技术创新丛书"(100册)成功入选"'十四五'时期国家重点出版物出版专项规划——重大出版工程"。这是对本丛书项目的认可，也是对编委会、作者和编辑等人员前期工作的认可，更是一种鞭策。我们相信，本丛书的出版，将助力于《交通强国建设纲要》的贯彻落实，推动我国乃至世界高速铁路事业的发展，也将为铁路领域的科研工作者、工程技术人员、管理人员，以及高校相关专业师生提供一套高水平、原创性、权威性、全覆盖的大型高铁科技精品著作。

中国工程院院士

"高速铁路基础研究与技术创新丛书"编委会主任 

2022年2月

助力我国高速铁路高质量发展

——为《高速铁路桥梁 BIM 技术研究与实践》序

铁路是国民经济大动脉、关键基础设施，是综合交通运输体系的骨干和主要交通方式之一，在我国经济社会发展中的作用至关重要。高速铁路是世界铁路现代化的主要标志之一，代表了当今世界铁路科技创新的最高成就。2004 年以来，按照党中央、国务院关于加快铁路发展的决策部署，我国铁路大力推进高速铁路建设，取得了举世瞩目的成就，高速铁路网规模稳步增长，技术水平及信息化程度不断提升。我国已成为世界上高速铁路发展最快、规模最大的国家，高速铁路总体技术水平进入了世界先进行列。

为贯彻落实党的“十九大”精神和“制造强国”“交通强国”战略，中国国家铁路集团有限公司对标交通强国、铁路先行的使命要求，瞄准世界科技前沿，进一步提升自主创新能力，研究确立了适应中国铁路特点的智能化发展战略，确立了涵盖智能建造、智能装备、智能运维三大领域的智能高铁技术体系框架，依托京张高铁、京雄城际铁路开展智能铁路建设实践。近年来，在高速铁路桥梁领域，以 BIM 技术为代表的新一代信息通信技术与桥梁建造技术融合日益深入。通过多年探索与实践，攻克了桥梁工程多维数字建模与仿真技术，全面提升桥梁设计效率和质量；构建了基于工程物联网的数字化构件加工、数字化施工和基于 BIM 的装配式桥梁技术体系，大幅度提高了桥梁构件加工和安装精度，提升了施工效率和效益；构建了桥梁勘察、设计、施工和运维全生命周期管理体系，系统提升了桥梁养护维修管理水平和桥梁使用寿命。2019 年底，智能京张、智能京雄的投产运营标志着我国高速铁路建设水平进入了智能建造新发展阶段。

《高速铁路桥梁 BIM 技术研究与实践》一书由我国铁路行业多家领军设计、施工、建设单位共同编著，他们既具有国内领先的高速铁路桥梁 BIM 研究水平，又具有京张高铁等多个重大项目 BIM 技术实践经验。书中基于京雄城际铁路、京张高铁等多个 BIM 应用实践项目，全面探讨了数字化设计、数字化施工和智能化运维等关键技术及应用，从勘察、设计、施工、运维等角度，系统论述和总结了近年来我国在高铁桥梁工程 BIM 技术理论创新、标准研究、软件开发、应用实践；既有理论体系构建，也有关键技术解析，还有具体应用分析，是我国高速铁路桥梁 BIM 技术探索、研究、实践历程的真实展示和经验总结，是广大铁路 BIM 技术研究人员宝贵的智力成果，是一部非常实用的高速铁路桥梁 BIM 技术研究著作。它的出版对推动高速铁路数字建造理论与技术研究和应用，进一步深化信息技术与工程建造的深度融合，推动我国高速铁路桥梁建造高质量发展具有重要的参考价值。

衷心希望广大铁路科技工作者和铁路建设者充分把握新时代的发展趋势，抓住新一代信息技术、互联网创新发展与新工业革命处于历史交汇期的战略机遇，在交通强国建设中当好先行，依靠科技进步和技术创新，推进我国高速铁路建设从要素驱动向创新驱动转变，由规模速度型向质量效益型转变，不断提升铁路建造智能化水平，推动新时代铁路事业高质量发展。

是为序。

中国工程院院士 杜彦良
2022 年 1 月

前　　言

本书为“高速铁路基础研究与技术创新丛书”之分册。按丛书规划要求，力图体现高速铁路桥梁BIM技术研究与实践的制高点、前沿性、原创性等特点。

随着新基建、数字经济等国家战略的提出，以及BIM、5G、IoT等新技术的迅速兴起，基础设施领域正在发生以数字产业化和产业数字化为特征的“数字革命”，这为铁路工程勘察设计和施工建造的全过程数字化、智能化转型带来了新机遇，同时也提出了新挑战。BIM作为基础设施领域“数字革命”公认的核心技术和抓手，也被中国国家铁路集团有限公司进一步确定为铁路工程建设信息化主要技术发展方向。目前，在以设计、施工、运维为代表的铁路全生命周期领域，铁路工程建设管理平台及BIM等信息化技术已得到了广泛应用。经过多年发展，改变了铁路建设项目各参与方的交互方式，实现了提升工程设计水平、提高工程建设效率、降低工程建设成本、保障工程建设安全、提升建设项目质量的多个目标，助推我国高速铁路不断创新发展。

从国内外研究现状来看，研究数字化建模、图形引擎、三维仿真等BIM技术的文献较多，但高速铁路BIM技术研究和实践的相关文献较少，尤其在高速铁路桥梁工程领域更是非常稀缺。本书基于高速铁路桥梁工程BIM理论和铁路信息化技术，对我国高速铁路桥梁工程BIM技术进行分析，系统论述了铁路BIM标准体系建设、基于BIM技术的高速铁路桥梁勘察设计技术研究、高速铁路桥梁BIM技术应用与工程实践等；以京张高铁、京雄城际铁路、福厦高铁等为代表的多项高速铁路桥梁BIM技术工程应用为依托，进行了前沿性的实证研究和案例分析，凝练了我国高速铁路桥梁BIM技术多年来的经验和成果，代表着我国目前高速铁路桥梁BIM技术应用水平。在技术创新方面，本书专门针对高速铁路桥梁工程BIM技术开展标准体系、设计方法、工程应用实践进行全方位介绍，在一定程度上是对高速铁路桥梁

BIM 技术研究空白的弥补，也是对我国高速铁路桥梁数字化体系未来发展的深入探讨。

本书得到中国铁路设计集团有限公司、中国铁路 BIM 联盟，铁一、二、四院，中铁大桥院、中铁设计、中铁建大桥局等行业领军单位的大力支持，由盛黎明、苏伟、刘延宏、宋树峰编著，由中国工程院院士杜彦良主审。其他编著人员有：王江、白鸿国、李艳（第 1 章）；刘思明、冯沛、杨绪坤、索宁、苏林、张少朋、刘洪占（第 2 章）；齐成龙、徐学斌、陈昊、周清华、邓江涛、余兴胜、苗永抗、禚一、陈浩然、马润平、苏传海、刘杰、张钧达、宋浩（第 3 章）；董凤翔、黄武、付海清、李俊松、张忠良、韩广晖、罗天靖、刘凯、吴长发、陈泽、赵月悦、黄卫、段鉉、王殿伟、刘彦明、崔鸣、李宗建、朱肖（第 4 章）；齐成龙、刘思明等参与了本书统稿工作。

本书的出版得到铁路和轨道交通领域有关院士、专家、学者的关心和支持。限于编著者的技术水平和工作视角，书中难免有不足之处，敬请读者不吝指正。

编著者

2022 年 1 月

目　　录

第1章 绪　论

1.1 BIM技术概述

BIM概念源于1975年查克·伊士曼教授借鉴制造业产品信息模型提出的“Building Description System”概念，应用计算机对建筑物进行智能模拟。20世纪70年代末至80年代初，英国也在进行类似BIM的研究与开发工作，当时欧洲习惯称之为“产品信息模型(product information model)”，而美国通常称之为“建筑产品信息模型(building product model)”。1986年罗伯特·艾什(Robert Aish)发表的一篇论文中第一次使用“building information modeling”一词，在这篇论文中描述了今天我们所了解的BIM论点和实施的相关技术，并应用RUCAPS建筑模型系统分析了一个案例来表达他的概念。

从此BIM从一种理论思想变成了用来解决实际问题的工具和方法。21世纪以后，计算机软硬件水平的迅速发展以及对建筑全生命周期的深入理解，推动了BIM技术的不断前进。

如图1-1所示，21世纪前的BIM研究由于受到计算机硬件与软件水平的限制，仅能作为学术研究的对象，很难在工程实际应用中发挥作用。到2002年，美国Autodesk公司发表一本BIM白皮书并推出自己的BIM软件产品，此后全球另外两个大软件开发商Bentley、Graphisoft也相继推出了自己的BIM软件产品，才使得BIM逐渐被大家了解。一年之后，美国联邦总务署(GSA，成立于1949年)发起了3D-4D-BIM计划，要求到2007年，所有GSA项目全面BIM化。BIM开始在美国快速发展。2006年，CSI(Construction Specifications Institute)编制完成AEC万用标准OmniClass。2007年，美国建筑科学学院NIBS推出酝酿已久的集大成者BIM标准——NBIMS，日后被各国效仿。2013年，美国建筑科学学院NIBS发布BIM指南，并且最近几年还在一直更新。美国国家BIM标准(NBIMS)对BIM做了如下定义：

A BIM is a digital representation of physical and functional characteristics of a facility. As such it serves as a shared knowledge resource for information about a facility forming a reliable basis for decisions during its lifecycle from inception onward.

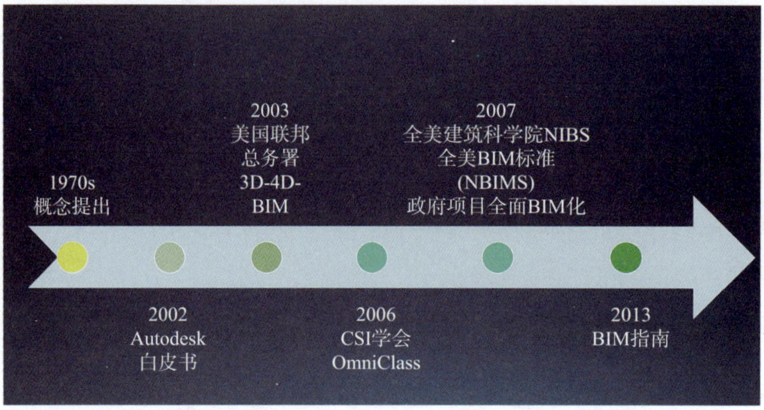

图 1-1　美国 BIM 技术发展历程

BIM 是设施物理和功能特性的数字化表达，作为一个设施信息的共享知识资源，为设施全生命周期决策提供可靠依据。与大多数国家相比，英国政府要求强制使用 BIM。如图 1-2所示，2011 年 5 月，英国内阁办公室发布了《政府建设战略》(*Government Construction Strategy*)文件，其中，有整个章节是关于建筑信息模型(BIM)，明确要求到 2016 年，政府要求全面协同 3D-BIM，并将全部文件信息化管理。伦敦聚集了众多全球领先的设计企业总部，如 Foster and Partners、Zaha Hadid Architects、BDP 和 Arup Sports，也是很多领先设计企业的欧洲总部，如 HOK、SOM 和 Gensler，使得英国在全球 BIM 技术实施落地方面起到举足轻重的作用。在此背景下，英国政府发布的强制使用 BIM 的文件得到了有效执行，并通过其国际影响力，为全球 AEC 行业技术进步发挥了重要作用。

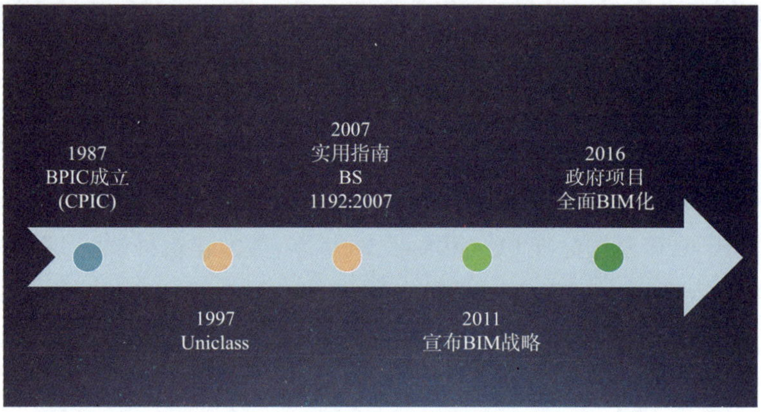

图 1-2　英国 BIM 技术发展历程

1.2 桥梁BIM技术发展现状

1.2.1 国外BIM技术发展现状

BIM起源于美国建筑业，并逐渐扩展到欧洲、日韩等发达国家和地区。各国积极推广BIM技术在工程领域的研发、应用。

美国BIM研究与应用走在世界前列。根据相关调查，美国工程建设行业采用BIM的比例从2007年的28%增长至2013年的70%。美国建筑业300强企业中80%以上都应用了BIM技术。

2012年6月，澳大利亚的BulidingSMART组织发布了一份《国家BIM行动方案》(*National Building Information Modelling Intiative*)。该方案建议，从2016年7月1日起，所有澳大利亚政府的建筑采购应使用基于开放标准的全三维协同BIM进行信息交换。

日本是亚太地区较早使用BIM的国家之一，并且在政府层面做了很多的探索和研究。2014年3月，日本国土交通省(MLIT, Minisrty of Land, Infrastructure, Transpo and Tourism)发布了BIM应用方针和标准，明确了BIM建模和应用的相关事项和内容，制定了模型的精度标准。

2017年5月，俄罗斯政府建筑合同开始增加包含应用BIM技术的条款要求。到2019年，俄罗斯要求政府工程中参建方都要使用BIM技术。

新加坡2011年由建筑管理署发布了新加坡BIM发展路线规划，规划明确推动整个建筑业在2015年前广泛使用BIM技术。从2013年起，强制要求提交建筑BIM模型，从2014年起要求提交结构与机电模型，并且最终要求在2015年前实现所有建筑面积大于5 000 m^2的项目都必须提交BIM模型。

从应用领域上看，国外已经将BIM技术应用在建筑工程设计、施工、运维阶段，相应的应用软件也日趋成熟，其应用价值和应用潜力都得到了验证。

1. 设计阶段

包含嵌入式钢筋的已建基础设施竣工成果三维BIM逆向建模是设计领域广泛研究的课题。由于扫描过程中需要定位钢筋，因此，该过程实践需要很高的手动参与度，同时，也存在逆向建模成果与当前主流BIM设计软件不兼容的问题。为了填补现有的空白，RASHIDI A提出一种高度集成的方法，利用探地雷达(GPR)检测在役建筑物中的钢筋，并将从GPR数据中提取的钢筋自动转换为BIM模型。利用剪切波变换和最大强度和深度参数之间的逆相关特性，通过探地雷达数据对钢筋进行定位。为了将局部钢筋映射到BIM中相应的建筑构件中，基于由多个现场数据集训练成果的深度学习算法，开发了一个分类系统。为了评估该系统的性能，选择两座建筑物及其各种混凝土构件作为试验对象。结果表明，所提出的 GPR-BIM 系统高度自动化，能够将局部钢筋准确地集成到现有 BIM 中；剪切波变换方法通过探地雷达数据可以精确识别钢筋空间位置；深度估计算法的最小绝对误差为 5.12%；GPR 方法识别的钢筋模型可以实现自动分类，准确率为 100%。

2. 施工阶段

机械、电气和管道（MEP）是建筑工程的重要组成部分。然而，当前为了实现 MEP 工程建造状态评估，一般采用的是分包商首先提出施工进度结果，总包单位据此开展进度检查，继而对二者进行比较的方法。总包单位的详细进度检查成本高昂，不值得在大多数项目中应用。针对上述问题，在扫描与 BIM 对象识别框架内，将三维激光扫描和项目 3D/4D BIM 模型相融合，可以实现对建设项目竣工状态的高频率、详细和语义丰富的评估。Frédéric Bosché 采用上述方法，对 MEP 工程施工状态评估技术进行了研究，开发一种扫描与 BIM 处理系统，并在一个建筑工程项目中开展了工程实例研究。由于现场实际工程布置与设计之间存在不可避免的差异性，这种技术对于传统的施工方法存在一些不适应，但是对于预制装配式 MEP 工程项目有很强的优势。Frédéric Bosché 融合了"逆向工程"与"点云-BIM 模型对比"方法，提出一种创新性的数据处理技术。这种基于 BIM 和激光扫描的 MEP 工程施工进度评估技术为建设单位和项目经理提供了一种自动化、性能稳定的质量控制机制。

多年来，各家研究机构基于建筑信息建模（BIM）和物联网（IoT）开发了许多工具，用于管理 AEC 行业不同施工和运营阶段的各种任务和活动。最近，随着提供实时连接能力的新型互联网技术的出现，相关研究人员将虚拟设计、施工技术（VDC）与数字孪生方法相结合，开展远程监控、施工控制、优化施工进度和施工活动。Hamed Nabizadeh Rafsanjani 提出一种参考模型，对 VDC 和数字孪生技术的主要优势和应用进行了介绍，并展示其在全球 AEC 行业的趋势和预期成本节约（VDC、数字孪生与 VR、AR 技术融合，在施工状态实时监控以及工程结构物理状态评估方面具备独特优势），还介绍了 VDC 和数字孪生在行业中未来的挑战，这些技术与人工智能同时使用，将塑造 AEC 行业的未来。

信息技术在水电站施工质量控制中得到了广泛应用，并产生了一系列基于物联网的施工管理系统。然而，现有的系统通常针对具体的施工质量控制因素，导致各种监测信息相互独立，也使得质量问题发生后无法直接开展事故原因追溯，需要手动进行复杂的多因素分析和评估。ZHANG Sherong 以碾压混凝土（RCC）重力坝为工程对象，利用 WebGIS 技术、图像识别技术、体素化技术和数据挖掘分析，开展了施工质量控制技术研究，可以快速评估质量问题原因，并将各种不同数量级的监控信息集成到一个演示场景中，这种方法使项目质量管理过程更加有效。

3. 运维阶段

物联网将物理世界和网络世界连接起来，捕获实时数据并开展建模和分析，数据挖掘技术旨在发现收集到的数据中隐藏的知识。基于物联网设备的大量检测数据，建立以任务为中心或以工人为中心的4D可视化过程模型，作为虚拟模型来模拟任务执行和工人协作。然后，通过过程挖掘和时间序列分析研究了高保真虚拟模型。

数字孪生是指物理资产、流程和系统的数字副本。数字孪生集成了人工智能、机器学习和数据分析，以创建实时数字仿真模型为目标，该模型能够从多个来源进行自主学习和更新，并表达和预测物理对象的当前和未来状况。然而，从建筑和工程角度来看，与数字孪生相关的研究成果较少关注运营和维护(O&M)阶段，而该阶段正是资产生命周期中时间跨度最长的部分。LU Qiuchen提出了一种同时适用于建筑和城市两个层面的数字孪生系统体系架构。基于该体系结构，以英国剑桥大学为工程背景开发了数字孪生系统，该系统具备融合多源异构数据源的功能，支持有效的数据查询和分析，支持运维管理中的决策，并进一步促进人类与建筑物/城市之间的交互。

1.2.2 国内BIM技术发展现状

各级政府部门积极发展BIM技术，相继出台政策鼓励BIM应用。在政策的引领下，国内有关机构围绕BIM技术在桥梁工程中的应用进行了不同桥型和不同阶段的研究和工程应用，图1-3是BIM技术在桥梁工程中应用研究文献统计情况，可以看出国内学者对其研究热度逐年上升。

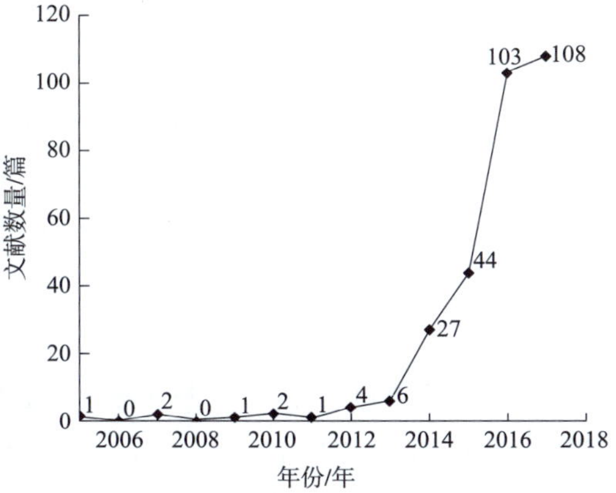

图1-3 国内BIM技术在桥梁工程中应用研究文献数量

1. 设计阶段

BIM技术从根本上改变了传统高速铁路桥梁设计习惯，多专业、多人员协同设计平台使得在设计过程中，各专业并行设计，沟通及时准确，避免了大量的重复性返工，同时由于二维图纸均基于三维BIM模型所建立并与之相关联，模型局部修改后相关联图纸自动更新，提高了设计效率，使设计人员从繁重的修改工作中解脱出来，将更多的精力投入项目设计方案的优化中。

BIM 技术的先进性和可扩展性决定了从传统的 CAD 二维设计向 BIM 设计转变是大势所趋，其意义甚至比当年的“甩图板”即手工绘图向 CAD 计算机辅助设计的转换更为重大，堪称勘察设计行业的又一次技术革命。

目前，国内学者及工程人员采用多种设计软件对 BIM 技术在设计阶段的应用进行了不同桥型的尝试。在大跨度斜拉桥设计中，宋福春等利用 Revit 建立了完整的永川长江大桥斜拉桥模型，提高了桥梁的建模速度。刘杰等将 BIM 技术应用于摩洛哥布里格里格河谷斜拉桥的复杂造型结构设计、钢筋工程设计、钢锚箱设计等方面，完成了复杂造型设计、二维出图、工程量统计、碰撞检查等基本工作。张磊以某斜拉桥工程为案例，应用达索 V6 尝试了初期方案设计，在深化设计阶段按桥梁结构类型以统一的标准建立构件模板，用程序实现构件模板的自动调用拼装，并模拟工程设计变更，验证其对变更的适用性。陈竟翔通过集成不同软件建立了范蠡大桥 BIM 模型，BIM 技术主要应用于项目演示、结构的受力分析和方案优化等方面。

在钢桥设计方面，王毅等以上海北虹路立交项目为依托采用 CATIA 二次开发的方式为钢箱梁编制自动建模插件，实现了钢箱梁的快速建模。

在景观桥工程设计中，张昊等研究了山西省人行景观桥工程基于 Solidworks 的施工图深化设计。汪彬研究了 Revit 的体量建模，开发了在体量环境下创建纵坡不为零的具有空间复杂线形桥梁模型的方法，并对深圳前海 7 号桥项目的三维模型进行了设计分析与优化，分析了 BIM 技术在设计阶段主要应用于建模分析和监测修改存在的问题。

在上承式拱桥中，陈浩给出了 BIM 技术在桥梁设计中的应用框架，结合北盘江特大桥的工程实例，阐述了 BIM 技术在设计阶段的三维参数化建模、二维出图、工程量统计、碰撞检测等方面的具体应用。李兴等依据工程项目的特定要求选取达索公司的 CATIA 作为 BIM 技术的操作平台，以蝴蝶型拱桥的基础、拱肋、桥面系、拉索以及支座等基本组成部分构建桥梁三维模型的骨架，结合局部参数化的构件进行三维模型的建立。张建军等以滕州市某桥梁工程为背景，采用 Revit 对桥梁进行了三维建模设计并输出施工图纸。

在铁路桥梁中，冯川等结合某铁路桥梁工程实际，基于 CATIA 研究了从数据命名规则到工程出图的基本设计流程，为后期查询与管理模型数据提供了便捷。刘彦明结合银西高铁 BIM 试点项目，介绍了基于 Bentley 平台铁路桥梁 BIM 设计系统开发的设计思想和主要技术特征。傅萌萌等以深茂铁路潭江特大桥作为工程背景，采用 CATIA 设计引桥和 Solidworks 设计主桥，完成了参数化建模、结构仿真分析、碰撞检查、输出施工图纸、材料信息赋予及工程数量统计、指导施工工序等工作。由于 CATIA 和 Solidworks 软件同属于达索公司，因此，能够避免数据的割裂和信息的丢失。

在公路桥梁旧路改造方面，刘智敏等通过在塞拉利昂公路中的一座桥梁的设计阶段利用 BIM 技术，完成了桥梁建模和碰撞分析检查，计算工程量，输出二维施工图和 4D 施工过程模拟等工作，并为该项目开发了运营维护阶段的数据测试接口。

元宇认为目前桥梁设计阶段 BIM 模型的建立大都是在已有的设计图纸基础上进行翻模，用于前期展示或者辅助施工管理，不能充分发挥 BIM 技术在设计阶段的应用价值。因此，通过软件二次开发，在没有设计图纸的情况下进行正向的三维设计，同时研究出了一套二维图的表达方法，用于检验三维设计的准确性。

上述学者利用多款软件实现了不同桥型的三维建模，所选用的软件基本涵盖了现有可进行桥梁三维建模的所有软件，桥型的选择也与工程实际紧密结合。但是不难发现，目前所进行的研究尚处于初级阶段，主要是通过不同软件建立三维参数化模型，应用局限于项目演示、碰撞检查、工程量统计和二维出图等方面，对于核心建模软件的确定、如何实现协同设计和模型数据如何传递到施工阶段等关键性问题尚未进行深入研究。

2. 施工阶段

与设计阶段相同，BIM 技术在施工阶段的应用也趋向于不同的桥型，并且其在施工阶段的应用需求也相对明确。在大跨度斜拉桥施工中，史瑞英等以永川长江大桥项目作为工程背景，将钢锚梁、钢主梁与 BIM 模型相结合，构件均采用了工厂预制的方式。同时借助 Navisworks 进行施工过程模拟，顺利实现了构件预拼装、整体和局部模型的碰撞检查。张海华等研究了基于 BIM 技术的桥梁可视化施工应用，结合重庆新白沙沱长江特大桥工程，分析了 BIM 技术在可视化交底、碰撞检测、施工材料统计、施工场地布置、可视化施工模拟、可视化施工管理等方面的应用。王东伟等以乐清湾斜拉桥索塔施工为工程背景，研究了 BIM 技术在桥梁施工中可视化交底、深化设计、碰撞检查、虚拟施工及工程量计算等方面的应用。龙腾以某结构复杂的变截面斜拉桥为实例，首先采用 Revit 软件建立了桥梁和临时施工设施的 BIM 模型，然后利用 Navisworks 建立全桥 4D 施工进度模型用于施工进度模拟。

在大型拱桥施工中，张为和提出了基于 BIM 技术的夜郎河双线特大桥施工应用方案，分别阐述了 BIM 技术在施工模型构建、进度模拟和施工现场管理等阶段的应用。杨光等以金汇港大桥工程为依托，研究了 BIM 技术在施工工序模拟和施工进度模拟方面的应用。唐国武等通过 Tekla 建立了合肥南环线钢桁梁柔性拱桥信息模型，研究了 BIM 技术在钢结构生产、安装过程和施工模拟中的应用。结果表明，通过应用 BIM 技术，减少了施工技术准备阶段的工作量，加强了制造和安装各参与方的协同工作，并且通过施工模拟能够对施工方案起到优化效果。马也犁以某非对称外倾拱桥为研究对象，采用 Revit 建立了桥梁的 BIM 结构模型和施工模型，并采用 Navisworks 软件进行了碰撞检测、施工工序模拟和 4D 施工进度模拟等。

在大跨度钢桁梁悬索桥应用中，高红星基于 Inventor 平台进行二次开发研制了 STBrIM 系统，通过对大型钢桁架桥梁进行 BIM 模型重建用以模拟其设计与施工过程，并以坝陵河大桥作为工程背景，发现 STBrIM 系统能够以整体功能的方式进行钢桁架桥梁的设计和施工。

上述学者结合具体工程实例，主要研究了 BIM 技术在施工阶段可视化交底、碰撞检测、施工材料统计、施工场地布置、可视化施工模拟、施工可视化管理等方面的应用。BIM 技术的应用对实际桥梁工程施工能够起到一定的优化作用。

3. 运维阶段

桥梁工程的结构安全至关重要，后期的养护维修、运营管理、档案管理都可以利用 BIM 技术强大的信息化、可视化功能来实现。

设计、施工阶段的模型与信息经由数字化信息模型无损地传递给运管部门，对结构使用过程中发现的风险因素分析成因，分清责任，制定维修整改实施方案并记录在 BIM 模型信息中，所有的数据记录后期都可以很方便地查询，大到桥梁墩台、梁部大体积混凝土，小到预应力钢束的锚具，甚至是桥梁支座的螺栓等都可以根据其 ID 信息和可视化图形界面调阅，避免低效率的查阅大量二维图纸、日志记录等烦琐工作，对一些易出现问题的部位也可以通过添加提醒功能按期检查，避免出现不可挽回的损失。

在现有的工程应用中，由于目前设计和施工单位都难以完全将 BIM 模型移交给运维单位，因而当前成功应用 BIM 技术对桥梁进行运营维护的案例为数不多。胡振中等以青岛海湾大桥为例，研究了基于 BIM 技术的耐久性监测与安全评估，包括安全与耐久指纹获取、耐久性监测的 4D 模拟、安全性评价、耐久性和可靠性分析、安全预警等方面。

洪磊以鄂东长江公路大桥为工程背景，构建了基于 BIM 技术的结构安全信息管理系统，首先通过 IFC 数据格式将设计和施工模型数据链接到该安全系统的平台，然后通过桥梁传感器实时采集结构内力、应变、支座反力、索力等数据，用以检测桥梁的内力状态和损伤情况，最后根据检测结果对桥梁进行安全预警。

李亚君构建了基于 BIM 技术的港珠澳大桥运营管理框架，主要通过以下三个方面内容来实现：

(1)运用 Solidwork 对大桥进行三维建模，将设计信息添加到模型中，并通过 Midas Civil 对大桥的施工阶段误差进行控制，保障后期桥梁运营的安全性；

(2)采用电子化巡检养护系统，在大桥钢主梁及混凝土桥面板中安装传感器，通过远程采集和数据处理对大桥结构内力进行实时监控，在结构处于危险状态时进行安全预警；

(3)建立桥梁健康评估系统，对于采集到的数据进行桥梁缺损状况、承载力和性能退化评估，为大桥的安全运营提供可靠的理论依据。

在现有的公路桥梁工程应用中，主要是通过收集数据和进行结构内力状况分析来构建运营管理系统，从而实现对桥梁的运营管理。目前，国内主要是利用中国公路桥梁管理系统(CBMS)对已建桥梁进行运营管理，但是由于管理制度的不健全和收集数据的不及时、不准确，致使 CBMS 先进性和实用性没有得到充分的体现。如果能够通过 BIM 技术将竣工模型信息传递到运营管理系统，将更有利于 CBMS 功能的发挥。

1.3　桥梁 BIM 技术发展趋势

随着数字技术的发展，数字经济在全球范围内强势崛起，成为继农业经济、工业经济之后更高一级的经济形态，如图 1-4 所示。从国家到地方，从行业到企业，相继颁布数字化发展的政策要求。

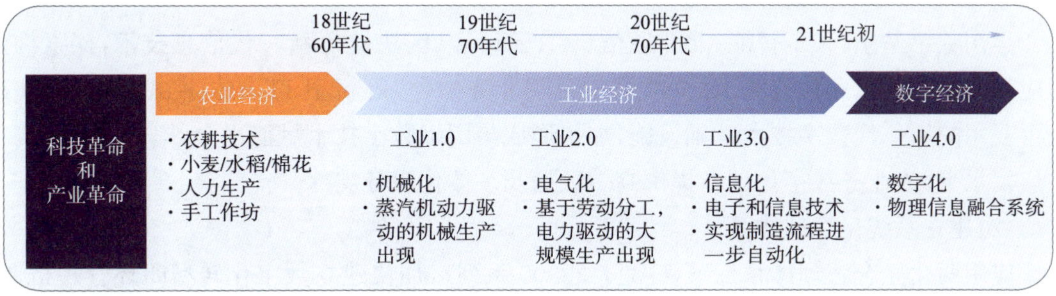

图 1-4　数字经济发展趋势

1.3.1　数字化发展趋势

1. 国家政策要求

从 2017 年数字经济首次出现在政府工作报告，到 2020 年加速数字化发展纳入“十四五”规划和二〇三五年远景目标，国家政策导向越来越明确，“数字”和 “数字化”成为牵引行业发展的重要目标和关键方向。

2017 年 3 月政府工作报告指出，推动“互联网＋”深入发展、促进数字经济加快成长，让企业广泛受益、群众普遍受惠。

2018 年 4 月习近平致首届数字中国建设峰会的贺信中提到，加快数字中国建设，就是要适应我国发展新的历史方位，全面贯彻新发展理念，以信息化培育新动能，用新动能推动新发展，以新发展创造新辉煌。

2019 年 9 月中共中央、国务院印发的《交通强国建设纲要》指出，大力发展智慧交通，推动大数据、互联网、人工智能、区块链、超级计算等新技术与交通行业深度融合，推进数据资源赋能交通发展，构建泛在先进的交通信息基础设施，推进北斗卫星导航系统应用。

2020 年 5 月国家发改委《数字化转型伙伴行动倡议》指出，加强针对数字化转型共性解决方案的研发。针对传统企业数字化转型面临的共性问题，研发有针对性的解决方案及标准。探索大数据、人工智能、数字孪生、5G、工业互联网、物联网和区块链等数字技术应用和集成创新，形成更多有创新性的共性技术解决方案及标准。

2020 年 10 月,《中共中央关于制定国民经济和社会发展第十四个五年规划和二〇三五年远景目标的建议》指出,发展数字经济,推进数字产业化和产业数字化,推动数字经济和实体经济深度融合,打造具有国际竞争力的数字产业集群。积极参与数字领域国际规则和标准制定。

而在 2020 年 9 月国务院颁发的《关于加快推进国有企业数字化转型工作的通知》中,更是对国有企业数字化转型及具体路径进行了更为细致的阐述:一方面要加强对标,着力夯实数字化转型基础,同时,也要把握方向,加快推进产业数字化创新。

(1)建设基础数字技术平台。

运用数字孪生、人工智能、北斗通信、5G、云计算、区块链等新一代信息技术,探索构建适应企业业务特点和发展需求的“数据中台”“业务中台”等新型 IT 架构模式,建设敏捷高效可复用的新一代数字技术基础设施,加快形成集团级数字技术赋能平台,提升核心架构自主研发水平,为业务数字化创新提供高效数据及一体化服务支撑。

(2)建立系统化管理体系。

应用两化融合管理体系标准(GB/T 23000 系列),加快建立数字化转型闭环管理机制,以两化融合管理体系促进企业形成并完善数字化转型战略架构。

(3)构建数据治理体系。

加快集团数据治理体系建设,明确数据治理归口管理部门,加强数据标准化、元数据和主数据管理工作,定期评估数据治理能力成熟度。加快大数据平台建设,创新数据融合分析与共享交换机制。强化业务场景数据建模,深入挖掘数据价值,提升数据洞察能力。

(4)提升安全防护水平。

建设态势感知平台,加强平台、系统、数据等安全管理。使用安全可靠的设备设施、工具软件、信息系统和服务平台,提升本质安全。

(5)推进产品创新数字化。

推动产品和服务的数字化改造,提升产品与服务策划、实施和优化过程的数字化水平,打造差异化、场景化、智能化的数字产品和服务。开发具备感知、交互、自学习、辅助决策等功能的智能产品与服务,更好地满足和引导用户需求。

(6)推进生产运营智能化。

推进智慧办公、智慧园区等建设,加快建设推广共享服务中心,推动跨企业、跨区域、跨行业集成互联与智能运营。按照场景驱动、快速示范的原则,加强智能现场建设,推进 5G、物联网、大数据、人工智能、数字孪生等技术规模化集成应用,实现作业现场全要素、全过程自动感知、实时分析和自适应优化决策,提高生产质量、效率和资产运营水平,赋能企业提质增效。

2. 雄安新区要求

为深化“放管服”改革、优化营商环境,加快推进投资项目建设进度,雄安新区探索实施“一会三函”审批模式,大力推进工程建设项目审批制度改革(表 1-1)。其中,二函获取的前置件为“方案设计 BIM 模型”，经规建局 BIM 平台审核通过后，方可开展施工图设计及施工、监理等招标工作；三函获取的前置件为“施工图设计 BIM 模型”，经规建局 BIM 平台审核通过后，方可开工建设。另外，除报建过程需要提交 BIM 数据外，在项目建设过程中，规建局“雄安工程建设智能监管系统”也需要部分项目 BIM 数据，用于政府对施工过程中重点部位的智能监管。

表 1-1 雄安规建局 BIM 要求(部分)

BIM 主管部门	BIM 平台名称	功能及 BIM 数据要求
雄安规建局	雄安新区规划建设 BIM 管理平台	项目报建审批平台，BIM 数据用于二函和三函报批
	工程建设智能监管系统	需要同步提交施工建设过程中的部分 BIM 数据

雄安集团 BIM 要求见表 1-2。雄安集团以数字城市、智慧城市为切入点开展数字化实践，提出数字化、智能化城市规划和建设以 BIM 数据为基础的数字孪生城市(CIM)的目标。同时为了与雄安新区规建局的审批要求保持一致并实现企业标准的可拓展、可落地性，编制了“1＋N”BIM 标准体系，构建了以 CIM 平台为代表的多个 BIM 实施平台。

表 1-2 雄安集团 BIM 要求(部分)

BIM 主管部门	BIM 平台名称	功能及 BIM 数据要求
雄安集团	块数据平台	所有平台的数据基础 便于雄安各大平台间数据共享
	数字雄安 CIM 平台	接收设计成果及竣工成果 BIM 数据
	数字雄安建设管理平台	接受施工建设中的部分 BIM 数据
	监理管理系统	监理使用，暂预留 BIM 要求
	雄安区块链资金管理平台	用于建设者工资的发放监管
	物联网统一开放平台	永久性、运营期的物联网数据接入预留 BIM 要求
	视频一张网平台	接入公安天网系统，预留 BIM 要求

3. 国铁集团要求

2020 年 8 月，国铁集团《新时代交通强国铁路先行规划纲要》提出：

创新引领技术自主先进。铁路自主创新能力和产业链现代化水平全面提升，铁路科技创新体系健全完善，关键核心技术装备自主可控、先进适用、安全高效，智能高铁率先建成，智慧铁路加快实现。

以新型基础设施赋能智慧发展。加大 5G 通信网络、大数据、区块链、物联网等新型基础设施建设应用，丰富应用场景，延伸产业链条，统筹推进新一代移动通信专网建设，构建泛在先进、安全高效的现代铁路信息基础设施体系，打造中国铁路多活数据中心和人工智能平台，提升数据治理能力和共享应用水平。强化铁路网络和信息系统安全防护能力，确保网络信息安全。以推动新一代信息技术与铁路深度融合赋能赋智为牵引，打造现代智慧铁路系统。

提升基础设施技术装备水平。提升基础设施全生命周期发展水平，推进设施数字化、智能化升级。

1.3.2 BIM 技术发展趋势

数字化转型是铁路领域，尤其是高速铁路桥梁领域势在必行的战略选择。在政策指引下，越来越多的项目需要提供以 BIM 技术为核心的数字化服务，BIM 技术发展方兴未艾。

从数字中国、数字城市到数字铁路，数字化发展趋势不可扭转。物联网、人工智能、云计算等新兴技术正不断向工程建设领域渗透，推动铁路桥梁领域的数字化转型，面对数字技术与工程建设的深度融合，传统的铁路桥梁勘察、设计、施工、运维模式将会被打破，挑战与机遇并存。

BIM 设计成果可以在施工阶段进行细化，在运维管养阶段根据养护技术标准进行结构重排和编码映射；打通 BIM 设计模型与结构计算分析软件的数据交互渠道，计算结果可以为施工监控和运维管养阶段的阈值分析提供支撑；施工监控数据可以实现与运维管养阶段的监测数据对比，为运维管养阶段监测系统提供桥梁基准状态数据；设计与施工过程数据以 BIM 承载方式实现桥梁竣工的电子化交付，作为运维管养阶段的基础资料，可以为巡检养护提供重要参考，以实施更加精准高效的养护维修。

1. 勘察设计阶段

全面应用 BIM 技术，建立地形、地质、桥梁、附属设施等三维信息模型，进行方案优化设计、可视化展示、施工方案模拟等，指导设计人员进行深化设计，为施工阶段提供准确的 BIM 模型。

使用倾斜摄影测量、航空摄影测量等手段，建立初始三维实景模型，载入处理软件进行精修，创建场地三维实景模型，并进行轻量化导出，与设计阶段 BIM 模型融合，还原方案真实环境，为方案决策提供直观可视化决策平台，指导设计人员进行深化设计，还可为施工阶段提供准确的 BIM 模型、辅助进行施工阶段场地规划、施工作业区域的布置、机械设备进退场路线规划。

结合平台三维实景模型，可快速浏览查看设计方案的匹配情况，进行方案的比选，针对方案不合理处可进行现场修改，提高方案决策的效率，节约成本，也避免了后续阶段重复建立模型。另外，通过结构截面参数化建模逻辑的创建也为同类型桥梁 BIM 构件库进行补充。

将带有信息的桥梁 BIM 模型导入结构分析软件，关联模型中荷载，材料的弹性模量、型号及强度等信息，再根据软件中的规范要求和计算公式，按照最符合现实的情况完成主桥结构的力学性能仿真分析;施工监控和运维管养阶段可以调取力学分析结果数据,在 BIM 模型上提取应力、变形等监控监测点的理论计算值,为其超限报警提供数据支撑。

2. 施工阶段

基于 BIM 技术开发桥梁施工管理平台,可以解决施工中的控制及管理难题,竣工 BIM 模型记录了施工数据痕迹,可作为运维阶段 BIM 模型的初始状态,实现数据的全生命周期流动。通过对 3D 数字化信息模型赋予时间轴的信息,还可实现 3D 向 4D 的跨越,对施工全过程进行监控和预警,保障桥梁施工阶段和成桥状态结构安全可控。进一步将多种方法融合,如 BIM+VR,BIM+GIS 等,可以对复杂环境下桥梁结构施工进行优化。基于 BIM 数据信息建立完整的项目管控体系,将施工安全、进度、质量、投资等管理内容统一起来,使得铁路桥梁施工更加便捷、高效。

监控监测是 BIM 技术在桥梁施工方面的重要应用领域,利用 BIM 技术构建包含监测系统、视频安全监控系统、云端数据存储和综合预警系统的智能监测平台,不但可使监测数据及时有效地传达给各参建单位,同时也使得监测数据可视化、图表化显示。通过建立综合预警系统,能对天气因素、列车临近信息及监测数据进行实时反馈,一旦监测数据出现异常,则能利用云端全方位地传递报警信息。通过利用 BIM 技术的可视性和模拟性,能帮助决策者快速确定发生异常的部位并进行合理决策,保证桥梁顺利施工,也有利于周边既有设施运营安全。

一个完整的 BIM 监测平台数据信息不仅是监测数据,还包括其他施工信息,基于真实模型信息及实时监测数据进行大数据挖掘和识别分析,对海量监测数据进行挖掘、处理、拟合,提取关键有效信息,尤其是针对特定风险的识别及响应分析,可实现动态安全评估和风险预测评估。基于 BIM 技术的桥梁施工监测平台具备开放性,工程各参与方均可使用,避免了监测数据造假等问题发生;依靠自动化监测设备为主,人工复测为辅的监测手段可确保监测数据的准确和可靠,以便于参建各方对工程的管理。

3. 运维阶段

病害检测是铁路桥梁运营阶段的主要工作内容,包括智能巡检和健康监测相结合等方法。智能巡检是通过结合日常人工巡检和定期检测工作,对桥梁部件或单元的损伤部位、类型和程度进行数据采集和巡检管理。日常人工巡检时,借助巡检移动设备 App,关联桥梁建筑信息模型(BIM)和桥梁病害库,随时随地调取巡检计划与任务,现场按管理单元快速定位桥梁损伤并实时录入,自动对桥梁单元的各类损伤进行记录、统计和智能分析。高速铁路桥梁 PHM 系统利用桥梁结构健康监测对结构的损伤位置和程度进行实时诊断,对桥梁的服役情况、可靠性、耐久性和承载能力进行智能评估,为大桥在特殊天气或桥梁运营状况严重异常时触发预警信号,为桥梁的维修、养护与管理决策提供依据和指导。

借助 3S(客户端(C/S)、广域网(B/S)、移动互联网(M/S))网络架构和 BIM 模型,基于车-线-桥-环境一体化监测和智能巡检构建高速铁路大型结构桥梁养护维修 PHM 系统，利用融合技术对多源数据开展历史趋势分析与相关性研究，实现桥梁病害的诊断与预测，对桥梁健康状态进行综合评估，通过实时监测进行 RAMS(可靠性、可用性、可维护性和安全性)高铁管理，实现高速铁路桥梁管养的信息化、智能化。

1.4　桥梁 BIM 技术研究意义

以国内外战略需求为背景，伴随全球科技创新呈现出的信息化、智能化新发展趋势，传统桥梁工程必将迎来深刻变革。在铁路桥梁领域，21 世纪初，以京津、京沪和武广高速铁路开工建设为标志，我国高速铁路建设迎来了黄金发展期。到 2021 年底，我国高速铁路运营里程超过 4 万 km，其中高速铁路桥梁 1 万余座，总长约 1.8 万 km，约占线路长 45%。京沪、京津等高速铁路桥梁长度占线路全长的 85%以上。我国正从桥梁大国向桥梁强国迈进，且发展速度不断加快。随着经济和技术快速发展，智能化成为高速铁路发展的必然趋势。德国、法国、英国、日本、韩国等相继提出了高速铁路数字化、智能化的发展战略和实施路径，围绕智能高铁的相关技术开展了系列创新实践。在交通强国、海洋强国、“一带一路”倡议、川藏铁路等新时代建设驱动下，桥梁工程发展面临全新挑战，例如复杂艰险地区(无人区)桥梁的智能建造、全预制装配式桥梁建造等。与国际接轨，将桥梁全生命周期与现代信息技术(物联网、三维逆向工程点云技术、BIM、人工智能等技术)深度融合，打造日趋智能化、高精度化的桥梁结构是我国桥梁工程的未来发展方向。这也意味着除了桥梁本身的性能提升外，智能化、立体化、信息化的桥梁建造将会越来越完善和普及。

桥梁工程的勘察、设计、施工、运营各阶段都包含很多技术问题和管理难题亟待解决。BIM 作为一种新兴的信息化技术手段，与其他技术融合应用，可有效解决目前存在的不足，提高桥梁工程勘察、设计水平和施工、运营效率，实现桥梁工程的信息化、数据化、智能化，是桥梁工程领域发展的整体趋势。

综上所述，无论是从国内外信息化发展战略需求出发，还是从高速铁路桥梁勘察、设计、施工、运维全生命周期管理的角度考虑，将 BIM 技术应用于高速铁路桥梁工程都极具研究价值和实际意义。

第2章 高速铁路桥梁BIM技术标准

2.1 国际桥梁BIM标准

2.1.1 国际BIM标准现状

1. 美国BIM标准

美国分别于2007年、2012年和2015年发布了国家BIM标准第一版(NBIMS-US V1.0)、国家BIM标准第二版(NBIMS-US V2.0)和国家BIM标准第三版(NBIMS-US V3.0)。NBIMS规定了最为基础的BIM标准,旨在通过引用现有标准和制定信息交换标准为建筑工程施工工业整个生命周期的信息化提供统一操作凭据。

NBIMS委员会在2007年12月发布了题为《美国国家建筑信息模型标准第一版—第1部分:综述、原理和方法论(通过开放式和交互式的信息交换改变建筑供应链)》的BIM标准。严格来讲,此版NBIMS还不能称之为BIM标准,因为没有提出具体的BIM标准体系,而是着眼于介绍BIM相关基础概念、建立BIM体系的需求和提出BIM标准编写的原理和方法论,在写法上偏向于项目研究报告,每一章节针对一个主题探讨概念定义、背景、与用户的关系、委员会讨论的方法和结论。认为NBIMS的目标是为每个设施建立标准的机器可读的信息模型,包含此设施的所有可用信息,可以被整个生命周期中所涉及的所有用户使用,从而达成一个改良的计划、设计、施工、运营和维护的过程。信息交换模板、BIM交换数据库、信息交付手册(IDM)和模型视图定义(MVD)一起组成NBIMS标准制定与应用过程的核心部分。其中,信息交换模板和BIM交换数据库将作为基于网络的工具用来提供对已定义交换的搜索、发现和选择等功能;IDM用以识别、记录信息交换的过程和要求;MVD是将许多IDM进程中的交换要求按照BIM进程范围分类整合为具有逻辑性的、由软件应用程序支持的模型视图的抽象过程。在BIM的执行需求中,数据格式需要进行统一以便程序之间进行数据交互,例如使用工业基础类(IFC),共享数据的内容则需要根据本地的建筑构成来制定,例如北美地区使用CSI OmniClass和UniFormat。另外,为保证不同用户和程序对概念的理解一致,还需提出一个字典的概念,例如国际数据字典框架库(IFDLibrary)。

第一版最终并未发布原计划中的第2部分,而是于2012年5月直接发布了NBIMS第二版。第二版不是第一版的改进，第一版第 1 部分作为第二版的前期研究和计划存在。

NBIMS V2.0 依据第一版的需求和方法论明确了 BIM 标准体系，大体包括引用标准、数据交换标准和 BIM 实施实用文件，其中，引用标准和数据交换标准的目标读者为软件开发者与销售者，BIM 实施实用文件的目标读者为 AEC 工业实施者。引用标准即已被国际认证或在世界范围内投入使用的标准，包括工业基础类（IFC）、可扩展标记语言（XML）、OmniClass 建筑信息分类体系、国际数据字典框架库（IFDLibrary）；数据交换标准基于 IDM 和 MVD 指定了数据管理、信息控制担保、信息可靠性的标准，为具体应用场景定义了不同的交换标准，包括施工运营建筑信息交换（COBie）、空间分析（spatial program validation，SPV）、建筑能耗分析（building energy analysis，BEA）、数量与成本估算（quantity take off，QTO）；BIM 实施实用文件为 AEC 工业的使用者提供 BIM 项目实施指导，包括 BIM 能力与成熟度判别模型（capability maturity model，CMM），BIM 项目执行计划向导和内容模板（BIM project execition plan guide and content），建筑安装模型与交付中机械、电气、管道和防火系统（mechanical，electrical，plumbing，and fire protection systems，MEP）三维立体协同要求，规划、执行和管理信息移交向导（planning，executing and managing information handover）。

NBIMS V3.0 在 NBIMS V2.0 的基础上增加了一些新的内容，其体系内容框架如图 2-1 所示。引用标准中增加了 BIM 协作格式标准（BIM collaboration format，BCF）、LOD 规范（LOD specification）、美国国家 CAD 标准（United States National CAD Standard，NCS）。之所以增加二维 CAD 标准，是由于 BIM 不仅仅意味着三维甚至更高的维度，应具有将二维、三维等更高维度数据格式进行结合的功能，二维图纸在 BIM 技术实际运用过程中仍然具有不可替代的作用。信息交换标准中增加了建筑规划信息交换标准（building programming information exchange，BPie），电气信息交换标准（electrical information exchange，SPARKie），

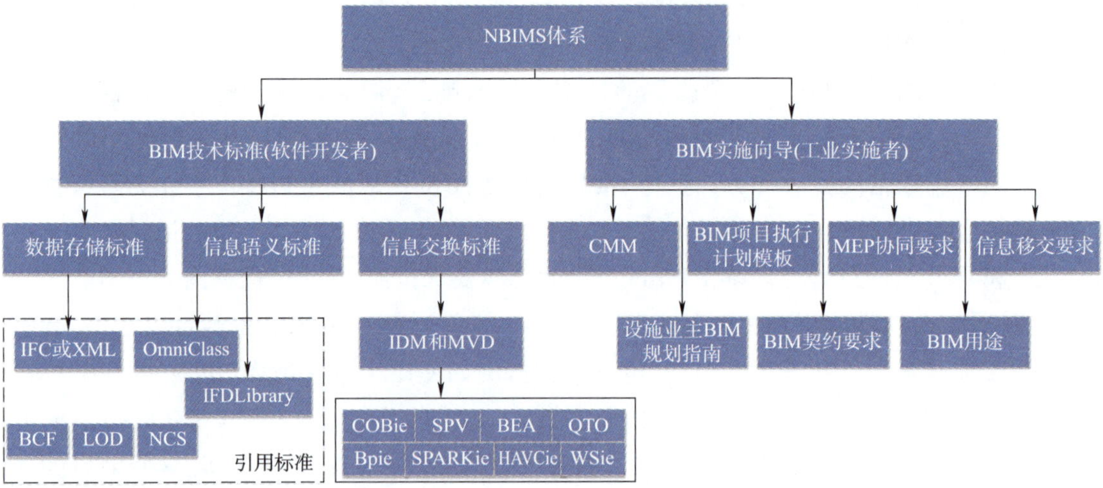

图 2-1 NBIMS V3.0 体系内容框架示意

空调系统信息交换标准(heating, ventilation and air conditioning information exchange, HVACie),给排水系统信息交换标准(water systems information exchange, WSie)。BIM 实务应用文件增加了三项内容:设施业主 BIM 规划指南(BIM Planning guide for facility owners)、实作 BIM 契约要求(practical BIM contract requirements)、BIM 的用途(the uses of BIM)。

2. 英国 BIM 标准

英国于 2000 年发布了《建筑工程施工工业(英国)CAD 标准》[AEC(UK)CAD]来改进设计信息交付、管理和交换过程。随着设计需求和科技的发展,此标准逐渐扩大涵盖了设计数据和信息交换的其他方面。该项目委员会于 2009 年重组,并吸纳了 BIM 软件及实施方面富有经验的技术公司和咨询公司作为新成员,旨在满足英国 AEC 行业对于在设计环境中实施统一、实用、可行的 BIM 标准的日益高涨的需求。

2009 年和 2012 年,AEC(UK)委员会先后发布了《建筑工程施工工业(英国)建筑信息模型规程》[AEC(UK)BIM 标准]第一版和第二版。与美国 NBIMS 不同,英国的 BIM 标准只着眼于设计环境下的信息交互应用,基本未涉及 BIM 软件技术和工业实施。

(1)BIM 资源:内部团队应保证拥有进入同一共享办公资源的许可,包括对象类库、模板等。

(2)数据分离:每一个 BIM 项目的相关数据应依据不同设计阶段、不同建筑物、不同楼层等分类由大到小逐层整理、组织、分类。

(3)模型命名:所有 BIM 模型命名遵从 AEC(英国)"BIM 模型文件命名规范",名称内容可包括 5 部分,从左至右依次为文件所有者角色名称(如建筑设计师、桥梁工程师、客户等)、区域(如 1 号楼、停车场、办公区等)、数据类型(如组件、容器等)、楼层(如地下一层、一层等)、内容。内容部分应当能够体现 CAD 数据的具体内容,建议使用 AEC(英国)说明码(descriptive code)或 UniClass 码。文件格式建议使用 IFC、DGN、RVT 等。

(4)对象类库与描述信息:所有对象命名的规范可包括 4 部分,从左至右依次为 Uniclass 对象分类代码、AEC(UK)化名代码、描述、种类。例如,G251-WallInt-Block 中 G251 为 Uniclass 中墙体的代码,WallInt 为 AEC(UK)化名代码表示内墙,Block 表示墙体为砌块墙。

(5)绘图交付物:建议 CAD 绘图交付物使用较为通用的格式,如 PDF、DWF 等。

(6)建模标准:所有数据应建立在正确的位置,BIM 模型按照细节分层不应超过所给出的比例因子(例如,组件常用比例为 1∶200～1∶50,推荐 1∶100,最大 1∶50),每一个组件须给出高、中、低三种分辨率版本。高分辨率要求显示组件细节,使用比例因子范围的最大值,中分辨率一般使用比例因子范围的中间值、低分辨率使用比例因子范围最小值。

(7)数据交换:数据交换协议依据 AEC(英国)绘图文件管理手册规范和英国国标 BS 1192:2007。

(8)字典:使用英国国家BIM对象类库(NBS-National BIM Library)。

英国政府强制要求使用BIM技术,是促进BIM发展的一个重要因素。英国以内阁办公室为主发布建筑政策白皮书,并组成执行委员会来指挥整体计划的进行。英国目前的BIM政策并不专注于BIM技术本身,而是从整体供应链到潜在应用客户端一起纳入策略规划对象,运用"推动-拉动"策略,鼓励创造一个适合BIM发展的环境。在推动策略方面,英国政府率先推出一系列切实可行的BIM实践标准,将BIM标准与实践接轨。时机成熟后,英国政府开始要求强制使用BIM,创造了很好的需求拉动效应。英国政府对BIM早期的大力投入使英国成为BIM技术的世界领先者。

此外,英国标准学会(British Standards Institution)于2013年发布了PAS 1192-2:2013,详细说明了在项目的资本/交付阶段支持BIM Level 2的信息管理过程。其中定义了BIM成熟度模型,将BIM应用成熟度分为4个级别。

Level 0是指把二维CAD图和纸质(电子)文档作为主要的数据交换机制。

Level 1是指2D、3D应用。BS 7004:2013指出,Level 1是"受到管理的2D或3D格式的CAD"。

Level 2包含一系列特定领域的模型组合,如资产信息模型(asset information model, AIM)、SIM、FIM、BSIM、BRIM,能够作为一个完整的生态系统进行数据的存储和共享。

Level 3规定所有的利益方在一个可共享的最终模型上合作。通过IFC/IFD形成完全开放的过程和数据集成,由协作模型服务器进行管理。由于运用了并行工程,Level 3可被视为iBIM(integrated BIM)。

英国BIM成熟度模型图参见PAS 1192-2:2013中的Figure 1-BIM maturity levels。

3. 日本BIM标准

日本建设领域信息化的标准为CALS/EC(continuous acquisition and lifecycle support/electronic commerce),包括建立建设领域信息化框架、研制相应的标准、开发相应的系统、进行示范应用、进行实际应用等。

日本建筑学会(JIA)于2012年7月发布了日本BIM指南,从BIM团队建设、BIM数据处理、BIM设计流程、应用BIM进行预算、模拟等方面为日本的设计院和施工企业应用BIM提供了指导。在2013年,日本建筑承包商联盟为施工阶段BIM协作制定了BIM指南。

日本软件业较为发达,在建筑信息技术方面也拥有较多的国产软件。日本BIM相关软件厂商认识到,BIM是需要多个软件来互相配合,而数据集成是基本前提,因此,多家日本BIM软件商在IAI日本分会的支持下,以福井计算机株式会社为主导,成立了日本国产BIM软件解决方案联盟。

日本政府对于建筑业信息化管理要求非常高,基于工程项目的全生命周期,所有信息都要实现电子化、管理过程信息化。所有参与公共项目建设的建筑企业不仅要求满足所需的信息化程度，还需要符合一定的标准化要求，如此强制性的规定加速了日本建筑企业科技创新的步伐。

2.1.2　buildingSMART 标准

1. 标准体系框架

buildingSMART 是一个中立化、国际性、独立的服务于 BIM 全生命周期的非营利组织，旨在促进建筑工程全生命周期各参与方之间的信息交流与协同合作，致力于 BIM 工作标准化。buildingSMART 前身是国际协同工作联盟组织 IAI（Industry Alliance for Interoperability），2005 年 IAI 更名为 buildingSMART。其所倡导的 OpenBIM 理念，由于其开放共享的精神，为推动 BIM 的正确发展做出了极大的贡献，被业内广泛认同和接受，其成员包括政府管理部门、基础设施投资公司、设计企业、施工企业、科研院所，与 ISO、OGC、CEN 等标准组织有广泛合作。

目前，buildingSMART 共开发了五项标准，见表 2-1：

（1）工业基础类（industry foundation class，IFC）

（2）数据字典（buildingSMART data dictionary，bSDD）

（3）信息传递手册（information delivery manual，IDM）

（4）模型视图定义（model view definition，MVD）

（5）BIM 协作格式（BIM collaboration format，BCF）

表 2-1　buildingSMART 开发的标准

名　称	对应标准	说　明
IFC	ISO 16739	存储/交换信息
bSDD	ISO 12006-3	术语映射
IDM	ISO 29481-1 ISO 29481-2	描述过程
MVD	buildingSMART MVD	将过程翻译为技术需求
BCF	buildingSMART BCF	变更协调

IFC 是数据标准，也是 buildingSMART 标准体系的核心，旨在实现项目团队成员以及不同软件应用程序之间的信息共享与交换。

bSDD 是由对象和属性组成的开放库，且可在对象和属性之间建立关联。其目的是实现概念定义的标准化，便于信息交互。

IDM 的目标在于使得针对全生命周期某一特定阶段的信息需求标准化，并将需求提供给软件商，与公开的数据标准 IFC 进行映射。

MVD 从软件实现的角度定义了 IFC 数据信息如何在不同的应用软件间进行数据交换，是 IFC 数据模型的子集。

BCF 是一个开放的 XML 文件格式标准，对消息进行编码，以实现不同 BIM 软件之间的工作流程通信。BCF 开发既包括 XML 文件格式，也包括 RESTful（representational state transfer）网络服务。

buildingSMART 基础标准体系如图 2-2 所示。

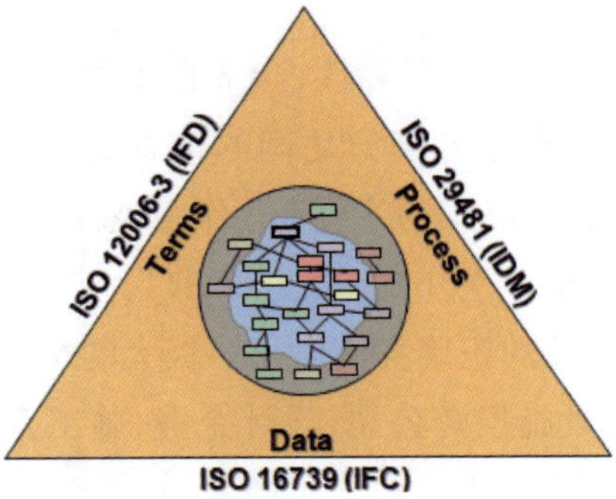

图 2-2　buildingSMART 基础标准体系

2. IFC

IFC（industry foundation classes）是用于建筑数据表示和交换的标准，其目的是支持工程项目全生命周期内各个阶段信息的共享与交换。它提供了一个不依赖于任何具体系统的、适合于描述贯穿整个建筑项目生命周期内产品数据的中性机制，可有效地支持建筑行业各个应用系统之间的数据和建筑物全生命周期的数据管理，而且不要求应用软件内部也使用这套标准，只需要与其他应用软件交换信息时符合这个标准即可。

IFC 标准发展路线图如图 2-3 所示，IFC 标准的第一个版本于 1997 年 1 月发布，并于 2005 年被接受为 ISO 标准（ISO 16739）。当前最新版本是 2017 年 6 月发布的 IFC4.1。IFC4.1 标准主要面向建筑领域，不包括铁路、公路、桥梁、隧道等基础设施领域。buildingSMART 计划于 2019 年发布 IFC5，IFC5 的主要扩展方向是基础设施领域。

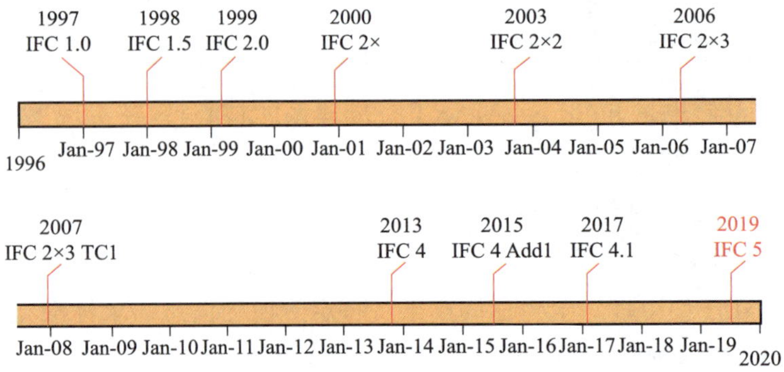

图 2-3　IFC 标准发展路线图

(1)IFC 1.0。于 1997 年 1 月发布,包括支持建筑设计、暖通空调工程设计(HVAC)、设备管理和成本预算的过程。不过这个信息标准还只是完全定义、完全共享的工程模型的一部分。该版本主要实现了以下两个目标:一是定义了一个“核心”模型,并建立了可扩展的软件框架,以保证在 IFC 模型的结构扩展过程中,各个版本之间的差异最小;二是重点定义了建筑、HVAC 工程、工程管理和设备管理 4 个工业应用领域,但是只支持这些领域的部分过程。

(2)IFC 1.5.1。于 1998 年 7 月发布,以 IFC1.5 为基础,修正了一些实现问题,验证了核心模型和资源。这一版本成为一些商业软件应用系统实现 IFC 标准的基础。

(3)IFC 2×。于 2000 年 10 月发布,标志着 IFC 开发和应用的重要转变:为整个信息模型建立了一个稳定的基础框架,在此框架下可以用模块化的方法扩展 IFC 的范围和能力。该版本将整个信息模型分为 2 个部分:平台部分和非平台部分,其中平台部分是模型中相对比较稳定的部分,已经被 ISO 组织采纳为国际标准。另外,在该版本中引入了 ifcXML 规范,定义了整个 IFC 模型 EXPRESS 语言到 XML(eXtensible marked language,可扩展标记语言)的模式定义语言 XSD(XML schema definition language)的映射,实现了用 XML 交换工程信息的方法。

(4)IFC 2×3。于 2006 年 2 月发布,在 IFC 2×2 版本的基础上进行了一些扩展,并且已经有了一些原型的实现,是当前应用最为广泛的一个版本。

(5)IFC 4。于 2013 年 3 月发布,本次大版本的更新主要是引进了一些实体类,增强了整体结构的一致性。该版本将作为后续开发的基础。

(6)IFC 4 Add1。于 2015 年 7 月发布,主要是对官方发布的 IFC4 版本中的问题进行修正,并对说明文档进行改进。

(7)IFC 4.1。于 2017 年 6 月发布,主要是增加了 IFC Alignment 方面的内容。

IFC 模型体系架构由 4 个层次构成,分别是资源层(resource layer)、核心层(core layer)、共享层(interoperability layer)以及领域层(domain layer)。每层中都包含一系列的信息描述模块,并且遵守如下规则:每个层次只能引用同层次和下层的信息资源,而不能引用上层的资源;当上层资源发生变动时,下层不受影响。

资源层是 IFC 体系架构中的最底层,能为其他层所引用,主要是描述标准中用到的基本信息,不针对具体的行业本身,是无整体结构的分散信息,作为描述基础应用于整个信息模型。包括材料资源(material resource)、几何约束资源(geometric constraint resource)和成本资源(costs resource)等。资源层的实体不能在 IFC 中独立存在,只能以被其他层引用的方式出现。

核心层是 IFC 体系架构中的第 2 层,能为共享层与领域层所引用。主要定义了 IFC 模型的基本结构、基础关系和基础概念,将资源层信息组织起来,成为一个整体,来反映现实世界的结构,包括核心(kernel)和核心扩展(core extensions)2 个层次。其中,核心(kernel)定义了 IFC 方案最底层的部分,也是抽象程度最高的部分,包括模型的一般结构,如对象类型之间的关系、对象之间的关系等。

共享层是 IFC 体系架构中的第 3 层，主要是为领域层服务。领域层中的模型可以通过该层来达到信息交互的目的。该层主要解决了领域信息交互的问题，并且在这个层次使各个系统的组成元素细化。包括共享空间元素(shared spatial elements)、共享建筑元素(shared building elements)、共享管理元素(shared management elements)、共享设备元素(shared facilities elements)和共享建筑服务元素(shared building services elements)共 5 大类。

领域层是 IFC 体系架构中的最高层，定义特定专业领域所需的实体对象。目前的 IFC 标准共定义了 8 个领域，分别是建筑控制、管道与防火、结构构件、结构分析、暖通空调、电、建筑、施工管理。在各个领域中都包含了只在本领域中使用的构件，例如，电气领域(electrical domain)包含了变压器、电气设备等。

IFC 框架结构可以分为平台和非平台两大部分。平台部分是建筑各专业通用或基础性的信息，目前结构已较为稳定，为 ISO 16739 的主要部分。非平台部分是各个领域中较为专业的部分，变化相对频繁，但它的变动不会对其他的模块和平台部分造成较大影响。要使用 IFC 作为数据存储方式，必须由两部分配合进行：IFC 模式(IFC schema)和 IFC 物理文件。模式描述对象之间的逻辑层次和约束关系，物理文件包含模型的具体数据。IFC 使用实体(entity)来描述建筑对象(包括真实的物体如墙、门、窗等，以及抽象的概念如空间、造价等)、属性、以及关系。IFC 在文件头部对整个建设项目作总体说明，包含文件名、文件生成的日期和时间、文件作者、制作单位及软件版本等信息。在其后存储建筑模型的主体信息，按照从总体到局部的方式描述建筑实体，如项目、场地、建筑、楼层、建筑单元属性、建筑单元等，最后描述这些实体之间的关系。

IFC 标准采用 EXPRESS 语言表述，符合 ISO 10303-21 标准。EXPRESS 是一种面向对象的概念模式语言，能够描述某个领域里的实体、实体的属性、实体之间的关系及约束信息等。EXPRESS-G 图是 EXPRESS 语言的图形子集。EXPRESS-G 图的特点是用图形化的方法来描述概念与概念之间的关系。

类的声明用关键字 ENTITY 开始和 END_ENTITY 结束。属性是类的特征，属性的类型可以通过简单的数据类型(如实数，整数、字符串)来表达，也可是 IFC 中定义的类。枚举类型在 EXPRESS 语言中属于构造数据类型，枚举类型的声明通常以 TYPE 开始，以 END_TYPE 结束。

3. bsDD

bSDD(buildingSMART data dictionary)是由 buildingSMART 依照 ISO 12006-3(*Building Construction Organizaiton of Information about Construction Works—Part 3:Framework for Object-oriented Information*，建筑施工——施工作业的信息组织　第 3 部分：面向对象的信息框架)标准框架建立的一个数据字典，是一个由对象和属性组成的开放库，且可在对象和属性之间建立关联。其目的是实现概念定义的标准化，便于信息交互。bSDD 采用

OWL(ontology web language)语言来描述。OWL 是 W3C 开发的一种网络本体语言,用于对本体进行语义描述。bSDD 的内容主要包括:术语(term)、分类系统、上下文(context)。

术语,要求定义明确,具有全球唯一标识符(globally unique ID,GUID),且具有多种语言。GUID 是 bSDD 技术的核心。不同国家、地区、语言对同一概念的描述都与唯一的 GUID 对应,以保证信息交换的准确性。术语的类型包括:活动(activity)、角色(actor)、分类(classification)、文档(document)、度量(measure)、属性(property)、主题(subject)、单位(unit)、值(value)。其中,值的数据类型只能是整数、逻辑值(真或假)、实数、字符串。

分类系统,如 IFC、ETIM(电子电气产品分类系统)、eClass、Omniclass、Uniclass 等。bSDD 可以采用多种不同的方式对语义信息进行结构化和分组,以适应不同的分类系统。这些分类系统可以在 bSDD 中共存,且它们之间可以相互映射。

上下文,是 bSDD 中的特殊元素,使用户可以从某个特定视角表达某一概念。在 bSDD 中,上下文定义为任意类型关系的集合,可以看作是一种过滤机制,对于特定目的限定特定的关系。上下文可以是开放的或封闭的。开放的上下文可由所有 bSDD 注册用户使用,封闭的上下文只能由特定组织内部的用户使用(bSDD 目前最新的版本是 2016 年发布的 4.3.4)。

4. IDM

IDM 从用户的角度,定义信息的交换需求,描述的信息是项目指定时间和地点的基于特定目的的信息集合。信息的交换由 IDM 定义,最终由 MVD 将 IDM 中的定义和软件中可实现的数据交换对应起来,定义软件为完成 IDM 中的流程所需要交换的数据集合。

IDM 的基本组成如图 2-4 所示,包括:流程图(process map)、交换需求(exchange requirements)、功能部件(functional parts)、业务规则(business rules)、有效性测试(verification tests)。各部件的组织形式基于以下两个准则:

(1)与流程定义及描述相关的组成部件位于顶层,对数据详细描述的部件位于中间层,包含应用软件的元素位于底层。

(2)与行业从业者相关的元素位于架构的顶层,而与信息通信技术领域的分析人员及程序员相关的元素位于底层。

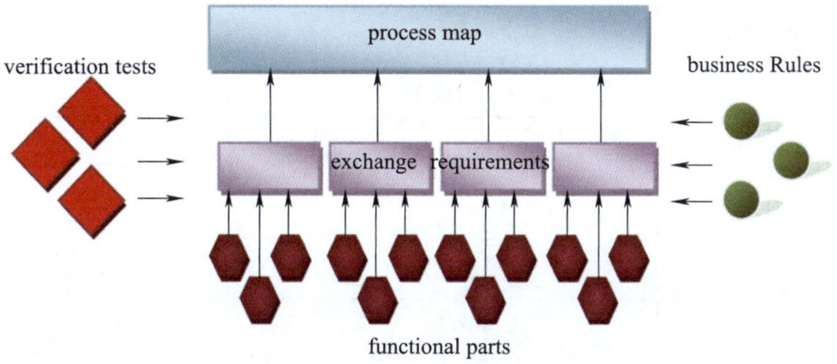

图 2-4　IDM 的基本架构

流程图定义了针对某一特定主题的活动流，所涉及的人员角色，以及整个过程中需要信息交换的节点。同时对于各流程及相应的子流程有详尽的文字描述。IDM 中的流程图绘制采用的是业务流程建模标记方法(business process modeling notation，BPMN)。BPMN 由对象管理组织(object management group，OMG)开发，于 2006 年正式被采纳为用于表达流程图的标准，目前最新版本是 2011 年发布的 2.0 版本。

交换需求是对流程图中的特定活动所需交换的一组信息的完整描述。而这种描述采用的是非技术性方式，即从建筑师、工程师、建造师等 BIM 用户的角度，对信息进行文字性的叙述。

功能部件是 IDM 中数据信息的基本单元。每个交换需求都是由若干个功能部件组成，一个功能部件可能与多个交换需求关联。交换需求中文字性描述的信息被转述为各个功能部件中以技术性语言(即一定数据模型标准和格式)描述的数据信息，最终提供给软件商使用，形成解决方案，通过软件支持模型交换需求。一个功能部件完全可以描述为一个独立的信息模型，作为 IFC 数据模型的子集。

业务规则对交换信息的详略程度与精确度进行控制，用于描述特定过程或者活动中交换的数据及属性的限制条件。这种限制条件可以基于一个项目，也可以基于当地的标准。通过业务规则，可以改变使用信息模型的结果而无需对信息模型本身做出改变。这使得 IDM 在使用中更加灵活。

有效性测试是用于检验软件所输出的信息与交换需求定义是否一致，确保在特定的业务规则下交换需求能完全被满足。有效性测试执行时必须使用为确定交换需求中特定部分而设计，事先已知其功能的测试文件，测试文件中属性值的设定在不同地方可能因为不同的业务规则而有所差异。

2007 年，bSI 发布第一版本的 IDM 指南，详细阐述了 IDM 的任务目标、组成部件及开发方法，为 IDM 的研究提供参考，并使得标准的制定规范化。之后指南进行了两次修订。2010 年，一个特定版本的 buildingSMART IDM 方法指南提交给 ISO 组织，并最终成为正式的 ISO 标准，即 ISO 29481-1:2010《建筑信息模型　信息传递手册　第 1 部分：方法与格式》。2011 年，buildingSMART 正式发布了 IDM 发展路线，见表 2-2。路线图以矩阵的形式呈现，水平方向是 ISO 29481-1:2010 中定义的项目全生命周期的各个阶段。竖直方向定义了 10 个服务类型，包含建模、性能分析、建造、运营等。

表 2-2　IDM 发展路线

Services	ISO 29481-1:2010 Table A.1 Stages					
Client's needs		IDM	IDM			
Regulatory				IDM	IDM	
Modeling	IDM					IDM
⋮						

IDM 标准是否能够真正应用到 BIM 软件，由 MVD 能否成功实施来控制。MVD 是 IFC 数据模型的子集，提供一套完整的信息概念描述，用于 AEC（建筑/工程/建造）工作流中的特定信息交换。这些交换需求由 IDM 进行定义。MVD 旨在从用户的需求和软件厂商的实施中寻找有效的平衡点，通过提供精确、可重复利用的视图定义，实现 IDM 中所定义的交换需求，最终将 IDM 中的需求转换为计算机可以识别的 IFC 模型文件。

5. MVD

MVD 采用 mvdXML 格式进行编码，目前最新版本是 mvdXML 1.1。buildingSMART 开发了软件工具 ifcDoc，用于编制 MVD。目前最新的 MVD 是针对 IFC4 标准定义的，包括 IFC4 参考视图（reference view，RV）V1.1 和 IFC4 设计传递视图（design transfer view，DTV）V1.0。IFC4 参考视图的主要目的是在大量不同类型的软件应用程序中应用 BIM 数据，可以进行查看、估算及其他下游分析，而不需要改变几何表达。参考视图的特点是可以按照 IFC 定义的子集发布 BIM 数据。IFC4 设计传递视图的主要目的是实现多个专业在设计元素方面的协作，并能够将设计模型交付给其他人。这种交付仅限于当前 IFC 内置参数化功能的扩展，重点在于尺寸驱动的标准元素。设计传递视图不支持往返情况。IFC4 设计传递视图是 IFC4 参考视图的附加视图，包括 IFC4 参考视图中定义的建筑语义数据。

6. BCF

2010 年之前，想要在 BIM 模型中交换问题、意见及变更请求，用户必须交换整个 BIM 模型文件。接收方必须对 BIM 模型的不同版本进行比较，以筛选发送方的请求。为了提高工作效率，Tekla 公司和 Solibri 公司于 2010 年提出了“bcfXML V1”，用于对 BIM 数据模型中包含 BIM 主题（Topic，如问题、意见、变更请求等）的消息进行编码。这样在 BIM 工作流程中，在不同软件之间只交换相关主题，而不是整个 BIM 数据模型。从而提高了协作程度。bcfXML V1 由多个软件包组成，通过在 BIM 项目中的使用可以获得宝贵的经验。

2013 年，基于这些经验，buildingSMART 成立了由 Solibri 牵头的工作组，以在某些方面增强 bcfXML V1，如与项目特定方面相关的灵活性、可交换机器可读的附带 BIM 片段（BIM 模型的小组件）的 BCF 主题、附带多个视点等。最终，经公开征求意见，bcfXML V2 于 2014 年 10 月份发布，并被 buildingSMART 采纳。

2014 年，由 IABI（institute of applied building informatics，应用建筑信息学研究所）引进了 BCF 网络服务“bcfAPI V1”，这也是 BCF 工作组的第二个主要目标。其背后的理念是不仅可以通过人工或电子邮件附件的形式，而且可以通过标准化的 RESTful API 即“bcfAPI”，实现自动无缝地交换 BCF 主题。

2017 年 3 月，“bcfXML V2.1”和“bcfAPI V2.1”发布。BCF V2.0 着重于保持与 BCF 第一版本的兼容性，确实存在一些符合 BCF V1.0 的元素，但不符合新的标准。因此，在 BCF V2.1 中删除了这些元素。

BCF 文件是一个 .zip 压缩包，其中包含多个不同主题的文件夹，BCF V1.0 和 BCF V2.0 的文件扩展名为“bcfzip”。从 BCF V2.1 开始引入版本号为“bcf V2.1”的文件扩展名。

2.1.3 桥梁 IFC 国际标准

IFC Bridge 国际标准主要在明确常见且用途广泛的桥梁工程类型的基础上，选取全生命周期中数据交换过程中最重要的应用实例，阐述桥梁类型划分、桥梁工程全生命周期的应用实例、桥梁工程结构分解、概念模型搭建、样例文件与标准验证等内容。

1. 桥梁类型划分

桥梁类型划分是 IFC Bridge 中桥梁 IFC 分类的基础，需要覆盖最常见和最广泛的类型。在对桥梁类型进行研究后，确定梁桥、桁架桥、拱桥、悬臂桥、斜拉桥及悬索桥 6 种桥梁结构基本类型；完成适用于 IFC 分类的桥梁类型划分，其中，包含板式桥、梁式桥、板梁桥、箱梁桥、框架桥、刚架桥、涵洞、桁架桥、拱桥、悬臂桥、斜拉桥和悬索桥共 12 种类型。另外从采用材料的角度出发，桥梁类型分为钢筋混凝土桥、预应力混凝土桥、钢混凝土组合桥和钢桥等类型。中方提出的新增桥涵类型如图 2-5 所示。

图 2-5　中方提出的新增桥涵类型

2. 应用实例

桥梁工程应用实例是桥梁 IFC 的主要内容之一，面向全周期中各个环节，完成对桥梁工程数据交换应用实例的描述，明确交换目标、IFC 交换场景、需要的几何表达方式、需要的语义信息及其优先级与复杂程度。完成桥梁工程全生命周期的需求分析，涉及的桥梁工程环节包含：(1)初始状态建模；(2)引入线位和主要参数；(3)技术可视化；(4)协调与碰撞检测；(5)4D 施工工序建模；(6)工程数量提取；(7)进度监控；(8)建造成果与设计模型对比；(9)交付到资产管理；(10)移交到 GIS 进行空间分析；(11)设计向设计传递；(12)结构分析；

(13)合规性检查;(14)图纸的生成与交换;(15)预制加工等。

3. 模型视图

桥梁 IFC 设计的模型视图定义有:

(1)桥梁参考视图(bridge reference view)

(2)基于线位的桥梁参考视图(alignment-based bridge reference view)

(3)桥梁设计转换视图(bridge design transfer view)

(4)桥梁资产移交管理视图(bridge asset management handover view)

桥梁参考视图和桥梁设计转换视图与当前 IFC4 标准中已有的视图保持基本一致,见表 2-3。

表 2-3 桥梁模型视图定义比较

IFC 类型	IFC 参考视图	桥梁参考视图	桥梁资产移交管理视图	IFC 设计转换视图	桥梁设计转换视图
IfcSolidModel	×	×	×	×	×
IfcCsgSolid				×	×
IfcManifoldSolidBrep				×	×
IfcAdvancedBrep				×	×
IfcAdvancedBrepWithVoids					
IfcFacetedBrep				×	×
IfcFacetedBrepWithVoids					
IfcSweptAreaSolid	×	×	×	×	×
IfcExtrudedAraSolid	×	×	×	×	×
IfcExtrudedAreaSolidTapered				×	×
IfcFixedReferenceSweptAreaSolid				×	×
IfcRevolvedAreaSolid	×	×	×	×	×
IfcRevolvedAreaSolidTapered				×	×
IfcCurveSweptAreaSolid				×	×
IfcSweptDiskSolid	×	×	×	×	×
IfcSweptDiskSolidPolygonal					
IfcSectionedSolid			×		×
IfcSectionedSolidHorizontal			×		×
IfcTesselatedItem	×	×	×	×	×
IfcTesselatedFaceSet	×	×	×	×	
IfcTriangulatedFaceSet	×	×	×	×	×
IfcPolygonalFaceSet	×	×	×	×	×
IfcCurve	×	×	×	×	×
IfcBoundedCurve	×	×	×	×	×
IfcAlignmentCurve			×		×
IfcOffsetCurve					×

续上表

IFC 类型	IFC 参考视图	桥梁参考视图	桥梁资产移交管理视图	IFC 设计转换视图	桥梁设计转换视图
IfcOffsetCurveByDistances					×
IfcDistanceExpression			×		×
IfcOrientationExpression			×		×
IfcLinearPlacement			×		×
IfcPositioningElement	×	×	×	×	×
IfcAlignment			×		×
IfcAlignment2DHorizontal			×		×
IfcAlignment2DVertical			×		×
IfcAlignment2DSegment			×		×
IfcAlignment2DVerticalSegment			×		×
IfcAlignment2DHorizonalSegment			×		×

4. 桥梁工程结构分解

桥梁工程包含大量的桥梁构件,大到桥墩、基础,小到人行步板、钢构件。每种桥梁构件都应设置对应的 IFC 分类。桥梁工程在空间上自上而下分为桥面系、上部结构与下部结构。针对不同结构层级,结合中国铁路工程的结构特点,对桥梁结构分解进行了补充完善,见表 2-4。其中,在上部结构中补充了伸缩缝、齿块、竖墙、防落梁装置等构件;在下部结构中补充了桥台锥体、桥墩垫石、桥墩托盘、桥墩顶帽等构件;在桥面系中补充了人行道板、避车台等构件。

表 2-4 桥梁工程结构分解及建模

Bridge System Breakdown Structure				Origin/Modeled in				
Level 1	Level 2	Level 3	Level 4	IfcBridge 07	MinND	KICT	US-BrIM	CRBIM
Bridge								
	Superstructure							
		Deck/Span		enum	×			
			Slab					
			Cross frame		×			
		Diaphragm			×			
		Girder		enum	×			
		Truss						
			Combination(Level 5)					
			Haunch					
		Parapet			×			
		Expansion Installation						×
		Gear Block						×

续上表

Bridge System Breakdown Structure				Origin/Modeled in				
Level 1	Level 2	Level 3	Level 4	IfcBridge 07	MinND	KICT	US-BrIM	CRBIM
		Tendon Bellow						×
		Vertical Wall						×
		Beam falling prevention device						×
		Ubergangskon-strukution						
		Deviator						
		Cornice						
		Expansion joint						

在完成桥梁工程结构分解的基础上，对桥梁工程相关的物理单元进行了补充，并在概念模型中提出了新的预定义类型，见表 2-5。

表 2-5　新补充的桥梁预定义类

beam: ✓ GIRDER_SEGMENT ✓ DIAPHRAGM ✓ PIERCAP ✓ HATSTONE ✓ CORNICE ✓ EDGEBEAM	**column:** ✓ PIERSTEM ✓ PIERSTEM_SEGMENT ✓ STANDCOLUMN	**covering:** ✓ COPING
member: ✓ STIFFENING_RIB ✓ ARCH_SEGMENT ✓ SUSPENSION_CABLE ✓ SUSPENDER ✓ STAY_CABLE	**plate:** ✓ FLANGE_PLATE ✓ WEB_PLATE ✓ STIFFENER_PLATE ✓ GUSSET_PLATE ✓ SPLICE_PLATE ✓ COVER_PLATE ✓ BASE_PLATE	**slab:** ✓ APPROACH_SLAB ✓ PAVING ✓ SIDEWALK ✓ WEARING
wall: ✓ RETAININGWALL	**element assembly:** ✓ ABUTMENT ✓ PIER ✓ PYLON ✓ CROSS_BRACING ✓ DECK	**vibration isolator:** ✓ BASE

5. 概念模型

在基础设施领域，桥梁工程可以通过多种不同的方式和从不同的层面进行分解。根据一般的 IFC 模型分解原则，任何结构都可以分解为三个主要部分：空间结构分解、组件结构分解、功能结构分解，如图 2-6 所示。根据这些原则，每个项目都将至少具有三个层次结构。

所有的物理构件，如板、梁或柱及其部件，在工程结构层级中只被包含一次。物理层级关系中位于顶部的组件通常被包含在空间层级关系中且只被包含一次，其他组件则通过聚合关系与物理层级发生关联。

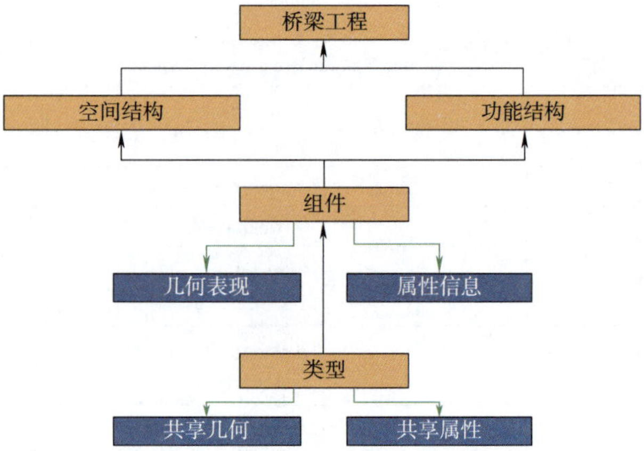

图 2-6　桥梁工程三种主要分解

通过非层级的分组关系，物理单元也可以从属于功能系统。此外，组件的几何结构和属性可以从类型中派生。例如将桥墩定义为一种类型，并将其作为组件在模型的不同位置安装多次。空间元素和系统亦可以定义类型，这些元素可以具有动态的属性管理，并补充静态定义的对象属性。

2.2　国内桥梁相关 BIM 标准

2.2.1　BIM 标准体系框架

1. 铁路 BIM 标准体系框架

中国铁路 BIM 标准体系包括技术标准和实施标准两大部分。

中国铁路 BIM 标准体系如图 2-7 所示，技术标准分为数据存储标准、信息语义标准、信息传递标准，其主要目标是为了实现铁路建设项目全生命周期内不同参与方与异构信息系统间的互操作性，用于指导和规范铁路 BIM 软件开发，主要面向 IT 工具。实施标准主要是从资源、行为、交付物、协同管理四方面指导和规范铁路行业规划、设计、施工、建设管理、运营企业实施 BIM 标准。

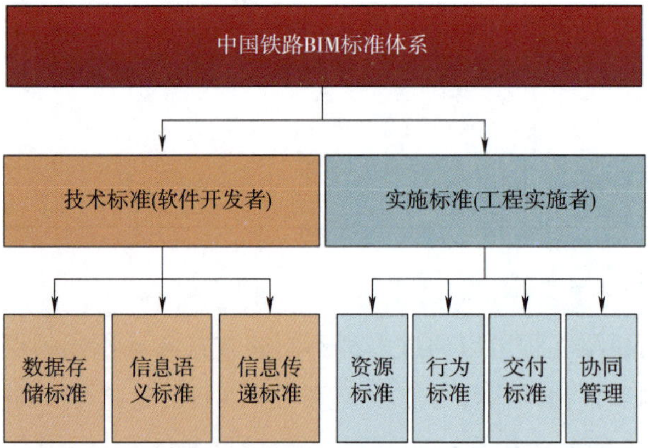

图 2-7　中国铁路 BIM 标准体系

2. 中国铁路 BIM 标准序列

针对不同的应用层次，中国铁路 BIM 标准序列分为三个层次，如图 2-8 所示。

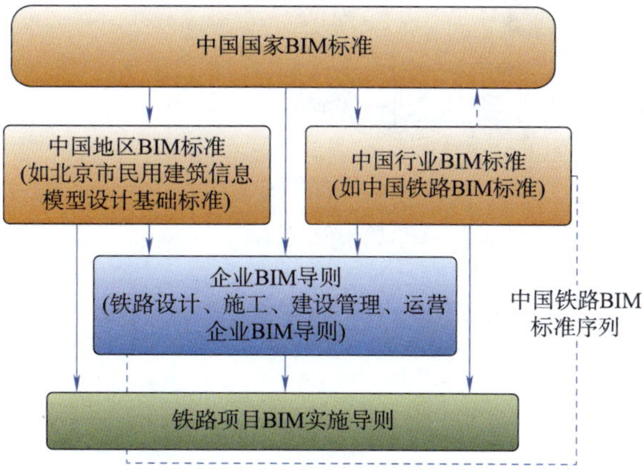

图 2-8　中国铁路 BIM 标准序列

第一层，铁路行业 BIM 标准，为行业标准规范。作为一种行业标准，应该满足和遵守国家 BIM 标准的相关要求和规定。但由于现有中国国家 BIM 标准基本上只包含民用建筑领域，因此，待铁路 BIM 标准体系成熟后，该体系内一些对其他行业领域具有强制要求、指导或借鉴意义的规定可以上升为国家标准。

第二层，企业 BIM 导则。为铁路设计、施工、建设管理、运营企业，在 BIM 国家标准、行业标准、地方标准的约束指导下，为实施本单位 BIM 项目制定的工作手册或作业指导书。

第三层，铁路项目 BIM 实施导则。企业项目团队针对具体的建设项目制定具有高度相关性的项目 BIM 工作原则。

3. 技术标准组成、关系及规范对象

技术标准的主要目标是为了实现铁路建设项目全生命周期内不同参与方与异构信息系统间的互操作性，并为 BIM 实施标准的制定提供技术依据。主要用于指导和规范铁路 BIM 软件开发。依据 CBIMS 和 NBIMS 方法论，如图 2-9 所示，中国铁路 BIM 标准体系的技术标准可分为数据存储标准、信息语义标准、信息传递标准。

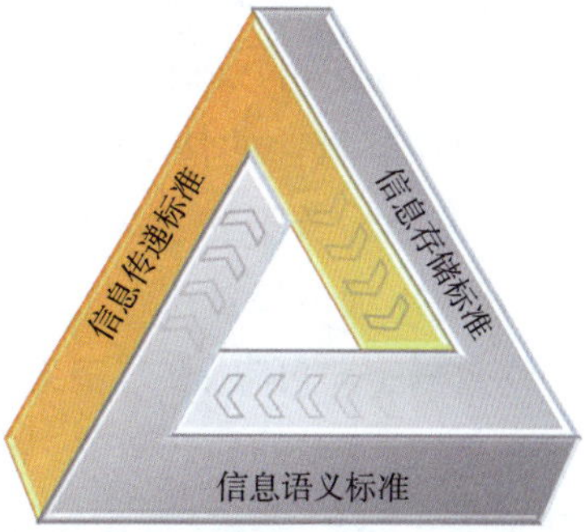

图 2-9　中国铁路 BIM 标准体系

(1)数据的组织

铁路建设项目跨越的地理区域大，从几公里到上千公里不等。为了对完整的铁路项目甚至是全国范围内铁路项目的数据进行有效管理，对数据进行分层组织，如图 2-10 所示。

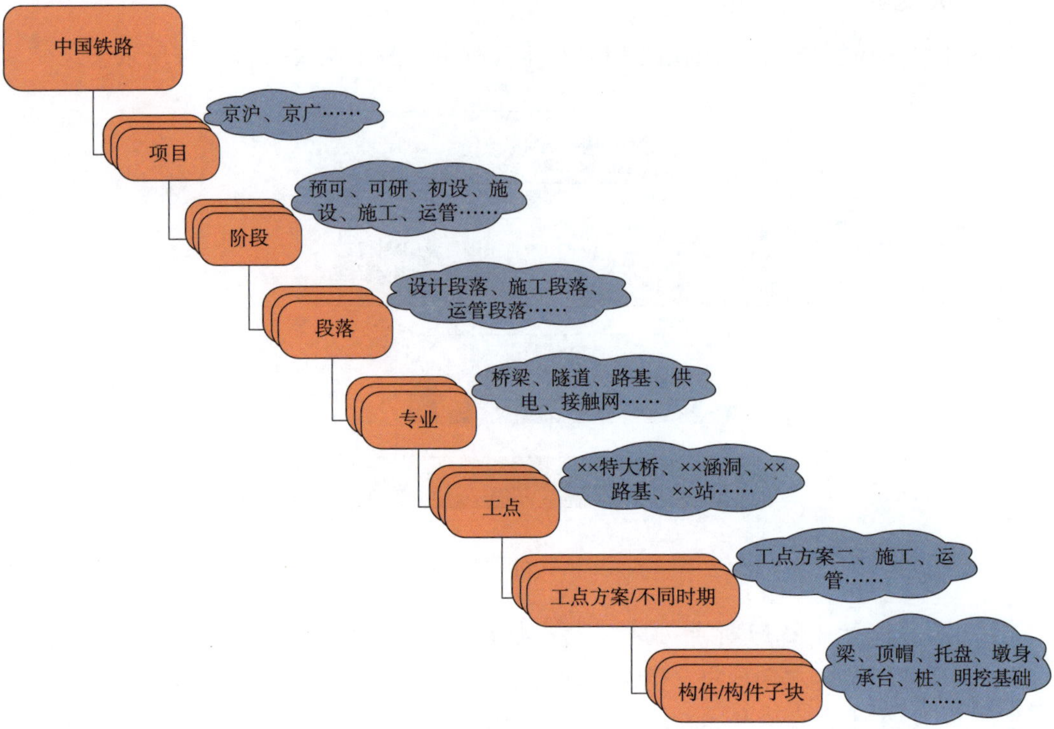

图 2-10 数据组织模式

(2)数据存储标准

在明确 BIM 模型数据存储格式、语义扩展方式、数据访问方法、一致性测试规范等内容的基础上,采用对建筑领域通用的 IFC 标准进行扩展的方式实现铁路 BIM 数据存储标准的落地应用。

(3)信息语义标准

信息语义标准包括分类编码和数据字典两部分。

分类编码可以参照《施工工程信息的组织　第 2 部分:信息分类框架》ISO 12006-2,结合我国铁路行业的情况建立。与美国 OmniClass、英国 UniClass 相同,这是一个面向对象的分类,包含若干张总表分别涉及建筑全生命周期的建筑信息(如:建筑构件表、建筑产品表、建筑工项表等),每一个总表又具体分为若干张子表,用来描述一个实体的不同方面。

数据字典可参照《施工工程信息的组织　第 3 部分:面向对象的信息框架》ISO 12006-3 建立,对行业中的概念语义,如完整名称、定义、备注等进行规范,数据字典中的每一个概念都对应一个全球统一标识符(GUID)。

(4)信息传递及交付标准

信息的传递一般发生在两个维度,如图 2-11 所示。全生命周期内规划、设计、施工、运维各阶段之间;业主(业务主管部门)、设计方、施工方、运营方各参与方之间,或参与方内部各专业之间。

结合我国铁路建设管理规定，定义预可行性研究、可行性研究、初步设计、施工图设计、竣工验收等主要成果节点的信息模型几何信息和非几何信息的精度要求。

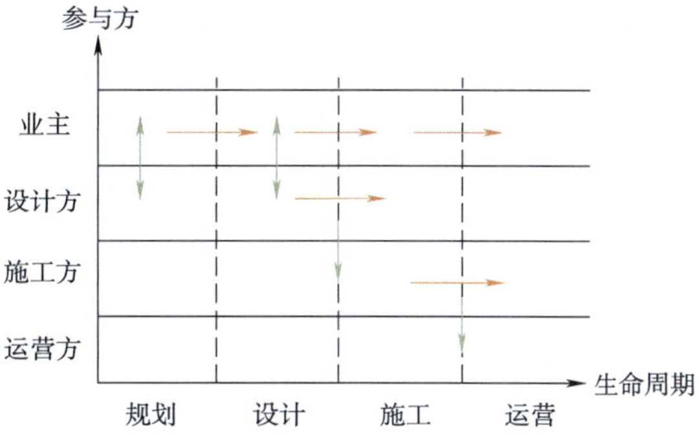

图 2-11　信息的传递

4. 实施标准的组成设计与各自规范对象

实施标准是技术标准的使用规范，企业可根据实施标准对自身的工作程序、管理模式、资源搭建、环境配置以及成果交付物进行规范化。实施标准包括：资源标准、行为标准、交付标准。

资源标准：资源指各阶段工作中实施 BIM 应用所需要的条件和环境。资源标准是指资源组织和定义相关规范，如软件要求、硬件要求、网络要求、构件库要求等。

行为标准：行为是指实施 BIM 应用工作中相关人员的活动和过程。行为标准是指规范行为的要求和规章制度，如建模、制图、协同规范。

交付标准：交付物是指实施 BIM 应用产生的成果。交付标准是指定义、组织和管理交付物的规范规定，如文档归档标准等。

2.2.2　铁路桥梁工程实体结构分解指南

铁路工程实体结构分解编码的核心功能在于实现铁路工程实体的分类、检索、信息传递，应用于铁路建设管理信息化。

1. 桥梁专业工点划分原则

(1)大中小桥一般以单座桥梁为工点，特大桥可划分为多个工点。

(2)特殊桥梁结构，包括连续梁(联)、连续钢构(联)、连续梁拱、系杆拱、斜拉桥、钢梁、拱桥、现浇简支梁(按段落)和其他不能按常规方式施工的桥梁结构等，应分别作为单独工点。

(3)制梁以梁场为单位划分工点。

(4)架梁工点一般以每座桥划分，同座桥梁架梁方向不一致时须拆分。

(5)涵洞按照座单独划分为一个工点。

2. EBS 编码规则

EBS 编码和工程量清单、验标编码类似，采用层次码。EBS 编码以编码集合中的层级分类为基础，将编码对象编码成为连续且递增的组(类)。位于较高层级上的每一个组(类)都包含并且只能包含它下面较低层级全部的组(类)。EBS 代码类型以每个层级上编码对象特性之间的差异为编码基础。每个层级上特性必须互不相容。EBS 层次码的一般结构如图 2-12 所示，桥梁工程实体结构分级见表 2-6。

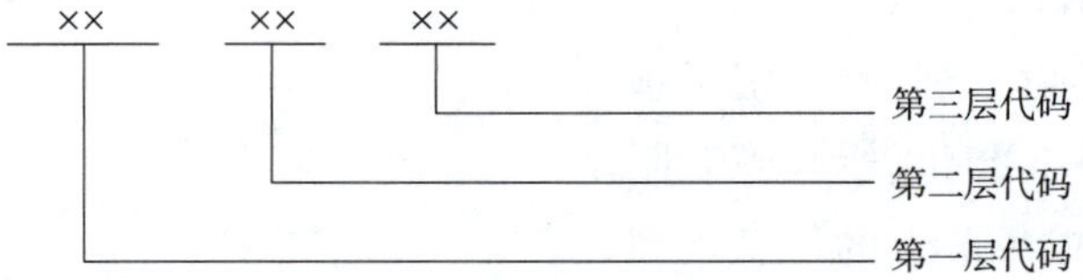

图 2-12　EBS 层次码一般结构

表 2-6　桥梁工程实体结构分级表

EBS 编码	层级	EBS 名称	单位	EBS 编码	层级	EBS 名称	单位
03	1	桥涵专业	延长米	0301010101010101050202	10	----------------钢沉井	吨
0301	2	-特大桥	延长米	0301010101010106	8	------------挖孔桩	米
030101	3	---复杂特大桥	延长米	030101010101010601	9	------------ 1 号桩	米
03010101	4	----建筑工程费	延长米	030101010101010602	9	------------ 2 号桩	米
0301010101	5	----下部	圬工方	0301010101010107	8	------------钻孔桩	米
030101010101	6	-------- 0 号墩(台)	圬工方	030101010101010701	9	------------陆上	米
03010101010101	7	------------地基及基础	圬工方	0301010101010101070101	10	---------------- 1 号桩	米
0301010101010101	8	------------基坑开挖	圬工方	0301010101010101070102	10	---------------- 2 号桩	米
0301010101010102	8	------------基坑回填	圬工方	030101010101010702	9	------------水上	米
0301010101010103	8	------------明挖基础	圬工方	0301010101010101070201	10	---------------- 1 号桩	米
030101010101010301	9	----------------混凝土	圬工方	0301010101010101070202	10	---------------- 2 号桩	米
030101010101010302	9	----------------钢筋	吨	0301010101010108	8	------------沉入桩	米
030101010101010303	9	---------------- 混凝土冷却管	吨	030101010101010801	9	------------ 钢筋(预应力)混凝 土管桩	米
0301010101010104	8	------------承台	圬工方	0301010101010101080101	10	---------------- 1 号桩	米
030101010101010401	9	----------------混凝土	圬工方	0301010101010101080102	10	---------------- 2 号桩	米
030101010101010402	9	----------------钢筋	吨	030101010101010802	9	------------钢管桩	米
030101010101010403	9	---------------- 混凝土冷却管	吨	0301010101010101080201	10	---------------- 1 号桩	米
0301010101010105	8	------------沉井	元	0301010101010101080202	10	---------------- 2 号桩	米
030101010101010501	9	----------------陆上	元	0301010101010109	8	------------管柱	米
0301010101010101050101	10	---------------- 钢筋混凝土沉井	圬工方	030101010101010901	9	----------------钢筋(预应力)混凝土管柱	米
0301010101010101050102	10	----------------钢沉井	吨	030101010101010902	9	----------------钢管柱	米
030101010101010502	9	------------水上	元	0301010101010110	8	----------------挖井基础	圬工方
0301010101010101050201	10	---------------- 钢筋混凝土沉井	圬工方	030101010101011001	9	----------------混凝土	圬工方

续上表

EBS 编码	层级	EBS 名称	单位	EBS 编码	层级	EBS 名称	单位
03010101010101011002	9	················钢筋	吨	0301010101010311	8	············封底混凝土	圬工方
03010101010102	7	············墩台	圬工方	0301010101010312	8	············工作平台	平方米
0301010101010201	8	················混凝土	圬工方	030101010102	6	········1 号墩(台)	圬工方
0301010101010202	8	················钢筋	吨	03010101010201	7	············地基及基础	圬工方
0301010101010203	8	················浆砌石	圬工方	0301010101020101	8	············基坑开挖	圬工方
0301010101010204	8	················混凝土冷却管	吨	0301010101020102	8	············基坑回填	圬工方
03010101010103	7	············基础施工辅助设施	元	0301010101020103	8	············明挖基础	圬工方
0301010101010301	8	················挡土板	立方米	030101010102010301	9	················混凝土	圬工方
0301010101010302	8	················钢板桩	吨	030101010102010302	9	················钢筋	吨
0301010101010303	8	················钢轨桩	米	030101010102010303	9	················混凝土冷却管	吨
0301010101010304	8	················钢套箱	吨	0301010101020104	8	············承台	圬工方
0301010101010305	8	················钢围堰	吨	030101010102010401	9	················混凝土	圬工方
0301010101010306	8	················钢吊箱	吨	030101010102010402	9	················钢筋	吨
0301010101010307	8	············钻孔灌注桩	米	030101010102010403	9	················混凝土冷却管	吨
0301010101010308	8	············预应力管桩	米	0301010101020105	8	············沉井	元
0301010101010309	8	············旋喷桩	米	030101010102010501	9	············陆上	元
0301010101010310	8	············搅拌桩	米	03010101010201050101	10	················钢筋混凝土沉井	圬工方

2.2.3　铁路工程信息模型分类和编码标准

1. 现有国内外分类和编码标准

21 世纪初，欧美国家纷纷开始建立自己的建筑信息分类编码体系。早期的分类编码体系都是针对某些特定的应用领域，满足规范化设计、工程造价、建设项目管理等单一方面的需求。

1）ISO 12006-2

为了使建筑信息分类编码体系能够遵从相同的分类原则，对现代建筑业中包含的大量不同种类的信息数据进行分类，并将信息之间的关系用一种标准化、结构化的方式进行组织，应用于项目的设计、施工、造价、管理、运营维护等不同的方面。国际标准组织定义了一个面向建设活动全生命周期的建筑信息分类组织的标准框架 ISO 12006-2，该标准体系适用于建筑工程和土木工程领域，于 2001 年 11 月发布。

ISO 12006-2 标准体系框架的分类对象是建设活动全生命周期中涉及的所有信息数据，分类原则是基于一个简单的过程模型，即投入一定的资源经历特定的建设过程形成特定的建设成果。该框架并不是一个完整的分类体系，而只是一个分类体系框架。其依据不同特征和应用方式定义了不同类别的信息，并依据过程模型指出这些不同类别的信息应该如何关联。

ISO 12006-2 分类框架中对各类别信息的基本概念进行了阐述，形成了 17 张按照不同类别组织的推荐分类表，并给出了每张推荐表的条目示例。在该框架的指导下，各个国家和地区应该根据自己的项目特点、管理流程等组织自己完整的、具有可操作性的分类编码体系。

2) Omniclass

Omniclass 分类编码体系是目前建筑行业中比较成熟的信息分类编码体系，最初是由 CSI 发起的 OCCS 分类编码体系，2006 年正式发布 Omniclass 1.0 版，现行版本是 Omniclass 2012 版。该分类体系以 ISO 12006-2 分类体系框架为基础，包含建筑设计、施工、运营、拆除等全生命周期过程的信息数据，可以用于文献信息组织检索、软件开发、项目信息数据库建立等许多方面。

Omniclass 采用面分法，共有 15 张分类表，每张分类表内部采用线分法。既可以单独使用一个分类表表达建设项目特定方面的信息，也可将不同分类表组合使用以表达更为复杂的信息。每张分类表里对基本概念进行了阐述，列举了典型实例并对分类表的用途和使用者进行了说明。该分类体系中包含了一些成熟的传统信息分类编码体系，如用于组织构件表的 Uniformat 和组织工作成果表的 MasterFormat。

3) 建筑工程设计信息模型分类和编码标准

2012—2013 年住房和城乡建设部将《建筑工程信息模型应用统一标准》《建筑工程信息模型存储标准》《建筑工程设计信息模型分类和编码标准》《建筑工程设计信息模型交付标准》《制造工业工程设计信息模型应用标准》《建筑工程施工信息模型应用标准》列为国家标准编制计划，其中《建筑工程设计信息模型分类和编码标准》主要用于规范建筑工程信息的分类、编码。

该标准以 ISO 12006-2 分类编码体系框架为依据，参考 Omniclass 对 ISO 12006-2 推荐表的利用方法，根据需要对推荐表进行适当整合和细化，形成了适用于我国建筑行业的信息分类表，对信息进行统一编码，并对编码的使用和组合方法进行了具体规定。

(1) 分类对象及分类方法

建筑信息模型分类对象应包括建筑工程中的建设资源、建设进程、建设成果。

(2) 编码及扩展原则

建筑信息模型分类表代码采用两位数字表示，单个分类表内各层级代码应采用两位数字表示，各代码之间用英文“.”隔开。

分类对象的编码应按照以下规定执行：

①分类对象编码由表编码、大类代码、中类代码、小类代码、细类代码组成，表编码与分类对象编码之间用“-”连接；

②大类编码采用 6 位数字表示，前两位为大类代码，其余四位用零补齐；

③中类编码采用 6 位数字表示，前两位为大类代码，加中类代码，后两位用零补齐；

④小类编码采用 6 位数字表示，前四位为上位类代码，加小类代码；

⑤细类编码采用 8 位数字表示，在小类编码后增加两位细类代码。

(3)编码的应用方法

为了在复杂情况下精确描述对象，建筑信息模型分类表代码采用运算符号联合多个编码一起使用。编码的运算符号宜采用“＋”“/”“＜”“＞”符号表示，并按照对应规则使用。

(4)编码的应用原则

建筑工程设计信息分类编码及运算符号的运用宜依赖于信息技术，建筑工程设计信息分类编码可与其他编码系统结合使用。归档应按照以下规定执行：

①无运算符号的单个编码按照表、大类、中类、小类、细类的层级，依次对各级代码按照从小到大的顺序归档。

②由同一类运算符号联合的组合编码集合，应按从左到右、从小到大的顺序逐级进行归档。

③由单个编码和组合编码构成的编码集合，应先对由“/”联合的组合编码进行归档，再对单个编码进行归档，之后对由“＋”联合的组合编码进行归档，最后对由“＜”“＞”联合的组合编码进行归档。当有不同的组合编码表达同一对象时，归档顺序在前的编码为这一对象的引用编码。

4)地理信息分类与编码

《地理信息分类与编码规则》(GB/T 25529—2010)是地理信息共享的基础标准之一，是通过对多源地理要素及其属性进行统一分类组织和编码，支持跨部门、跨领域、多源、多时相、多尺度地理信息整合与管理的基础性标准。标准面向我国现有地理信息系统，从多源地理信息空间集成共享和信息持续更新的需求出发，基于既实现多源地理信息整合所需要的信息统一分类编码，又维持整合后的信息分类编码方案能够与原有信息系统的数据分类编码保持一致的原则，规定了地理要素与属性信息的分类与编码规则。

从满足地理信息空间整合的基本需求出发，该标准重点对于地理要素类型的分类和编码规则及其扩充方法进行了统一规定，并且通过规范性附录规定了地理要素类型的高位分类(门类、亚门类、大类和中类)与代码，通过资料性附录对地理要素实例和属性的分类编码规则进行说明，提供了范例。

参照规范性引用文件《地理格网》(GB/T 12409—2009)和《基础地理信息要素分类与代码》(GB/T 13923—2006)，该标准在对地理信息分类与编码时遵循科学性原则、系统性原则、一致性原则、可扩展性原则和适用性原则。要素类型分类应满足四项基本要求：由某一上位类划分出的下位类的总范围应与该上位类的范围相同；当某一上位类划分成若干个下位类时，应选择同一种划分视角；同位类类目之间不交叉、不重复，并只对应于一个上位类；分类应从高位向低位依次进行，不应有跳跃。标准采用线分类法将要素类型分为门类、亚门类、大类、中类和小类五个层次，并规定了门类、亚门类、大类、中类的分类名称，小类宜根据应用需求进行细分和命名。总计划分 3 个门类，16 个亚门类，77 个大类和 465 个中类。标准中规定了地理要素的小类由各个应用领域按照以下两项原则自行细分：

(1)小类的内涵必须在其上位类(中类)的范畴内；

(2)各专业在设计小类时，要包含此视角的一致性，即同一级分类应保持相同的视角。

遵照该标准规定对铁路工程要素进行分类时，所对应的门类、亚门类、大类和中类的分类项类目分别为“专业要素类”“基础设施要素”“交通基础设施”“铁路基础设施及营运与管理要素”，小类项类目则遵照研究中采用的面分法中的某一角度进行补充和完善。

在编码规则方面，地理要素类的代码采用 10 位定长数字码，不足 10 位用“0”补齐。门类、亚门类、大类各 1 位，中类 2 位，小类 5 位，按他们的从属关系顺序编码，标准中规定了要素类高位的分类名称与代码，后 5 位宜由各领域应用根据信息共享和应用的需要决定。该标准对代码的使用作出了以下两点规定：

(1)在地理信息系统建设时，宜按照该标准的分类与编码规则组织建立统一的数据系统和编码体系，并宜按照要素类的代码的分类体系组织要素目录；

(2)在进行多源地理信息整合时，应按照该标准的分类对参与整合的信息进行统一组织；采用该标准的编码规则实现整合后产生的数据系统应实现地理要素类、地理要素实体、要素属性代码的唯一性，以及地理要素与属性之间对应关系与相关信息系统一致。

在代码的扩充、细分规则方面，该标准给出如下规定：

(1)要素类的门类、亚门类、大类和中类的名称与代码不应扩充，中类和小类可以扩充，并可以在中类下进一步细分小类，但码位长度不能扩充；

(2)细分后的小类应当归入相应的中类，且具有向上递归的唯一性；

(3)扩充后的要素类的代码应具有唯一性，不得与已有代码重复。

2. 信息分类和编码的基本方法

为了规范各行业信息分类和编码的方法，我国于 2002 年颁布了《信息分类和编码的基本原则与方法》(GB/T 7027—2002)。

《信息分类和编码的基本原则与方法》(GB/T 7027—2002)中，对信息分类的基本原则和方法以及信息编码的基本原则和方法进行了具体规定，并对各种分类编码方法的优缺点进行了对比分析，为各类信息分类编码提供了原则和依据。

1)信息分类的基本方法

信息分类是根据信息内容的属性或特征信息按一定的原则和方法进行区分和归类，并建立起一定的分类体系和排列顺序。

分类对象和分类依据是信息分类的两个要素。分类对象由若干个被分类的实体组成。

分类依据取决于分类对象的属性或特征。信息内容属性的相同或相异，形成了各种不同的类目。信息分类的基本方法有三种：线分类法、面分类法、混合分类法。

线分类法是将分类对象（即被划分的事物或概念）按所选定的若干个属性或特征逐次地分成相应的若干个层级的类目，并排成一个有层次的，逐渐展开的分类体系。在这个分类体系中，被划分的类目称为上位类，划分出的类目称为下位类，由一个类目直接划分出来的下一级各类目，彼此称为同位类。同位类类目之间存在着并列关系，下位类与上位类类目之间存在着隶属关系。

面分类法是将所选定的分类对象的若干属性或特征视为若干个"面"，每个"面"中又可分成彼此独立的若干个类目。使用时，可根据需要将这些"面"中的类目组合在一起，形成一个复合类目。

混合分类法是将线分类法和面分类法组合使用，以其中一种分类法为主，另一种作为补充的信息分类方法。

2）信息编码的基本方法

信息编码是将事物或概念（编码对象）赋予具有一定规律、易于计算机和人识别处理的符号，形成代码元素集合。代码元素集合中的代码元素就是赋予编码对象的符号，即编码对象的代码值。所有类型的信息都能够进行编码，如关于产品、人、国家、货币、程序、文件、部件等各种各样的信息。

（1）信息编码的基本原则

①唯一性：在一个分类编码标准中，每一个编码对象仅应有一个代码，一个代码只唯一表示一个编码对象。

②合理性：代码结构应与分类体系相适应。

③可扩充性：代码应留有适当的后备容量，以便适应不断扩充的需要。

④简明性：代码结构应尽量简单，长度尽量短，以便节省机器存储空间和减少代码的差错率。

⑤适用性：代码应尽可能反映编码对象的特点，适用于不同的相关应用领域，支持系统集成。

⑥规范性：在一个信息分类编码标准中，代码的类型、代码的结构以及代码的编写格式应当统一。

（2）信息编码的代码类型

①顺序码。

从一个有序的字符集合中顺序地取出字符分配给各个编码对象。顺序码一般作为以标识或参照为目的的独立代码来使用，或者作为复合代码的一部分来使用，后一种情况经常附加着分类代码。在码位固定的数字字段中，应使用零填满字段的位数直到满足码位的要求。例如，在3位数字字段中，数字1编码为001，而数字15编码为015。顺序码有三种类型：递增顺序码、分组顺序码、约定顺序码。

②无序码。

无序码是将无序的自然数或字母赋予编码对象。此种代码无任何编写规律，是靠机器的随机程序编写的。无序码既可用作编码对象的自身标识，又可作为复核代码的组成部分。

③缩写码。

这种代码的本质特性是依据统一的方法缩所写编码对象的名称，由取自编码对象名称中的一个或多个字符赋值成编码表示。

④层次码。

层次码以编码对象集合中的层级分类为基础，将编码对象编码成为连续且递增的组(类)。位于较高层级上的每一个组(类)都包含并且只能包含它下面较低层级全部的组(类)。这种代码类型以每个层级上编码对象特性之间的差异为编码基础。每个层级上特性必须互不相容。细分至较低层级的层次码实际上是较高层级代码段和较低层级代码段的复合代码。

⑤矩阵码。

矩阵码以复式记录表的实体为基础。赋予这个表中行和列的值用于构成表内相关坐标上编码对象的代码表示。这种方法的目的是对矩阵表中的编码对象赋予有含义的代码值，这些编码对象在不同的组合中具有若干共同特性。矩阵码可有效地用于标识那些具有良好结构和稳定特性的编码对象。

⑥并置码。

并置码是由一些代码段组成的复合代码，这些代码段提供了描绘编码对象的特性。这些特性是互相独立的。这种方法的编码表达式可以使用任意类型(顺序码、缩写码、无序码)的组合。

⑦组合码。

组合码也是由一些代码段组成的复合代码，这些代码段提供了编码对象的不同特性。与并置码不同的是，这些特性相互依赖并且通常具有层次关联。组合码经常被用于标识目的，以覆盖宽泛的应用领域。

3. 桥梁工程信息模型分类与编码研究

(1)铁路工程信息模型分类

铁路工程信息模型分类体系中的基本概念划分依据图 2-13 所示的简单过程模型，将信息模型分为建设资源、建设过程、建设成果、其他四大类。

图 2-13 工程建设简单过程模型

建设资源包括：产品、工具、人员、组织、信息。

建设过程包括：行为、项目阶段。

建设成果包括：建筑物、单项工程、空间、构件、工项。

其他包括：专业领域、材料、属性、地理信息。

铁路工程信息模型分类体系依照 ISO 12006-2 框架。ISO 12006-2 分类体系框架的分类对象是建设活动全生命周期中涉及的所有信息数据，分类原则是基于一个简单的过程模型，即投入一定的资源经历特定的建设过程形成特定的建设成果，如图 2-14 所示。

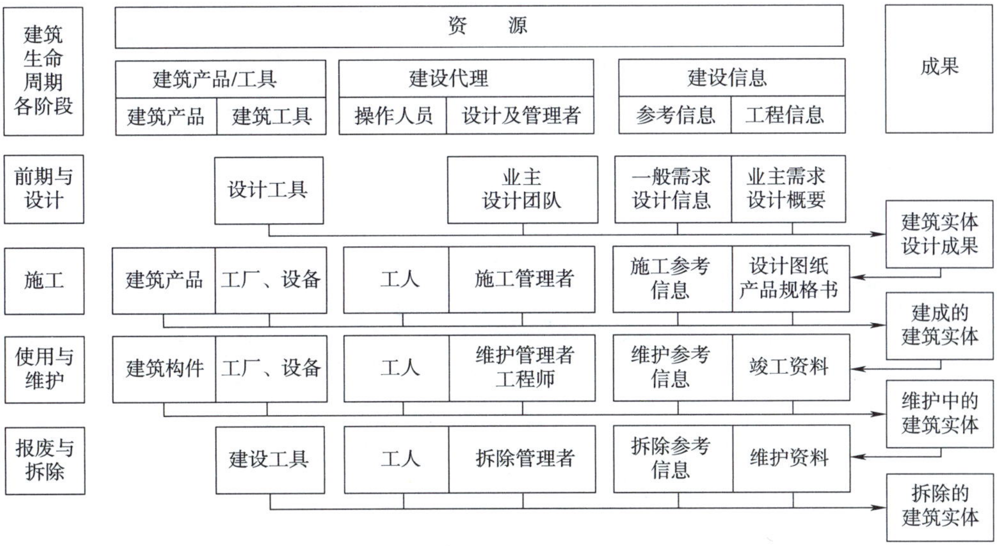

图 2-14　建设活动各个阶段投入的资源和产生的结果

ISO 12006-2 分类框架中对各类别信息的基本概念进行了阐述，形成了 17 张按照不同类别组织的推荐分类表，见表 2-7，并给出了每张推荐表的条目示例。在该框架的指导下，各个国家和地区应该根据自己的项目特点、管理流程等组织自己的完整的、具有可操作性的分类编码体系。

表 2-7　ISO 12006-2 推荐分类表及典型实例

表　名	分类原则	实　　例
A1	建筑单体（按形式分类）	建筑、场地、桥梁、隧道、塔
A2	建筑单体（按功能分类）	办公楼、教学楼、医院门诊楼、火车站、航站楼
A3	建筑综合体（按功能或使用者活动分类）	交通综合体、体育综合体、商业综合体、办公综合体
A4	空间（按围合程度分类）	开敞空间、三面围合空间、半围合空间、有顶盖的空间
A5	空间（按功能或使用者活动分类）	办公空间、娱乐空间、居住空间、交通空间、服务空间
A6	设施（按功能或使用者活动分的建筑综合体、单体和空间）	教育设施、交通设施、体育设施、文化设施、工业设施
A7	元素（按照在建筑单体中的主要功能分类）	梁、板、柱、屋顶、门、窗、墙、照明设备、空调设备
A8	设计元素（按工作类型分的元素）	承重墙、隔墙、固定窗、防火门
A9	工作成果（按工作类型分类）	填方、挖方、混凝土工程、钢筋工程、设备工程

续上表

表　名	分类原则	实　　例
A10	管理过程(按过程类型分类)	建设管理、人事管理、财务管理、市场管理
A11	建筑单体生命周期阶段	策划、设计、施工、运维、拆除
A12	工程阶段	可行性研究、方案设计、详细设计、招标、施工
A13	建筑产品	场地产品、结构产品、维护产品、仪器设备
A14	建设工具	计算机软硬件、脚手架、模板、机械设备、运输车辆
A15	建设机构	业主、建筑师、结构师、政府、供应商
A16	建设信息	图书、报刊、图片、网络信息
A17	属性/特征	材料组成、形状、尺寸、重量、性能

(2)铁路桥梁信息编码

按形式分桥梁单项工程,见表 2-8。

表 2-8　按形式分类

编　　码	第一级	第二级	第三级
52-03 00 00	桥梁		
52-03 10 00		梁桥	
52-03 10 10			简支梁桥
52-03 10 20			连续梁桥
52-03 10 30			悬臂梁桥
52-03 20 00		拱桥	
52-03 20 10			中承式拱桥
52-03 20 20			上承式拱桥
52-03 20 30			下承式拱桥
52-03 30 00		刚构桥	
52-03 30 10			连续刚构桥
52-03 30 20			T 形刚构桥
52-03 30 30			斜腿刚构桥
52-03 40 00		斜拉桥	
52-03 40 10			单塔斜拉桥
52-03 40 20			双塔斜拉桥
52-03 40 30			多塔斜拉桥
52-03 50 00		悬索桥	
52-03 50 10			自锚式悬索桥
52-03 50 20			地锚式悬索桥
52-03 60 00		组合结构	
52-03 60 10			梁拱组合结构
52-03 60 20			刚构连续梁桥
52-03 60 30			斜拉拱组合结构

续上表

编　码	第一级	第二级	第三级
52-03 60 40			梁桁组合结构
52-03 60 50			桁拱组合结构
52-03 60 60			斜拉悬索结构
52-03 70 00		涵洞	
52-03 70 10			圆涵
52-03 70 15			卵涵
52-03 70 20			拱涵
52-03 70 30			盖板涵
52-03 70 40			矩形涵
52-03 70 50			框架涵
52-03 70 60			肋板涵
52-03 70 70			倒虹吸
52-03 70 80			渡槽
52-03 80 00		框构桥	

按桥梁工程构件分类,见表 2-9。

表 2-9　按桥梁工程构件分类

编　码	第一级	第二级	第三级
53-12 00 00	桥梁		
53-12 10 00		上部结构	
53-12 10 08			梁
53-12 10 15			板
53-12 10 23			柱
53-12 10 30			杆
53-12 10 38			索
53-12 10 45			拱肋
53-12 10 53			索塔
53-12 10 60			锚固构造
53-12 10 68			加劲构造
53-12 10 75			拱脚
53-12 10 83			节点
53-12 10 90			桥面系
53-12 20 00		下部结构	
53-12 20 10			墩台
53-12 20 10 10			
53-12 20 10 20			
53-12 20 10 30			
53-12 20 10 40			

续上表

编　　码	第一级	第二级	第三级
53-12 20 10 50			
53-12 20 20			基础
53-12 20 20 10			
53-12 20 20 20			
53-12 20 20 20 10			
53-12 20 20 20 20			
53-12 20 20 30			
53-12 20 20 40			
53-12 20 30			锚碇
53-12 30 00		支座	
53-12 30 10			普通支座
53-12 30 20			抗震支座
53-12 40 00		附属	
53-12 40 05			桥台防水层
53-12 40 10			桥面铺装
53-12 40 15			防水和排水设施
53-12 40 20			桥面伸缩装置
53-12 40 30			桥上人行道
53-12 40 40			防撞墙
53-12 40 45			挡砟墙
53-12 40 50			检查设施
53-12 40 55			预埋件
53-12 40 60			道砟槽
53-12 40 65			调平层
53-12 40 70			疏散爬梯
53-12 40 75			避车台
53-12 40 80			锥体
53-12 40 85			通航辅助设施
53-12 40 90			防落梁设施
53-12 40 91			电缆上下桥
53-12 40 92			综合接地
53-12 40 93			减震阻尼器
53-12 40 94			锚具
53-12 40 95			桥上接触网基础
53-13 00 00	涵洞及框架桥		
53-13 10 00		涵(框)身	
53-13 20 00		出入口	
53-13 30 00		沉降缝	

2.2.4 铁路桥梁工程信息模型数据存储标准

1. 编制原则

(1)兼容性原则。与 buildingSMART 组织已发布的 IFC(industry foundation classes)标准保持最大限度地兼容。

(2)可移植性原则。仅规范铁路工程领域的基础数据模型,该数据模型中的元素可以被不同技术平台的不同编码方式使用。

(3)抽象性原则。仅定义在国内外广泛应用,且被整个领域共同认知与接受的重要铁路工程元素,以使固定模型最小化。

(4)可扩展性原则。可与具体的信息分类、编码、字典相结合,对定义的元素进行进一步"修饰"或"限定",而不扩大和改变元素的基本含义,从而满足特定用户的信息存储与交换需求。

(5)可选择性原则。标准中定义的任何元素在信息存储与交换需求中都可选。

(6)可重复性原则。标准中定义的任何元素在数据交换与存储应用中都可重复。

(7)易用性原则。提供标准作者之间、作者与软件开发人员之间描述标准的形式化文件与可读性文件,从而不给相关人员增加过多的工作负担。

2. 铁路工程信息模型基础数据体系结构

(1)铁路工程信息模型基础数据体系结构

铁路工程信息模型基础数据体系结构是在 IFC 体系结构的基础上,根据铁路工程需要进行扩展。在资源层(resource layer)的几何资源中增加了线路中心线的部分定义。在核心层(core layer)的产品扩展(product extension)中扩展了 IFC alignment 类,用于表示铁路线路中心线。在共享层(interop layer)中增加了铁路工程共享模式的定义,包括公用类型、公用空间结构、公用零件和公用属性集。在专业领域层(domain layer),暂时扩展了线路、轨道、路基、桥梁、隧道、站场 6 个专业领域。

(2)铁路工程空间结构组成

铁路项目(IfcProject)可包含一条或多条铁路线(IfcRailway)和一个或多个铁路枢纽(IfcRailwayTerminal)。铁路线(IfcRailway)可包含一条或多条线路中心线(IfcAlignment),一条或多条轨道(IfcTrack),一个或多个路基(IfcSubgrade)、桥梁(IfcBridge)、隧道(IfcTunnel)、车站(IfcRailwayStation)、建筑(IfcBuilding)工点。铁路枢纽(IfcRailwayTerminal)亦可包含一系列铁路线(IfcRailway)和铁路车站(IfcRailwayStation)。

3. 桥梁领域模式

定义的信息模型基础数据领域包括梁桥、拱桥、刚构桥、斜拉桥、悬索桥、框架桥、涵洞及其主要组成部分。

桥梁信息模型基础数据架构由空间结构单元(IfcSpatialStructureElement)、组合件

(IfcElementAssembly)、构件(IfcElement)组成。

(1)桥梁空间结构单元

在 IfcCivilStructureElement 下派生出桥梁空间结构单元(IfcBridgeStructureElement)作为桥梁工程中所有空间结构单元模型的父类,并进一步自 IfcBridgeStructureElement 下派生出桥梁(IfcBridge)、桥梁结构组成(IfcBridgePart)。桥梁空间结构单元间的继承关系如图 2-15 所示。

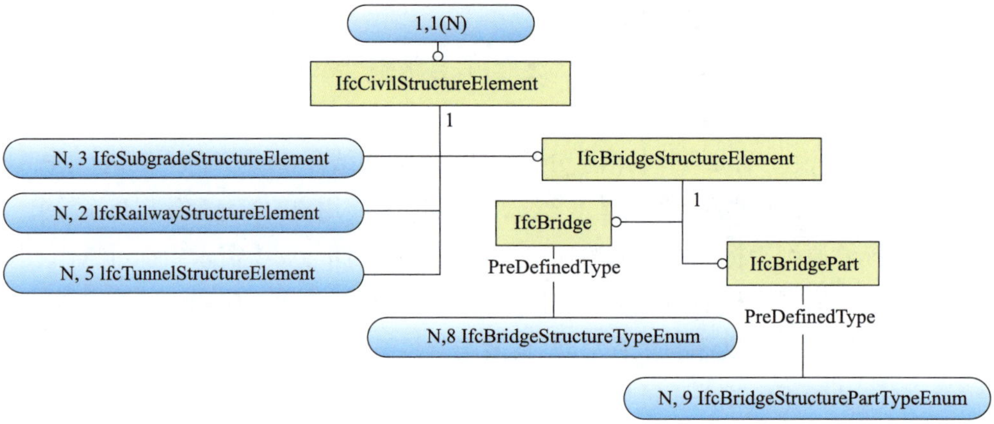

图 2-15 桥梁空间结构单元

桥梁结构(IfcBridgeStructureElement):继承自土木结构(IfcCivilStructureElement),是所有桥梁空间结构单元的父类。

桥梁(IfcBridge):定义一座桥梁。IfcBridge 定义的一座桥可以是一座单一结构桥梁,也可以是一座由多个单一结构桥梁及桥梁结构组合成的复合桥梁。

单一结构桥梁一般由主梁、桥墩、基础、桥台等桥梁结构组成(IfcBridgePart),和伸缩装置、支座等桥梁构件共同组成。

复合桥梁由一座或多座单一结构桥梁(IfcBridge),和主梁、桥墩、基础、桥台等桥梁结构组成(IfcBridgePart),及伸缩装置、支座等桥梁构件共同组成。

如图 2-16 所示,当 IfcBridge 是一座单一结构桥梁时,其从 IfcSpatialStructureElement 父类继承的 composition type 属性应取值为 ELEMENT。当 IfcBridge 是一座复合桥梁时,其从 IfcSpatialStructureElement 父类继承的 composition type

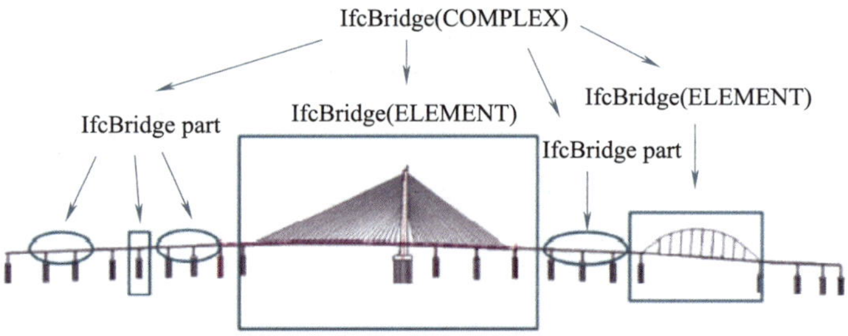

图 2-16 IfcBridge 样例

属性应取值为 COMPLEX。

如图 2-17 所示，桥梁结构组成(IfcBridgePart)指从空间结构概念上组成 IfcBridge 的各部位。IfcBridgePart 通过预定义类型属性进一步细分为梁(GIRD)、桥台(ABUTMENT)、桥墩(PIRE)、桥塔(PYLONS)、斜拉索系统(CABLES)、拱(ARCH)、吊杆系统(SUSPENDERS)、基础(FOUNDATION)、主缆系统(SUSPENDEDTENDONS)、桥面系(BRIDGEFLOORSYSTEM)。

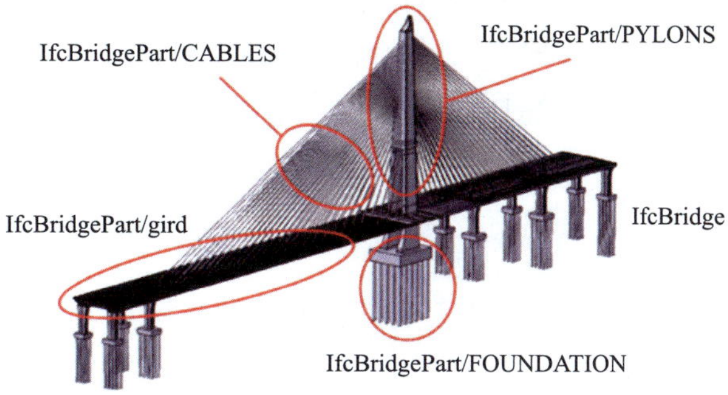

图 2-17　桥梁结构组成

(2)桥梁构件

在 IfcCivilElement 下派生出桥梁构件(IfcBridgeElement)作为桥梁工程中所有构件的父类。如图 2-18 所示，自 IfcBridgeElement 下派生出桥梁杆件(IfcBridgeMember)、加劲肋(IfcStiffeningRib)、桥梁板件(IfcBridgeSlab)、梁段(IfcBridgeGirderSegment)、锯齿块(IfcBridgeGearBlocks)、支承垫石(IfcBridgeBedstone)、桥墩节段(IfcBridgePierSegment)、桥台节段(IfcBridgeAbutmentSegment)、索塔段(IfcBridgePylon)、拱肋段(IfcBridgeArchrib)、拱脚(IfcBridgeArchfoot)、拱上立柱(IfcBridgeStandColumn)、吊杆(IfcBridgeSuspender)、斜拉索(IfcBridgeCable)、主缆(IfcBridgeSuspendedTendon)、支座(IfcBridgeBearing)、伸缩装置(IfcBridgeExpansionInstallation)、防护墙(IfcBridgeProtectingWall)、框构节段(IfcBridgeFrameSegment)、翼墙(IfcBridgeWingWall)、涵洞节段(IfcBridgeCulvertSegment)、帽石(IfcBridgeHatStone)、盖梁(IfcBridgeCoping)、预埋件基础(IfcBridgeEmbeddedPartsFoundation)、避车台(IfcBridgeRefugePlatform)。

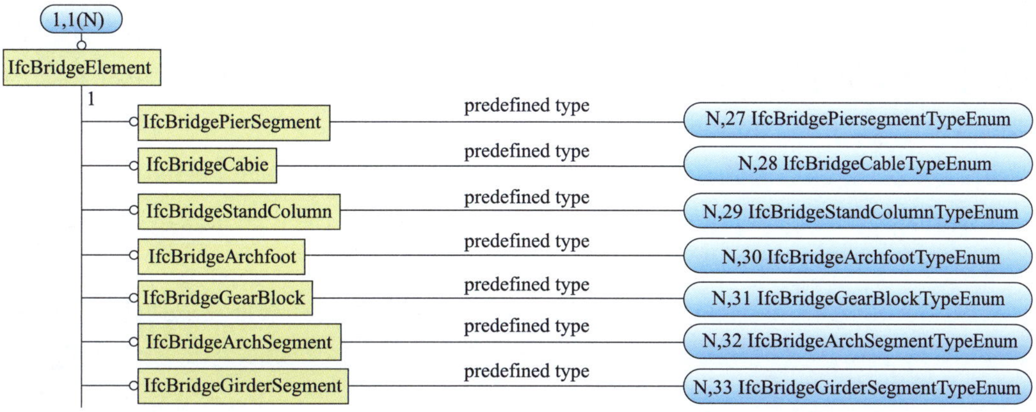

图 2-18　桥梁构件

(3)桥梁组合件

自土木工程组合件(IfcCivilElementAssembly)下派生桥梁组合件(IfcBridgeElementAssembly)作为桥梁工程中所有组合件的父类。如图 2-19 所示,自桥梁组合件(IfcBridgeElementAssembly)派生出桁架(IfcBridgeTruss)、节点(IfcBridgeJoint)、防落梁装置(IfcBeamFallingPreventionDevice)、横撑(IfcCrossBrace)。桥梁组合件间的继承关系如图 2-19 所示。

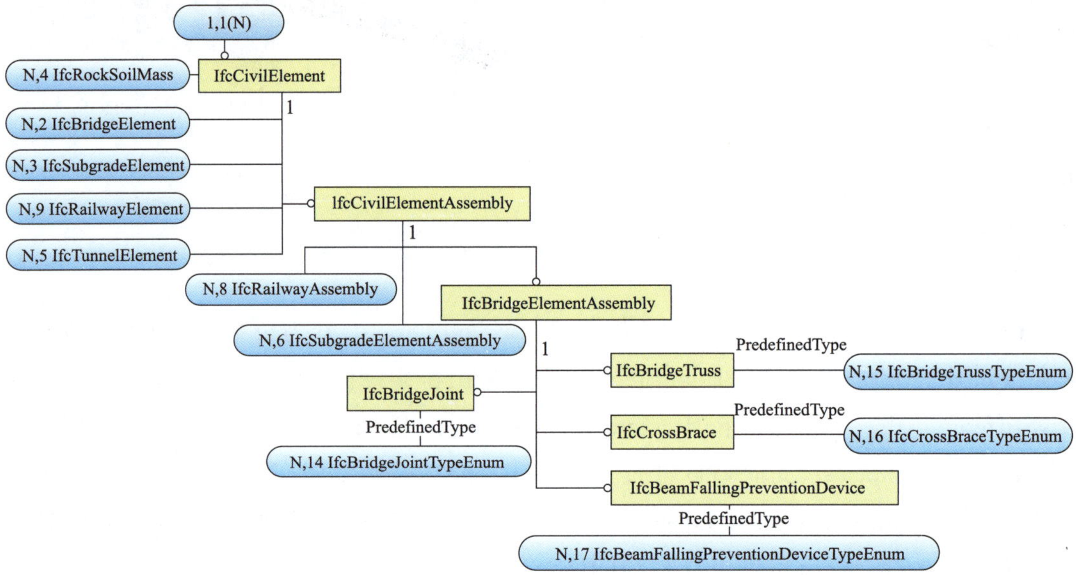

图 2-19　桥梁组合件

桥梁组合件(IfcBridgetElementAssembly):继承自土木组合件(IfcCivilElementAssembly),是所有桥梁工程组合件的父类,有 4 个子实体:桁架(IfcBridgeTruss)、节点(IfcBridgeJoint)、防落梁装置(IfcBeamFallingPreventionDevice)、横撑(IfcCrossBrace)。

桁架(IfcBridgeTruss):指由杆件等组成的桁架结构,为钢桁梁桥的一部分。原 IFC4 中已经有 Truss 的定义,但是其仅是组合件(IfcElementAssembly)的一个类型枚举值。而桥梁结构中的桁架构造复杂,是主要受力构件,原有定义无法完整表达桥梁结构中桁架的概念,因此,特扩展出桁架(IfcBridgeTruss)类型。

节点(IfcBridgeJoint):指连接杆件的构造。由杆件、板件、加劲肋以及螺栓等构成。

防落梁装置(IfcBeamFallingPreventionDevice):指地震时防止主梁跌落的装置。一般由防震挡块以及支挡结构组成。

横撑(IfcCrossBrace):指拱肋的横向连接构造。主要由杆件、板件及加劲肋等构成。

2.2.5　铁路桥梁工程信息模型表达标准

1. 基本规定

(1)铁路工程信息模型的表达应满足工程项目的使用需求。

(2)铁路工程信息应采用模型作为基础表达方式,辅助表达方式所提供的信息应与基础表达方式具有相关性。

(3)同一工程项目不同专业宜采用统一的地理坐标系或投影坐标系。

(4)铁路工程信息模型可采用参考模型与基本模型结合表达。

(5)项目建模单位应统一,单位宜采用毫米。

(6)参考模型建模体量对于线状结构宜按照不同类型以 10 m 作为一个标准段进行建模;对于单体结构宜按照不同类型单独作为参考模型;对于具有系统性的结构宜以一个完整的体系作为一个参考;对于一般结构参考模型不应小于 1 个完整的受力单元。

(7)根据工程项目的使用需求,可采用自定义的表达方式,并应在《BIM 执行计划书》中注明自定义表达方式的做法及应用范围。

2. 桥梁模型几何表达等级

构件模型几何表达主要为说明构件模型的几何精度,随着 BIM 技术的推进,可能在项目先期也会使用三维模型,如规划或工可阶段;另外,其精度等级并不是与设计阶段完全对应,在同一设计阶段不同的构件根据使用的需要其建模精度也应不同,如初步设计阶段的桥梁墩台需要 G3 精度,对支座等可能 G2 精度就足够。因此,建议在制图标准中规定构件模型几何表达等级,引用后明确各专业模型几何表达等级,在交付标准中直接引用。专业级模型几何表达分级,与设计阶段相对应,每个等级中规定包含的构件模型及相应模型等级,L1 级宜用于规划阶段,L2 级宜用于工可阶段中的一般工点,L3 级宜用于初步设计阶段或工可阶段中的典型工点、代表性工点,L4 级宜用于施工图设计阶段,见表 2-10。

表 2-10　桥梁模型的几何表达等级

桥梁结构			L1 级	L2 级	L3 级	L4 级	备　注
上部结构	桥面系	遮板	—	—	G3	G4	
		竖墙	—	—	G3	G4	
		防撞墙	—	—	G3	G4	
		挡砟墙	—	—	G3	G4	
		道砟槽	—	—	G3	G4	
		人行道	—		G3	G4	
		声屏障基础	—	—	G3	G4	
		风屏障基础	—	—	G3	G4	
		接触网基础	—	—	G3	G4	

续上表

桥梁结构				L1 级	L2 级	L3 级	L4 级	备　注
上部结构	桥面系	防护网		—	—	G3	G4	
		预埋件		—	—	G3	G4	
	梁	分片式	边梁/中梁	G1	G2	G3	G4	
			湿接缝	—	—	G3	G4	
		整体式	梁体	G1	G2	G3	G4	
		钢桁梁	杆	G1	G2	G3	G4	
			节点	—	—	G3	G4	
			板	—	—	G3	G4	
			螺栓	—	—	—	G3	
		钢箱梁	箱体	G1	G2	G3	G4	
			肋	—	—	G3	G4	
			横隔板	—	—	G3	G4	
		结合梁	钢梁	G1	G2	G3	G4	
			桥面板	—	G2	G3	G4	
			剪力钉	—	—	—	G3	
	拱	钢筋混凝土拱	拱	G1	G2	G3	G4	
			劲性骨架	—	—	G3	G4	
		钢桁拱	杆	G1	G2	G3	G4	
			节点	—	—	G3	G4	
			板	—	—	G3	G4	
			螺栓	—	—	—	G3	
		钢管拱	拱肋	G1	G2	G3	G4	
			连接结构	—	—	G3	G4	
			管内混凝土	—	—	—	G4	
		钢箱拱	拱肋	G1	G2	G3	G4	
			肋	—	—	G3	G4	
			隔板	—	—	G3	G4	
	桥面板	板		—	G2	G3	G4	
	索塔	塔		G1	G2	G3	G4	
		鞍座		—	—	G3	G4	
		锚固系统		—	—	G3	G4	
	斜拉索	索		G1	G2	G3	G4	
		锚具		—	—	G3	G4	
	吊杆	杆		G1	G2	G3	G4	
		锚固系统		—	—	G3	G4	

续上表

桥梁结构				L1 级	L2 级	L3 级	L4 级	备　注
上部结构	缆	缆		G1	G2	G3	G4	
		锚锭		—	—	G3	G4	
	柱	钢筋混凝土柱	柱	G1	G2	G3	G4	
		钢柱	杆	G1	G2	G3	4	
			节点	—	—	G3	G4	
			板	—	—	G3	G4	
			螺栓	—	—	—	G3	
下部结构	墩/台	垫石		—	—	G3	G4	
		顶帽/盖梁		G1	G2	G3	G4	
		托盘/系梁		G1	G2	G3	G4	
		墩身/柱身/台身		G1	G2	G3	G4	
	承台/地系梁			G1	G2	G3	G4	
	基础			G1	G2	G3	G4	
附属结构	锥体			—	—	G3	G4	
	围篮			—	—	G3	G4	
	吊篮			—	—	G3	G4	
	检查梯			—	—	G3	G4	
	防护门			—	—	G3	G4	
	护栏			—	—	G3	G4	
	防撞设施			—	—	G3	G4	
	限高架			—	—	G3	G4	
	通航辅助设施			—	—	G3	G4	
	防水、排水设施			—	—	G3	G4	
	导流工程			—	—	G3	G4	
	改沟顺接工程			—	—	G3	G4	
	沉落缝			—	—	G2	G3	
	沉降观测标			—	—	G2	G3	
	综合接地			—	—	G2	G3	
	检测管			—	—	G2	G3	
	散热管			—	—	G2	G3	
施工辅助	栈桥			—	—	G2	G3	
	便桥			—	—	G2	G3	
	钢围堰			—	—	G2	G3	
	钢板桩			—	—	G2	G3	
	套箱			—	—	G2	G3	

续上表

桥梁结构			L1 级	L2 级	L3 级	L4 级	备　注
施工辅助	吊箱		—	—	G2	G3	
	工作平台		—	—	G2	G3	
	护壁		—	—	—	G2	
	塔吊		—	—	—	G2	
	挂篮		—	—	—	G2	
	支架		—	—	—	G2	
	移动模架		—	—	—	G2	
	施工防护棚架		—	—	—	G2	
	防电屏蔽网		—	—	—	G2	
涵洞	涵身		G1	G2	G3	G4	
	出入口		G1	G2	G3	G4	
	出入口铺砌		—	—	G3	G4	
配筋	普通钢筋	结构钢筋	—	—	G3	G4	
		构造钢筋	—	—	G3	G4	
		箍筋	—	—	G3	G4	
		其他钢筋	—	—	—	G4	
	预应力筋		—	—	G3	G4	
其他	其他桥梁构配件		—	—	—	G2	
	其他桥梁设备		—	—	—	G2	

2.2.6　铁路桥梁工程信息模型交付精度标准

1. 模型交付原则

(1)铁路工程信息模型的交付应综合利用协同、管理、共享等技术手段,为实现铁路工程建设的安全、质量、环境、工期、投资等目标提供技术保障。

(2)铁路工程信息模型应充分考虑其在工程全生命期各阶段的使用需求,根据不同工程阶段划分模型精度,以《铁路建设项目预可行性研究、可行性研究和设计文件编制办法》(TB 10504—2007)为最终参照。

(3)铁路工程信息模型单元划分宜遵循《铁路工程信息模型分类与编码标准》中对铁路工程构件的划分定义。

(4)铁路工程信息模型的信息应包含几何信息和非几何信息两种类型。

(5)铁路工程信息模型可包含超越使用需求的冗余信息,但是信息输入方应采取必要措施减少冗余信息的产生。

(6)铁路工程信息模型的信息深度与几何精度可不完全一致,应以模型单元的信息作为优先采信的有效信息。

2. 交付成果要求

（1）铁路工程信息模型所包含的信息以及交付成果形式，应符合实际工程项目的使用需求。工程项目的使用需求应与工程性质、阶段、目的有关。

（2）铁路工程信息模型最终成果的交付，应提供两类电子审查记录。一类为传统的人工多级申签，并在最终提交的模型中附加多级电子签名信息；另一类为 BIM 设计平台自身提供的设计检查报告，内容包括但不限于模型碰撞检查。

（3）铁路工程信息模型最终成果的交付形式应为各专业总装模型，交付格式根据采用的软件平台确定，尽可能采用统一格式。

（4）对于无法直观表达的相关二维图纸、工程表格等成果文件宜由铁路工程信息模型生成并相互关联，需满足现行相关规范的要求，并与模型中的信息一致。

3. 模型精度规定

（1）铁路工程信息模型应由模型单元组成。最小模型单元应由模型精度等级衡量。

（2）模型精度基本等级的划分应参照《铁路建设项目预可行性研究、可行性研究和设计文件编制办法》（TB 10504—2007）所定义的各个阶段执行。

（3）在满足铁路工程建设项目需求的前提下，铁路工程信息模型宜采用较低的模型精度，并应满足工程量的计算要求和现行有关工程文件编制深度的规定，且符合施工工法和措施，为施工深化预留条件。

（4）对于典型工点项目，其铁路工程信息模型可采用更高等级的模型精度。

4. 桥梁基本信息深度

桥梁基本信息见表 2-11。

表 2-11　桥梁模型基本信息

编号	项　目	几何信息	非几何信息	IFD 编码
	桥梁	桥梁长度、桥梁跨度、定位信息	桥梁名称、桥梁结构形式、孔跨布置形式、材料种类及强度等级	53-12 00 00
1	下部结构	定位信息	下部结构形式、材料种类及强度等级	53-12 20 00
1.1	基础	基础埋置深度、基础尺寸、定位信息	基础类型名称	53-12 20 20
1.1.1	明挖基础	层数、长度、宽度、厚度	混凝土强度等级、施工工艺	53-12 20 20 10
1.1.2	承台/地系梁	承台形状、承台横向尺寸、承台纵向尺寸、承台高度	类型名称、混凝土强度等级、施工工艺	53-12 20 20 20 10
1.1.3	桩基础	直径、长度、间距、定位信息	混凝土强度等级、施工工艺	53-12 20 20 20
1.1.4	沉井基础	长度、宽度、分节、定位信息	混凝土强度等级、施工工艺	53-12 20 20 30

续上表

编号	项　目	几何信息	非几何信息	IFD 编码
1.1.5	挖井基础	长度、宽度、深度、定位信息	长度、宽度、分节、定位信息	53-12 20 20 40
1.2	墩台	墩台尺寸、定位信息	墩/台结构形式、材料种类及强度等级	53-12 20 10
1.2.1	垫石	垫石平面形状、垫石长度、垫石高度、垫石横向间距、定位信息	类型名称、混凝土强度等级、施工工艺	53-12 20 10 10 10
1.2.2	顶帽/盖梁	顶帽厚度、顶帽纵向宽度、顶帽横向长度、定位信息	类型名称、混凝土强度等级、施工工艺、其他类型及材料类型名称	53-12 20 10 20/53-12 20 10 80
1.2.3	托盘/系梁	托盘顶面形状、托盘顶面纵向尺寸、托盘顶面横向尺寸、托盘侧面与竖直线间的夹角、托盘底面形状、托盘底面纵向尺寸、托盘底面横向尺寸、托盘高度、定位信息	托盘/系梁名称、混凝土强度等级、施工工艺、其他类型及材料类型名称	53-12 20 10 30
1.2.4	墩身/柱身/台身	墩身顶面形状、墩身顶面纵向尺寸、墩身顶面横向尺寸、墩身坡度、墩身底面形状、墩身底面纵向尺寸、墩身底面横向尺寸、墩身高度、墩身里程定位信息	墩身类型名称、墩身材料种类（混凝土、石砌）、墩身材料强度等级、施工工艺	53-12 20 10 50
2	上部结构	定位信息	上部结构形式、材料种类及强度等级	53-12 10 00
2.1	支座	定位信息	支座类型	53-12 30 00
2.1.1	普通支座	支座板几何尺寸、支座布置个数、支座布置横向纵向间距、定位信息	支座类型及规格、支座安装工艺	53-12 30 10
2.1.2	抗震支座	支座设计地震动峰值加速度、支座板几何尺寸、支座布置个数、支座布置横向纵向间距、定位信息	支座类型及规格、支座安装工艺	53-12 30 20
2.2	梁	梁的截面长度、梁的长度、定位信息	梁的结构形式、材料种类及强度等级	53-12 10 08
2.2.1	分片式	定位信息	分片结构形式、材料种类及强度等级	53-12 10 08 20
2.2.1.1	边梁/中梁	梁截面尺寸、梁长度、定位信息	梁类型名称、里程信息、材料强度等级、施工工艺、配筋信息	53-12 10 08 21
2.2.1.2	湿接缝	湿接缝长度、宽度、定位信息	湿接缝类型名称、混凝土强度等级、施工工艺	53-12 10 91
2.2.1.3	预应力系统	预应力（钢筋、钢丝、钢绞线）公称直径、预应力筋长度、线形、定位信息	预应力体系类型名称、混凝土材料强度、预应力钢筋强度、锚固体系类型、张拉施工工艺	53-12 10 08 70
2.2.2	整体式	定位信息	整体结构形式、材料种类及强度等级	53-12 10 08 10
2.2.2.1	梁体	梁截面尺寸、梁长度、定位信息	梁类型名称、里程信息、材料强度等级、施工工艺、配筋信息	53-12 10 08 10

续上表

编号	项　目	几何信息	非几何信息	IFD 编码
2.2.2.2	预应力系统	预应力筋（钢筋、钢丝、钢绞线）公称直径、预应力筋长度、预应力筋线型、定位信息	预应力体系类型名称、混凝土材料强度、预应力钢筋强度、锚固体系、张拉施工工艺	53-12 10 08 70
2.2.3	钢桁梁	钢桁梁高度、长度、定位信息	钢桁梁结构形式、钢材强度等级	53-12 10 50
2.2.3.1	杆	杆件长度、杆截面尺寸（高度、宽度、长细比）、缀条缀板隔板尺寸、定位信息	杆件种类、杆件截面类型、杆件钢材强度等级、杆件连接类型、杆件生产施工工艺	53-12 10 30
2.2.3.2	节点板	节点板尺寸、节点板尺寸、定位信息	节点板类型名称、节点构造形式（拼装式、整体式）、螺栓群布置、板材料强度等级、安装施工工艺	53-12 10 15
2.2.4	钢箱梁	钢箱梁截面尺寸、长度、定位信息	钢箱梁结构形式、钢材强度等级	53-12 10 08
2.2.4.1	箱体	箱体截面尺寸、腹板尺寸、顶板尺寸、底板尺寸、定位信息	箱室布置形式、箱体钢材强度等级、拼装连接施工工艺	
2.2.4.2	肋	加劲肋长度、加劲肋截面尺寸、加劲肋壁厚、定位信息	加劲肋截面形式（开口、闭口）、槽口形状、钢材强度等级、拼装施工工艺	53-12 60 00
2.2.4.3	横隔板	横隔板宽度高度厚度、横隔板间距、定位信息	横隔板形式及名称、连接形式、钢材强度等级、安装施工工艺	53-12 10 15
2.2.5	结合梁	结合梁截面尺寸、长度、定位信息	结合梁结构形式、混凝土强度等级、钢材强度等级、钢混连接形式	53-12 10 08
2.2.5.1	钢梁	钢梁截面尺寸、钢梁长度、定位信息	钢梁截面形式、钢梁钢材强度等级、施工工艺	53-12 10 08
2.2.5.2	桥面板	桥面板宽度、桥面板长度、桥面板厚度、定位信息	桥面板混凝土强度等级、施工工艺	53-12 10 90
2.2.5.3	剪力钉	剪力钉尺寸、布置间距、定位信息	剪力钉规格、剪力钉材料强度等级、安装施工工艺	53-12 10 92
2.3	拱	拱高、拱的跨度、矢跨比、拱各部分尺寸、定位信息	拱的结构形式、材料种类及强度等级、施工工艺	53-12 10 45
2.3.1	钢筋混凝土拱	拱圈高度、拱圈跨度、矢跨比、拱各部分尺寸、定位信息	材料种类及强度等级、施工工艺	53-12 10 45
2.3.1.1	拱圈	矢高跨度（矢跨比）、拱圈高度、拱轴线线形、拱肋截面尺寸、拱肋长度、拱肋的拱顶与拱脚高度、定位信息	拱的体系类型、拱肋的截面形式、车道系所处位置、拱圈材料强度等级、施工工艺	53-12 10 45
2.3.1.2	劲性骨架	骨架截面尺寸、骨架长度、定位信息	劲性骨架类型、材料种类及强度等级、施工安装工艺	53-12 10 68
2.3.2	钢桁拱	拱圈高度、拱圈跨度、矢跨比、拱各部分尺寸、定位信息	材料种类及强度等级、施工工艺	53-12 10 50

续上表

编号	项　目	几何信息	非几何信息	IFD 编码
2.3.2.1	杆	杆件长度、杆件截面尺寸(高度、宽度、长细比)、上下弦杆轴线形状、定位信息	杆件截面形式(H 形、箱形、圆管)、构件材料强度	53-12 10 30
2.3.2.2	节点板	节点板尺寸、节点板尺寸、定位信息	节点板类型名称、节点构造形式(拼装式、整体式)、螺栓群布置、板材料强度等级、安装施工工艺	53-12 10 15
2.3.3	钢管拱	拱圈高度、拱圈跨度、矢跨比、拱各部分尺寸、定位信息	材料种类及强度等级、施工工艺	53-12 10 45
2.3.3.1	拱肋	矢跨比、拱轴线线形、拱肋截面尺寸、拱肋长度、拱肋横向倾角、拱肋的拱顶与拱脚高度、定位信息	拱肋的截面形式(单圆管、并列双圆管、三肢桁式、四肢桁式)、车道系所处位置、材料强度等级、施工工艺	53-12 10 45
2.3.3.2	锚固结构	系梁系杆截面尺寸、系梁系杆长度、系梁宽度、定位信息	连接形式、施工工艺	53-12 10 60
2.3.3.3	管内混凝土	混凝土截面面积	混凝土强度等级、施工工艺	
2.3.4	钢箱拱	拱圈高度、拱圈跨度、矢跨比、拱各部分尺寸、定位信息	材料种类及强度等级、施工工艺	53-12 10 45
2.3.4.1	拱肋	矢跨比、拱轴线线形、拱肋截面尺寸、拱肋长度、拱肋横向倾角、拱肋的拱顶与拱脚高度、定位信息	拱肋的截面形式、车道系所处位置、拱圈材料强度等级	53-12 10 45
2.3.4.2	肋	加劲肋长度、加劲肋截面尺寸、加劲肋壁厚、定位信息	加劲肋截面形式(开口、闭口)、槽口形状、钢材强度等级、拼装施工工艺	53-12 60 00
2.3.4.3	横隔板	横隔板宽度高度厚度、横隔板间距、定位信息	横隔板形式及名称、连接形式、钢材强度等级、安装施工工艺	53-12 10 15
2.3.5	拱脚	拱脚长度、宽度、高度、定位信息	材料类型、施工工艺	53-12 10 75
2.4	桥面板	定位信息	桥面板类型、材料强度及强度等级	53-12 10 90
2.4.1	板	桥面板长度、板宽度、板厚度、定位信息	板的类型及构造、材料种类及强度等级、安装施工工艺	53-12 10 15
2.5	斜拉桥	跨度、定位信息	结构形式、材料种类、施工工艺	
2.5.1	索塔	塔柱截面尺寸、塔高、塔柱坡度、定位信息	塔的结构形式、塔的材料种类及强度等级	53-12 10 53
2.5.1.1	塔柱	塔柱截面尺寸、塔高、塔柱坡度、定位信息	塔横向纵向的结构形式、塔的截面类型、塔身材料强度等级、施工工艺	53-12 10 53
2.5.1.2	锚固结构	锚具尺寸、定位信息	锚具、夹具、连接器及锚下支承系统的种类和规格	53-12 10 60
2.5.1.3	爬梯	爬梯高度/长度、爬梯倾斜角度、定位信息	爬梯布置形式、材料强度与等级、施工安装工艺	53-08 40 00

续上表

编号	项　目	几何信息	非几何信息	IFD 编码
2.5.2	斜拉索	位置信息	索类型规格	53-12 10 38 10
2.5.2.1	索	截面尺寸、斜拉索长度、斜拉索倾斜角度、位置信息	索类型、索规格、索强度等级、索布置形式(扇形、竖琴形、辐射形)、张拉施工工艺	53-12 10 38
2.5.2.2	锚具	锚具尺寸、定位信息	锚具种类及规格、施工工艺	53-12 10 60
2.6	悬索桥	跨度、定位信息	结构形式、材料、施工工艺	
2.6.1	吊杆	定位信息	吊杆类型规格	53-12 10 30
2.6.2	缆			53-12 10 38 20
2.6.2.1	主缆	主缆截面尺寸、主缆根数、矢跨比、主缆成桥几何线形、定位信息	主缆类型、主缆材料及强度等级	53-12 10 38 20
2.6.2.2	锚锭	锚锭几何尺寸、定位信息	锚锭形式(自锚、地锚)、混凝土强度等级、主缆与锚锭的连接形式、施工工艺	53-12 20 30
2.7	柱	定位信息	截面形式、材料种类及强度等级	53-12 10 23
2.8	桥面系	定位信息	材料种类及强度等级	53-12 10 90
2.8.1	遮板	遮板高度、长度、定位信息	遮板类型及规格、材料种类、材料强度、安装工艺	53-12 40 01
2.8.2	竖墙	横断面尺寸、竖墙长度、定位信息	混凝土强度等级、配筋强度等级、施工工艺	53-12 40 02
2.8.3	防撞墙	横断面尺寸、防撞墙长度、定位信息	混凝土强度等级、配筋强度等级、施工工艺	53-12 40 40
2.8.4	挡砟墙/防护墙	横断面尺寸、挡砟墙长度、定位信息	混凝土强度等级、配筋强度等级、施工工艺	53-12 40 45
2.8.5	道砟槽	横断面尺寸、道砟槽长度、定位信息	混凝土强度等级、配筋强度等级、施工工艺	53-12 40 60
2.8.6	预埋件	预埋件尺寸、预埋件长度、定位信息	预埋件类型及构造、预埋件材料、安装工艺	53-12 40 55
2.8.7	人行道	人行道宽度、人行道长度、人行道铺装厚度、定位信息	人行道铺装层材料强度、施工工艺	53-12 40 30
2.8.8	防水层	厚度	材料、施工工艺	53-12 40 15
2.8.9	避车台	长度、宽度、厚度、定位信息	混凝土强度等级、配筋信息、施工工艺	53-12 40 75
3	基础施工辅助设施	定位信息	辅助设施种类	53-12 40 00
3.1	钢板桩	断面几何尺寸、钢板桩长度、定位信息	断面构造形式、钢板桩连接方式、钢材强度等级	53-02 10 01
3.2	钢轨桩	断面几何尺寸、钢轨桩长度、定位信息	钢轨规格形式、钢轨连接方式、钢材强度等级	53-02 10 02
3.3	钢套箱	断面几何尺寸、钢套箱高度、定位信息	钢套箱结构形式、材料强度等级、施工工艺	53-02 10 03

续上表

编号	项　目	几何信息	非几何信息	IFD 编码
3.4	钢围堰	钢围堰断面几何尺寸、高度、定位信息	钢围堰结构形式、材料强度等级、施工工艺	53-02 10 04
3.5	钢吊箱	侧板、底板、内支承、支吊系统的几何尺寸、钢吊箱高度、水下混凝土封底厚度、承台混凝土厚度、定位信息	钢吊箱结构形式、材料强度等级、施工工艺	53-02 10 05
3.6	工作平台	工作平台平面尺寸、工作平台高度、定位信息	工作平台结构形式、材料强度等级、搭建施工工艺	53-02 10 06
4	附属设施	定位信息	附属设施种类	53-12 40 00
4.1	墩柱围栏	围栏长度、定位信息	结构形式、材料类型及强度等级、施工工艺	53-12 40 00
4.2	吊篮	吊篮长度、吊篮质量、定位信息	吊篮结构形式、材料强度等级	53-03 43 00
4.3	排水设施	定位信息	排水设施种类、布置信息、施工安装工艺、强度等级	53-12 40 15
4.4	伸缩缝	缝长、缝宽、定位信息	伸缩缝类型	53-12 40 20
4.5	检查梯	定位信息	检查梯类型及规格	53-12 40 50
4.6	防护门	定位信息	防护门类型及规格	53-02 40 14
4.7	防撞设施	定位信息	防撞设施类型及规格	53-02 40 24
4.8	限高架	定位信息	限高架类型及规格	53-02 40 24 20
4.9	护栏	定位信息	护栏类型及规格	53-02 40 19
4.10	通航辅助设施	定位信息	通航辅助设施类型及规格	53-12 40 85
5	涵洞/框架	孔径、涵长、与线路相交角度、里程信息	结构形式、材料种类及强度等级、施工工艺	53-13 00 00
5.1	涵节	净高、涵节长度、定位信息	混凝土强度等级、配筋信息、施工工艺	53-13 40 10
5.2	帽石	帽石尺寸、定位信息	混凝土强度等级、配筋信息、施工工艺	53-13 40 20
5.3	翼墙	翼墙高度、翼墙宽度、翼墙长度、定位信息	翼墙形式、混凝土强度等级、配筋信息、施工工艺	53-13 30 40
5.4	边墙	截面尺寸、长度、定位信息	截面形式、混凝土强度等级、配筋信息、施工工艺	53-13 30 10
5.5	盖板	盖板结构尺寸、定位信息	盖板形式、混凝土强度等级、配筋信息、施工工艺	53-13 30 20
5.6	锥体	锥体高、地边长、底边宽、定位信息	锥体形式、混凝土强度等级、施工工艺	53-12 40 80
6	旅客地道	孔径、主地道长度、与线路相交角度、里程信息、结构形式	材料种类及混凝土强度等级、施工工艺	53-08 60 00
6.1	主地道分节	结构净高、净宽、分节长度、定位信息	混凝土强度等级、配筋信息、施工工艺	

续上表

编号	项　目	几何信息	非几何信息	IFD 编码
6.2	转角	结构净高、净宽、分节长度、定位信息	混凝土强度等级、配筋信息、施工工艺	
6.3	出入口	结构净高、净宽、长度(封闭段长度、敞开段长度、平坡长度)、定位信息	混凝土强度等级、配筋信息、施工工艺	
6.3.1	集水井	净宽、净深、厚度、定位信息	混凝土强度等级、配筋信息、施工工艺	53-04 30 10
7	钢筋	钢筋直径、间距、定位信息	钢筋类型	

2.2.7　基于信息模型的铁路桥梁施工图设计文件编制办法

2.2.7.1　编制办法总则

(1)为落实《铁路信息化总体规划》关于"推进建设信息模型(BIM)技术铁路建设全生命周期管理应用"要求,规范采用 BIM 技术的铁路工程施工图文件组成和内容,使其达到所需的深度要求,并尽量减少因采用 BIM 技术增加的工作量,引导行业逐步使用信息模型替代传统二维图纸,而制定本办法。

(2)基于《铁路建设项目预可行性研究、可行性研究和设计文件编制办法》(TB 10504—2007)修编而成。

(3)适用于新建(改建)的客货共线铁路、客运专线铁路、货运专线铁路、城际铁路等大、中型建设项目。

(4)施工图文件是工程实施和验收的依据,应根据初步设计的审批意见,采用定测及补充定测资料编制,为施工提供需要的图表模型和必要的设计说明,并依据施工图工程数量编制投资检算。施工图文件应详细说明施工注意事项和要求,说明运营管理中应注意的事项和安全施工的措施。施工图投资检算由建设单位进行审查后,按章节编制施工图总预算。

(5)施工图文件组成中有关附模的交付内容,模型的几何精度、信息深度和模型精度等要求应符合《铁路工程信息模型表达标准》和《铁路工程信息模型交付精度标准》。

(6)按一般情况制定,具体应用时,各篇、章、条的组成与内容在不影响文件编制深度的原则下,可根据建设项目的实际情况酌情增减,增减后的篇、章序号不变。

(7)各篇(章)的组成与内容是按各专业的性质并考虑各专业篇(章)的完整性所做的统一规定,不涉及各设计单位的专业分工。

(8)与原编制办法相比,删除了一般可由信息模型表达和替代的附件和附图。当受硬件、软件、应用环境的限制,难以使用信息模型替代原编制办法中的附件和附图时,用户可根据具体情况灵活增加相对应的附件和附图。

(9)基于 BIM 的施工图设计文件应以电子文件的方式交付。电子文件交付格式由业主和设计单位协商确定。业主和设计单位可协商确定与电子文件对应的纸质文件交付范围。

(10)不涉及知识产权、保密等法律规定,编制的设计文件的交付应符合相关法律要求。

2.2.7.2 桥涵编制内容

1. 说明

(1)初步设计审批意见的主要内容及执行情况。

(2)设计说明(总的工程情况、设计内容、模型设计的相关要求或统一规定、工程数量与其他专业设计接口说明、采用的先进技术及其他必要的说明)。

(3)景观设计、环境保护与水土保持措施。

(4)施工注意事项(施工方法及其他)。

(5)运营注意事项(含大型或特殊结构桥梁使用、养护、维修及运营)。

(6)安全施工的措施(考虑周边环境、邻近工程、重点部位和环节、营业线运营、新结构、新材料、新工艺等因素,提出安全施工及安全运营的措施)。

2. 附件

(1)设计单元目录

①特大、大、中桥

②小桥

③涵洞

④道路桥涵

(2)参考模型目录

(3)工程数量汇总表

(4)采用标准图、通用图、参考图一览表

(5)有关协议、纪要及公文

(6)图纸目录

3. 附图

1)特大、大、中桥

(1)地基加固设计图(必要时附)

(2)非标设计指导性施工步骤图,必要的工艺过程图(必要时附,采用施工工艺动画表达或以属性信息补充表达)

(3)旧线加固设计,运营预留措施设计图

(4)关联科研项目的落实措施设计

(5)桥梁照明、通信、信号、电力、电气化、无砟轨道轨下基础等有关设计图(或附在有关专业文件内)

2)小桥涵

地基加固设计图(必要时附)

4. 附模

1)参考模型

(1)参考模型说明

审查意见的执行情况;主要技术条件;执行的主要规范、标准;各主要构件的控制应力;概述;施工、环保、运营、科研等;模型精度等。

(2)参考模型

(3)参考模型附件

①参考模型结构组织表(用于对参考模型内部的模型层级结构进行描述);

②参考模型工程数量表;

③参考模型图纸目录(参考模型根据需要附图);

④参考模型附图(必要时,基于模型补充二维视图)。

2)设计单元模型

(1)设计单元说明

复杂工点(含新技术、新结构)的工点设计说明:审查意见的执行情况;自然概况;主要技术条件;执行的主要规范、标准;各主要构件的控制应力;控制因素(立交、通航、管线、文物、军事设施等);方案概述;施工、环保、运营、科研;特殊地基处理措施(中桥可不附);模型精度等。

(2)设计单元模型

(3)设计单元附件

①设计单元模型结构组织表(用于对参考模型内部的模型层级结构进行描述);

②设计单元主要工程数量表;

③设计单元图纸目录(参考模型需要附图时附)。

(4)设计单元附图

①桥址工程地质图

地质复杂的桥附,比例 1∶500～1∶5 000。

②桥址工程地质纵断面图

比例,横 1∶100～1∶5 000,竖 1∶50～1∶500。

③全桥总布置图

BIM 模型补充表达。加固、改建或新建,图中绘明全桥立面及平面,立面加绘必要的地质资料及各种水位,并附设计说明和工程数量表及采用图号,在曲线上的桥应附曲线上桥梁布置图,地形、地质复杂者另附墩台工程地质横断面图,比例为 1∶100～1∶1 000。无缝线路上的高墩柔性基础桥列举墩台抗推刚度。

2.3 桥梁 BIM 标准应用与实践

2.3.1 标准的部署

2.3.1.1 在达索平台的部署

1. 基础平台层建设

在项目开展初期，可应用既有的虚拟桌面系统，分配虚拟服务器、虚拟客户端，完成软件培训、练习和试点 BIM 设计，同步研究标准的应用、协同设计管理等技术；然而应用虚拟机性能低，系统不稳定，软件系统对虚拟机支持不足，为此客户端需逐步配备物理工作站。

为弄清楚虚拟服务器与物理服务器之间的性能差别，用普通工作站安装平台服务器，对 BIM 试点模型在物理服务器和虚拟服务器的运行情况进行对照，发现普通工作站作为服务器性能远高于虚拟服务器性能，系统不稳定、卡顿现象排除。

根据试验结果，对软硬件系统进行了升级改造，修建 BIM 专用机房，购买物理服务器，操作系统改为 Linux 系统，安装独立交换机，铺设了千兆网络，平台性能和稳定性方面都有了质的飞跃。经实际应用发现模型生成、打开、存储时间可大幅缩短，配合 BIM 设计方案优化，可获得上千倍效率的提升。

2. BIM 协同平台架构

BIM 协同平台架构分为数据层、逻辑层、表现层三个层级。

（1）数据层

数据库服务器：存储数据文件等。

搜索服务器：为关键字搜索提供索引数据和文件。

ENOVIA 文件服务器（FCS）：快速存储和检索。

（2）逻辑层

ENOVIA 应用服务器（MCS）：处理业务逻辑和应用层的数据访问。

网络服务器：处理客户机 HTTP 请求。

（3）表现层

主要是用户客户端的使用，通过网页或者本地客户端展现。Dassault 平台服务众多，主要部署并使用了以下几个服务。

3D passport：为 3D 体验平台提供身份认证和单点登录（SSO）服务。

3D dashboard：支持将不同来源的信息汇总成一个客制化网页。

3D search：搜索索引服务，包含全文检索和 3D 索引。

3D space：简洁高效的管理数据和内容，包括 3D 导航和 6 W 标签。其中，3D 导航可以为包含第三方在内的所有应用提供统一访问方式，6 W 标签管理提供智能化、结构化、快速高效分类的细化搜索。

license control：DS license server 提供 license 分配及管理。

(4)系统部署

将平台所有服务平衡到 5 个服务器，提高系统服务能力。服务器之间的工作关系见表 2-12。

表 2-12　系统部署

安装顺序	服务器名称	安装介质	机器名
1	数据库服务器(DBServer)	Oracle Database 12c Release 1 (12. 1. 0. 2. 0) Enterprise Edition For Linux	oracle. enovia. com
2	主应用服务器(MCS)	3DPassport 3DDashboard FederatedSearchFoundation	mcs. enovia. com
3	索引服务器(FTS)	Full-textSearchServerwithExalead	fts. enovia. com
2	主应用服务器(MCS)	3DSpace DataModelCustomizationFoundation ENOVIAEnterpriseChangeManagement ENOVIAProjectManagementFoundation ENOVIAEngineeringBOMManagementFoundation ENOVIADocumentControlFoundation ENOVIAIPClassificationFoundation ENOVIAIntegrationExchangeFramework ENOVIA3DLiveExamine ENOVIACollaborationforMicrosoftServer StudioModelingPlatformRichClient	mcs. enovia. com
4	文件主服务器(FCS)	FileCollaborationServer	fcs. enovia. com
5	3D 索引服务器(3DX)	3DIndexingServer	3dx. enovia. com

3. 铁路 BIM 标准植入平台

1)标准植入方法研究

为实现标准验证与落地应用，由厂商提供客户化定制机制和工具，将标准植入平台，进而通过试点工程迭代优化标准。

跨阶段、参与方传递 BIM 信息模型，主要内容应用 BIM 阶段性成果，而非 BIM 模型产生过程数据，但过程信息数据对于不同的企业协同设计是必须的。为此将信息的扩展分为两大类型，一种是行业标准信息，一种是企业标准信息。企业标准信息在最终对外交付的模型中并不包含，但在具体企业协同平台中是存在的。如此，既保证信息向下游传递时的有效性，满足企业内部的协同，同时也有利于保护企业知识产权。

标准的扩展工具由平台管理商提供。铁路 BIM 标准由系统管理员负责植入和维护管理，各专业人员提供配合。协同设计所需标准信息根据实际研发情况动态扩展，由软件开发人员提出，系统管理员负责实施。协同设计需要依据企业自身流程制定相应的信息扩展，该部分信息为企业所特有。保护企业自身知识产权的同时，将行业标准与企业标准分开处理。

2）标准信息 schema 扩展

在平台 administrator data model 入口扩展企业内部信息，包括各专业或跨专业传递的信息，该部分信息在模型输出时会被滤除，如图 2-20 所示。

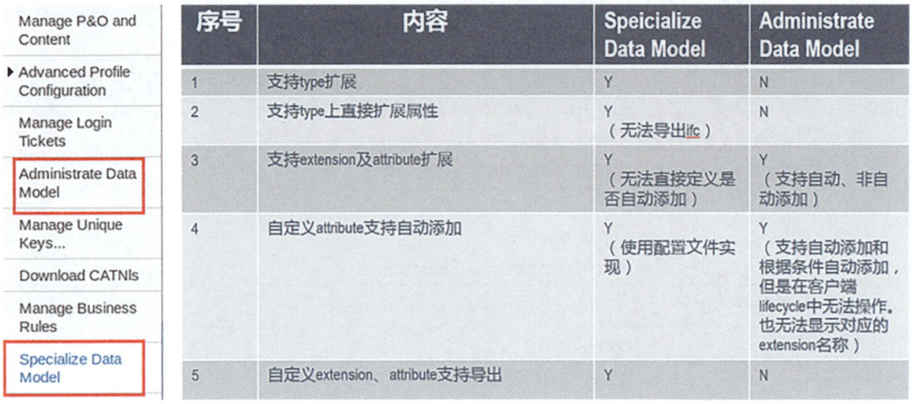

序号	内容	Speicialize Data Model	Administrate Data Model
1	支持type扩展	Y	N
2	支持type上直接扩展属性	Y（无法导出ifc）	N
3	支持extension及attribute扩展	Y（无法直接定义是否自动添加）	Y（支持自动、非自动添加）
4	自定义attribute支持自动添加	Y（使用配置文件实现）	Y（支持自动添加和根据条件自动添加，但是在客户端lifecycle中无法操作。也无法显示对应的extension名称）
5	自定义extension、attribute支持导出	Y	N

图 2-20　不同层级标准扩展方式

3）标准扩展规定

schema 数据将驱动软件行为的变化，负责对持久化数据进行解释，schema 的修改、删除将会导致系统不稳定。因此，schema 仅允许增加，不允许删减、修改。扩展信息根据基本类型的不同，应分包（package）建立。在系统中将空间部件、组合件定义为空间结构扩展包，继承自 spatial struct element；将构件和零件定义为实体结构包，继承自 structure element。实体类型的属性信息也随包定义，按 Extention 扩展。

4）标准 schema 定义流程

平台管理端提供手动添加 IFC 的扩展方式，依次建立扩展 package、type、extension 和 attribute。将标准提交应用后，在平台管理端和客户端将同时支持新的标准定义。sechma 开发流程如图 2-21 所示。

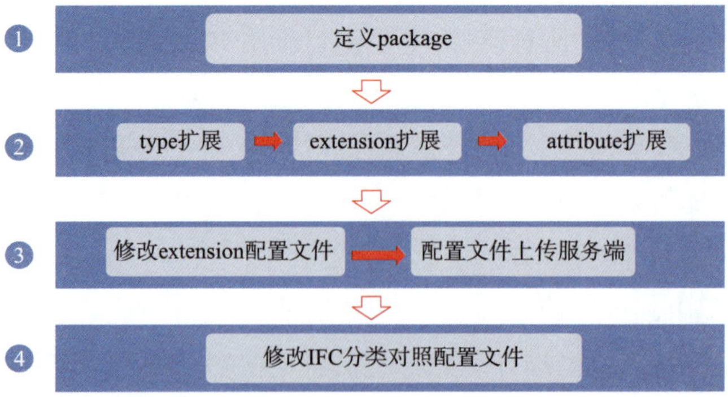

图 2-21　schema 开发流程图

5)图形客户端标准支持

BIM 标准植入后的图形客户界面如图 2-22 所示。

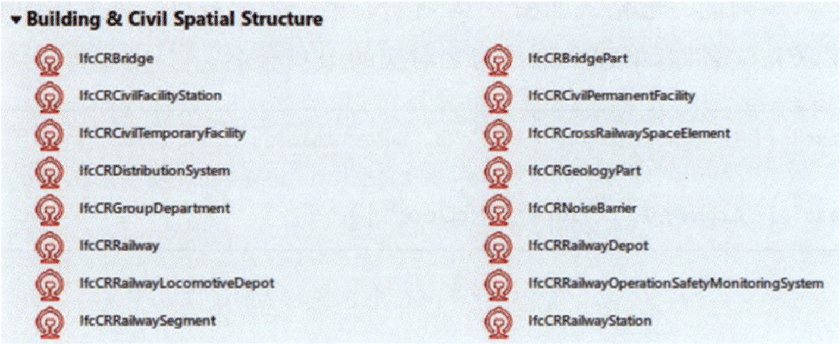

图 2-22　BIM 标准植入后的图形客户界面

2.3.1.2　在 bentley 平台的部署

bentley 平台将本地复杂三维几何设计程序与云端数据处理技术融合,通过配置文件管理,建立 BIM 模型 EC 属性与 IFC 类型的对应关系,最终完成精细化高速铁路桥梁 BIM 设计与符合 IFC 标准的 BIM 设计成果交付。

1. 设计流程与关键技术

在建模阶段,使用 bentley 的建模平台软件 microstation 和专业的桥梁建模软件 open bridge modeler 完成三维 BIM 设计,同时,应用 bentley 的 ECFramework 技术管理项目的工程属性,EC 属性将贯穿项目的整个生命周期,其中,item type 是简化版的 EC,支持设计人员方便快捷的定义属性,并添加到模型的元素上。

BIM 设计完成后,在 bentley 的 iTwin 平台上完成项目 BIM 成果向符合 IFC 标准的交付成果输出,BIM 设计阶段中基于 EC 的属性数据会完整的保存到 iModel 中;iTwin Synchronizer 建立了本地设计成果与云端 iModel 项目之间的桥梁,完成“.dgn”格式的 microstation 数据向 .bim 格式的 iModel 数据格式的转换,并推送到云端,在云端调用配置文件完成 IFC 交付成果输出。具体流程如图 2-23 所示。

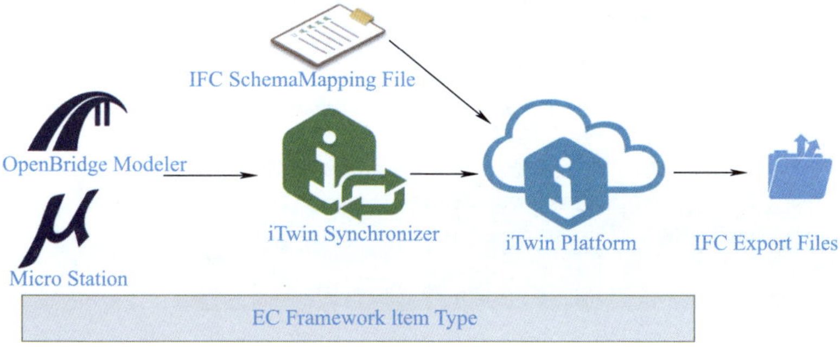

图 2-23　BIM 标准在 bentley 平台部署流程

2. 符合 IFC 格式的设计成果转换原理

在元素的 EC 属性和 IFC 类之间建立映射关系，将符合特定 EC 属性的元素转为相应的 IFC 对象类型，映射的一般格式如图 2-24 所示。第一个参数是元素所属的 ECSchema 名称，第二个是 ECClass 名称，第三个则是与之对应的 IFC 类名。

```
{ "Class": [ "<ECSchema name>", "<ECClass name>", "<IFC Class name>" ] },
e.g.
{ "Class": [ "ArchPhys", "Door", "IfcDoor" ] },
```

图 2-24 EC 属性和 IFC 类之间的映射格式

当没有特别指定元素的 EC 类，默认导出为 IfcBuilding element proxy 类，同时可以增加一些条件来建立 EC 类型与 IFC 类的对应关系，如图 2-25 所示，例如使用元素的 user label 标签来映射默认 EC 属性的 IFC 类。

```
{
    "Class": [ "Generic", "PhysicalObject", "IfcBuildingElementProxy" ],
    "Condition": [
        [ "UserLabel", "Beam", "IfcBridge" ],
```

图 2-25 使用元素的 user label 标签映射默认 EC 属性的 IFC 类

通过上述方式创建符合 json 格式的配置文件，如图 2-26 所示，作为 IFC 设计成果输出的标准。

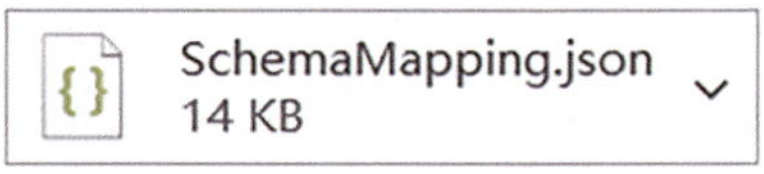

图 2-26 json 格式的配置文件

3. 具体操作步骤

以一座 4 孔高铁桥梁为背景介绍 bentley 平台的 BIM 设计及 IFC 成果输出操作流程。

(1)在 microstation 中开展 BIM 建模过程中，按照要求对模型的元素进行分组。如图 2-27 所示，全桥总共分为 abutment、beam、pier、foundation 四部分。

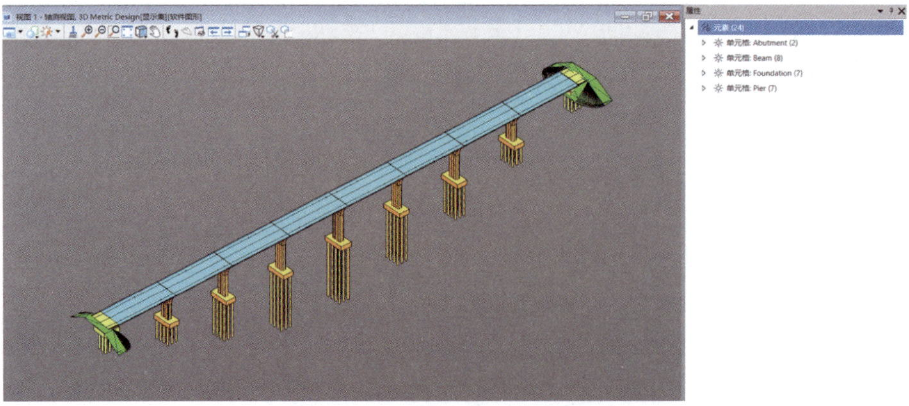

图 2-27 microstation 中的 BIM 模型

各个部分所包含的元素如图 2-28 所示。

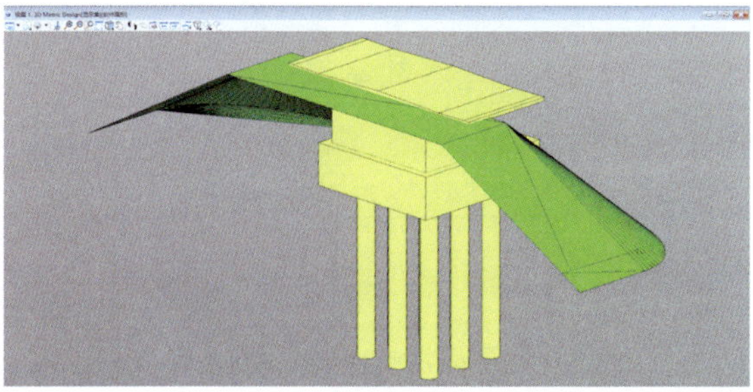

(a)桥台

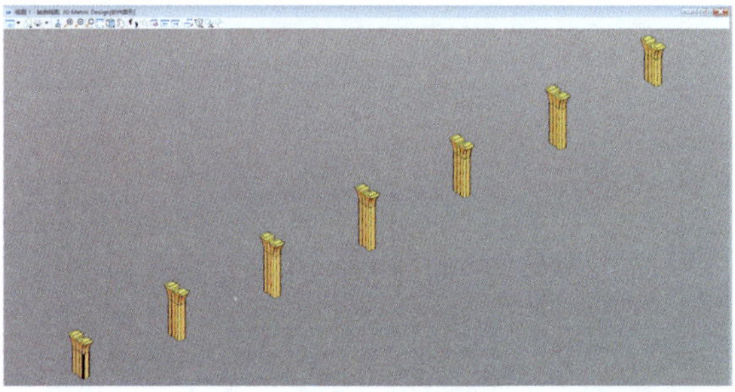

(b)桥墩

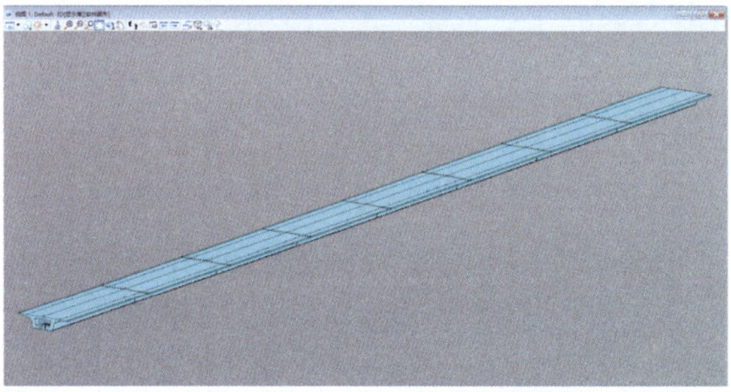

(c)梁

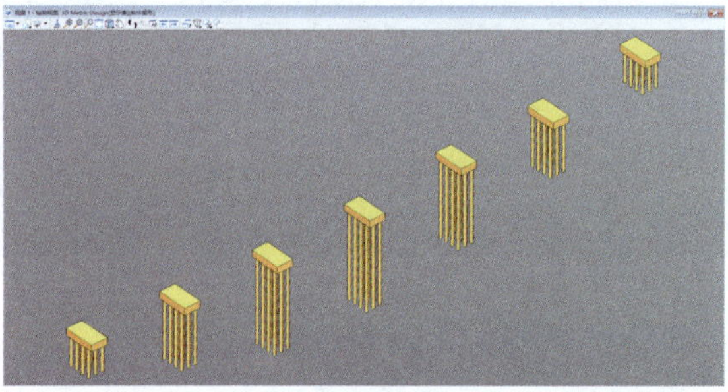

(d)基础

图 2-28　桥梁各个部分 BIM 模型

(2)打开 microstation 的 item type 界面，根据项目要求新建 item，如图 2-29 所示。

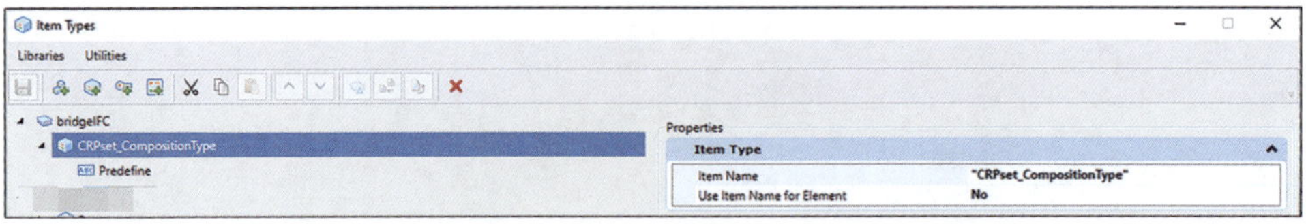

图 2-29 新建 item

(3)将步骤(2)新建的 item 属性添加到模型的各个部分，以桥的基础部分为例，如图2-30所示。

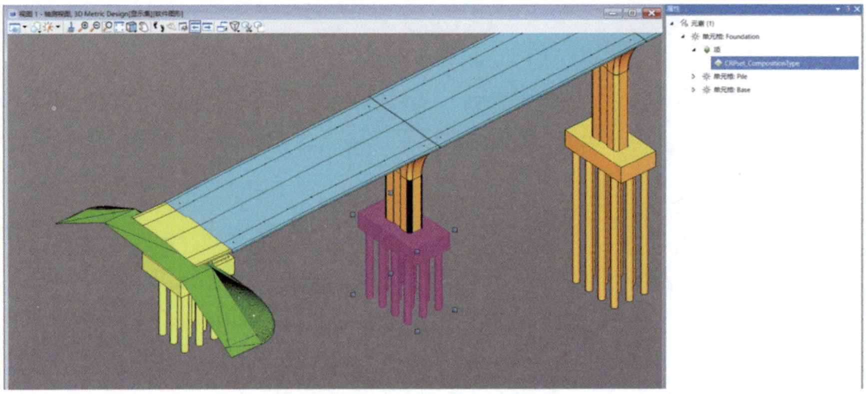

图 2-30 为模型各部分添加 item

(4)由于模型在 microstation 中使用默认的 EC 属性，而默认 EC 属性“generic”，“physical object”将会被转成“IfcBuilding element proxy”，所以使用元素的 user label 来映射相应的 IFC 类，在 schema mapping 配置文件中的设置如图 2-31 所示。

```
{
    "Class": [ "Generic", "PhysicalObject", "IfcBuildingElementProxy" ],
    "Condition": [
        [ "UserLabel", "Beam", "IfcBridge" ],
        [ "UserLabel", "Foundation", "IfcBridge" ],
        [ "UserLabel", "Pier", "IfcBridge" ],
        [ "UserLabel", "Abutment", "IfcBridge" ]
    ]
}
```

图 2-31 在 schema mapping 配置文件中的设置

(5)在 iTwin 平台上创建一个新的 iModel 项目；

(6)使用 iTwin synchronizer 将整理完成的桥 BIM 模型文件转为 iModel 的 . bim 格式，并推送到步骤 5 创建的 iModel 项目中，如图 2-32 所示。

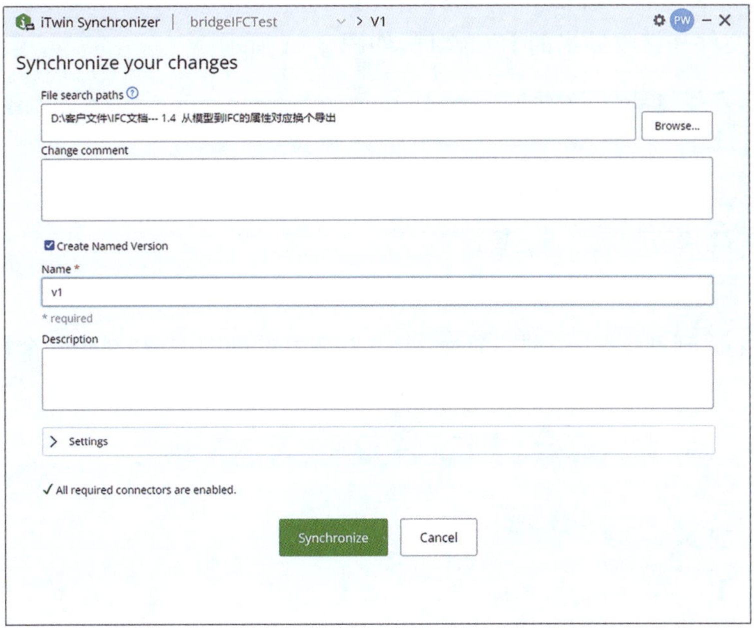

图 2-32　使用 iTwin synchronizer 转化 BIM 模型

(7)同步完成后，点击左下方的 Go to iModel 按钮即可跳转到 iMdoel 界面，如图 2-33 所示。

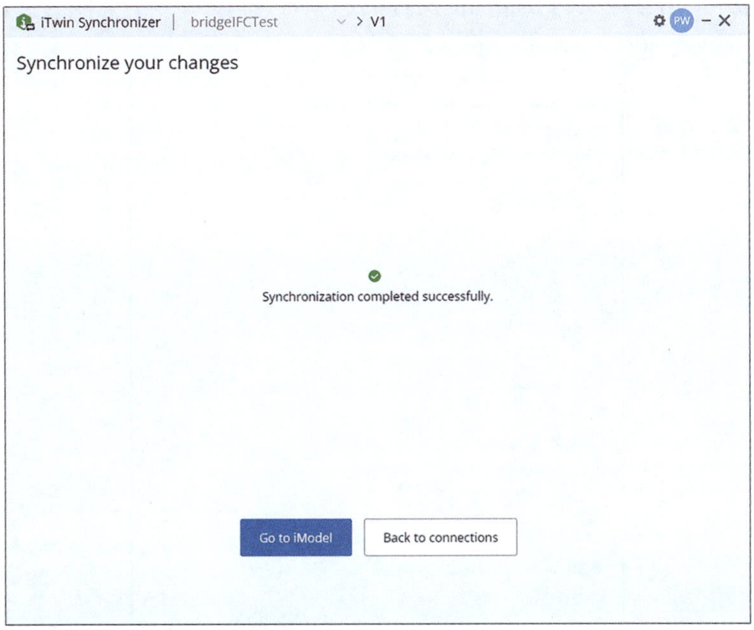

图 2-33　模型转化完成

(8)在 share 根目录下新建 IFCFiles 和 mapping files 两个文件夹，用于存放步骤(4)定义的 mapping 文件和接收导出的 IFC 文件，如图 2-34 所示。

图 2-34　新建文件夹

(9)点击 view 到 iModel 的浏览界面，点击左下方的视图按钮，新建一个视图，如图 2-35 所示。

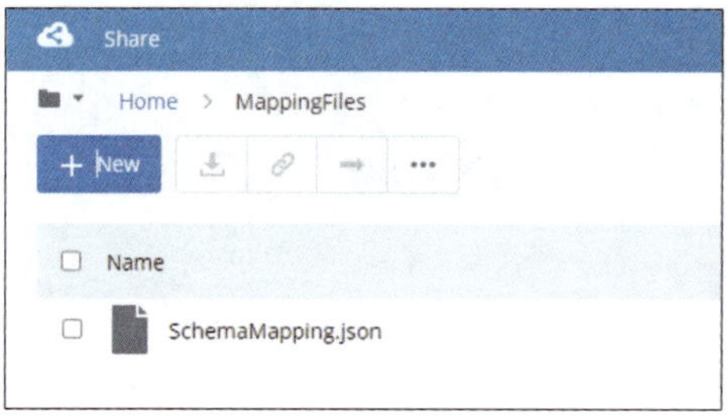

图 2-35　新建视图

(10)点击新建视图右下方的按钮，在弹出的窗口中点击 export，选择存放导出 IFC 文件的文件夹；打开使用自定义的 mapping 文件的选项，选择步骤 7 中上传的自定义的 mapping 文件，点击导出按钮，如图 2-36 所示。

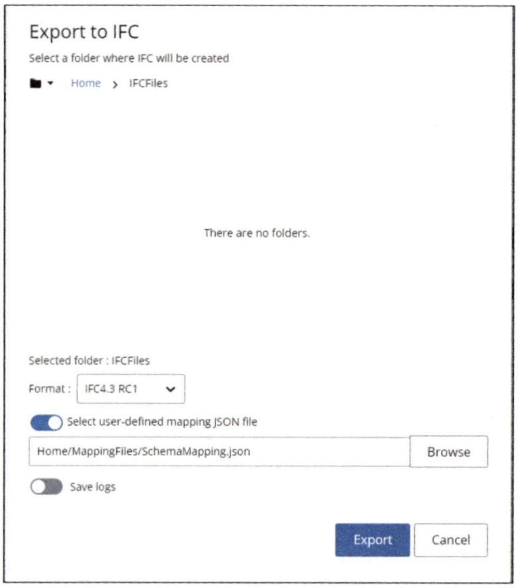

图 2-36　上传 mapping 文件

（11）下载导出成功的 IFC 文件并打开，如图 2-37 所示，可以看到在 microstation 中定义的四个桥模型结构完整地导出到 IFC 中，每个部分均成功转为了 IfcBridge 类，并且为每个部分添加的 item 属性也成功导出到 IFC 文件中。

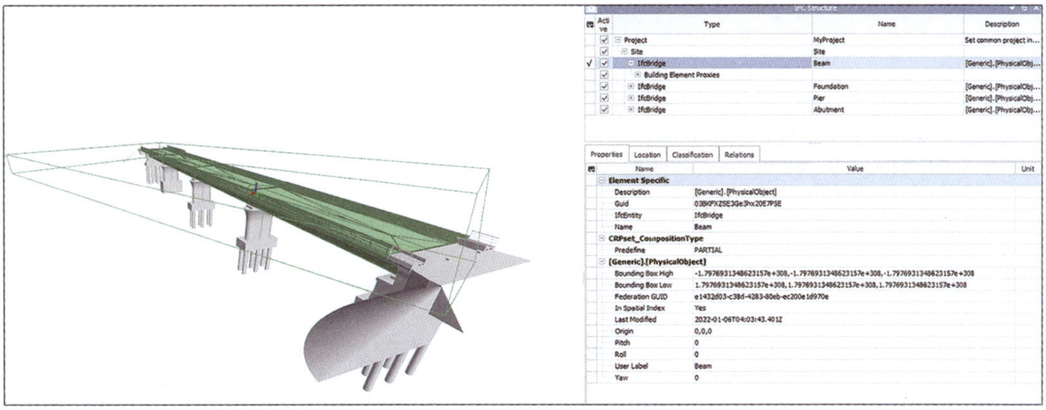

图 2-37 在通用 IFC 浏览器中查看模型转化成果

2.3.1.3 在欧特克平台的部署

欧特克与 buildingSMART 建立了合作关系，如面向基础设施的 IFC 4.3 和铁路专用扩展模块。Autodesk 已经针对新标准编制了不同方案和 IFC 文件。欧特克参与了桥梁、铁路、港口和航道基础设施的试点部署工作，以及 buildingSMART IFC road extension 项目，与多家企业和科研机构共同探索软件数据交互的工作流和开发机制，以验证基础设施 IFC 标准和扩展模块的落地性。

1. 欧特克产品对于 IFC 的支持

欧特克众多产品均支持 IFC 的交互，如图 2-38 所示，表 2-13 是几款主要产品支持 IFC 的版本情况。

表 2-13 autodesk 产品对 IFC 支持情况

软 件	支持导入的 IFC 格式	支持导出的 IFC 格式
Revit	支持 IFC 4、IFC 2×3 和 IFC 2×2	支持 IFC 4、IFC 2×3 和 IFC 2×2
Civil 3D	支持 IFC 4×1、IFC 4 和 IFC 2×3	支持 IFC 4×1、IFC 4 和 IFC 2×3
InfraWorks	支持 IFC 4、IFC 2×3 和 IFC 2×2	—
Navisworks	支持 IFC 4、IFC 2×3 和 IFC 2×2	—
Inventor	IFC 2×3	IFC 2×3

图 2-38 欧特克公司支持 IFC 的软件一览

除桌面端产品支持 IFC 外，欧特克同时提供公共数据网络工作平台 ACC（autodesk construction cloud），如图 2-39 所示。在这个平台上，为项目全生命周期建立了不同的工作模块。它的开放在于它的文件存放和编辑，不仅包括 autodesk 自己的模型和数据，还能接受第三方的数据文件格式。ACC 以及欧特克桌面端产品均架构于欧特克开发者平台 forge 上，提供各类型三维、二维数据转换功能，为第三方应用提供底层数据服务。

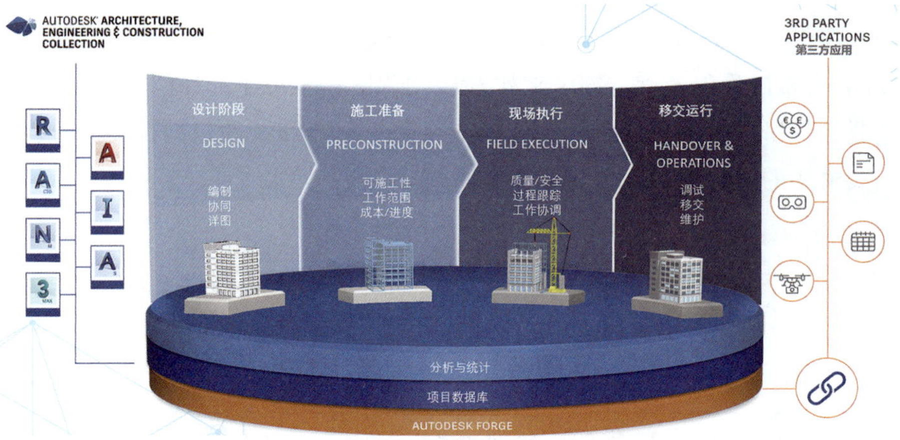

图 2-39 欧特克云端、桌面端、第三方开发产品架构

2. 欧特克在数据交互的流程保障

以三维通用软件 revit 为例，revit 提供完全认证的 IFC 进出口，基于 buildingSMART IFC 数据交换标准。对于导入（打开或链接 IFC 文件），revit 支持基于以下 buildingSMART International（bSI）数据交换标准的 IFC2×3、IFC2×2 的 IFC 文件。对于导入（仅链接），revit 还支持基于 bSI IFC4 标准的 IFC 文件。

对于导出，revit 支持以下标准：IFC4，IFC2×3 和 IFC2×2。欧特克还提供 revit IFC 导

出助手,在官网提供定期的功能更新和 bug 修复,以匹配 buildingSMART IFC 的更新,如图 2-40 所示。

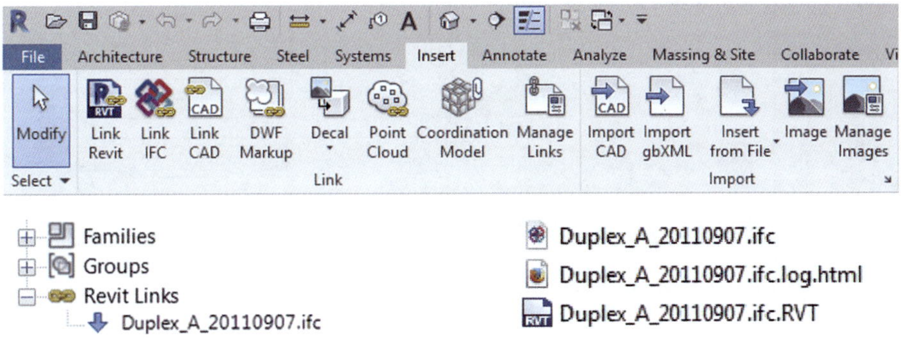

图 2-40　Revit 支持导入 IFC 文件并自动保持更新

当用户将 revit 模型导出为 IFC 格式时,其他项目参与人员可以直接使用该信息。例如,使用 revit 创建的 BIM 模型需先被保存为 RVT 格式文件。然后将模型导出 IFC,在具备 IFC 认证的且不使用 RVT 文件格式的应用程序中查看和使用。类似的,在 revit 中,也可以导入 IFC 文件,创建 RVT 文件,并在 revit 中构建模型。

IFC 使用具有建筑意义的参数来描述现实世界的建筑对象,这些参数被赋予具有意义的正确格式的参数值。revit 中的标准图元都默认包含对应于 IFC 信息的参数,如图 2-41所示。得益于欧特克在数据开放互联维度上多年的研发和实践,目前导出 revit 模型到 IFC,所有标准图元参数(参数名称与 IFC 参数一致且有正确格式参数赋值)将自动匹配 IFC 参数,不需要任何特定的用户操作。(例如,revit 梁导出为 IFC 梁。)对于非标准 revit 图元(如非标设备),在导出之前需进行参数映射配置后,导出至 IFC 参数,如图 2-42 所示。

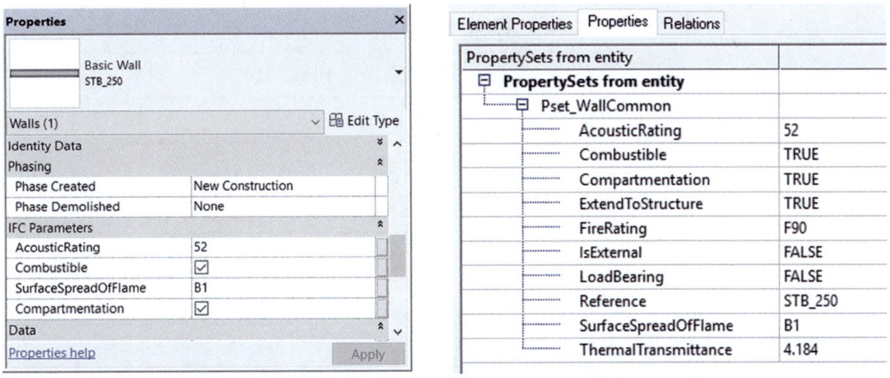

图 2-41　revit 族图元包含的与 IFC 信息对应的参数

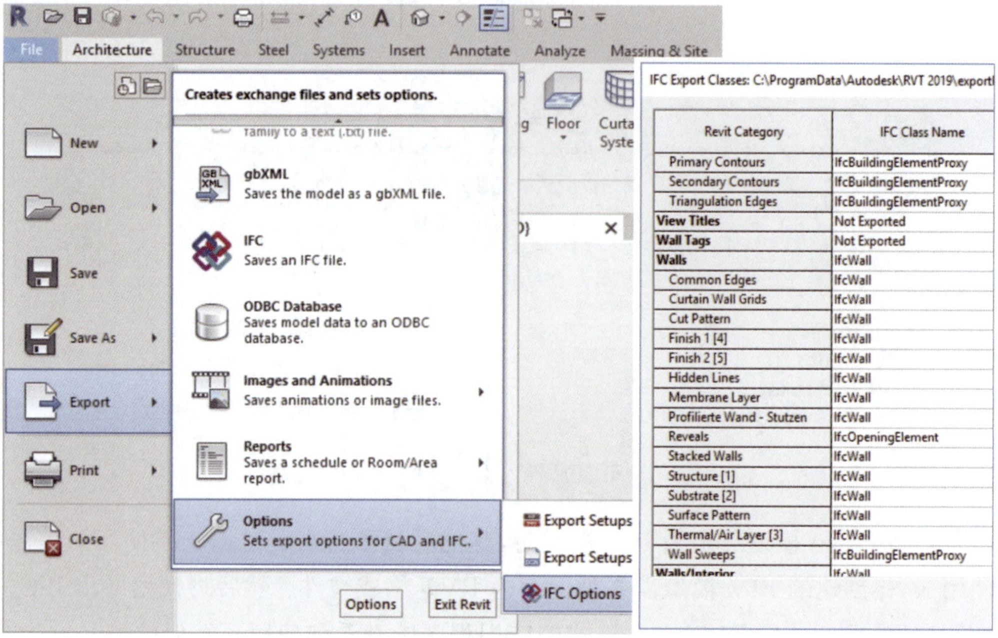

图 2-42　revit 导入/导出 IFC 的参数映射配置

revit 中已经包含了预设的 IFC 导出配置，同时也支持用户自行按需求配置，可在 revit 项目文件中调用自定义配置文档。revit 的 IFC 导出设置选项中的可用选项见表 2-14。

表 2-14　revit 的 IFC 配置选项

选　　项	说　　明
常　　规	
IFC 版本	IFC 2×2 协调视图
	IFC 2×3 协调视图
	IFC 2×3 协调视图 2.0
	IFC 2×3 GSA 2010 概念设计 BIM 2010
	IFC 2×2 新加坡 BCA e-Plan 检查
	IFC2×3 基本 FM 移交视图
	IFC2×3 COBie 2.4 设计可交付视图
	IFC4 参照视图
	IFC4 设计传递视图
文件类型	IFC
	IFC XML
	压缩的 IFC
	压缩的 IFC XML

续上表

选　项	说　明
常　规	
要导出的阶段	选择要导出的文档的阶段，默认为最后阶段的文档
空间边界	导出的房间/空间边界的层
按标高拆分墙、柱、风管	使用户能够按层分割多层墙、柱和风管。使用此选项时，revit 会按指定为建筑楼层的每个标高对墙、柱和风管进行剪切
文件标头信息	打开“文件标头”对话框，可以在其中输入作者和组织信息
项目地址	打开“项目地址”对话框，可以在其中提供有关项目用途和位置的信息
其他内容	
导出二维平面视图图元	选择该选项以包含 IFC 导出支持的二维图元(注释和填充区域)
将链接的文件导出为单独的 IFC	选择此选项可将模型中的 revit 链接导出为单独的 IFC
仅导出视图中可见图元	选择该选项仅导出当前视图中的可见图元
导出三维视图中的房间	“仅导出视图中可见图元”选项处于选中状态时，选择此选项将导出包含在选定三维视图剖面框内的所有房间
属　性　集	
导出 revit 属性集	选择该选项可包含基于参数组的 revit 特定属性集
导出 IFC 公用属性集	选择该选项以包含 IFC 公用属性集
导出基准数量	选择此选项可在导出数据中包含模型图元的基准数量
将明细表导出为属性集	选择该选项以将明细表导出为自定义属性集。明细表名称是属性集名称；列名称是 IFC 参数名称
导出用户定义的属性集	选择该选项以导出用户定义的属性集
导出参数映射表	选择该选项以导出自定义参数映射表
分类设置	打开“分类设置”对话框，允许您提供有关项目来源和版本的信息
详细程度	
某些图元几何图形的详细程度	使用这些选项可以控制某些 revit 图元细分的程度
保持细分几何体作为三角剖分	选择此高级选项以使用与较旧的 IFC 4 参照视图查看器兼容的三角剖分方法

同时，欧特克提供 revit IFC 使用指南，如图 2-43 所示，为用户详细地描述了处理 IFC 文件的操作步骤和注意事项，确保用户体验和保障数据的互通性。

欧特克提供给用户的 revit API 开发人员手册中有对于 IFC 导出二次开发的详细说明。同时欧特克生态圈合作伙伴提供一系列 IFC 导出扩容工具，如图 2-44 所示。

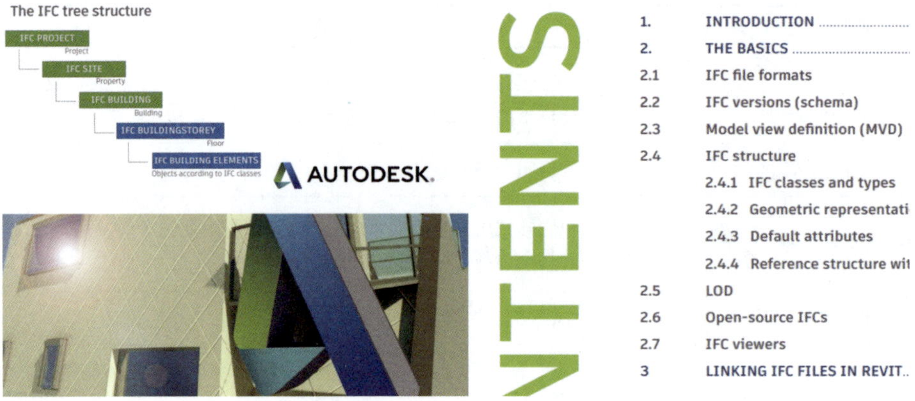

图 2-43　revit IFC 使用指南

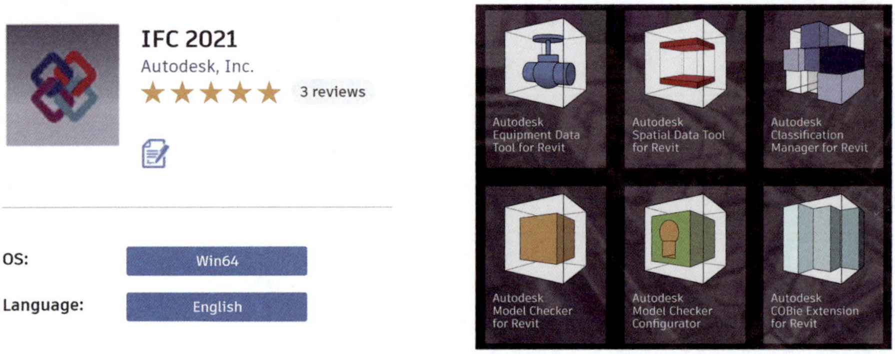

图 2-44　欧特克生态圈合作伙伴的 IFC 数据交互二次开发产品

2.3.2　标准的验证

2.3.2.1　国际桥梁标准验证

1. 基本思路

IFC bridge 是在既有 IFC 标准基础上扩展的 IFC 数据模型，以便对桥梁的语义和几何形状进行精确描述。IFC bridge 项目由 bSI InfraRoom 发起，项目周期为两年。考虑到标准研究所处的阶段，从全部桥梁类型中挑选最常见的桥梁类型，作为标准验证的对象，包括板桥、梁桥、板式梁桥、箱梁桥、框架桥、刚构桥、涵。

从材料的角度来看，验证对象包括以下桥梁类型：钢筋混凝土桥梁、预应力混凝土桥梁、钢/混凝土组合桥、钢梁桥、钢桥。其余桥梁类型将在后续研究中进行验证测试，包括桁架桥、拱桥、悬臂桥、斜拉桥、吊桥。在标准验证过程中主要考虑以下用例：初始状态建模、主要公路/铁路参数的进口、技术可视化、协调/碰撞检测、4D 构件序列建模、数量统计、进度监控、移交到资产管理部门、移交 GIS 进行空间分析、从设计到设计(参考模型)、从设计到施工。其他桥梁类型和用例将在后续研究覆盖。在明确验证范围的前提下,主要采用建立概念模型和样例文件的方式进行验证。

2. 验证过程

1)概念模型

概念模型主要对桥梁工程的分解方式进行定义。在基础设施领域,桥梁工程可以通过多种不同的方式和从不同的层面进行分解。根据一般的 IFC 模型分解原则,任何结构都可以分解为结构空间分解、结构组件分解、功能结构分解三个主要部分。根据这些原则,每个项目都将至少具有三个层次结构。

所有的物理构件,如板、梁或柱及其部件,在工程结构层级中只被包含一次。物理层级关系中位于顶部的组件通常被包含在空间层级关系中且只被包含一次,其他组件则通过聚合关系与物理层级发生关联。

通过非层级的分组关系,物理单元也可以从属于功能系统。此外,组件的几何结构和属性可以从类型中派生。例如将桥墩定义为一种类型,并将其作为组件在模型的不同位置安装多次。空间元素和系统亦可以定义类型,这些元素可以具有动态的属性管理,以补充静态定义的对象属性。

每个基础设施项目都应该有一个分层的空间分解结构(项目:场地/桥梁/…)——至少有一个层次。所有物理组件(板/梁/柱/…)在空间层次结构中只包含一次,可以直接通过包含关系,也可以通过使用聚合关系分解层次组件(顶层组件总是包含在空间层次结构中)。物理元素也可以通过分组关系(非分层)归属于功能系统(结构/排水/标识/…)。此外,组件的几何形状和属性可能派生于类型(例如,drain 作为类型定义良好,并作为组件在模型的不同位置安装了许多次);原则上,空间元素和系统也可以定义类型。所有这些都可能具有属性的动态关联,以补充静态定义的对象属性。

创建桥梁概念模型主要涉及以下内容:通用概念、几何表达、空间结构、物理元素、物理分布元素、系统。

(1)通用概念:阐述了适用于桥梁建模(在 IFCBridge 项目背景下)的基本概念和假设。

(2)几何表达:阐述了任何空间或物理元素的形状和它们在桥梁模型中的位置的一般概念。

(3)空间元素:在空间要素方面阐述了桥梁模型中表示已建设施和捕捉空间层次的概念,并提出新概念。

facility-spatial structure element 的(抽象)子类型;

facility part-spatial structure element 的子类型。

(4)物理元素:在物理元素中,除了包含任何类型的分布系统,在物理分布元素中进行了解释之外,还阐述了表示所有物理组件及其组成部分,特别是包括已建设施和桥梁的部分。

(5)物理分布元素:在物理分布元素中,阐述了表示所有物理组件及其组成任何类型的分布系统的部件的概念,特别是在已建设施和桥梁中。

(6)系统:在系统中阐述了描述系统或资产组而对对象进行分组的概念。

2)Schema 扩展

在开展样例分析之前,完成了对 Schema 的扩展。

在 IFC 4.1 的基础上,针对桥梁工程开展需求分析,明确桥梁的分类与用例,完善桥梁工程结构分解内容,并为桥梁工程添加模型视图定义,同时开展桥梁工程的概念模型研究,最终在研究成果的基础上对桥梁工程设计的特殊类型和 IFC 实体类型进行补充,形成扩展方案。

3)样例文件分析

已经取得的关于桥梁 IFC 分类成果,在表达一些桥梁分类的逻辑关系时不够直观。通过建立样本实例,即带有目录树的 IFC 模型,可以清晰地表达 IFC 桥梁标准的逻辑关系。

标准团队在该最新 IFC 桥梁标准的稳定版本基础上开展工作。由于目前的 BIM 平台对 IFC 标准分类的最新成果支持有限,决定新增 IFC 桥梁分类是缺失的,团队使用 IFC proxy element(一种 IFC 标准中更为通用的分类),并凭借此分类存储桥梁工程信息模型。同时通过为其命名的方式实现对新增 IFC 分类的区分,比如将用于存放桥梁支座的 IFC proxy element 命名为"IFC bearing"。通过这种方式,既不需要真正地添加分类,又可以将不同的结构分解物表达出来,同时能够反映构件之间的逻辑关系。

通过虚拟设置一座桥梁,创建样例文件,并开展对 IFC 桥梁标准的验证。其中桥梁的结构形式、尺寸选择较低的几何精度,以满足空间占位为主。样例文件的工作着重集中在对 IFC 新增分类及分解关系的应用、桥梁 BIM 模型 IFC 分类组织的表达上。结果显示桥梁 IFC 标准及其组织关系能够很好地用于桥梁 BIM 模型的组织创建中。

IFC bridge 项目团队成员提供了不同桥梁结构类型的概念模型和样例文件,如图 2-45 和图 2-46 所示。

图 2-45 拱桥样例模型

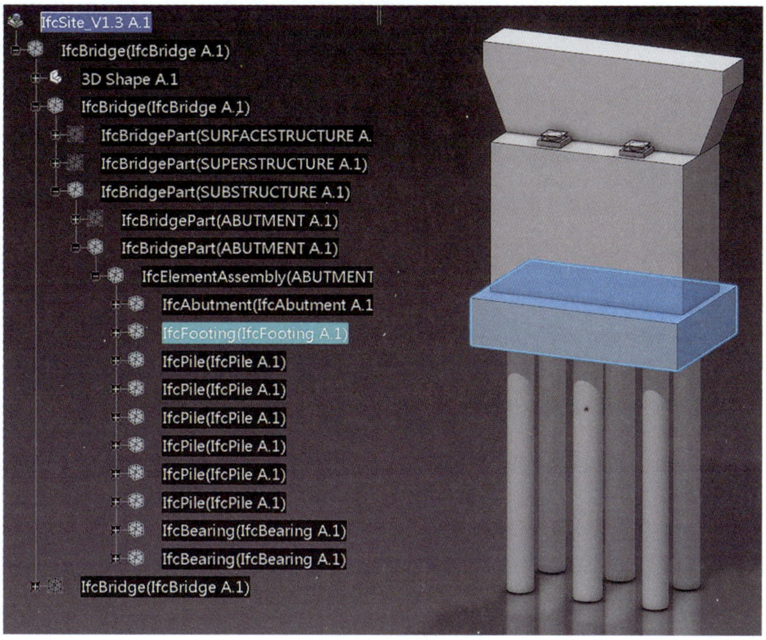

图 2-46　桥台样例模型

2.3.2.2　国内桥梁标准验证

1. 工程概况

京沈客专辽宁公司现场选定试点范围为李家梁隧道进口至西沟特大桥沈阳台间站前工程，里程范围为 DK373＋975～DK380＋417.82，线路长度 6.442 km。试点线路位于直线段，双线线间距按 5.0 m 设计。最大纵坡 15‰，最小坡段长 2 350 m。含车站 1 座，长 1 400 m(站内桥梁 231.75 m)，区间桥 2 502.87 m/4 座，区间隧道 380 m/1 座，区间路基 2 159.95 m/4 段。全长 6 442.82 m。西沟特大桥位于朝阳县大平房镇八棱观村。桥址位于剥蚀丘陵区，地形较平坦，略有起伏，地面高程 233.29～248.98 m。

2. BIM 平台的搭建

(1)以虚拟桌面为主的 BIM 集中设计协同工作平台

应用企业云平台搭建一套以虚拟桌面为主的 BIM 集中设计协同工作平台，服务器和客户端均安装在云平台，后期根据项目需要，又补充高性能台式机和专业图形工作站，系统配置如图 2-47 所示。

为提高平台设计效率，增加虚拟服务器数量，加大内存、存储空间，提高处理器和显卡配置等，并重新部署系统。通过组织、人员、角色、空间四个维度定义数据的管理和使用权限，从而实现系统数据安全管理，如图 2-48 所示。通过总结上阶段研究工作的经验，为全面提高达索平台的运行速度，提升各专业 BIM 协同设计效率，本阶段试点研究工作对 BIM 协同

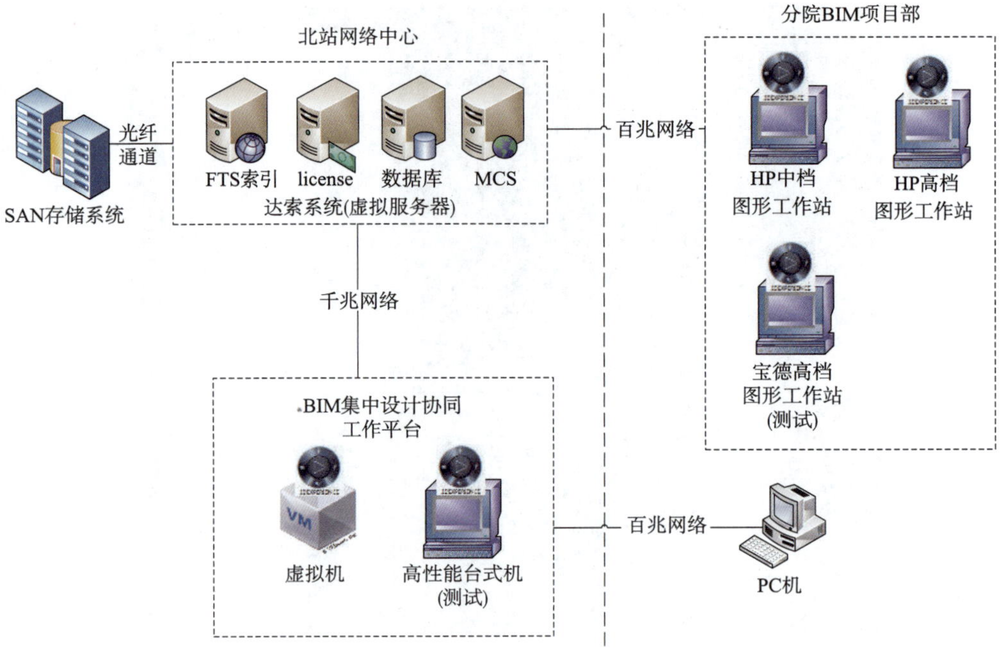

图 2-47　云平台架构

设计平台的软硬件系统进行了大幅度调整，从硬件和软件方面分别对 BIM 协同设计平台进行了升级，使 BIM 协同设计工作效率又迈上了一个新的台阶。

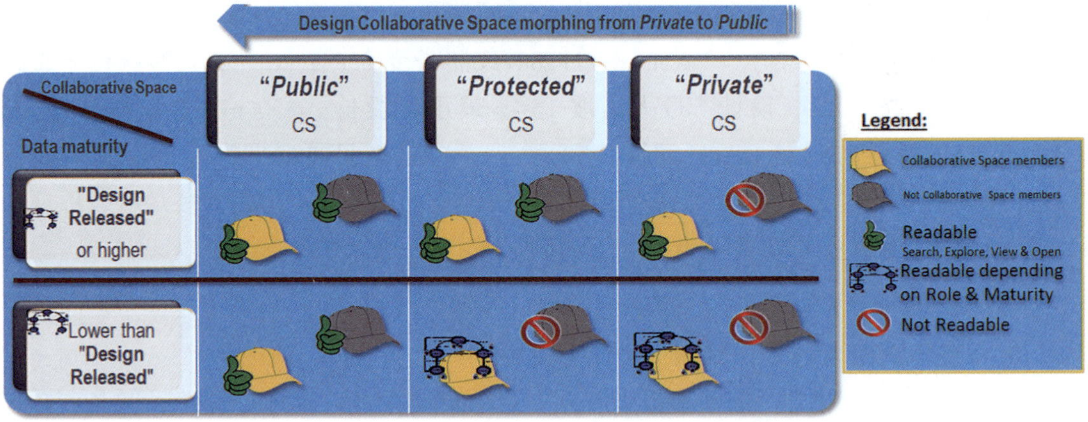

图 2-48　空间与权限的关系

硬件方面，修建了专用服务器机房，独立采购了 8 台高性能物理服务器，其具体配置单见表 2-15。系统采用分布式部署方式，全部使用独立物理服务器并增加服务器数量，提高服务器配置。修建专用机房，确保 BIM 协同设计平台独立运行，不受其他服务的影响，方便维护人员管理。采用独立交换机，实现千兆网络直达终端，网络传递稳定。

表 2-15 物理服务器配置表

序号	服务器名称	操作系统	部署内容	配置要求（可根据实到配置酌情调配）	机器名
1	数据库服务器(DB Server)	RHEL 6.5 En	Oracle 12c	2×E5/128GB/4×480G	oracle.enovia.com
2	主应用服务器(MCS)	RHEL 6.5 En	3DPassport 3DDashboard 3DSearch 3DSpace	2×E5/128GB/4×480G	mcs.enovia.com
3	索引服务器(FTS)	RHEL 6.5 En	Full Test Search Server	2×E5/64GB/2×300G	fts.enovia.com
4	文件主服务器(FCS)	RHEL 6.5 En	File Collaboration Server	E5/32GB/2×300G+4×2T	fcs.enovia.com
5	3D索引服务器(3DX)	RHEL 6.5 En	3D Indexing Server	2×E5/64GB/2×300G	3dx.enovia.com
6	2017×测试环境	RHEL 6.5 En	2017×All in One	2×E5/64GB/2×480G+2T	test.enovia.com
7	2015×数据库服务器	Windows Server 2012 R2 En	Oracle 12c	2×E5/64GB/2×300G	db2015.enovia.com
8	2015×主应用服务器	Windows Server 2012 R2 En	2015×All-in-one	2×E5/64GB/2×480G+2T	mcs2015.enovia.com

软件方面，从底层操作系统上，采用了Linux系统，Linux系统内核优化较好，占用系统资源较少，在运行效率和稳定性方面较Windows系统具有先天优势，可实现全天候稳定运行，但Linux系统维护对IT人员提出了更高的要求；完成对达索3DExperience2017×平台升级，2017×在AEC行业应用方面融入了最新软件需求，以及功能增强。升级后的达索3DExperience2017协同设计平台对层次的划分更加严谨，将达索平台服务拆分至不同的服务器，提升服务器的并发处理能力，可支持100台终端同时设计。实现了多专业协同的BIM设计，应用达索平台原生功能建立了站前各专业6.44 km整体BIM模型，模型共分为8类，见表2-16。

表 2-16 各专业主要建立的BIM模型

序号	专业	模　型
1	线路	总骨架线、立交限界曲面、排水系统
2	测绘	DEM、DOM
3	站场	站内轨道：钢轨、道岔、轨枕和碎石道床； 站场设备：车挡、信号机、警冲标； 站场路基：路基面、路基边坡； 排水系统：侧沟、天沟、排水沟、线间沟、盖板排水槽
4	轨道	CRTSⅢ型板式无砟轨道模型：含钢轨、轨道板、自密实混凝土层、底座、隔离层、伸缩缝、弹性垫板，泡沫板； 轨枕埋入式无砟轨道：路基上18号道岔轨道结构，其中单开(2种)、单渡(1种)，桥上18号单渡线轨道结构
5	路基	路基工点4个：分别建立路堤、路堑、侧沟、边坡，以及平台、地基处理模型

续上表

序号	专业	模　　型
6	桥梁	特大桥 2 座，大桥 1 座，中桥 1 座。 上部结构：简支梁及钢筋和预应力束；连续梁及钢筋和预应力束； 下部结构：基础、墩台、桥台、承台及桩基钢筋； 附属：挖基、填方、刷坡； 支座
7	隧道	隧道 1 座，主要包括： 正洞段：洞门、明洞、暗洞、初支、衬砌拱墙、衬砌仰拱、侧沟、侧沟盖板、深埋中心沟、仰拱填充、暗洞段钢筋、型钢钢架、锚杆、超前管棚、超前小导管、排水系统、进出口边仰坡防护及回填、踏步； 洞室：初支、拱墙衬砌、底板
8	地质	隧道 1 个工点、路基 4 个工点、桥梁 4 个工点，分别建立了地质钻孔、地质体模型

(2)第二阶段 BIM 设计

2017 年 4 月至 2017 年 8 月，京沈客专 BIM 试点西沟特大桥范围桥梁与轨道工程应用《铁路工程数据存储标准》《铁路工程信息分类与编码标准》《铁路工程信息模型交付精度标准》等 3 项标准重新设计，见表 2-17。

表 2-17　京沈客专 BIM 第二阶段设计 BIM 验证

序号	专业	模　　型	IFC 信息	IFD 信息
1	线路	总骨架线	IfcRailway：Pset_MainTechnicalStandardOfRailway、Pset_RailwayProject	59-01 10 10 ＋59-02 10 00 ＋59-03 10 00 ＋59-04 00 00 ＋59-05 20 00 ＋59-06 10 00
2	轨道	CRTSⅢ型板式无砟轨道		
		钢轨	IfcCRTrackRail：IfcCREQR_RailQuantity IfcCRPset_RailCommon	钢轨：53-10 08 10＋58-02 10 10＋54-16 10 20＋54-16 50 20＋54-16 50 30
		扣件	IfcCRTrackFastening： IfcCREQR_TrackFasteningQuantity IfcCRPset_TrackFasteningCommon	扣件： 53-10 25 00＋54-16 60 09
		轨道板	IfcCRTrackSlab： IfcCREQR_TrackSlabQuantity IfcCRPset_TrackSlabCommon	轨道板： 53-10 74 10＋58-02 40 20 50＋54-08 30 00
		调整层	IfcCRTrackAdjustmentLayer： IfcCREQR_TrackAdjustmentLayerQuantity IfcCRPset_TrackAdjustmentLayerCommon	
		隔离层	IfcCRTrackIsolationLayer： IfcCREQR_TrackIsolationLayerQuantity IfcCRPset_TrackIsolationLayerCommon	
		弹性垫层	IfcCRTrackElasticCushion： IfcCREQR_TrackElasticCushionQuantity IfcCRPset_TrackElasticCushionCommon	

3. 利用达索平台进行 BIM 协同设计方法

利用达索系统进行 BIM 设计需要先整体后局部，整个设计由总体发起，任务层层下发。在设计准备阶段即完成了任务分解和工程分解，团队成员责任明确，协同工作。

1)项目的设计管理平台应用

达索系统前台建模主要使用 Catia 软件，在后台由 Enovia 协同管理系统负责提供支承，同时，Enovia 系统负责整个项目的管理，包括人员、权限、任务、流程、交付等。本次试点工作主要应用了以下三个方面的功能。

(1)WBS 任务分解

任务管理采用自顶向下逐级分解模式，总体建立总任务节点、各专业互提信息要求的子任务和各专业设计总任务节点，总任务分为 12 项，如图 2-49 所示，分别为设计准备、总骨架设计、开放设计、专业骨架设计、骨架评审、需要新增模板、建立 BIM 模型、模型审核、工程数量、二维图纸的输出、动画展示制作、总结，任务建立后分别指派给各专业负责人，由专业负责人再分下一级任务并指派，直至任务分解完成。任务分解包括标准、骨架、模板、模型、二次开发、专业间发布、文档等，原则上分解粒度为每项工作用时不超过三天，过程中责任人动态进行填报。

Name	Type	Id	Dependency			State	%	Progress
京沈客专BIM试点6	Project S...					Active	72.5	
设计准备	Phase	1		0		Complete	100.0	
总骨架设计	Task	24		0		Complete	100.0	
开放设计	Gate	27		0		Complete	100.0	
专业骨架设计	Task	28		0		Complete	100.0	
骨架线评审	Gate	40	28:FS+0.0 d	1		Complete	100.0	
需要新增模板	Task	41	27:FS+0.0 d	0		Active	45.4	
建立BIM模型	Task	58	40:FS+0.0 d	0		Active	94.6	
模型审核及修	Task	184	58:FS+0.0 d	0		Active	12.5	
工程数量（体	Phase	195	184:FS+0.0 d	0		Active	16.7	
二维视图输出	Task	202	58:FS+0.0 d	0		Assign	0.0	
动画展示制做	Task	209	58:FS+0.0 d	0		Assign	0.0	
总结	Phase	218	40:FS+0.0 d	0		Active	52.6	

图 2-49 WBS 任务分解

(2)任务进度动态填报与管理

在 BIM 设计过程中，各专业每天按时填报进度，项目总体进展可控。如图 2-50 所示，蓝色线代表任务计划执行曲线，随着项目的开展，需执行的任务数量在逐渐减少，黄色线代表任务实际执行曲线，本次试点在后期任务执行曲线落后于计划执行曲线，原因是在完成模型后各专业忙于文档整理、应用研究，未能及时填报，实际执行情况基本接近于任务计划执行曲线，如图 2-51 所示。

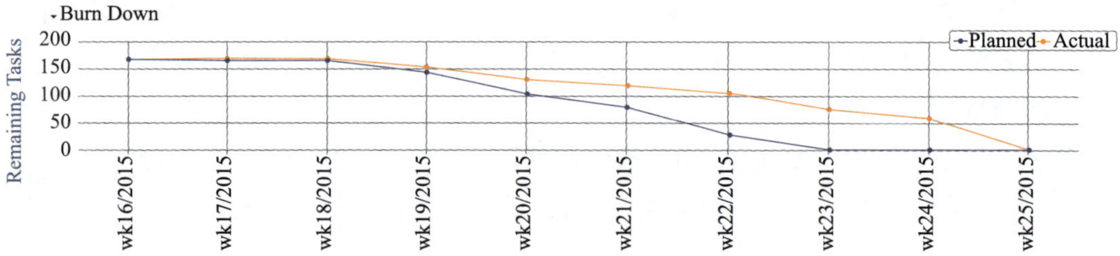

图 2-50 任务计划与实际执行曲线

Name	Type	Id	Dependency			State	%	Progress	Dur
京沈客专BIM试点6	Project S...					Review	100.0		
设计准备	Phase	1		0		Complete	100.0		
总骨架设计	Task	24		0		Complete	100.0		
开放设计	Gate	27		0		Complete	100.0		
专业骨架设计	Task	28		0		Complete	100.0		
骨架线评审	Gate	40	28:FS+0.0 d	1		Complete	100.0		
需要新增模板	Task	41	27:FS+0.0 d	0		Complete	100.0		
建立BIM模型	Task	57	40:FS+0.0 d	0		Complete	100.0		
模型审核及修	Task	183	57:FS+0.0 d	0		Complete	100.0		
工程数量（体	Phase	194	183:FS+0.0 d	0		Complete	100.0		
二维视图输出	Task	201	57:FS+0.0 d	0		Complete	100.0		
动画展示制做	Task	205	57:FS+0.0 d	0		Complete	100.0		
总结	Phase	214	40:FS+0.0 d	0		Review	100.0		
总结总体框	Task	215	40:FS+0.0 d	0		Complete	100.0		
各专业总结	Task	216	215:FS+0.0 d	5		Complete	100.0		
各业展示动	Task	217	183:FS+0.0 d	0		Complete	100.0		
总结	Task	218	216:FS+0.0 d	0		Review	100.0		

图 2-51 完成的 6.44 km 试点第一阶段工作 WBS 任务表

（3）项目交付管理及交付件的审核流程

在 ENOVIA 系统中每项任务均可做相应的交付管理，如图 2-52 所示，责任人可将交付件提交管理系统，交付件可以是文档，也可以是 CATIA 中建立的模型链接。

交付件和 CATIA 中的模型有 5 个生命周期，如图 2-53 所示，分别为私有、设计、冻结、提交、过期，其中设计、冻结和提交阶段均可以启动流程。

流程可以自定义，也可使用预定义的流程模板，流程执行环节与企业实际业务流程一致，并指派至具体责任人。本次项目试验预定义了专业内、专业间和出院 3 种流程，如图 2-54

所示，并进行流程应用试验，审阅流程如图 2-55 所示。

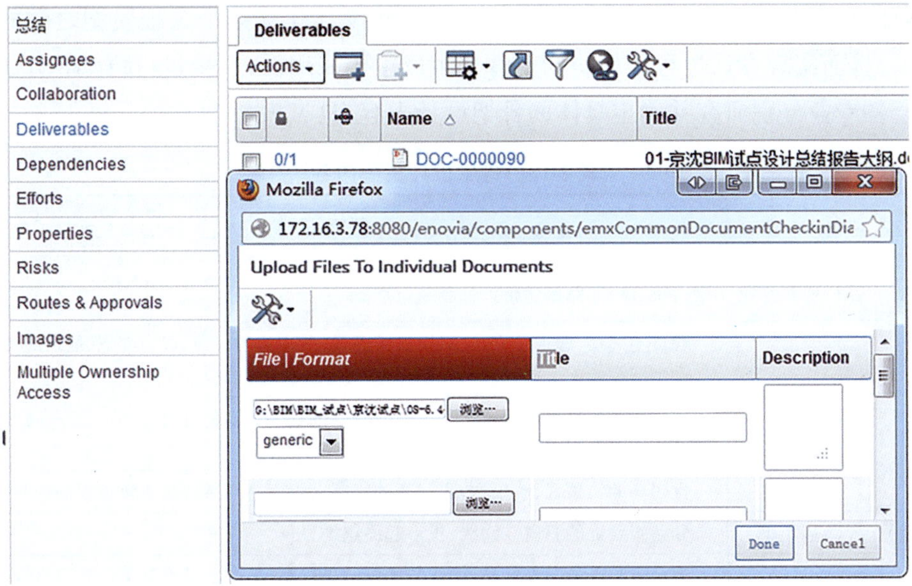

图 2-52　提交交付件

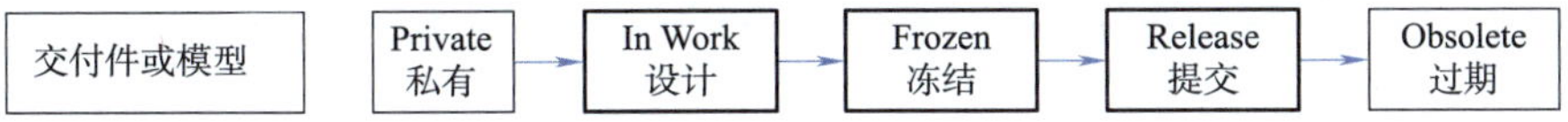

图 2-53　生命周期状态

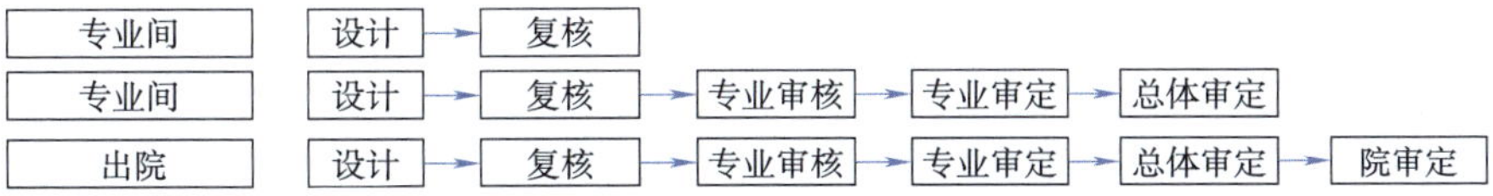

图 2-54　本次试点预定义 3 种流程模板

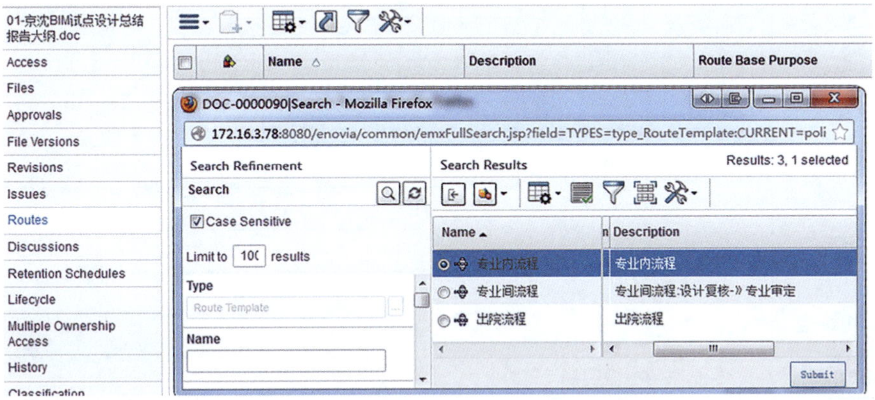

图 2-55　为交付件启动流程审阅

2)骨架设计

专业内和专业间协同设计依赖于骨架,通过骨架设计建立整个工程模型之间的关联和驱动关系,从而实现设计过程中的协同。骨架生成主要采用 knowledge pattern 方法进行二次开发。各专业分别研究并确定具体的骨架设计内容,具见表 2-18。

表 2-18　骨架设计主要内容

级　别	专　业	内　容
一级 (总骨架)	线路专业及 路桥隧轨专业	线路空间曲线; 桥梁、隧道、路基、轨道、站场缺口点
二级 (专业骨架)	站场专业	股道空间线、股道平面线、股道纵断面线、股道里程标注、股道起点、股道终点; 排水沟沟底中心线、防护栅栏空间线、用地范围空间线和平面线
		站线土石方分界点(point)、信号设备空间位置、排水沟沟底中心线、防护栅栏空间线、用地范围空间线和平面线
	轨道专业	含超高的轨顶线、轨顶面,含超高的底座上表面、中心线,每块轨道板的控制坐标系
	路基专业	分路堑路堤的路肩空间线、工点起终点
	桥梁专业	墩台控制点参考坐标系、梁体结构控制坐标系、下部基础控制坐标系、全桥端控制点、工点起终点里程
	隧道专业	分地质条件工点起终点里程
	线路专业	排水沟沟底中心线、防护栅栏空间线、用地范围空间线

3)工程结构树的搭建

(1)建立了结构树命名规则

为便于协同设计、程序化处理,统一命名规则见表 2-19。

表 2-19　命名规则表

代码位	含　义	取值范围	
TSDI	铁三院	TSDI	对于本项目为固定值
JSKZ644	京沈 6.44 km 试点	JSKZ644	对于本项目为固定值
ZY	专业代码	XL	线路
		ZC	站场
		GD	轨道
		QL	桥梁
		SD	隧道
		LJ	路基
		CH	测绘
		DZ	地质
		GJ	工经
USERDEFINE	专业原则中需明确		

①命名规则:TSDI_JSKZ644_ZY_USERDEFINE。

②字段含意。

专业根据自身需要使用 USERDEFINE 字段补充说明各专业特有内容,但应保证字段含意明确,便于程序自动化处理。

(2)工程结构树结构

在总装下,各专业装配节点外建立专用的数据交换区,并且交换区数据必须是完成设计后的发布数据。工程结构树组织结构如图 2-56 所示。

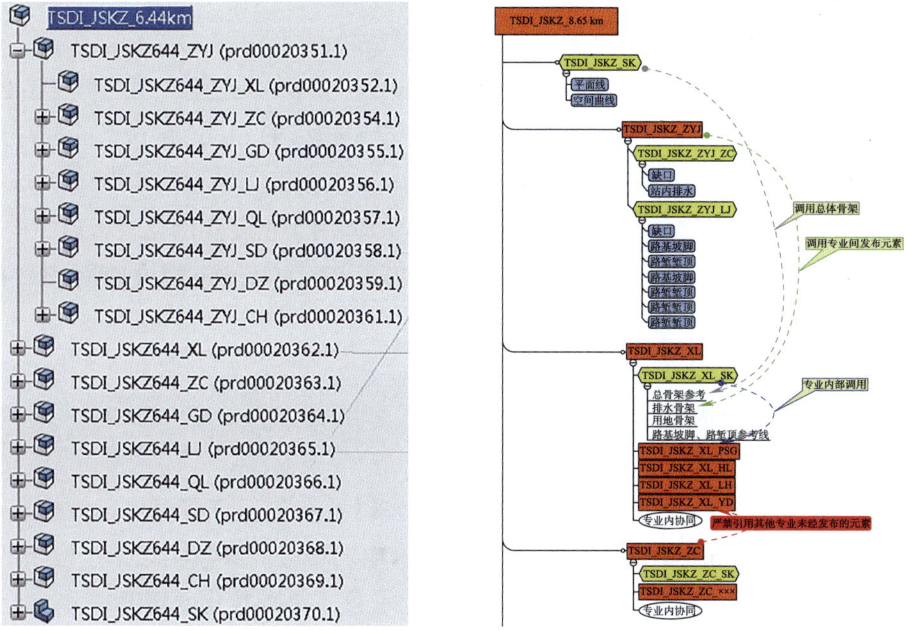

图 2-56　工程结构树搭建方案

4)发布及引用

发布是专业完成设计的内容(可以是几何或数值)通过 publication 功能将其链接提交至工程结构树固定节点内,供后序专业引用,如图 2-57 所示。下序专业引用的是发布节点,节点内容由上序专业维护,内容修改后下序专业可以通过智能工具(BI)查询到,或通过订阅通知自动获取更改信息。

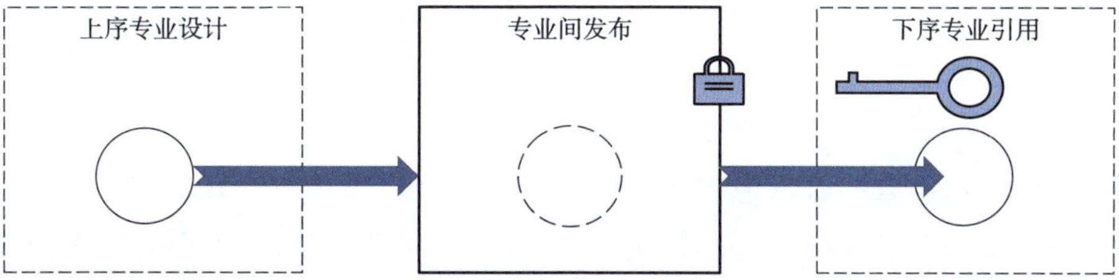

图 2-57　发布与引用

采用发布主要有两方面考虑，第一是接口信息集中存放，便于查找；第二是通过发布将协同接口固化，上序专业修改不会影响下序专业对接口引用。

5)模板的设计

模板的分类按其创建方法分为templates（主要适应于装配和零件级）和UDF/power copy（主要适应于特征级）两大类。而按其实例化的方法可分为常规模板和知识工程模板。

(1)常规模板适用于重复性较低的构件

结合工经算量和IFD编码规则确立模型的层级架构；

根据层级架构创建模板内包含的结构树；

在physical product模块中建立该模板的共有input；

基于该input分别建立结构树中包含的各product/part，并创建常用的可变参数；

在engineering templates模块中建立模板，并设定模板的input和parameter；

在3D templates模块实例化模板。

(2)知识工程模板（knowledge pattern或action）适用于重复实例化较繁琐的构件，如骨架元素、钢筋等，此外知识工程模板可以糅合常规模板与KP/action混合使用，KP和action使用EKL语言编写，需要一定的二次开发。

6)模型的建立

模型的建立方法分为两个层面。

(1)单个模型的建立

一是可以使用自身的基本功能，例如拉伸、旋转以及布尔运算等形成三维模型；二是调用通过UDF/power copy、template等形成的模板，输入相应的参数实现单个模型的参数化建立。单个模型的建立方法比较适用于模型数量少，且不易参数化的情况。

(2)自动批量形成多个模型

①可以采用assembly pattern调用产品级别的模型，即part或者product，形成多个模型。其优点是占用数据量较少，缺点是每个模型必须完全相同，不能单独修改；

②利用EKL语言编制knowledge pattern程序调用userdefined feature/power copy等生成特征级别的模型，例如钢筋、孔等；

③利用EKL语言编制action程序调用Engineering Template等生成零件或产品级别模型，优点是可以自动批量化形成多个模型，可以通过模板开放的参数来实现模型的差异，从而实现参数化建模，并且实例化之后的每个模型的参数及几何尺寸均是可修改的；缺点是每个模型均是带着所有参数，占用数据量较大，并且实例化之后的模型与模板没有关联。

④利用达索系统内的VBA接口和宏录制功能，可以将手工建模的流程程序化，界面化。使用VBA编程建模的优点是对使用者来说操作简便，上手快，工作效率大幅提高。缺点是达索系统中的某些功能模块的VBA接口并未开放，对某些功能的实现受到阻碍。

⑤利用 CAA 技术进行二次开发，CAA 采用 C＋＋调用 CATIA 提供的 API 接口实现模型的建立，编译的 CAA 程序运行效率高，并可以固化为 CATIA 软件的功能，调用方便，但本次没有用到该方法。

7）二维出图

完成了桥墩结构图，图纸模板依附在桥墩模板中，以实现工程数量表随模型变化而变化；采用 CAA（C＋＋）进行二次开发完成了连续梁预应力束大样图。

（1）桥墩结构出图及工程数量

出图结果如图 2-58 所示。

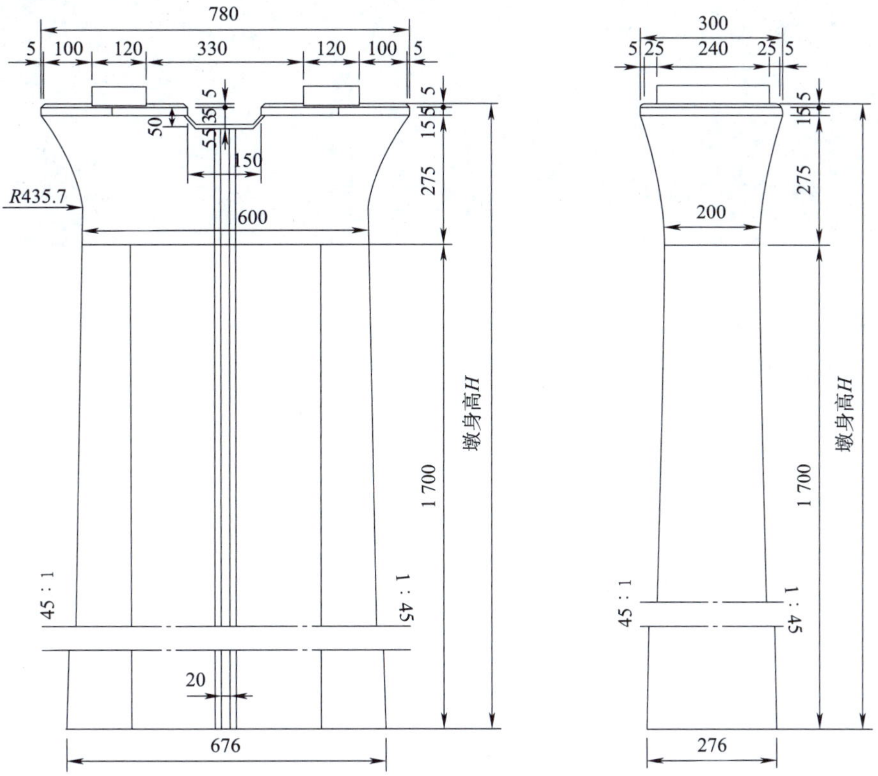

图 2-58　桥墩结构出图（单位：cm）

（2）曲线连续梁预应力束大样图（图 2-59）。

4. 技术特点和创新点

标准验证以基于 BIM 的正向协同设计为目标，以专业设计流程为主线，以跨专业信息结构化传递为重点，以在软件中落地应用为导向。

BIM 技术在协同设计中的应用，必然会引起设计流程改变，流程再造不可避免，只有在新的流程基础上定义的传递标准才有实际意义，因此，应首先定义基于 BIM 技术的设计流程。依据新的设计流程，将每个工作环节所输入、产出的数据标准化，适宜结构化传递的数

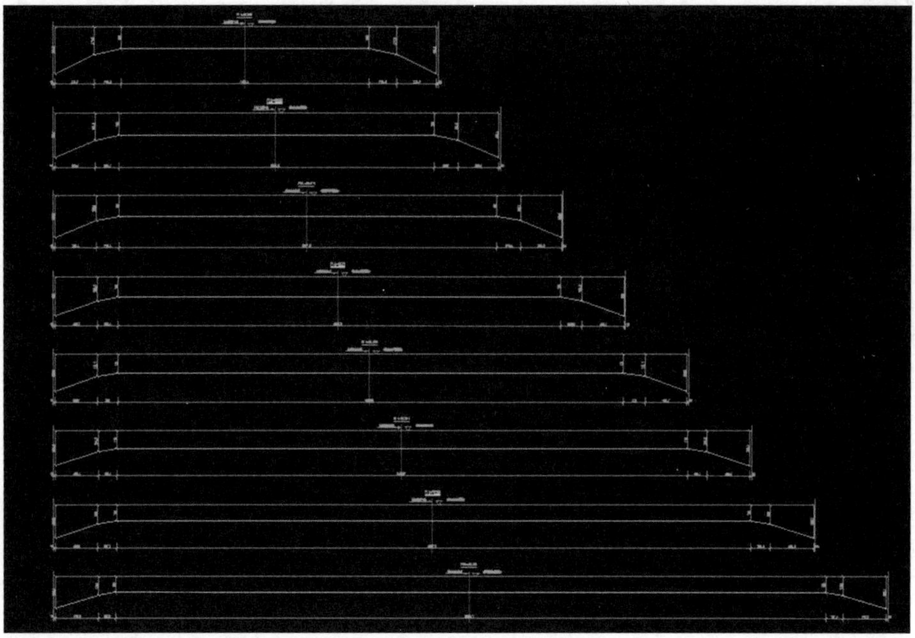

图 2-59　曲线连续梁预应力束大样图

据以结构化的形式传递，说明、原则性的数据则以管理协同平台为媒介进行传递。信息传递标准要脱离平台，但同时应考虑在平台中的落地应用，以便于验证标准，本次标准编写过程应将所有输出输入信息在达索平台进行落地。

从 BIM 标准编制思路、BPMN 流程图的表达标准，到在达索软件中的落地应用方法均需要摸索，为此，成立了桥梁专业标准编制研究小组，包含上中下游各专业，梳理编制思路、研究 BPMN 流程图表达方法、建立 BIM 设计流程图，并将输入输出信息以骨架的形式在达索软件中进行落地。流程中每个工作环节均为一项软件功能，输入输出信息即可所需传递内容。

第3章 高速铁路桥梁BIM技术研究

3.1 概　　述

BIM是一个非常庞大的技术体系，它可以与几乎所有的前沿技术相结合，以BIM为核心的信息化技术正广泛应用于铁路工程建设，精细化、智能化、标准化是当今桥梁建设管理的核心要求。从目前的情况看，依靠单一技术已不可能满足未来桥梁建设和管理的需要，多种技术间的融合和集成将是必然之路。

GIS与BIM融合提供了桥梁全生命周期建设管理的方法和手段。GIS通过其大规模数据承载能力和网络化信息管理方式赋能桥梁全生命周期管理基础框架，BIM凭借其精确信息模型载体和复杂几何运算核心为桥梁工程提供从设计到运维的全方位信息支撑。GIS的特点在于全局整体的数据管理，侧重于空间位置和周边环境信息表达，而BIM侧重于桥梁建筑的精细表达。GIS的大场景数据承载能力为勘察、测量、地质、水文资料的集成创造了条件，融合BIM技术形成勘察设计一体化系统。BIM设计成果向后续阶段的交付为数字化建管、运维创造了条件。

云计算是一种基于互联网的计算方式，通过这种方式共享的软硬件和信息资源可以按需提供给计算机和其他终端使用。云计算具备强大的计算能力，能够将BIM应用中计算量大且复杂的工作交给云端，大幅提升计算效率。云计算让BIM技术走出了办公室，用户在施工现场就可以通过移动设备随时连接云服务，及时获取所需的BIM数据和相关服务等。

物联网是利用射频识别、红外感应器、激光扫描器等信息传感设备按照约定的协议将物品和互联网相连进行信息交换、通信，以实现智能化识别、监控、管理等功能的一种网络。BIM与物联网集成应用的本质就是建筑全过程信息的集成和融合。BIM技术起到了上层信息集成、交互、展示和管理作用，而物联网技术则实现底层信息感知、采集、传递和监控功能。智慧工地管理平台可以对工程建造人员、设备、资产等进行科学管理，对可能发生的隐患进行有效预防；同时还能根据系统规划合理的施工进度，并对设备和重要资产进行监控维护，大幅提高运维工作的效率和水平。

大数据是指分析和执行大量数据，而与BIM技术的结合，可以通过使用大量数据的BIM模型来交付项目。这些数据来自物联网、互联网搜索、社交媒体、数码照片等。大数据可以监视时间和建筑活动，增强设施管理，降低项目风险和做出明智的决定，对于优化业务流程具有至关重要的价值。

VR 作为一种三维环境技术，集计算机技术、传感与测量技术、仿真技术等于一体，产生逼真的视、听、触、力等三维感觉环境，构建虚拟世界。VR 在 BIM 模型的基础上，加强了可视性、真实性和具象性。

高速铁路大型桥梁养护维修 PHM 系统运用 BIM 技术，对影响桥梁服役状态的环境、建设及运营维护多源数据综合分析。将不同阶段的数据源进行数据集成，按“设备—地理—时间”三维数据空间组织进行存储管理。采用大数据分析建模技术，通过数据挖掘、预测分析等专用算法库和模型库，基于车—线—桥环境耦合理论，对大桥进行状态诊断、预测分析和健康管理研究，为养护维修提供支持。

本章将从勘察、设计、施工、运维等角度详细记述以 BIM 为核心的前沿信息技术在桥梁工程全生命周期的应用价值。

3.2 三维数字化勘察技术

勘察是桥梁工程实施的基础支撑，在整个工程阶段起着至关重要的作用。桥梁勘察包括踏勘、方案比选、调查、测量、勘探等工作内容，主要针对水文、桥址、涵洞沟渠、跨越道路等沿线跨越物及环境开展。随着科技的发展，勘察技术和手段也在不断更新进步，如图 3-1 所示，实现了从皮尺加光学测量仪器或测量画图板作业到全站仪和 GNSS 设备，再到天空地一体化勘察技术的应用，如图 3-2 所示。

图 3-1　传统野外勘测

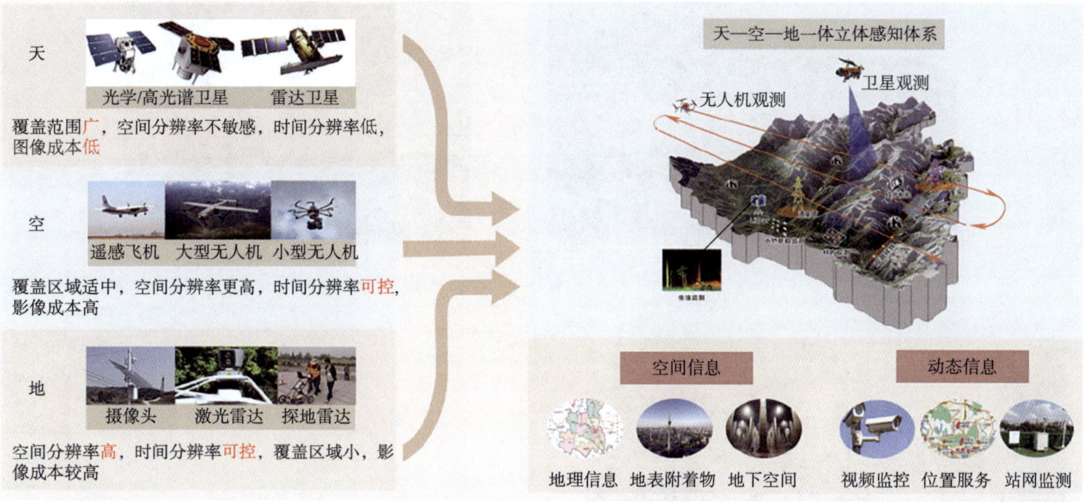

图 3-2　天空地一体化勘察手段

进入 21 世纪，CP0、CPⅠ、CPⅡ、CPⅢ精密控制网测量技术已在客运专线、高速铁路无砟轨道、桥梁、隧道勘察及施工中广泛应用。地质钻探和能够提供各种地基参数的原位测试技术以及物理勘探方法在理论、方法、技术、标准化等方面均取得丰硕成果。基于大场景电子沙盘的应用，为虚拟踏勘、方案可视化比选等前期勘察工作的开展提供了便利的基础环境，将大量的野外工作搬到室内进行，为方案的优化和艰险地区的调查提供了便利的条件，如图 3-3～图 3-5 所示。

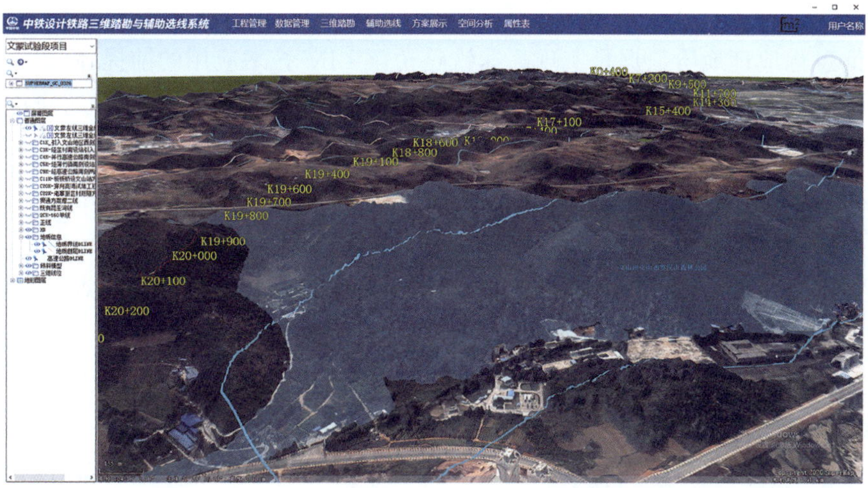

图 3-3　三维虚拟踏勘与辅助选线系统

图 3-4　基于三维数字化地形的桥涵方案比选

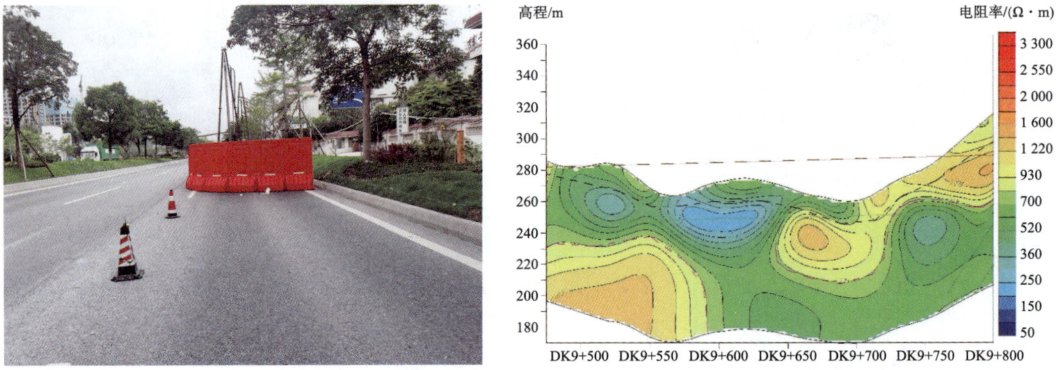

图 3-5　原位测试技术及物理勘探方法

3.2.1　面向三维信息化应用的地理地质时空数据获取技术

1. 天空地一体化勘察资料获取技术

三维信息化地理地质数据是实现高速铁路桥梁 BIM 技术应用的前提，随着空天地一体化勘察技术的发展，遥感、Lidar、倾斜摄影、北斗卫星定位技术等越来越多地应用到工程勘察中，在不断满足传统勘察设计需求的同时，也为以 BIM 为代表的高铁桥梁三维信息化应用创造了条件。

（1）遥感技术

遥感技术是一种通过非直接接触而判定、测量并分析目标性质的对地观测技术，使用雷达、相机等传感器，获取目标地物电磁波发射，利用反射和吸收的不同特性，得到反映目标地物几何特征、物理特征和时间特征的有效数据，反映目标地物大小、形状及空间分布特点等属性，以及目标地物的动态变化。根据平台的不同，遥感技术主要分为航空遥感和航天遥感。航天遥感中的卫星遥感具有观测视点高、视域广、可重复采集等优点，是现代遥感技术中最主流的观测手段之一。随着“天绘”系列、“资源”系列、“高分”系列等国产卫星的投入使用，我国已构建了完善的对地观测体系，国内遥感数据自给率提高至 80%。

如图 3-6 所示，高分专项遥感卫星系统已在 2020 年完成建设，遥感能力覆盖了从全色、多光谱到高光谱，从光学到雷达，从太阳同步轨道到地球同步轨道等多种类型，建成具有全天时、全天候和全球范围观测能力的高分辨率对地观测系统；航空影像获取手段多种多样，通过飞行平台搭载数字航摄仪，利用航空摄影技术进行地面影像获取，其中无人机航空摄影技术以其灵活机动性高，低空云下飞行、经济便携的特点，吸引了众多航测研究人员的目光。

如图 3-7 所示，利用遥感技术可以快速获取铁路工程沿线地质环境数据，经融合处理并结合电子沙盘中其他数据可进行断裂构造和不良地质解译，进而为铁路桥梁选址、设计提供依据。

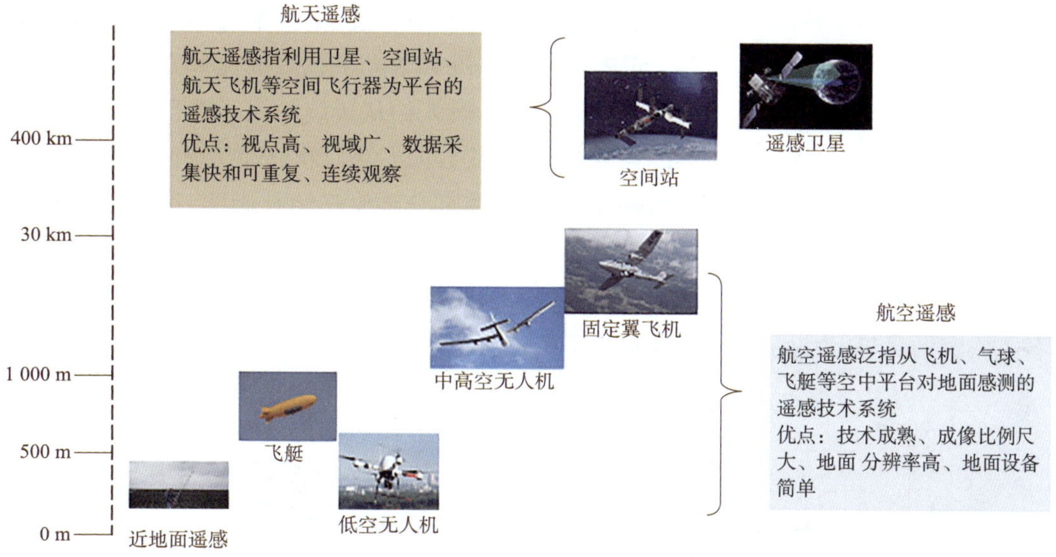

图 3-6　遥感影像获取平台

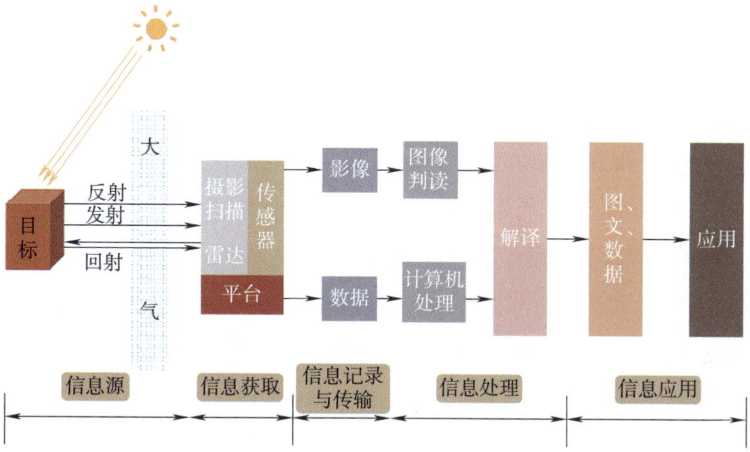

图 3-7　遥感获取与应用流程

(2)Lidar 获取高精度地形

现阶段工程领域主要通过数字摄影测量技术，以地形图和 DEM 产品的形式获取高精度地形。虽然摄影测量技术较为成熟，在铁路勘测设计阶段扮演着不可或缺的角色，但是摄影测量也有其缺陷，尽管采用了高新技术手段，其自动化程度仍然较低，受影像匹配和自动识别技术的制约，航测方式仍然依靠繁重的人工立体测图来获取地形图和 DEM 产品，严重制约着数据的生产速度。在森林、沙漠和沿海滩涂地区，影像的纹理及对比度比较弱，会严重影响影像的匹配精度，甚至造成无法作业。航空摄影测量在获取航空影像数据时对日照和某些气象条件的要求较高，在地形条件较为复杂的地区，航测的地面控制施测相对比较困难，这些都成为制约铁路勘测设计周期、数据精度等的重要因素。

随着近几年测绘技术的不断发展和更替，机载激光雷达测量技术的出现成为弥补摄影测量技术不足和缺陷的一种途径。如图 3-8 所示，机载激光雷达测量技术为获取高时空分辨率的地球空间信息提供了一种全新的技术手段，使人们从传统的人工单点数据获取变为连续自动的数据获取，提高了观测的精度和速度，使数据的获取和处理朝智能化和自动化的方向发展。机载激光雷达传感器发射的激光脉冲能部分地穿透树林遮挡，直接获取真实地面的高精度三维地形信息，在有些方面已经较传统摄影测量方法优越。机载激光雷达测量不受日照和某些天气条件的限制，能全天候的对地观测，在获取铁路勘测设计基础数据方面具备了一定的优势，为勘测设计初期提供了一种新的数据源。

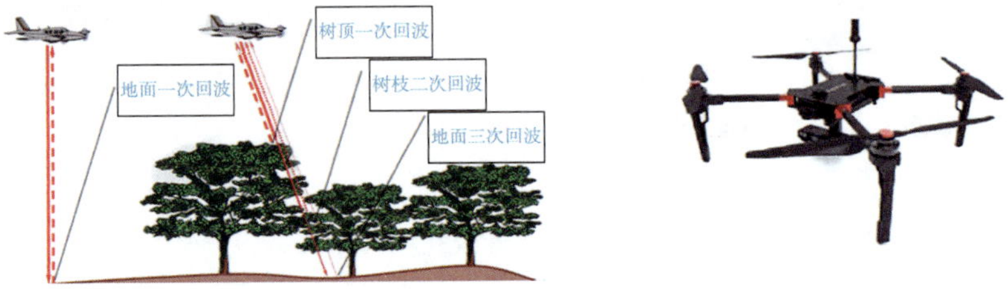

图 3-8　机载 Lidar 获取高精度地形

在桥梁勘察中，水下地形测量是非常重要的一部分内容。如图 3-9 所示，水下地形测量包括定位和水深测量两部分内容：定位主要采用的是 GNSS 差分定位模式；水深测量采用回声测深仪的方法，基本原理是利用声波的反射时间来计算水深。传统的测量方式，船载仪器设备的安装、拆卸费时费力，时常难以在测区附近找到合适的船只以及停靠的码头，测量船驶入测区或返航费时费力，成本高昂；航线及测点靠人工完成，劳动强度大，测点密度不够。专业测量船一般体积较大、吃水较深，部分浅滩、水库和近岸区域等无法或难以到达。小船有可能发生倾覆、翻船等危险；汽油柴油动力船，有排烟漏油的风险。

图 3-9　传统水下地形测量

基于无人船的水下地形测量技术的出现，可有效解决传统作业效率低下的问题。如图 3-10 所示，无人船具有体积小、质量小、适应性强以及测量精度高等优点，是一种具备自导航操纵特性的无人驾驶水面船舶。无人船测量系统遥控测量无人船子系统和岸基控制子系统构成，遥控测量无人船子系统由动力系统、电源系统、控制系统、测深仪、ADCP、陀螺仪、GNSS 定位模块、CCD 摄像头和无线数据传输模块；岸基控制子系统通过无线传输协议、实时接收、分析、处理和显示无人船发送的数据，控制无人船自动或者手动走线测量。

图 3-10　无人船水下地形测量

(3)倾斜摄影

倾斜摄影(oblique image)技术是国际测绘遥感领域近年发展起来的一项高新技术，突破了以往正射影像只能从垂直角度拍摄的局限，通过在同一飞行平台上搭载多台传感器，同时从一个垂直、四个倾斜等 5 个不同的角度采集影像，获取地面物体更为完整准确的信息，将用户引入了符合人眼视觉的真实直观世界。

由倾斜影像生成三维模型就是倾斜摄影建模。倾斜摄影技术的发展不仅扩展了遥感和摄影测量技术的应用领域，该技术缩短了三维建模的时间成本与人力成本，使得三维建模的效率大大提高，由于其丰富的可量测性，一定程度可以代替野外数字测图，原理如图 3-11 所示。

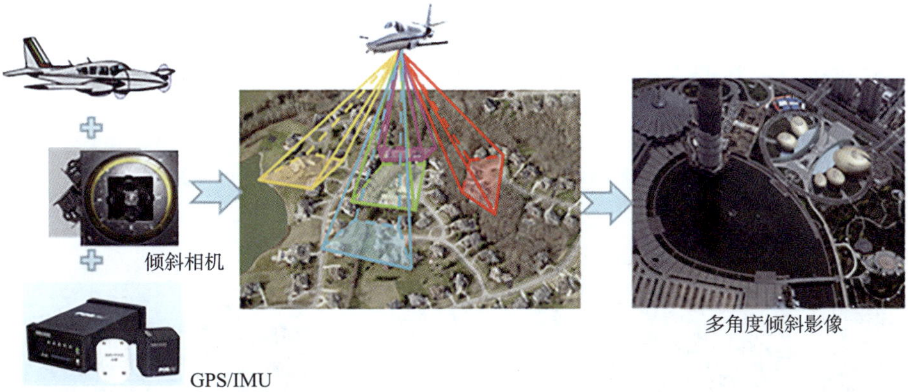

图 3-11　倾斜摄影技术基本原理

由于采用航空遥感技术，使得倾斜摄影数据能够真实地反映地物信息，同时结合先进的定位技术，使得该数据具备精确的地理信息，赋予其更多的可量测性，如图 3-12 所示。倾斜摄影的优势体现在如下几个方面：

多角度真实反映地物信息相对于正射影像，倾斜影像能让用户从多个角度观察地物，更加真实地反映地物的实际情况，极大地弥补了基于正射影像应用的不足；

实时量测倾斜摄影三维模型精度较高，丰富的可量测性通过配套软件的应用，可直接基于成果影像进行包括高度、长度、面积、角度、坡度等量测，扩展了倾斜摄影技术在行业中的应用；

全方位实景展示倾斜摄影三维模型为实景模型，地表附着物构筑物等相互关系十分精确，且表面纹理颜色等均与实际情况一致。通过对实景模型的浏览，可以方便地了解整个工程范围情况，对整个工程形成直观印象。

倾斜摄影三维模型实际为地表三维高程格网上覆盖精准地表影像，通过专用软件利用剖面分析功能可以很方便地截取地表剖面，便于进行针对性分析。

图 3-12　铁路工程沿线倾斜摄影模型

(4)北斗卫星定位技术

在铁路勘察阶段，利用卫星技术可有效提升勘测资料的准确性。利用 GNSS RTK 技术可测量地形图、测量中线、测量断面，测量工点图；利用 CORS 系统可开展铁路工程测量；利用 GNSS 系统可进行似大地水准面精化测量，提供高程基准。北斗卫星定位技术应用于铁路路基沉降监测，如图 3-13 所示。

图 3-13　北斗卫星定位技术应用于铁路路基沉降监测

2. 基于多源数据的工程地质遥感解译

基于多源数据的工程地质遥感解译是通过对多源数据对比分析的综合解译方法，能有效提高遥感解译的准确率。该方法通过收集遥感数据、地形数据和地质资料，处理制作成可供使用的多源数据，再利用 GIS 软件，将处理后的多平台、多波段、多时相遥感数据，以及数字化处理后的各种比例尺地形图、区域地质图、水文地质图、构造图、地灾图、矿产图等数据，分别进行坐标转换、几何校正、地理配准等数据集成，建立工程地质遥感解译平台。基于工程地质遥感解译平台，开展多源数据的对比分析，对桥址工作区的地貌、水系、岩性、地质构造、不良地质、水文地质进行解译，如图 3-14 所示。

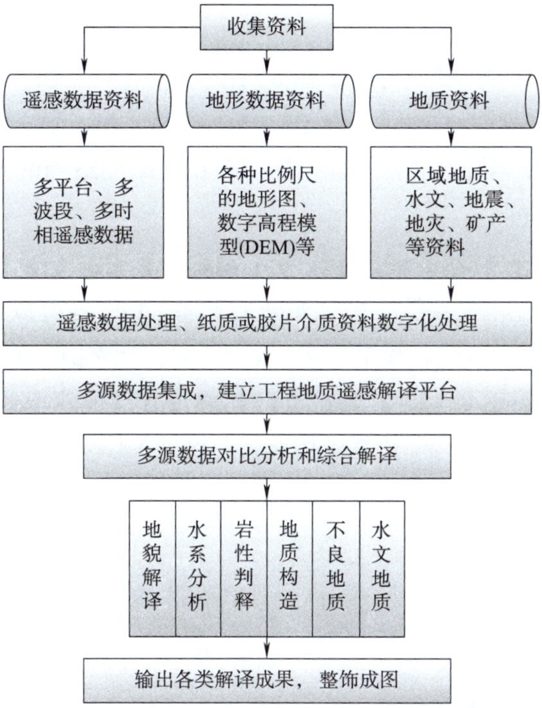

图 3-14　遥感解译流程

对于地貌的解译，一般采用中—高空间分辨率遥感图像、多光谱遥感图像与数字高程模型(DEM)相结合的解译方法。对于地貌类型复杂的区域，可以利用数字高程模型根据高程变化信息来提取地貌边界。

对于水系的解译，一般采用多光谱遥感与高空间分辨率遥感相结合的解译方法。利用多光谱遥感图像可以提取遥感图像上的水体信息，高空间分辨率遥感图像则可以对水体的细部信息进行补充解译。

对于岩性的解译，利用不同岩土体的光谱反射差异，采用多光谱遥感、高光谱遥感与区域地质、矿产等地质资料相结合的解译方法。多光谱遥感图像可以粗略划分出三大岩类(沉积岩、岩浆岩、变质岩)的界线,再利用高光谱遥感图像结合地质资料进行岩性的综合解译分析。

对于地质构造的解译,采用多光谱遥感、中高空间分辨率遥感与数字高程模型相结合的解译方法。多光谱遥感图像适用于地质构造较为粗略的解译,高空间分辨率遥感图像则可对具体位置进行细化。另外,可以将遥感图像与数字高程模型叠加,实现地质构造的立体解译。

对于不良地质的解译,采用高空间分辨率遥感与数字高程模型相结合的解译方法,还可以采用基于多期遥感数据的动态分析方法。高空间分辨率遥感适合风沙、岩溶、人为坑洞、水库坍岸等不良地质的解译;立体解译适合滑坡、泥石流等具有空间立体特征的不良地质的解译。

对于水文地质的解译,采用多光谱遥感与高空间分辨率遥感相结合的解译方法。多光谱遥感图像可以进行大范围水文地质信息的解译,高空间分辨率遥感图像可对局部的井、泉、湿地及地下水溢出带等信息进行解译。遥感数据应采用适当的波段组合方式、图像增强方法突出水体信息。

如图 3-15 所示,基于多源数据的工程地质遥感解译方法,将遥感数据、地形数据资料,以及地质、水文、地灾、矿产资料等多源数据进行集成,通过多源数据的对比分析和综合解译,可以有效提高工程地质遥感解译的准确率。尤其是对于地形地质条件复杂、地面调查和勘探工作难以开展的桥址区域,采用该方法可以快速、准确地获取各类工程地质信息,进而为地面调查和勘探工作提供指导,有效提高地质勘察的工作效率。

图 3-15　遥感解译平台

3. 其他新技术在桥梁勘察领域的应用

电子沙盘、网络 RTK、无人机、激光测量扫描、卫星遥感等勘察新技术的使用,极大扩展了高速铁路桥梁勘察的维度,使工程人能从多平台多传感器获取有效信息,为工程设计、建造、运营保驾护航。数据库管理、移动设备采集、电子沙盘展示等计算机信息技术使勘察设计信息贯通得以实现，散乱的文档、表格信息被数据化结构化，进行一站式的采集和应用，信息以高效的方式被加工和利用。相信在不久的将来，在 5G 等技术的推动下，桥梁勘察技术将迎来一波新的变革。

(1)基于 CORS 站的快速测量技术

随着 GNSS 技术在勘测工作中普及应用，以载波相位观测值为根据的 GPS 实时动态定位(RTK)技术以其定位精度高、操作简单、快速采集等特点，已成为外业中常用的勘测手段，如图 3-16 所示。基于多基站网络 RTK 技术建立的连续运行卫星定位服务综合系统(CORS)成为我国重点研究的热点，伴随 CORS 站网的建立热潮，逐渐形成了“地区—省—全国”范围的 CORS 网络并投入使用，取得了巨大的社会和经济效益。

图 3-16　基于 CORS 站的快速测量

铁路建设过程中，由于受地形环境的限制，传统的测量方法工作效率低下，CORS 系统下的网络 RTK 技术显现出了巨大优势。在勘测方面，网络 RTK 技术与常规 RTK 技术相比有很多优点。

服务范围扩大。由于常规 RTK 技术采用电台模式播发差分信息，从而降低了工作范围(≤15 km)。而网络 RTK 采用无线网络技术进行数据传输，这样只要是有电话信号地区均可获得差分信息。对于多基站(3 个以上参考站)网络 RTK 来说，服务范围可延伸到网外约 70 km。

精度提高。多基站网络 RTK 系统采用了 3 个以上的参考站数据和坐标基准进行误差建模，然后结合流动站的位置较好地消除空间相关误差并进行差分计算，提高了定位精度，而常规 RTK 技术随距离增加定位精度会降低。

可靠性、可用性增强。对于多基站网络 RTK，如若某个基准站发生故障，系统可重新组网继续为用户提供网络差分解算服务。同时，系统还可根据 CORS 的冗余观测值有效探测某个参考站的观测粗差，提高 RTK 的可靠性和完好性。

(2)基于无人机的快速勘察技术

无人机快速勘察技术是以无人机为飞行平台搭载传感器设备,以获取地面信息的遥感方式,具有机动性强、获取数据快和数据精度高、人员风险低的特点。经过多年的研究,已广泛应用于铁路、公路及城市规划等智能应用领域,辅助相关人员迅速做出有效决策。结合图像分析、三维空间建模和应用分析技术方法,不仅能够完成滑坡、泥石流、危岩落石、岩溶、风沙等不良地质及人工填土等特殊岩土的调查工作,也可完成岩性组合、结构面产状及卸荷带走向、宽度的识别,是对卫星影像和航空相片遥感方式的极大突破与补充。

随着技术的飞速发展,微型多旋翼无人机可装配高清数码摄像机和照相机以及 GPS 定位系统,可沿设计航线进行定位自主巡航,或者由驾驶员操控按需求飞行,实时传送拍摄影像,监控人员可在电脑上同步收看与操控,代替人力巡视,从而完成数据的采集、记录,如图 3-17 所示。无人机的快速勘察技术在快速获取高分辨率影像方面具有明显优势,可以极大提高复杂山区桥址的地质勘察效率和精度,主要优势如下。

图 3-17　无人机现场勘察

勘察效率高,准确性好。由于飞行速度快,飞行高度低,可快速获取实时高清影像数据,减少野外工作量少,降低人力劳动的强度,提高前期地质选线的效率。

机动性强,人员风险低。在一些危险区域、偏僻区域又需抵近观察的地点,无人机可快速便捷的到达上述区域,并可拍摄多方位视角,基本实现图面无死角全覆盖。

辅助功能强,受限性低。可有效补充因云层等因素造成的部分卫星影像和航空相片部分区域不清晰的问题。

展示效果好,还原现场视角宏观。可通过俯视视角对比选区域进行反复复核研究,降低大范围勘察选线时不良地质及特殊岩土的错漏,地层界线、土石界面宏观展示效果好。

智能化程度高,扩展性强。结合现在已经较为成熟的图像识别技术,在前期地质调查时的智能识别,与后期地质勘探的智能巡检中能够发挥重要作用。

3.2.2　桥梁三维虚拟踏勘技术

1. 电子沙盘技术

电子沙盘是以传统沙盘堆制理论为依据，以地理信息数据作为形成基础，结合现代计算机图形图像技术，自动生成逼真的视、听一体化的特定范围的虚拟环境的新型技术。铁路工程师可以与虚拟环境中的对象进行交互作用、相互影响，从而产生亲临等同真实环境的感受和体验，进行虚拟勘测。

电子沙盘利用三维 GIS 平台组织管理为满足高速铁路桥梁勘测需要。首先，需要采集调查数据。然后，利用三维 GIS 平台组织管理这些多源数据构建电子沙盘。涉及两个方面的关键技术：多源海量空间数据组织技术；多源海量空间数据缓存与显示技术。

(1)多源海量空间数据组织技术

在三维 GIS 生产应用过程中，除了互联网领域内面向大众的地理信息服务以外，企业会根据其业务需要建立自己的“空间数据库”。这些空间数据具有以下特点。

多级：不同行政级别的部门管理不同比例尺不同区域的空间数据。

海量：空间数据量巨大，一般都以 TB 级计。

分布：各单位存储和维护管理本地区的空间数据，缺乏有效的单位间的组织。

多元：数据种类多，从低分辨率的卫星影像到 0.61 m 分辨率的 QuickBird 甚至更高分辨率的高分影像；从遥感影像数据、分米级正射影像到厘米级实景模型；从原始栅格影像到矢量栅格化的预制图片；从海量的栅格影像数据到海量的矢量数据；还有大量带有坐标信息的专业资料。

因此，如何将多源海量空间数据进行有效的组织，形成全局的空间数据共享，也是目前地理信息行业应用中面临的一个重要问题。在空间数据的组织与管理方面，很多电子沙盘一般都是以文件而不是数据库的方式存储栅格数据。

因为栅格影像一般都比较大，即使计算机的内存足以将一幅影像数据载入内存，但是绝对不能做到打开若干影像并达到多个分辨率级别综合显示的效果。因此，要对海量栅格数据进行优化组织，目前一般采取“数据分块”和“影像金字塔”两个策略。

①数据分块

对于海量栅格数据的管理，一般情况下栅格数据量远远超出计算机内存的容量。若将其作为一个整体处理，其效率将十分低下。此外，客户端网络存在不可预测性，自网页上有大幅图片开始，网页制作者就习惯于将大幅图片分割成小图片，以便于窄带宽网络用户浏览网页。面对大幅栅格图片，用户在客户端的可视区域是有限的，用户只需显示其可视范围内数据即可，没有必要将整幅影像进行传输而导致占用网络资源影响客户端的等待时间。研究者们把整幅图像按照一定规则分成若个大小相等而互不重叠的块——瓦片，称之为“数据分块”。在应用中，为了方便调度，通常会对瓦片建立四叉树索引，如图 3-18 所示。

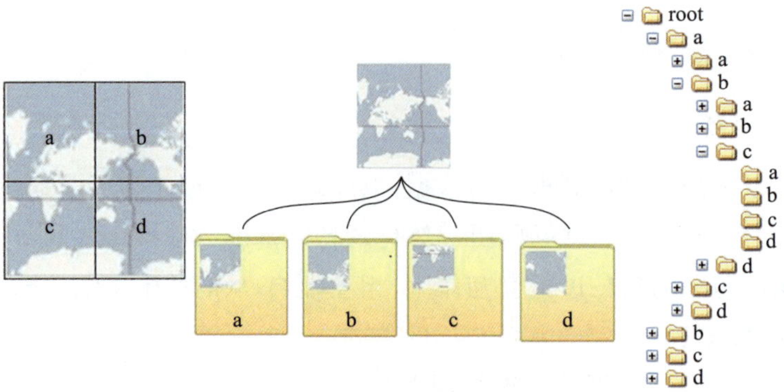

图 3-18　建立四叉树后以文件存储大幅图像

②影像金字塔

金字塔是一种多分辨率层次模型(multi-resolution hierarchy),如图 3-19 所示,金字塔定义为一系列由不同分辨率的单景影像组成的集合,从金字塔的底部到顶层,分辨率越来越低,但是表示的范围却是不变。一般情况下构建影像金字塔时总是采用倍率方法,从而形成一个多分辨率层次模型。

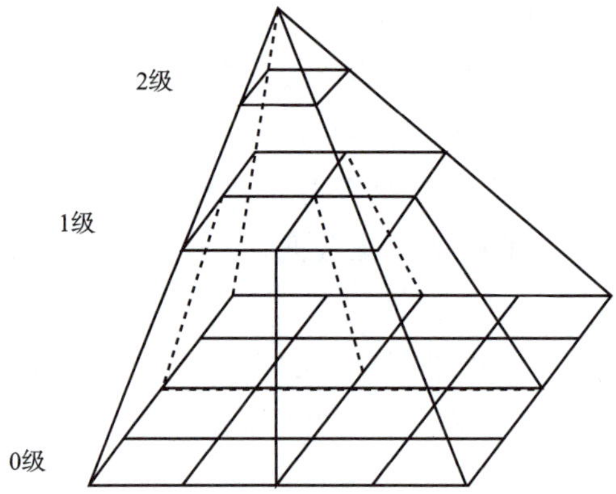

图 3-19　影像金字塔模型

在实际应用中,考虑到瓦片索引、磁盘读效率、影像重组效率、网络传输等因素的影响,通常会采用等大小分块原则:一方面是指瓦片的宽度和高度相等,另一方面是指瓦片和瓦片的大小相等。为简化计算,可以规定瓦片的宽度为 2 的整数次幂。相对于不规则分块,等大小分块可以保证加载时间一致性,而 2 的整数次幂则可以简化构建金字塔的复杂度并便于构建四叉树索引。

③矢量数据组织

矢量数据结构是通过记录空间对象的坐标及空间关系,尽可能精确地表现点、线、多边形等地理实体的空间位置。在矢量数据结构中,点数据可直接用坐标值描述;线数据可用均匀或不均匀间隔的顺序坐标链来描述;面数据可由多个弧段组成的封闭多边形表达。

矢量数据结构是利用欧几里得几何学中的点、线、面及其组合体来表示地理实体空间分布的一种数据组织方式。这种数据组织方式能最好的逼近地理实体的空间分布特征，数据精度高，数据存储冗余度低，便于进行地理实体的网络分析，但对于多层空间数据的叠加分析比较困难。矢量数据的获取方式主要来源于以下几种。

外业测量：可利用测量仪器（全站仪、经纬仪、GPS等）自动记录测量成果，然后转到地理数据库中。

地图数字化：将传统纸质或其他材料上的地图转换成计算机可识别的图形数据，主要有跟踪数字化和扫描数字化两种。

栅格数据转换：利用栅格数据矢量化的技术，将栅格数据转换为矢量数据。

数据分析：可通过空间分析中的叠加、缓冲区分析等操作产生新的矢量数据。

矢量数据的获取与交换都是通过实现和访问OGC的Web数据服务来完成的（主要是WFS服务）。遵照OGC规范，在WFS服务交互协议内，空间对象的编码采用GML格式。目前，矢量数据一般都是通过数据库进行存储管理的，常见的关系数据库如Oracle、MySQL、SQL Server、DB2、PostgreSQL等都提供了对空间数据的存储支持或扩展，这些数据库系统为空间数据提供了面向对象数据模型，用专门的字段来存储空间数据，扩展数据库实现空间操作，扩展索引结构实现空间索引。

矢量也可以像栅格一样切片、以瓦片文件组织存储，在GIS相关行业中已出现了很多商业及开源的切片工具。2016年，Esri公司在ArcGIS Pro 1.2 beta版本中添加了制作矢量切片包工具，用于生成基于Mapbox矢量瓦片标准（mapbox vector tile specification）的矢量瓦片包，并支持基于均匀网格与稀疏网格两种划分的瓦片组织形式。SuperMapi Server实现了对地图数据的分布式切片支持，并提供了栅格、矢量、属性三种类型的瓦片地图服务。GeoServer在其2.11版本中通过集成GWC（geo web cache）中间件实现了支持多种常用瓦片格式的矢量瓦片实时切片方案，并通过本地缓存的方式加速瓦片的二次检索。Mapbox studio是Mapbox公司发布的矢量瓦片在线生产与样式制作平台，由于网络的限制，目前只接受小数据量的矢量数据集作为切片的输入。tile stachd361是一个基于Python开发的轻量级、可扩展的矢量瓦片切片服务器，其在2016年发布了支持Mapbox标准的切片服务，并把地图设计与制图加入到瓦片的生产过程中。

（2）多源海量空间数据缓存与显示技术

电子沙盘系统与其他系统最大的区别之一就是数据量大，特别是基于服务器和网络的GIS应用中，大数据量的空间数据传输会极大地受制于网络带宽的限制。在2005年之前，基于联网的地图应用并不多，其应用模式都是客户端每次请求都会在服务器端重新生成地图图片再发送到客户端。google maps成功应用后，其推出的瓦片式地图（tile map）服务也被国内外纷纷仿效。在应用瓦片技术的同时，计算机领域中的有关缓存技术也被越来越多的人关注。如图3-20所示，cache（缓存）的应用是为了提高系统的性能，它对用户来讲，是透明的，其本质就是一次从服务器端取出更多的数据，缓存到本地硬盘上，以后的数据读取都从本地实现。

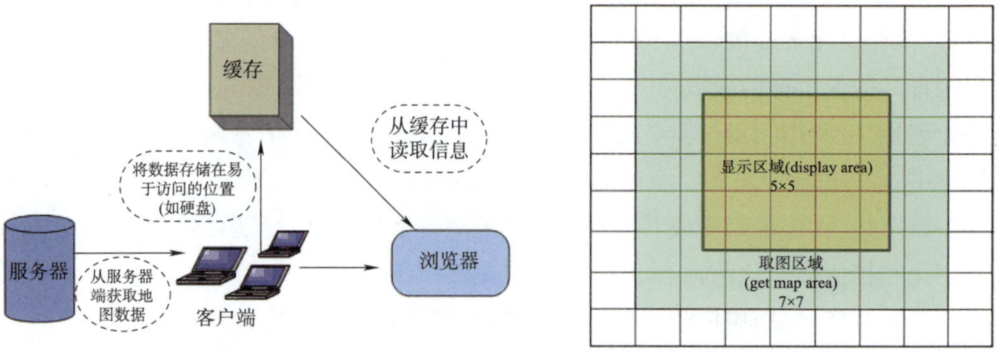

图 3-20　桌面端缓存技术原理示意

2. 基于电子沙盘的虚拟踏勘应用

电子沙盘系统是基于三维地理信息系统并集成遥感、三维仿真和虚拟技术的数字化平台，如图 3-21 所示。平台不仅有三维场景的仿真效果，还需要加入三维地理地形等数据信息，才能构成一个完整的电子沙盘系统。

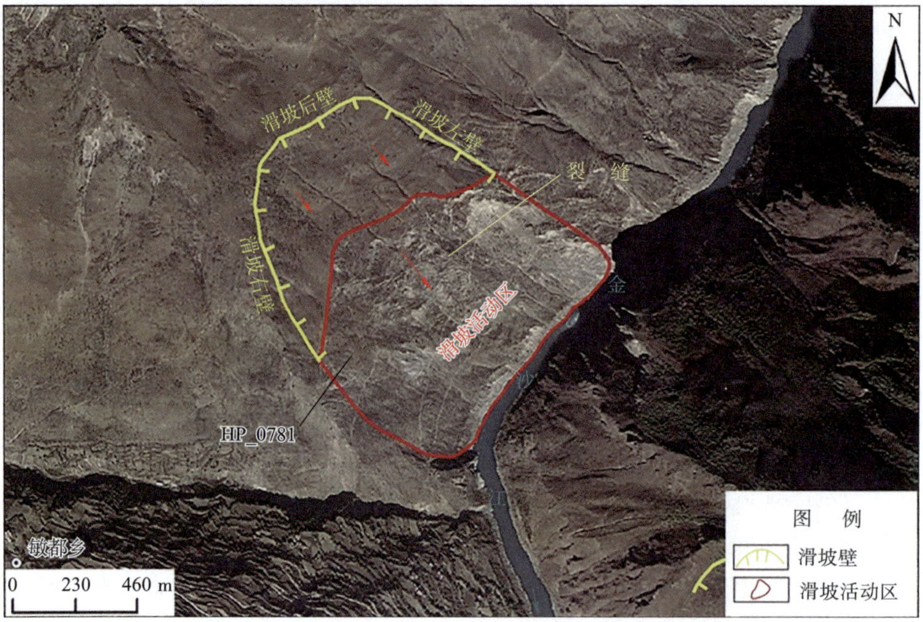

图 3-21　电子沙盘中叠加地质遥感信息

电子沙盘可以实现三维场景的显示、地理空间分析、漫游互动等功能，集合了三维计算机图形学、地理虚拟技术以及地形信息图像化等多种现代信息技术，是对二维的一个延伸和扩展。

电子沙盘系统可以实现三维场景的浏览，可视化显示三维地理数据信息，并具备三维场景的编辑和缩放控制等功能，使得用户对三维场景和三维地理的区域能够有更为详尽地了解。电子沙盘系统具备三维漫游功能，包括电子沙盘系统的自动漫游和对漫游的控制、漫游模式选择等。电子沙盘还为用户提供了方向判断、距离测量、地面信息查看、截图等功能，使用户更好地了解地形地貌特征，方便数据的导入导出，为决策提供辅助支持。

基于电子沙盘的实景环境，桥梁勘察设计人员可进行桥位方案选择，并开展沿线虚拟踏勘，避让存在影响桥梁方案的不良地质、灾害多发区域，对沿线的道路、河流和周边地形环境进行初步的调查，如图 3-22 所示。

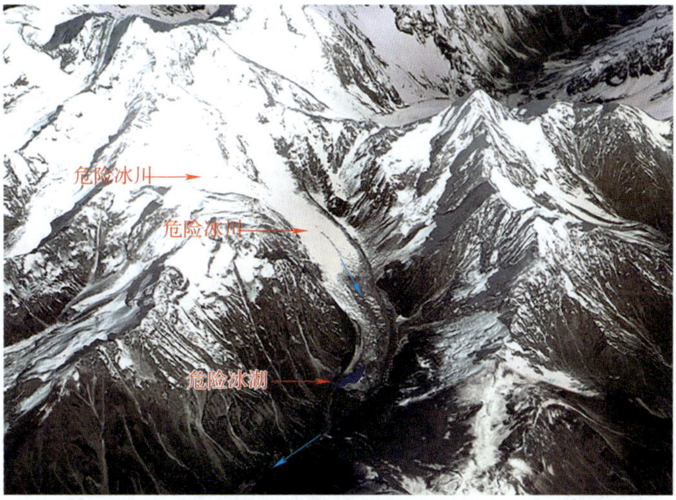

图 3-22 在电子沙盘中进行影响桥位的灾害分析

在叠加多种信息的虚拟环境中进行踏勘和桥梁方案比选，实现可视化的方案展示及距离、面积信息实时反馈。大场景下的虚拟踏勘作业为流域面积等水文计算和简单的水文调查提供了条件。

邻近既有线的项目中，通过电子沙盘直观地对跨越既有线的桥梁方案进行可视化查看，全景多角度地进行方案可行性研究，有利于优化方案，发现隐蔽问题，降低工程综合成本，如图 3-23 和图 3-24 所示。

图 3-23 电子沙盘中进行既有线改建工程方案比选

图 3-24　新建和既有线桥梁方案比选

在桥梁复杂方案节点的研究中，如图 3-25 所示，通过使用电子沙盘对各线桥梁之间的空间关系进行全景分析，组织各线之间的关系，进行结构尺寸和限界关系的检查，研究附属结构的设置方案等。

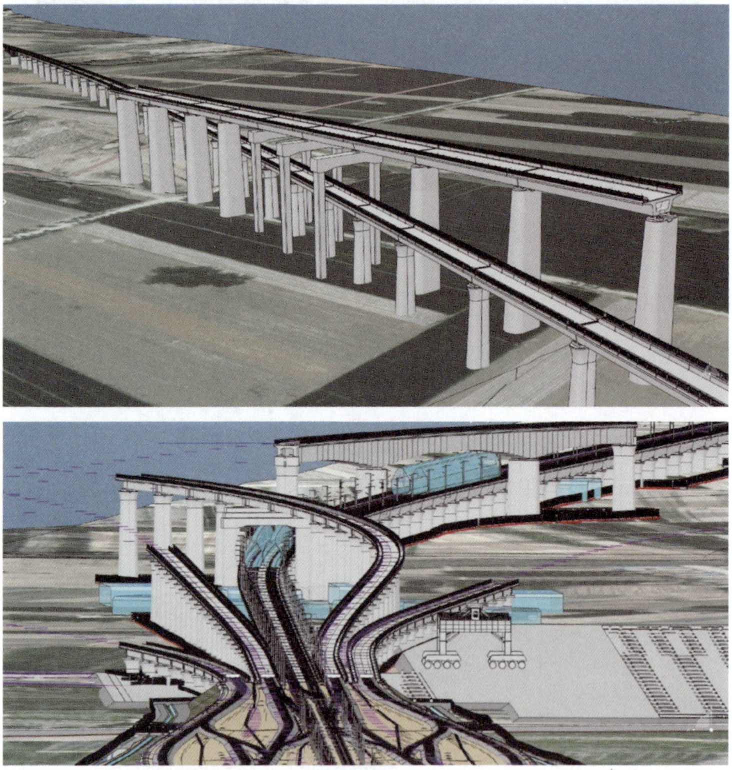

图 3-25　复杂桥梁方案研究

在跨江河方案节点的研究中，如图 3-26 所示，通过使用电子沙盘对桥位周边环境进行调查，将桥梁方案放入实景模型中，检查桥梁与河道、堤坝、道路、既有桥梁的关系，研究桥式方案的环境适应性以及孔跨布置的合理性。

在沿线调查和需要大范围地形图的文水调查计算中，通过使用电子沙盘进行虚拟踏勘，可为现场补充调查提供方向，对现场调查给与有效的指引和补充，全景查看现场调查不易到达的隐蔽地点及不安全位置，在更大的视角下发现局部视野容易忽略的问题，如图 3-27 和图 3-28 所示。

图 3-26　跨江河桥梁方案展示

图 3-27　虚拟踏勘发现滑坡引起的既有涵洞病害

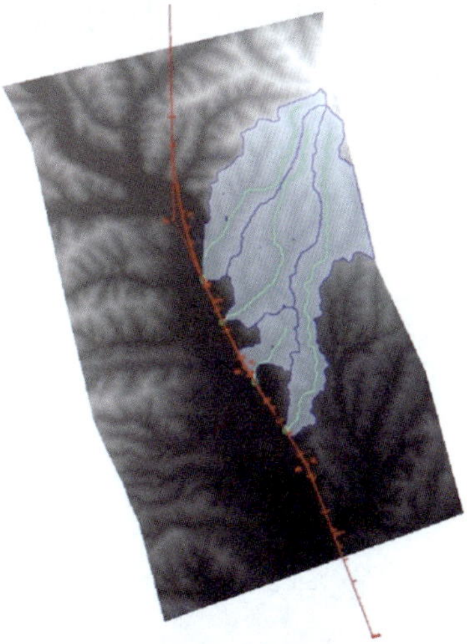

图 3-28　大范围内流域面积标注

3.2.3　三维桥渡水文分析技术

1. 基于 DEM 的小流域水文分析

数字高程模型(digital elevation model，DEM)数据中包含了丰富的地形、地貌信息，能够反映各种分辨率的地形特征，已经广泛应用于三维地形建模、可视分析、水文分析等诸多工程应用领域。在三维环境下分析 DEM 地表形态信息，可以获取坡度、流域河网、集水流域等重要水文特征参数。基于 DEM 开展小流域水文分析，涉及填洼处理及流向提取两项关键技术。

(1)填洼处理

DEM 表面存在着一些凹陷的区域(DEM 本身是插值计算的，很难与现实情况完全符合)，由于这些异常低值的存在，使得该区域在进行计算时得到不合理的水流方向。因而，在进行流域地形分析以前，必须对原始的 DEM 进行洼地处理，生成无洼地 DEM，在无洼地 DEM 中，水流可以畅通无阻地流至区域地形边缘，最终实现在无洼地 DEM 中对原数字地区进行自然流水模拟分析。洼地填充的基本过程是先利用水流方向数据计算出 DEM 数据中的洼地区域，并计算出洼地深度，然后，依据这些洼地深度设定填充阀值进行洼地填充。

对于单格网洼地，即 DEM 中某一点的八邻域点的高程都大于该点的高程，并且该点的八邻域点至少有一个是该洼地边缘点的情况，直接赋予其邻域格网中的最小高程值或邻域格网高程的平均值。对于独立洼地，即洼地区域内只有一个谷底点，且该点的八邻域中没有一个是该洼地区域边缘点的情况，则以谷底点为起点，按流水的反方向找出独立洼地区域的边界线，在边界线找出其高程最小的点，将独立洼地区域内高程值低于该点的所有点的高程用该点的高程代替。对于复合洼地，即洼地区域中有多个谷底点，并且各谷底点所构成的洼地区域相互邻接的情况，则以各个谷底点为起点，按水流反方向找出各个谷底点所在洼地的边缘、洼地相互关联关系，各洼地集水出水口位置。

在 GIS 环境下根据上述算法进行 DEM 填挖处理，处理前后的 DEM 数据分别如图 3-29、图 3-30 所示。

图 3-29　填洼前 DEM 数据

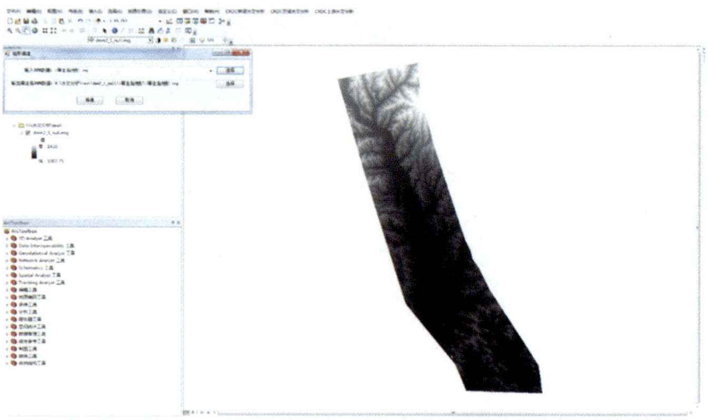

图 3-30　填洼后 DEM 数据

(2)流向提取

在基于 DEM 的流域地貌特性提取过程中，确定流域内各网格流向是其关键步骤，决定地表径流路径及网格单元间流量的分配。以 ArcGIS 为例，其水流方向利用 D8 算法计算，基本原理是通过计算中心栅格与邻域栅格的最大距离权落差来确定水流方向。流向则用 2 的 n 次方表示，从 0 开始，按照逆时针方向递增，其方向编码如图 3-31 所示。

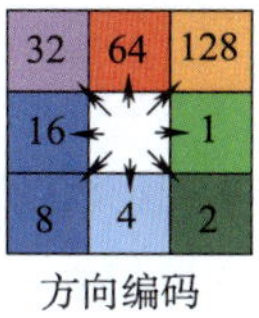

图 3-31　流向计算方向编码示意

距离权落差是指中心栅格与邻域栅格的高程差除以两栅格间的距离，栅格间的距离与方向有关，如果邻域栅格对中心栅格的方向值为 2、8、32、128，则栅格间的距离为 $\sqrt{2}$，否则距离为 1，如图 3-32 所示。在 GIS 环境下根据上述算法开发 DEM 流向提取功能，如图 3-33 所示。

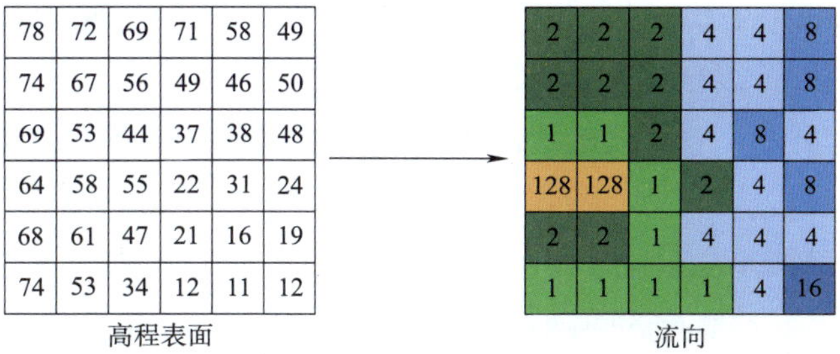

图 3-32　流向计算示意

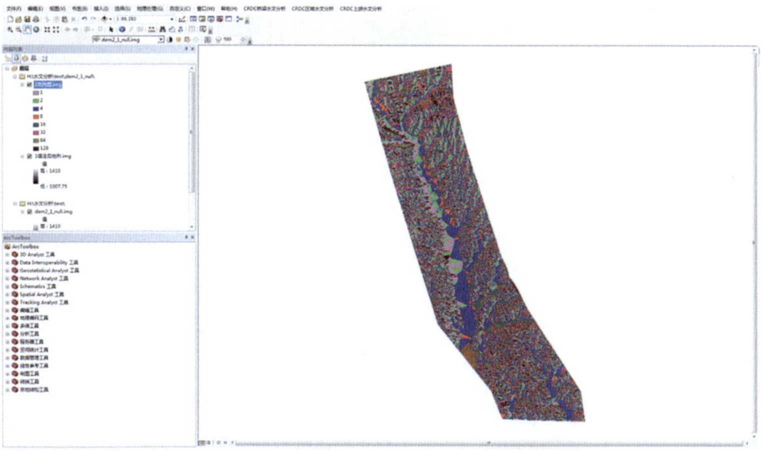

图 3-33　流向提取后效果

(3)累计流量

汇流累积量由水流方向数据计算而来。每一个栅格汇流累积量的值代表着其上游有多少个栅格的水流方向最终汇流经过该栅格。一般而言，计算出来的汇流累积量数值越大，代表越有可能是河谷。通过确定所有流入本单元格的累积上游单元格数目来生成流域汇流能力栅格图。对每一个栅格，利用水流方向数据，统计最终经流此栅格的上游栅格流量，汇流累积的数值越大，该区域越易形成地表径流。

(4)河网提取

目前常用的河网提取方法是采用地表径流漫流模型计算。当汇流累积量达到一定值时，就会产生地表水流，那么所有那些汇流累积量大于阈值的栅格就是潜在的水流路径，由这些水流路径构成的网络，就是河网。这个阈值是需要人为设定的，与定义的汇水面积有关，假设阈值设置为 6 000，就表示如果在某个栅格的上游有 6 000 个栅格的水流流经这个栅格，则将这个栅格定义为河流。在实际设定阈值时，应该对研究区域和研究对象进行充分分析，通过不断的实验和利用现有地形图等其他数据辅助检验方法来确定能满足研究需要并且符合研究区域地形地貌条件的合适阈值。

关于河网栅格阈值的选取，根据分形理论，河网密度(河网长度/集水面积)与栅格阈值的对数值呈线性关系，可以根据两点取值进行线性拟合，之后还原为指数函数。一般情况下，可以选取河网密度 0.1、0.5 处进行曲线拟合，例如，DEM 分辨率为 30×30，区域面积为 10 km²，选取的栅格数为 900×4 500，之后做直线拟合，先做仿射变换进行规范化(除以最大值)，将作图区间限制到[0,1]×[0,1]，然后计算斜率变化点，作为河网提取步骤中的累积流量阈值中的推荐数值或者推荐区间，如图 3-34 所示。

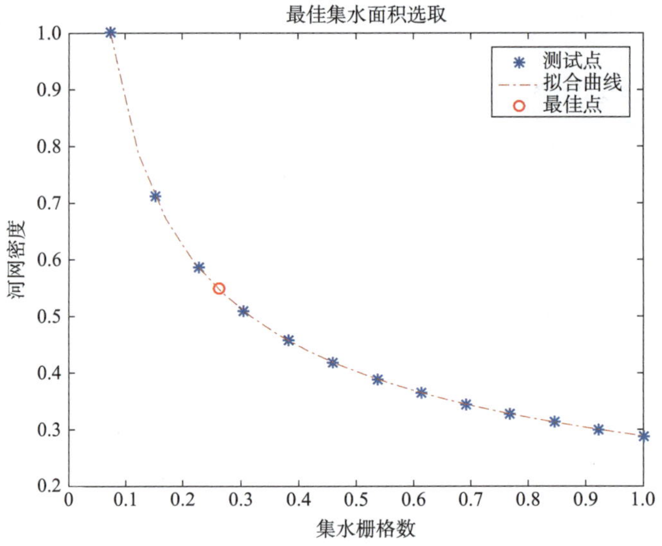

图 3-34 最佳阈值参数拟合曲线

在 GIS 环境下根据上述算法开发河网提取功能，输入已经计算的累积流量数据和河网参数阈值，自动完成区域内河网提取，如图 3-35 所示。

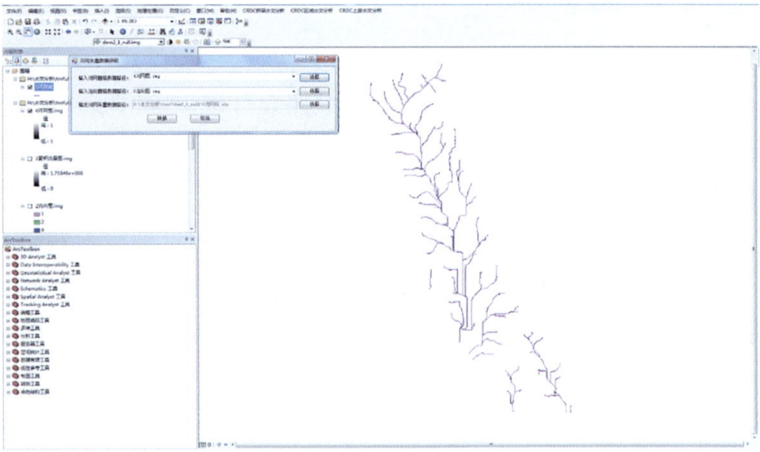

图 3-35　河网提取效果

阈值的选取根据设计需求比对确定，阈值低则河网密集，阈值高则显示主干河网。提取出的河网是栅格数据，需要转换为矢量化数据，为后续功能提供数据基础。实际操作中，可以适当提高该阈值，提取主干河流，可以对照实际水系蓝线图选择合理阈值，防止阈值过大造成河流的缺失。

(5)流域提取

流域盆地是由分水岭分割而成的汇水区域。为了实现流域提取，需要通过对水流方向数据的分析确定出所有相互连接并处于同一流域盆地的栅格。流域盆地的确定首先是要确定分析窗口边缘的出水口位置，也就是说，在进行流域盆地划分时，所有流域盆地的出水口均处于分析窗口的边缘。当确定了出水口的位置之后，也就找出了所有流入出水口的上游栅格位置。根据上述算法实现的提取汇水区域的矢量范围提取结果如图 3-36 所示。

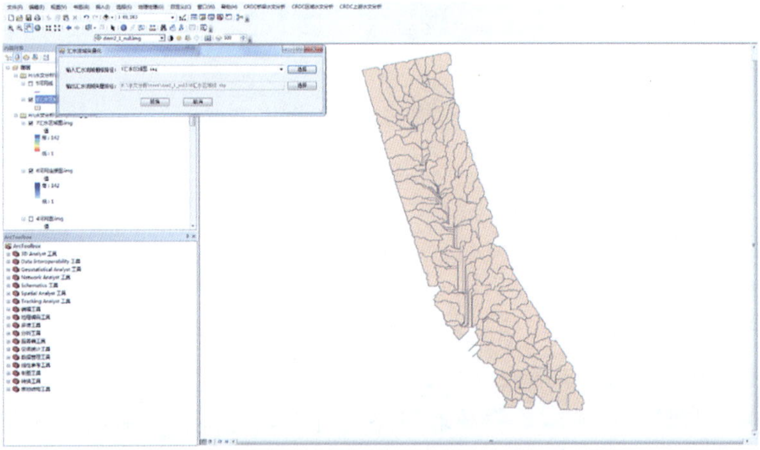

图 3-36　汇水区域矢量化效果

2. 结合线位的上游流域水文分析

(1)线位与河网相交计算

铁路桥渡水文分析的主要工作之一就是获得铁路设计线位同区域河网沟心位置。利用 GIS 空间叠加分析技术,将区域河网矢量数据同线位矢量数据进行叠加分析,即可获得准确的沟心位置信息。

空间叠加分析是 GIS 中的一项非常重要的空间分析功能,是指在统一空间参考系统下,通过对两个数据进行的一系列集合运算,产生新数据的过程。这里提到的数据可以是图层对应的数据集,也可以是地物对象。叠加分析的目标是分析在空间位置上有一定关联的空间对象的空间特征和专属属性之间的相互关系。多层数据的叠置分析,不仅仅产生了新的空间关系,还可以产生新的属性特征关系,能够发现多层数据间的相互差异、联系和变化等特征。

将铁路线位 DWG 数据提取出曲线要素,转换成同区域河网矢量数据统一空间参考下的矢量数据集,将铁路线位矢量数据集同河网矢量数据集进行叠加分析后生成相交点的矢量数据集,点的空间位置属性信息即为河网沟心位置,如图 3-37 所示,依据沟心点同河网关系对沟心进行对应编号。

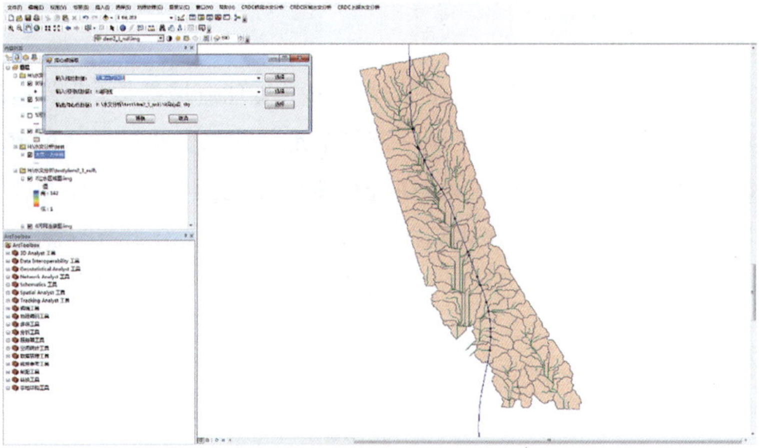

图 3-37 沟心点提取效果

(2)上游流域回溯识别

铁路桥渡水文分析工作需要分析沟心处的汇水区域面积、流域长度以及流域坡度等信息,这就需要获取上游流域带高程信息的主沟数据和上游流域的面积数据。可以利用 GIS 的空间叠加分析、拓扑关系分析等空间分析功能来实现。

上游流域带高程信息的主沟数据获取思路为首先获得上游流域河网矢量数据,继而取得上游流域主沟线数据,最后生成上游流域主沟线高程信息。

上游流域河网矢量数据获取主要是在区域河网矢量数据基础上,从沟心位置打断河网矢量，依据河网累积流量数据值，利用河网线之间的拓扑连接关系，逐个河网线进行累积流量判断分析，进一步获得上游流域河网矢量线数据，如图 3-38 所示。

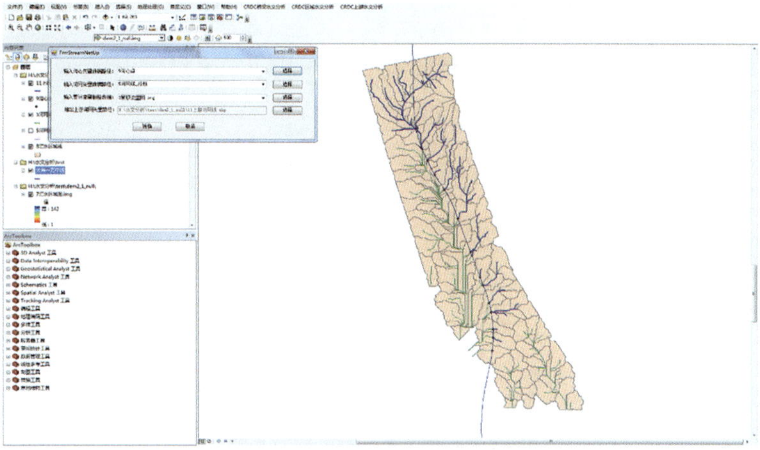

图 3-38　上游河网提取效果

上游流域主沟线数据获取主要是在上游区域河网矢量数据基础上，通过沟心点同上游主沟线叠加分析，再利用河网线之间拓扑关系，逐一分析河网线的累积流量，依据累积流量值识别出上游河网主沟线。将获取的上游二维主沟线同 DEM 高程数据进行叠加分析，获得上游二维河网线上逐个点的高程信息，生成上游三维主沟线数据，如图 3-39 所示，用于后续流域坡度计算。

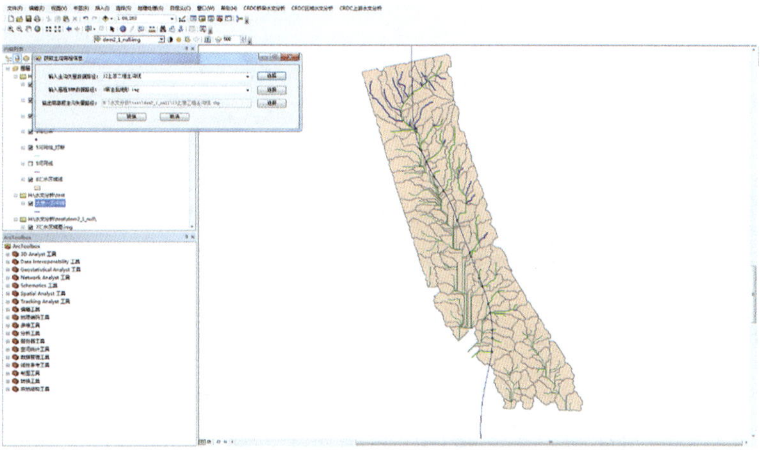

图 3-39　上游三维主沟提取效果

上游流域的面积数据获取思路为在区域流域面积数据基础上，结合上游河网线矢量数据，利用 GIS 的空间叠加分析，识别出上游河网区域数据，如图 3-40 所示。

利用叠加分析识别出的上游区域数据，在与线位正好相交的区域会存在多余数据，需要进一步利用线位数据进行裁切计算，剔除线位下游多余数据，如图 3-41 所示。

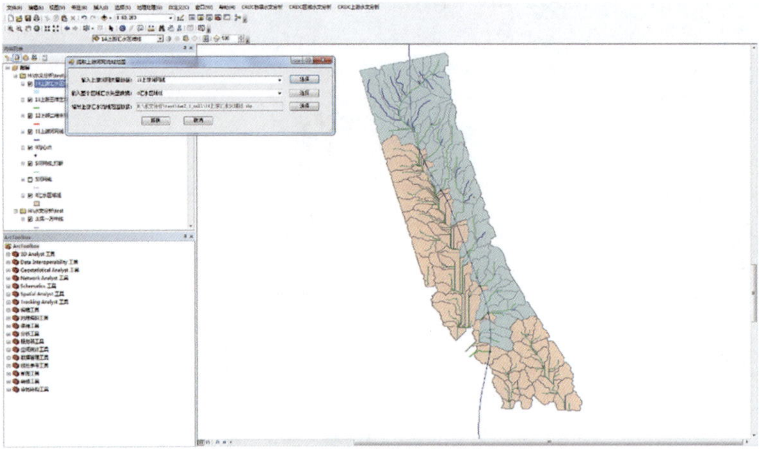

图 3-40　上游汇水区域提取效果

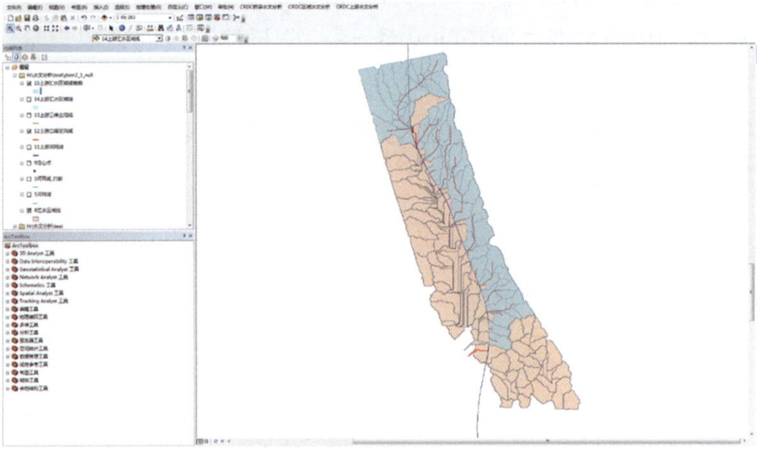

图 3-41　上游流域裁剪后效果

3. 水文分析结果与 BIM 成果的数据对接

依托 GIS 平台，将水文分析计算结果与 BIM 设计成果集成在一起表达，综合开展桥梁设计可行性研究。选取新建南昌至景德镇至黄山铁路工程中的酸梅村中桥作为研究对象。

新建南昌至景德镇至黄山铁路工程，简称昌景黄铁路，是杭昌（杭州—南昌）高速铁路的重要组成部分，与杭黄客运专线一起组成完整的杭昌高铁。昌景黄铁路位于赣东北和皖南地区，西起江西省南昌市，途经江西省鄱阳市、景德镇市，东至安徽省黄山市，线路长 289.807 km。酸梅村中桥中心里程 DK15＋971.77，如图 3-42 所示，位于酸梅村旁，为跨越立交与横河支流而设，采用 2 孔 32 m 简支梁跨越。水文计算结果与 BIM 模型成果集成的主要步骤如图 3-43 所示。

图 3-42　酸梅村中桥平面布置图

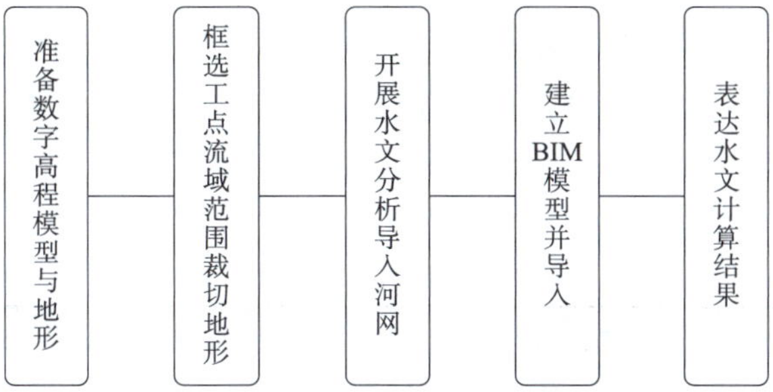

图 3-43　水文计算结果与 BIM 模型成果的集成步骤

(1)导入数字高程模型与铁路线位

将数字高程模型与铁路线位共同导入 GIS 平台，如图 3-44 所示。其中，深色带状部分为航飞数据，其余部分为低精度基础地形数据。图中指针标示的位置即为酸梅村中桥桥址。

图 3-44　导入后的数字高程模型与线位

(2)框选工点流域范围并裁切地形

以酸梅村中桥所在位置为参照，在数字高程模型中选择可能的流域范围，如图 3-45 蓝色区域所示。应用数字高程模型编辑工具进行裁切，获取供水文分析程序使用的高程模型。

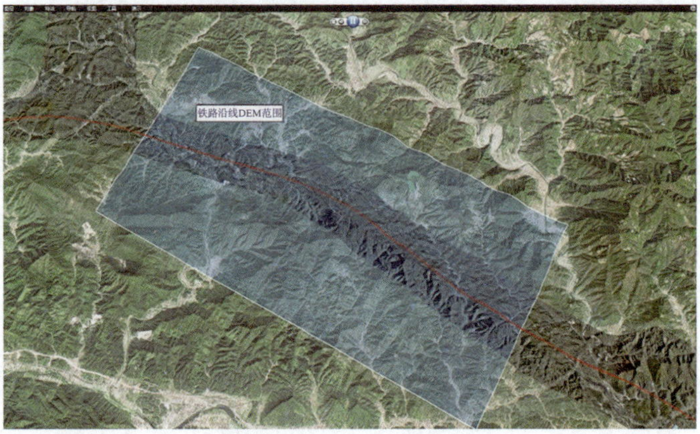

图 3-45　框选工点附近的流域范围并裁切

(3)开展水文分析并导入分析结果

基于裁切的地形与铁路线位，应用基于 ArcGIS 二次开发的水文分析程序开展区域水文分析。设定河网阈值为 8 000，分别进行地形填洼、流向分析、累积流量计算、河网提取、汇水区域提取等计算过程，并输出河网线、汇水区域线等水文分析结果，如图 3-46 所示。将取得的河网线导入到 GIS 平台，与数字高程模型叠加在一起。

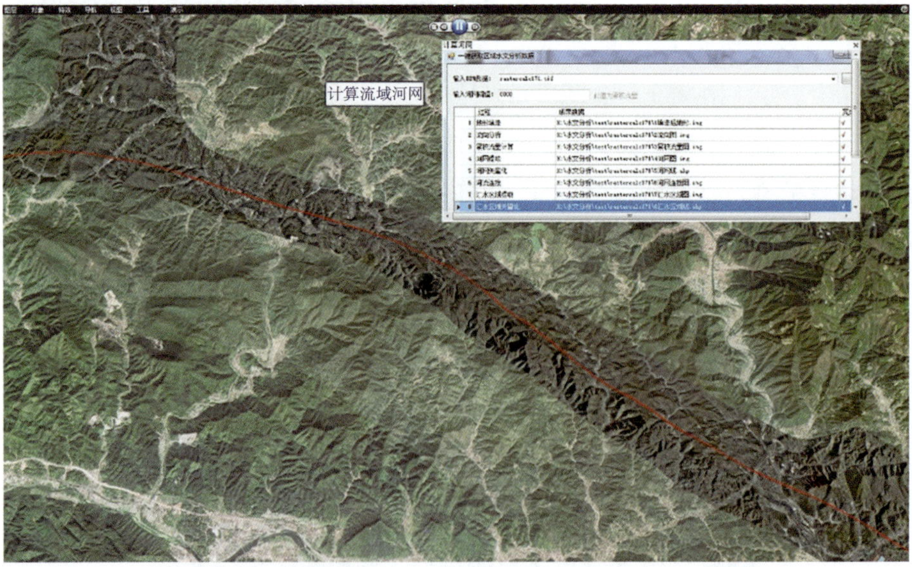

图 3-46　开展水文分析并输出结果

图 3-47 中高亮标示的线条为水文分析程序根据数字高程模型分析得到的河网线，河网线能够体现在该地形场景中产生汇流的路径和流向。通过观察可以看到，将河网线与数字高程模型集成在一起，有助于清晰分辨河网内容。

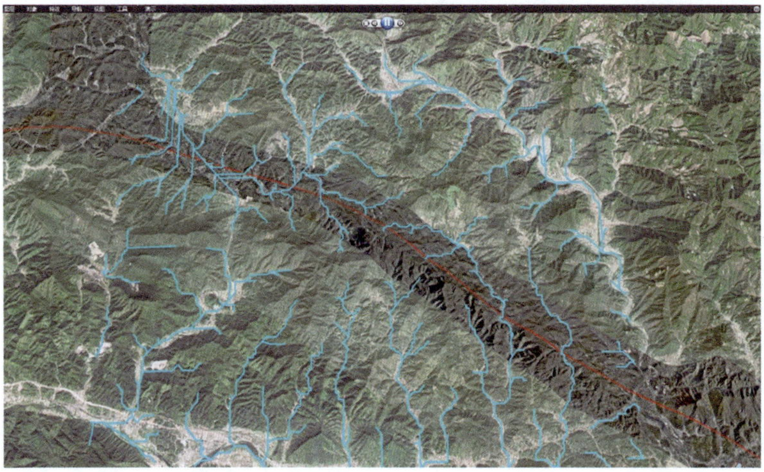

图 3-47　将输出的河网线导入 GIS 平台

将水文分析得到的酸梅村中桥桥址上游汇水区域导入到 GIS 平台，如图 3-47 所示，与数字高程模型叠加，能够观察到汇水流域的范围，以及汇水流域与线位的关系，如图 3-48 所示。

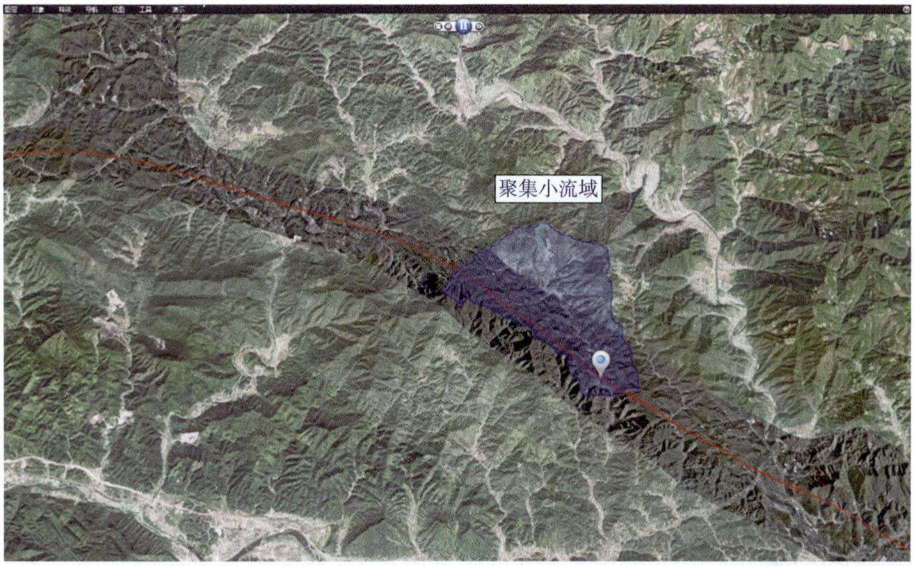

图 3-48　导入后的汇水流域

通过水文分析程序的查询统计功能，能够计算并输出酸梅村中桥所在流域的流域信息，包括流域面积、流域长度以及流域坡度等。在 GIS 平台通过标签的方式，将上述信息表达出来，如图 3-49 所示。

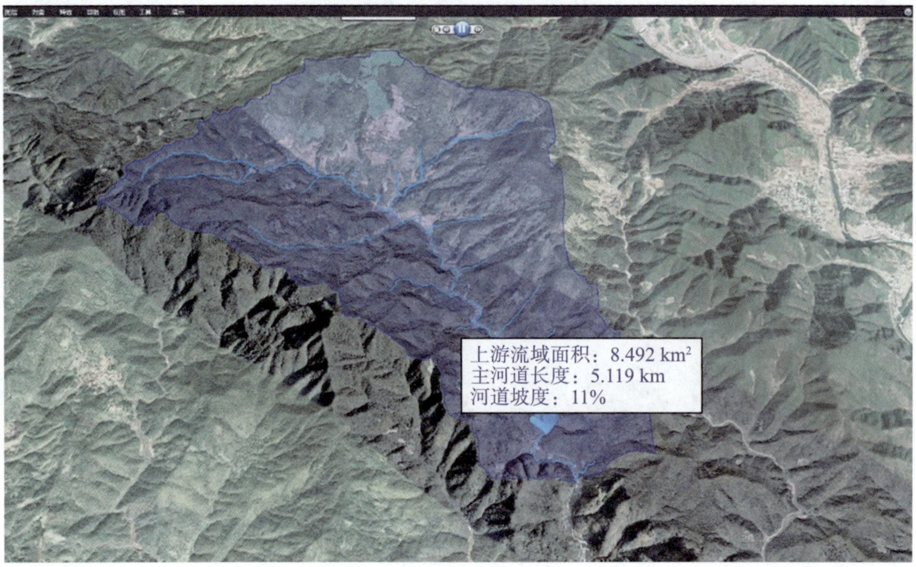

图 3-49　流域信息的表达

(4)建立 BIM 模型并导入

开展酸梅村中桥的 BIM 建模工作，包含 32 m 简支箱梁，圆端形桥墩、一字台以及桩基础。BIM 模型基于施工坐标系建立，完成建模后导出为 stp 格式，并导入到 GIS 平台指定位置，如图 3-50 和图 3-51 所示。

图 3-50　导入桥梁 BIM 模型前的桥址

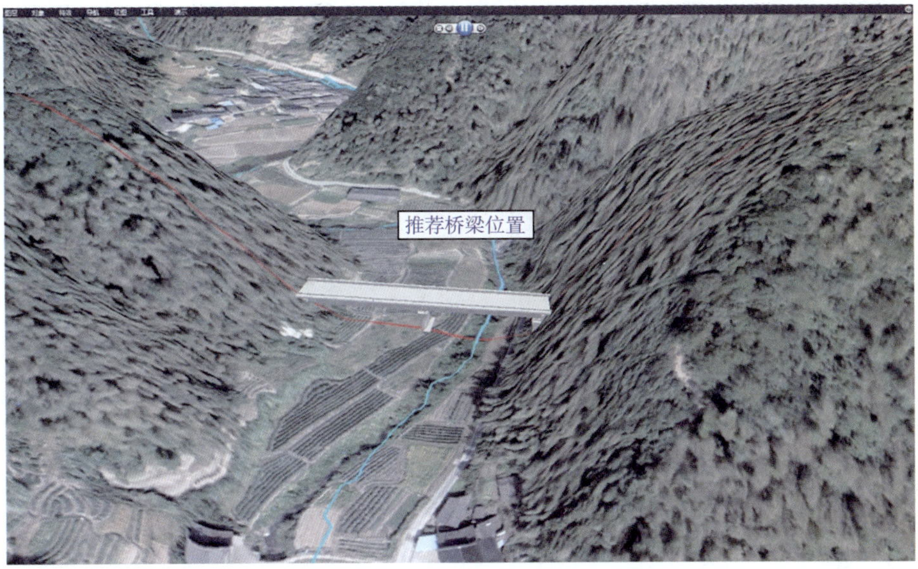

图 3-51　导入桥梁 BIM 模型后的桥址

(5)水文分析结果的表达

GIS 平台具备水位模拟功能，通过设定水位的高程，在数字高程模型之上建立水体模型，如图 3-52 所示。

图 3-52　GIS 场景+BIM 模型+水体模型

酸梅村中桥所跨越的横河支流，其百年一遇设计流量为 224 m^3/s，设计水位为 245.948 m，设计流速为 4.74 m/s。图 3-53 为将水体水位高程调整为 245.948 m 的情况，并以标签的形式表达水文计算结果。

图 3-53　水文计算结果的表达

3.3　基于 BIM 的桥梁方案设计技术

确定桥梁方案主要有以下几个主要因素：线路走线、水文地质条件、气象条件、地形地物等。BIM 技术主要的优势在于可以将以上信息三维可视化，并将这些信息整合在一起。在桥梁方案设计中主要应用有如下几点。

对于桥位处地形比较复杂的桥梁，通过 BIM+GIS 技术，设计人员可以在三维环境中布设桥梁。

可进行可视化交流，设计人员可与业主在可视化环境中交流。

通过 BIM 技术可以对例如承台大小，埋深等进行精细化设计。例如图 3-54 中承台外漏可以通过 BIM 技术直观发现。

图 3-54　通过 BIM 发现承台外漏

通过 BIM 技术可以更为直观地表达桥梁与既有构筑物

之间的空间位置关系。例如图 3-55 中桥梁孔跨布置不合理的情况，可以很直观地发现。

图 3-55　通过 BIM 发现桥梁孔跨布置不合理

基于 BIM 技术，采用骨架驱动模型的建模方法，对桥梁布置方案进行可视化、参数化、精细化建模还原设计细节，精度可达到毫米级 。并从框架墩布置、梁体切悬臂、多线并行基础布置、桥梁安全限界以及道岔梁与简支梁衔接等方面进行三维设计与校核，对优化桥梁布置方案进行研究。

3.3.1　桥梁正向方案设计程序开发

BIM 技术在高铁桥梁工程建设领域的应用大多集中在二维设计成果的三维重现，并通过三维模型校核二维成果，很少应用于正向方案设计。桥梁工程作为铁路工程的重要组成部分，具有构件类型多、结构设计复杂的特点，同时，涉及与空间线位和三维地形曲面的关系，传统二维设计方法中，这些因素仅通过一系列的平面图和断面图表达，具有不直观、交互性差的缺陷。因此，借助 BIM 强大的三维空间造型功能，和丰富的设计信息表达能力，在三维 BIM 环境下开发具备自动布孔、孔跨增删改、墩高自动计算、平立交检算等一系列功能的桥梁正向方案设计程序，具有重要的意义。

1. 程序功能简介

本桥梁 BIM 正向方案设计程序嵌入到 BIM 软件内部，综合采用了特征、数据表格、对话框控件等多种符合设计人员习惯的输入方式，图 3-56 所示为本程序的用户交互界面，其功能具体包括孔跨增删改，自动布孔，桥位里程修改等；以及平立交的增加、删除，以及刷新净空检算结果等功能。除此之外，用户还能通过界面操作，创建特征级方案模型，生成弯道计算输入数据和存储设计结果表格。

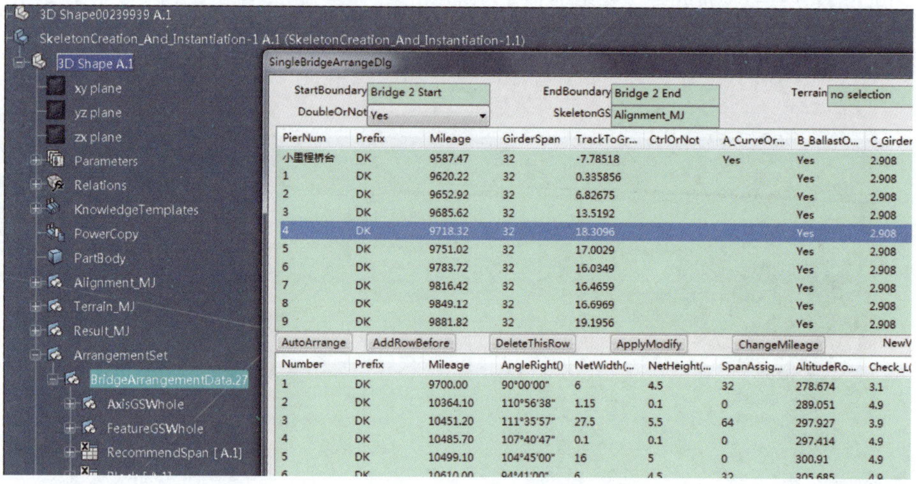

图 3-56　用户交互界面

2. 系统架构

桥梁 BIM 正向方案设计程序系统架构如图 3-57 所示。设计人员首先使用该程序，依据设计基础资料，在桥梁缺口边界范围内自动布置孔跨，并与地形曲面相结合计算桥墩高度，同时，程序根据孔跨布置结果自动检算平立交的净空尺寸，并生成桥梁各部件方案模型。

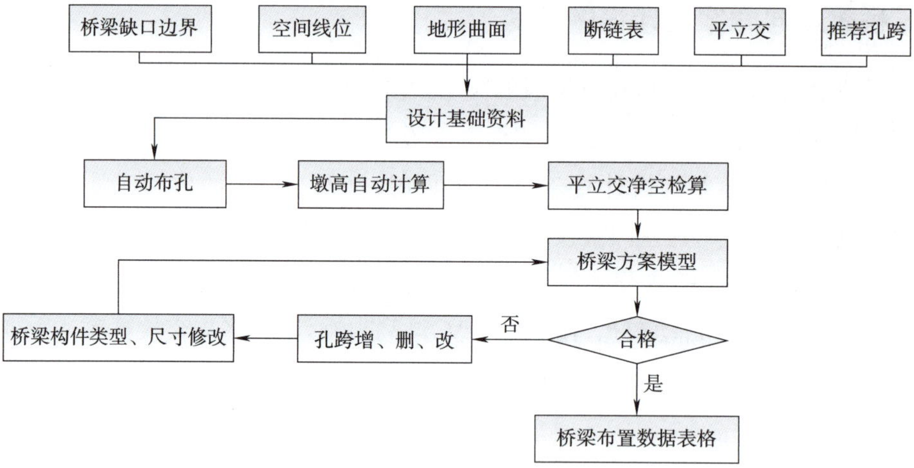

图 3-57　系统架构

用户综合考虑地形曲面、三维方案模型、净空检算结果，判断本次设计成果是否符合要求，如果满足设计要求，则输出最终桥梁方案数据表格，否则，用户可在操作界面通过孔跨增删改和修改构件类型及尺寸信息，更新方案设计成果。

3. 关键技术

（1）自动布孔

自动布孔，即在给定起止里程、控制点、推荐孔跨的前提下，系统自动配置跨度。自动布孔包括五个主要步骤：①确定控制点（平立交、管线、河流、水渠等）孔跨样式和位置，对所有控制点单独指定梁跨；②以简支梁为基本元素对控制点之间布孔；③以简支梁为基本元素对桥台与最近控制点之间进行布孔；④将以上三个步骤的梁跨布置结果合并成最终的全桥梁跨布置结果；⑤提取梁跨布置结果中的梁高、基础尺寸等信息，根据这些信息对各控制点进行净空检算。作为自动布孔前提条件之一的推荐孔跨，其数据格式见表 3-1。

表 3-1　推荐孔跨表格示例

推荐结果	梁　　跨/m	梁　　长/m	梁　　缝/m	轨面至梁底/m
可用	32	32.6	0.05	3.794
不可用	16	16.5	0.03	3.794
可用	32+48+32	32.75+48+32.75	0.1+0+0.1	5.244
可用	40+64+40	40.75+64+40.75	0.1+0+0.1	7.244

孔跨布置结果为上表各可用梁跨的排列组合，因此，如果某两个控制点距离较近，为二者单独指定的梁跨可能存在重叠；同时，使用上表的简支梁跨进行控制点之间布孔时，组合后的梁跨长度一般情况下无法与控制点之间的距离精确相等，从而导致控制点上的梁跨和控制点之间的梁跨重叠。

因此，自动布孔过程中有两个关键问题需要解决：如何使用若干可用的简支梁跨在控制点之间进行最优化布置；如何解决控制点单独配跨结果以及控制点之间配跨结果的重叠问题。

为了解决以上问题，提出了单侧净宽剩余值的概念，如图 3-58 所示，孔跨布置就是沿纵桥向移动各备选梁跨从而找到最佳位置的过程。以平立交为例，由于存在净空限制条件，进行控制点单独配跨时，梁跨的纵桥向可移动范围是有限的，假设在此移动范围内将控制点居中布置，此时的梁跨小里程边墩里程以及单侧净宽剩余值分别是 M 和 a，这两个参数在梁跨最优化布置以及重叠处理方面起到重要的作用。

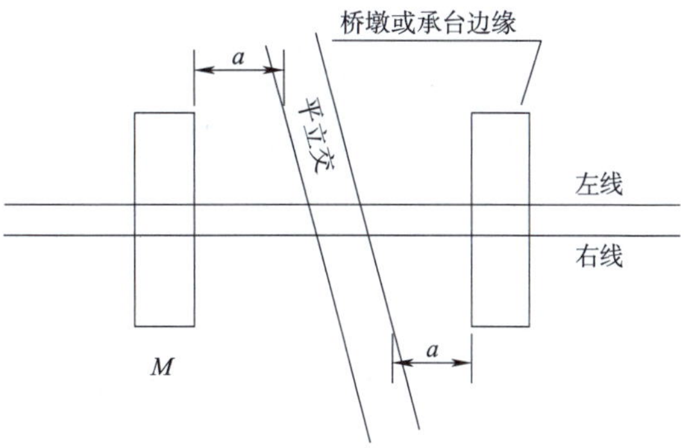

图 3-58　控制点单侧净宽剩余值示例

(2)控制点之间的梁跨最优化布置

如图 3-59 所示，移动控制点所在的梁跨，使其居中布置，此时相邻控制点单侧净宽剩余值分别是 a、b，二者的桥墩间距为 L，从而，在相邻控制点之间进行孔跨布置时，最小的布置范围 $L_{min}=L-a-b$，最大的布置范围 $L_{max}=L+a+b$。

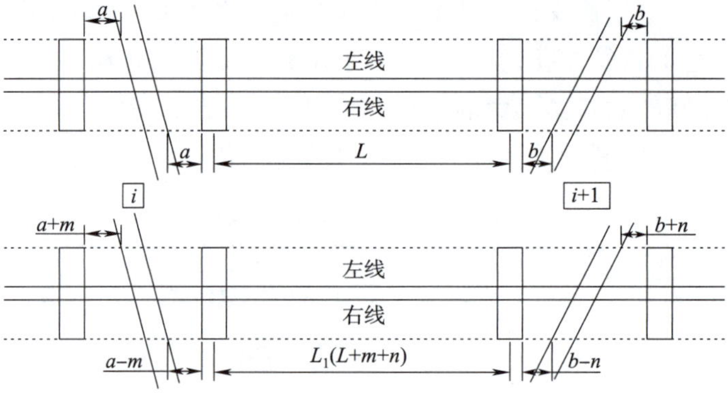

图 3-59　梁跨最优化布置方法

对推荐孔跨中的简支梁按跨度进行从大到小排序，最优化布置的原则就是在(L_{min}，L_{max})这个范围内计算出所有可选梁跨的组合结果(N1，N2，N3，N4)，见表 3-2。

表 3-2　推荐孔跨排序

可选梁跨 i	32	24	20	16
跨度数目 j	N1	N2	N3	N4

①优化布置流程。

首先初始化所有梁跨数目均为 0，当计算至第 i 个梁跨时，如果梁跨总长 L_1 在 L_{min}和 L_{max}的范围内，此时的跨度组合即为最终结果，否则，跳转至下一个循环，继续计算第 $i+1$ 个梁跨的数目，直至所有可选梁跨总长介于(L_{min}，L_{max})范围内或已循环至最后一个可选梁跨。

②孔跨布置过程中的重叠处理。

图 3-58 显示了相邻控制点 i，$i+1$ 的单侧净宽剩余值分别是 a，b，控制点之间完成孔跨布置以后，内侧墩中心距从 L 变成 L_1，前已述及，一般情况下 $L\neq L_1$，因此，需要沿纵桥向移动孔跨布置结果，从而消除重叠。

假设 $L_1>L$，i，$i+1$ 控制点损失的单侧净宽分别是 m，n。重叠处理结束以后，需要保证 i，$i+1$ 控制点及二者之间的梁跨首尾紧密相连，因此，重叠处理的原则是使 i，$i+1$ 控制点的单侧净宽剩余值最大化，从而为后续操作提供更多的纵桥向移动空间。

重叠处理后的 i，$i+1$ 控制点单侧净宽剩余值分别是 $a-m$，$b-n$，为了实现最优解，需要保证 $a-m=b-n$，同时，因为 $m+n=L_1-L$，可解方程求出最终的单侧净宽值继而得到小里程边墩位置。

(3)获取平曲线要素

图 3-60 为空间线位水平投影的示意，由直线、缓和曲线、圆曲线三种线形组成，从直缓点到缓直点之间是一个完整的平曲线要素区段。在开发过程中，将全线平曲线要素以向量的形式存储，每一个结构体类型的向量元素代表一个平曲线要素区段，其中包含直缓点里程、缓直点里程、圆曲线半径、缓和曲线长度这些关键信息，它们在桥梁弯道计算过程中起着重要的作用。本小节即介绍如何从空间线位提取这些关键信息从而组成平曲线要素。

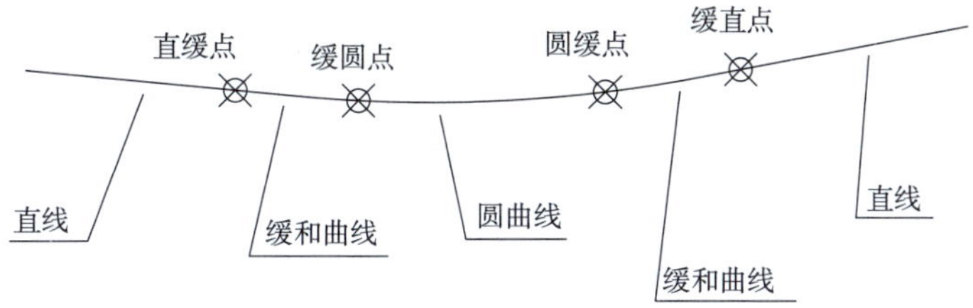

图 3-60　平曲线要素图示

直线、缓和曲线、圆曲线作为单独的拓扑形状，是空间线位的组成部分，而空间线位本身也是一种拓扑。

因此，可采用以下两个步骤得到平曲线要素：①从空间线位提取一维拓扑形状子集，从这些一维拓扑形状识别出直线、缓和曲线、圆曲线，并计算它们的几何特性值；②根据步骤①的结果，识别出所有完整的平曲线要素区段，并生成向量形式的全线平曲线要素值。

按照如图 3-61 所示的流程，在一维拓扑子集范围内循环，辅助参数 index 表示某一个完整平曲线要素区段的起点下标，可以完成识别完整平曲线要素区段并汇总平曲线要素值的任务。

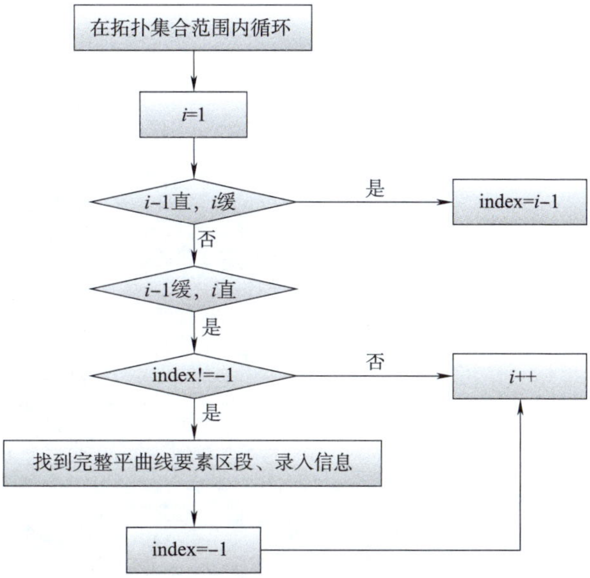

图 3-61　平曲线要素汇总流程

当拓扑形状 $i-1$ 为直线，拓扑形状 i 为缓和曲线时，说明找到了一个完整平曲线要素区段的起点，将 $i-1$ 存储在 index 变量中。继续循环，如果找到某一个 i 值，拓扑形状 $i-1$ 为缓和曲线，拓扑形状 i 为直线时，说明找到了一个完整平曲线要素区段的终点。通过这种方法，就能识别出全线所有的完整平曲线要素区段，在循环操作过程中，将每一个完整平曲线要素区段的几何类型和特性值加入平曲线要素结构体，循环结束后，就生成了最终的全线平曲线要素向量。

(4)桥梁方案设计模型

桥梁方案设计是一个反复的过程，在此过程中，设计人员需要多次创建并修改模型，这就要求本正向设计程序具备快速建模的特点，并能够根据用户交互界面体现出来的最新方案设计数据更新桥梁 BIM 模型。

①快速建模。

为了实现快速建模，使用 UDF(user defined feature)将桥梁各构件描述为简化模型，并仅保留足以影响方案选择的关键属性。UDF 模板在创建过程中，其几何形状采用二维空间曲面生成，与三维几何体模型相比，明显提高了建模速度。

虽然在实际工程中桥梁构件类型众多，但是方案设计阶段仅需要有限数目的模板。梁体模板有连续梁、简支梁两种；桥墩模板有圆端形、方形、圆形三种；桥台模板有一字台、T 台两种；基础模板只有一种：立方体。将这些 UDF 模板存储在数据库中。

②创建和修改桥梁 BIM 模型。

开发一个代表桥梁方案设计结果的特征，该特征继承自 GSMTool 基类，GSMTool 的所有派生类都可以显示为一个几何图形集，并存储二维空间曲面及其以下维度的特征子集。如图 3-62 所示，桥梁方案设计结果作为一个特征，在结构树上以几何图形集的形式存在，其中可存储多种类型的特征子集，如几何图形子集、设计表格、坐标系、空间曲面等。在 OSM 文件定义特征结构时，将空间线位和其他参数指定为特征属性。图 3-62 显示了使用该程序创建的桥梁方案设计模型。

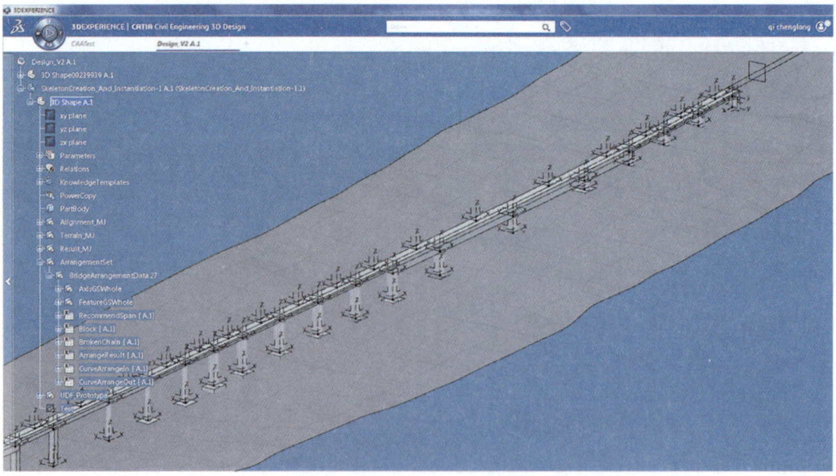

图 3-62　桥梁 BIM 建模结果

在开发过程中，通过对 CATMmrPanelStateCmd 类的派生，实现桥梁设计模型的创建和修改。此类的 OkAction()方法表示用户点击确定按钮以后系统需要执行的操作，创建桥梁设计模型的过程就体现在这个方法中。桥梁方案设计结果作为一个特征，在结构树上表现为一个与几何图形集类似的节点，用户双击特征节点，随即激活 CATIEdit 接口的 activate( )方法，此方法调用 CATMmrPanelStateCmd 派生类的构造函数，启动特征修改模式，在此模式下，程序提取当前特征的属性值并显示在命令交互窗口中供用户修改，点击确定按钮，系统根据用户修改后的参数结果生成新的模型。

该程序创建的桥梁方案模型，考虑了梁宽、不等高顶帽、桥墩形状、承台尺寸等能够影响桥梁方案的构件细节，如图 3-63 所示。

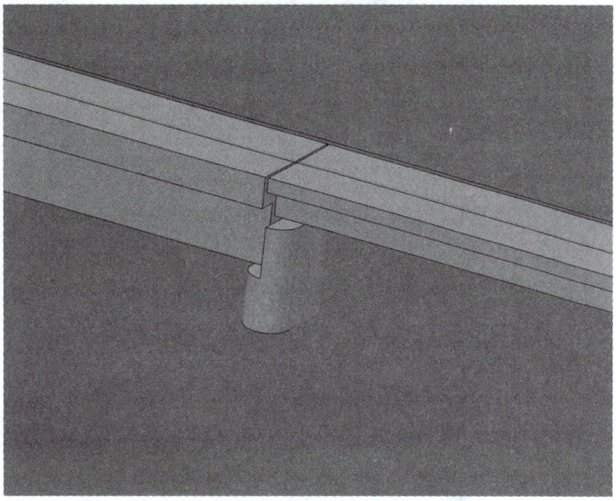

图 3-63 桥梁方案模型细节

3.3.2 桥梁方案比选

将 BIM 代表的精细化三维设计信息模型与 GIS 代表的空间地理信息数据相结合，融入高空航拍等技术，进行桥梁方案比选，与传统的二维设计手段相比，可以提高方案设计效率和质量。

以福厦客专泉州湾特大桥为例，如图 3-64 所示，桥址穿越市区，并跨越多条等级道路，道路密集跨越条件复杂。利用航拍实景，进行桥梁三维选线。将航拍实景与 BIM 模型同步对比，模拟道路条件和立交跨越方案，结合实际场景进行桥梁方案比选和设计以满足立交通道的需求，如图 3-65～图 3-68 所示。

图 3-64 桥梁三维选线

图 3-65　拱桥跨越泉州湾绕城高速

图 3-66　连续梁跨越道路立交

图 3-67　连续刚构跨越石泉二路

图 3-68　门式墩跨越高压输电线

大桥跨泉州湾范围内与上游泉州湾跨海公路特大桥并行，并同时跨越泉州湾主航道。运用 BIM 技术进行通航净空的模拟，如图 3-69 和图 3-70 所示，在此基础上设计跨越方案。最终采用 3×70 m 连续刚构和斜拉桥结合的方案，在保证航道和通航需求的基础上满足景观要求。

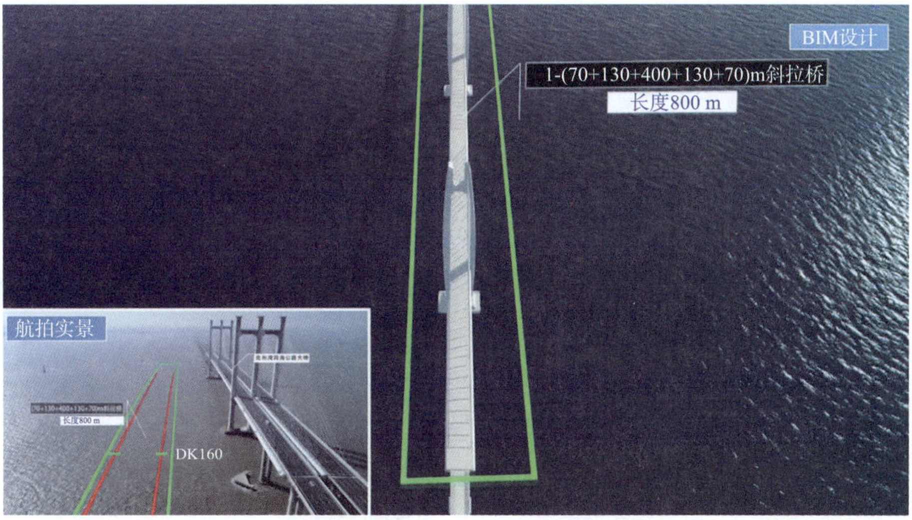

图 3-69　斜拉桥跨越泉州湾主航道

图 3-70　3×70 m 连续刚构和斜拉桥结合方案

3.3.3　桥梁空间限界检查

以京雄城际铁路的规划津九联络线、京港(台)高铁同期建设段为例。津九上行联络线下穿京雄城际双线,长度 0.147 km,交叉角度 20°,京雄城际采用(32+48+32)m 连续梁跨越。由于交叉角度过小,津九上行联络线的简支梁外缘遮板与 48 m 连续梁的桥墩存在可能的碰撞风险。

如图 3-71 所示,受益于施工图精度的精细化桥梁 BIM 建模,能够让每一个细节、尺寸和距离都达到相当于施工后的真实状态,能够轻易地分辨出下部简支梁与邻近桥墩的相对关系。

同样得益于可视化的模型和对桥梁主体结构与附属结构完整、准确的表达,如图 3-72 所示,以及对梁体和桥墩的准确定位,将桥墩与梁体的净空校核变成可肉眼识别的直观结果。大大提高小角度交叉时的桥梁方案布置效率。

图 3-71　桥梁下钻方案

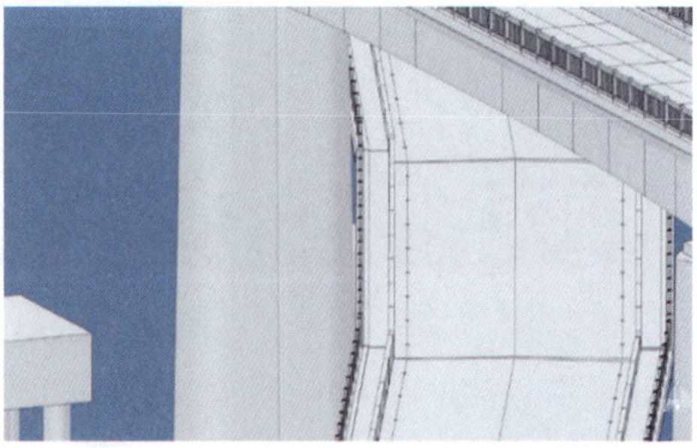

图 3-72　简支梁与桥墩界限校核

3.3.4　简支梁切翼缘方案设计

以廊涿城际铁路双线变单线段落为例。在引入固安东站前，廊涿城际左右线线间距由 4.2 m 逐渐增大，双线逐渐分离并最终形成两条单线。双线段与单线段间的过渡段落，由于线间距不均匀变化需采用单线箱梁切翼缘并置的方式，且每孔箱梁切翼缘的方式和尺寸各不相同。在保证并置单线梁满足设计构造要求，需要精确获取翼缘切割的范围和尺寸。需建立参数化的单线切翼缘简支梁模型，如图 3-73 所示。

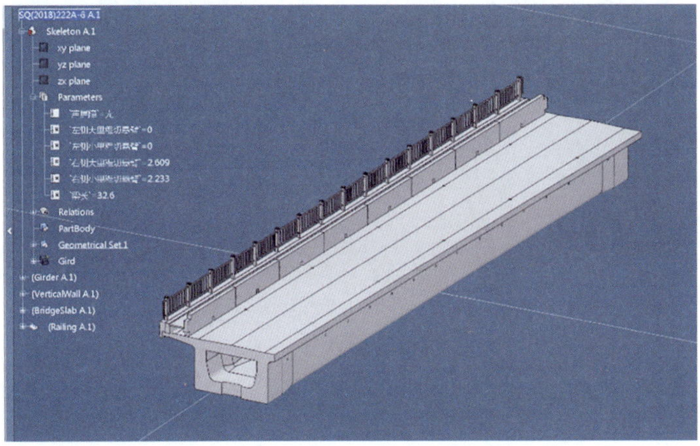

图 3-73　切翼缘简支梁模型

在研究过程中建立了可视化参数化的单切翼缘简支梁模型，为模型赋予“右侧大里程切翼缘”和“右侧小里程切翼缘”等参数，并建立其参数与模型的联动关系，实现了通过对参数的调整，调整并置单线切翼缘梁的切割范围，保证并将过渡段落并置单线梁梁缝满足设计要求并记录相应设计数值，如图 3-74 所示。

图 3-74　调整翼缘尺寸及位置

桥梁布设验证。廊涿城际左右线与京雄正线双线在进入固安东站前，并行排布。廊涿单线位于京雄正线的两侧。通过可视化参数化的建模，准确还原梁体遮板等细节，对进站前并行段落的桥梁布置及线间距进行了验证。验证结果显示多线并行桥梁间并未发生干扰，单线梁与双线梁之间保留清晰的距离。

基于 BIM 技术的简支梁切翼缘设计，将设计建立在几何信息完整的三维模型基础上。完成对简支梁梁体、竖墙、电缆槽、遮板、栏杆等部分结构的建模，并在此基础上赋予其参数化特性，在完整表达所有主体和附属结构的基础上，快速调整简支梁切翼缘设计方案，如图 3-75 所示。

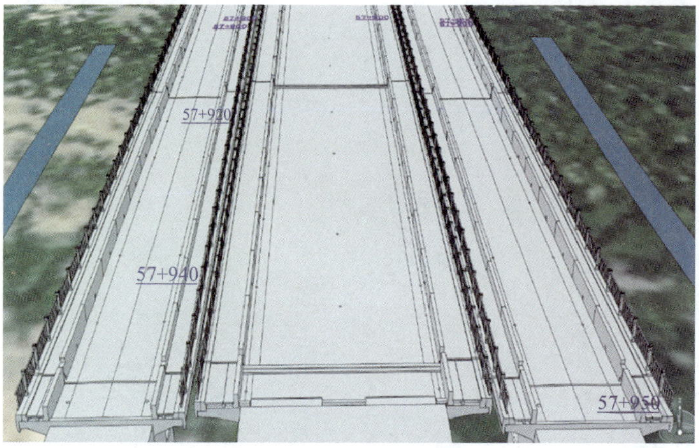

图 3-75 多线并行段落桥梁布置

3.3.5 道岔梁与简支梁衔接方案设计

以京雄城际铁路雄安站特大桥为例，如图 3-76 所示。雄安站高架桥规模 6 台 11 线，小里程侧进站包含京港台高铁左右线、京雄城际双线、津九联络线上下联。大里程侧出站包含雄商铁路左右线、石雄城际双线、动车走行左右线。桥梁设计范围为京雄正线、京港台正线以及站台顺线路方向两侧 9.65 m 之外的 8 条到发线。

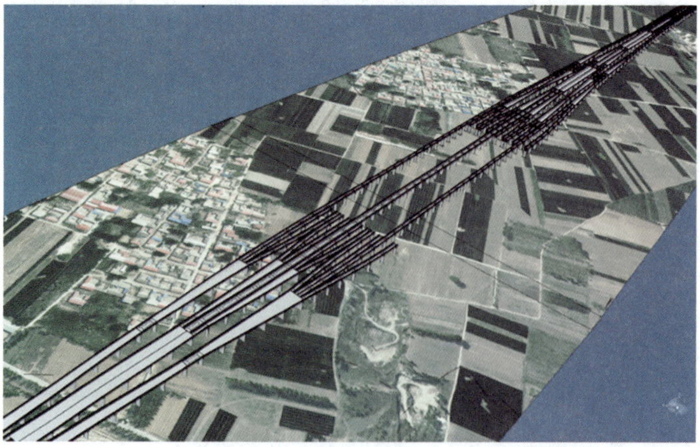

图 3-76 雄安站特大桥

雄安站内线位众多，高架站桥梁规模庞大，内含各种跨度尺寸道岔梁 20 余片。遵循骨架驱动模型的建模方法，结合雄安站站场线位主骨架及桥梁孔跨信息，精确计算出桥梁结构（梁、墩、台等）的空间定位骨架，并赋予定位骨架参数化功能，在既有布孔的基础上，根据对定位骨架的参数调整，实现了孔跨方案的调整。雄安站整体方案 BIM 模型如图 3-77 所示。

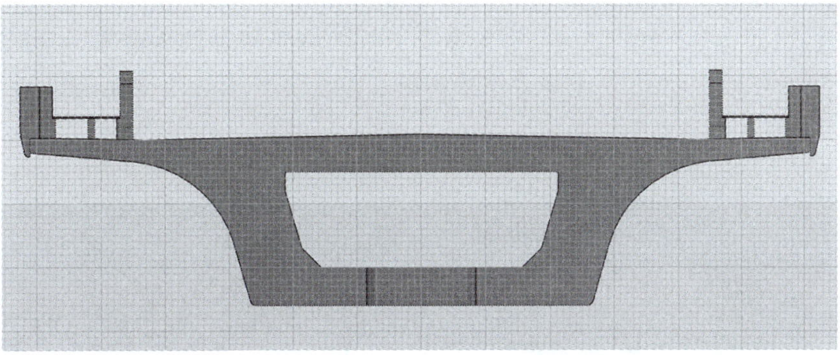

图 3-77　参数化梁体模型

在高架站内桥方案研究中，简支梁与道岔连续梁之间竖墙、电缆槽的衔接以及栏杆、遮板的设置是一个系统性的工程问题。通过建立参数化的梁部竖墙、电缆槽及栏杆模型，可通过控制上述部位的设置与否，实现高架站电缆槽布置方案的快速调整。在上述工作基础上，对高架站内桥的电缆槽、栏杆等布置进行了初步的优化。

在站内桥部分道岔附近，出现单线简支梁需要切翼缘的情况。基于参数化的简支梁建模，如图 3-77 所示，可通过参数的调整实时改变梁体梁端桥面板的尺寸，并使桥面板之间满足相应的距离要求。

应用 BIM 技术，详细地表达出道岔梁与简支梁衔接处的设计细节，对于大型站内高架桥布置起到显著的效果。能够让设计摆脱想象能力的限制，基于可视化的模型详细地对限界点进行设计和完善，如图 3-78 和图 3-79 所示。

图 3-78　道岔梁与简支梁衔接

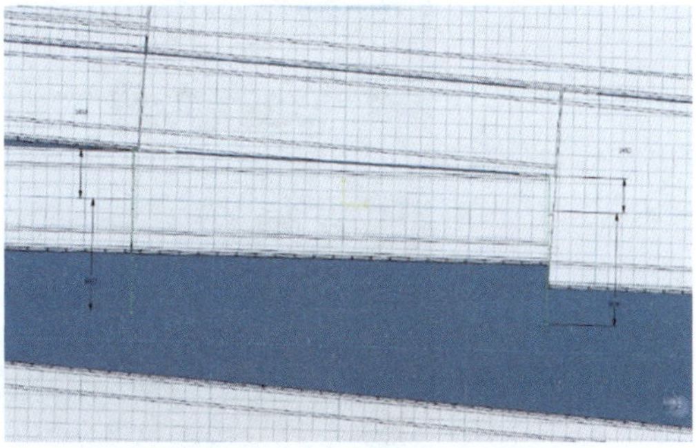

图 3-79　与道岔梁限界切翼缘调整

3.3.6 框架墩布置方案设计

以规划廊涿城际同期建设段落为例。廊涿双线与京雄双线并行线间距 12 m，轨面不等高，基础分开布置。在引入固安东站前，廊涿双线逐渐分开成为两条单线，其中京雄城际小角度上跨廊涿右线，采用简支梁—框架墩通过；廊涿右线采用单线简支梁通过。廊涿单线与京雄正线并行段落最小线间距 8 m。

该段落桥梁方案存在线间距小、小角度交叉框架墩跨越等特殊情况，设计边界条件复杂。基于共建方案应用 BIM 技术建立多线桥梁可视化模型，如图 3-80 所示。

图 3-80　廊涿城际并行京雄铁路

京雄小角度上跨廊涿右线处，采用简支梁－框架墩的形式通过。框架墩一侧立柱夹在单线简支梁之间，另一侧立柱位于线位外缘。在框架墩布置方案研究中，有三个距离至关重要。其一是需两立柱的轴距，其二是框架墩基于所处里程向左(或向右)偏移的距离，最后是框架墩基础与普通桥墩基础间的距离。基于 BIM 技术的可视化、精细化设计能够精确的还原简支梁部的栏杆、遮板等细节，为框架墩布置方案设计奠定基础，如图 3-81 所示。

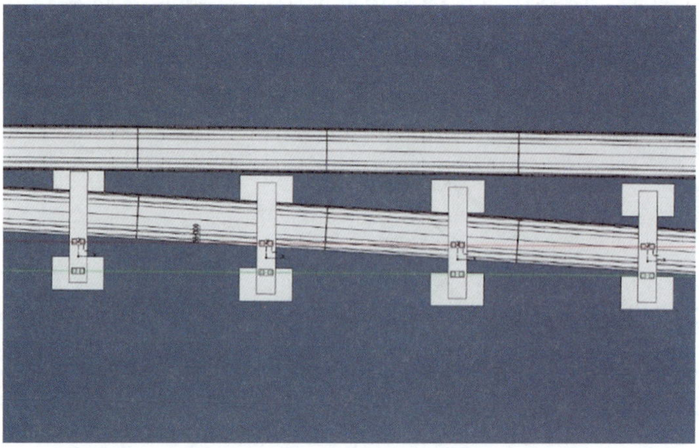

图 3-81　框架墩跨越廊涿城际

为了确定上述三个距离参数，建立了精细的、参数化的框架墩 BIM 模型，如图 3-82 和图 3-83 所示。为模型赋予墩全高、墩轴距、框架墩平移距离等参数，通过相应的开发研究，实现通过修改参数快速生成相应尺寸、位置的框架墩模型，并将建立好的参数化框架墩模型实例化到项目空间的对应里程标高，通过对参数的修改实时调整框架墩布置方案，避免框架墩墩身与简支梁遮板、框架墩基础与普通桥墩基础发生碰撞，同时将相应的框架墩尺寸记录下来。

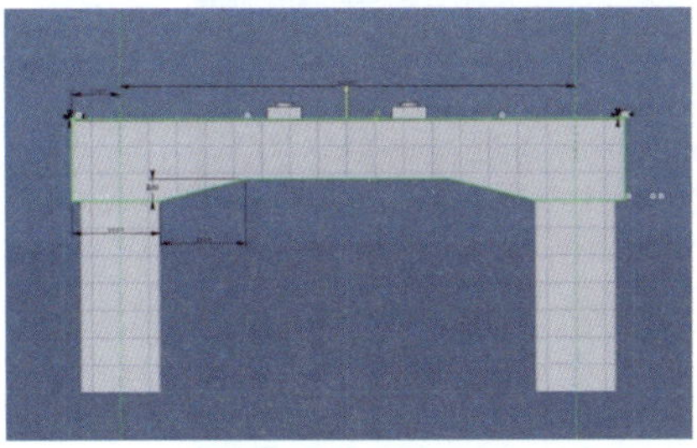
图 3-82 框架墩 BIM 模型参数驱动

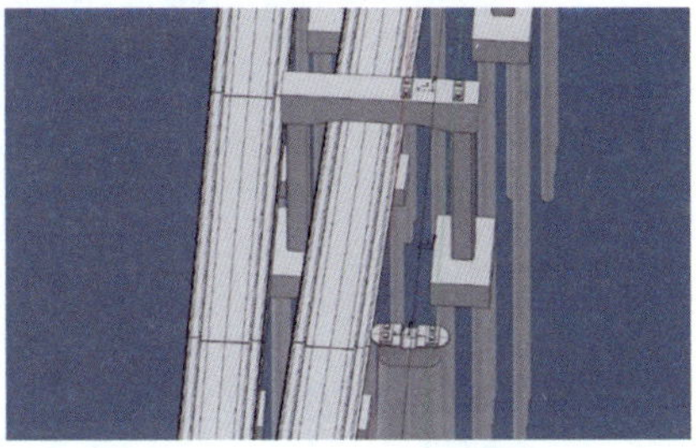
图 3-83 框架墩与相邻梁体碰撞校核

基于 BIM 技术的框架墩布置，以可视化、参数化的框架墩模型为基础，跳离平面作图的限制，从三维空间中反应框架墩与相邻结构物的位置关系。通过赋予框架墩模型参数驱动能力，能够快速对框架墩尺寸方案进行调整，即时校核净空限界。

3.3.7 桥梁基础布置方案

以京雄城际铁路规划天津至新机场联络线同期建设段为例。廊涿城际左右线在引出固安东站后，受站场咽喉区限制，与胜芳联上下线单线最小线间距 11 m。廊涿城际左线上跨京雄城际，交叉角度 21°，廊涿城际左线采用(60＋100＋60)m 连续梁跨越，京雄城际采用简支梁通过。胜芳联左右线从固安东站引出后，与京雄线间距 6.5 m，胜芳联左右单线梁需切翼缘板，基础分开布置，并行段轨面等高。线间距拉开后，胜芳上行联络线上跨京雄城际，交叉角度 16°，采用框架墩跨越，京雄城际采用简支梁通过。应用 BIM 技术对该方案建立多线桥梁可视化模型，如图 3-84 所示。

图 3-84 天津至新机场段落多线并行

该段落桥梁方案特点为多线并行，包含 1 座双线桥和 4 座单线桥，桥墩和基础密集排布，基础之间可能存在碰撞，个别情况下需调整承台顶标高至合适位置，如图 3-85 所示。

图 3-85 并行段落基础布置

在承台基础布置方案研究中，建立参数化的桩基础模型，如图 3-86 所示。为模型赋予纵长、横宽、高以及上下移动等自由度。相关开发研究实现了通过调整参数得到不同尺寸和位置的桩基础模型，调整桩基础至适合尺寸及标高，并将数据保存下来。

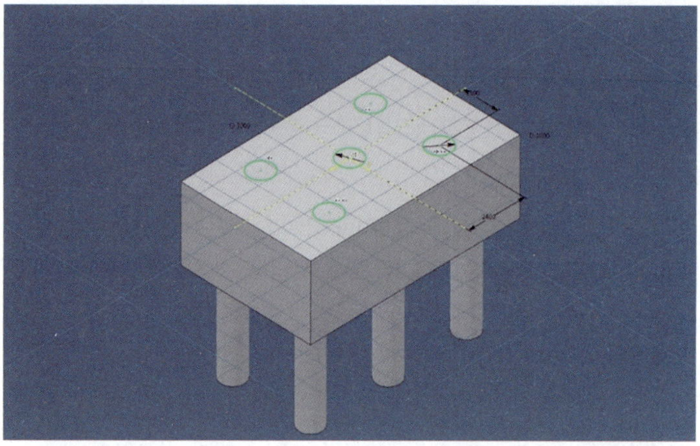

图 3-86 参数化的桩基模型

借助可视化的优势，能够同时比对并行多线位在同一位置的基础情况。通过预定义类型，将多种基础布置方案集中到桥梁基础模板中，结合桥梁骨架的快速调整，能够实现对基础高程、尺寸和桩长的即时调整。

3.4　基于 BIM 的桥梁结构设计技术

3.4.1　桥梁骨架设计

铁路 BIM 技术涉及多专业协同，为了协调各专业更好、更高效地完成设计工作，通过骨架实现模型之间的关联，骨架改变直接驱动模型变化，实现 BIM 模型的统一管理和设计过程中的信息交换，从而提高设计效率。

“骨架—模型”方法是一种自上而下的设计方法，以桥梁工程为例，骨架定义了桥梁上部结构和下部结构各个构件的整体定位基准。基于该方法，一座桥梁的梁体、桥墩、桥台和基础等组成部分，在相对空间位置发生变化时，能够继承原有的设计框架，自动实现设计更新。该方法通过在装配节点定义一个骨架文件，来管理和协调各个结构物与骨架的接口。

定位骨架本身是 BIM 模型的一部分，是一种参照模型。桥梁定位骨架通常外在表现为点、线、面和坐标系等形式，主要表达桥梁各部分结构物在模型空间的位置。一座桥梁的各个组成部分以定位骨架作为自己的设计输入和原始参考，或通过实例化及装配的方式移动至定位骨架所在位置实现桥梁构件的快速批量 BIM 建模。

为了创建图 3-87 所示的以空间三维坐标系形式表达的桥梁定位骨架，除了空间左线，还需要补充各构件定位信息。桥梁一般包含梁体、桥墩、基础以及桥台四个主要部分，首先需要这些结构物的里程信息，在里程信息的基础上能够得到交点距等数据；其次需要高程信息，空间线位的高程一般与轨面高程相对应，通过读取所有桥梁构件到对应轨面点的高程差，进而确定高程信息。桥梁工程是线性工程，由于孔跨布置的特殊性，需要根据曲线要素进行桥梁弯道布置，因此，应补充弯道计算结果等信息。上述三部分信息构成了桥梁定位骨架的主要信息输入。将上述信息存储在表格中，作为生成定位骨架的输入数据，见表 3-3。

基于上述输入信息，开发空间算法，完成定位坐标系建模。

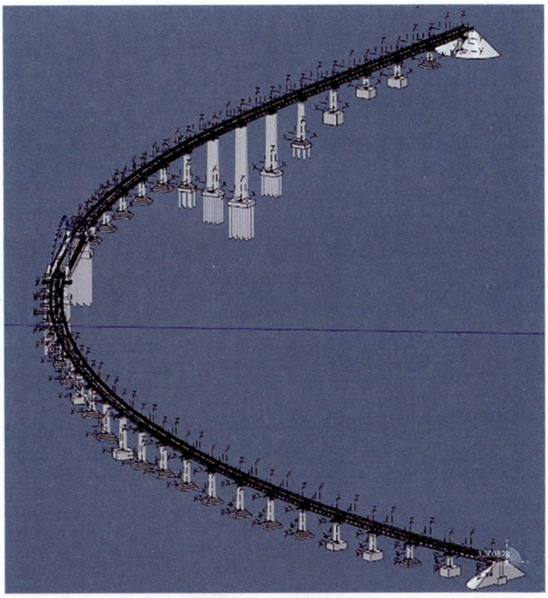

图 3-87　桥梁定位骨架

表 3-3　桥梁定位骨架的输入数据

墩号	墩台里程差	交点距	墩台类型	墩顶以上高	墩高	偏距 E	纵向预偏	小里程梁缝	梁跨类型
牡方台尾	11 669.61	2.5				1			Abutment
牡方胸墙	11 672.11	32.79	简	4.086	4.44	1		12	(2016)2229
1	11 704.90	32.74	简	4.086	13	1	0	7	(2016)2229
2	11 737.64	32.74	简	4.086	23.5	1	0	7	(2016)2229
3	11 770.38	32.74	简	4.086	35	1	0	7	(2016)2229
⋮									
40	12 973.18	32.65	联	4.086	33.204	0	0.05	10	C32+48+32
41	13 005.83	48	主	4.89	27	0	0	0	C32+48+32
42	13 053.83	32.65	主	4.89	28.5	0	0	0	C32+48+32
43	13 086.48	32.7	联	4.29	22.5	0	−0.05	5	(2016)2229
⋮									
48	13 249.98	32.75	简	4.086	7.5	0	0	5	(2016)2229
佳方胸墙	13 282.73	2.5	简	4.086	3.94	0			Abutment
佳方台尾	13 285.23					0			

3.4.2　简支梁设计

简支梁设计包括参数化模板设计与批量建模两部分内容。

1. 简支梁参数化模板设计

综合运用 BIM 技术的复杂几何造型和参数化设计功能，创建满足精细化三维桥梁设计以及向施工运维交付需求的 BIM 模板。

为了便于模板定位，与简支梁骨架设计成果相对应，在梁体跨中顶部创建坐标系，其中，x 轴指向梁体纵向，z 轴指向竖直向上方向。

以图 3-88 所示的简支箱梁为例，截面包括外轮廓、内轮廓两部分，沿纵桥向不同位置，外轮廓截面形式相同、尺寸不同，内轮廓截面形式和尺寸均不相同。首先依托定位坐标系 yz 平面创建若干与内外轮廓相对应的草图。

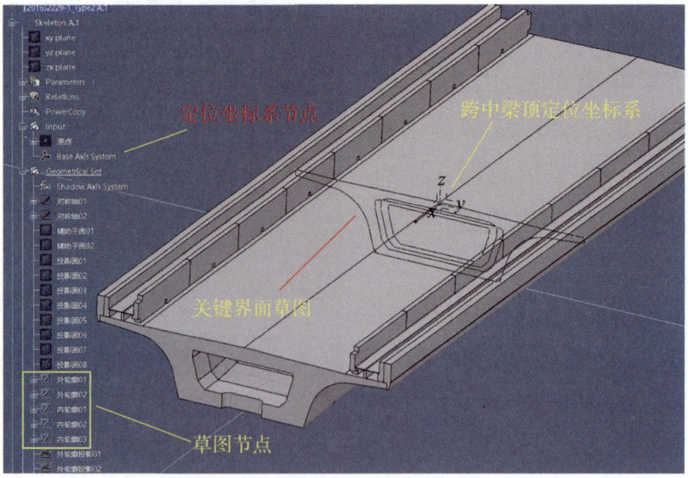

图 3-88　简支箱梁模板定位坐标系及草图

将 yz 平面沿 x 轴偏移，形成与箱梁截面形状及尺寸变化处相对应的投影面，将定位坐标处的内外轮廓线向偏移后的投影面投影，如图 3-89 所示。

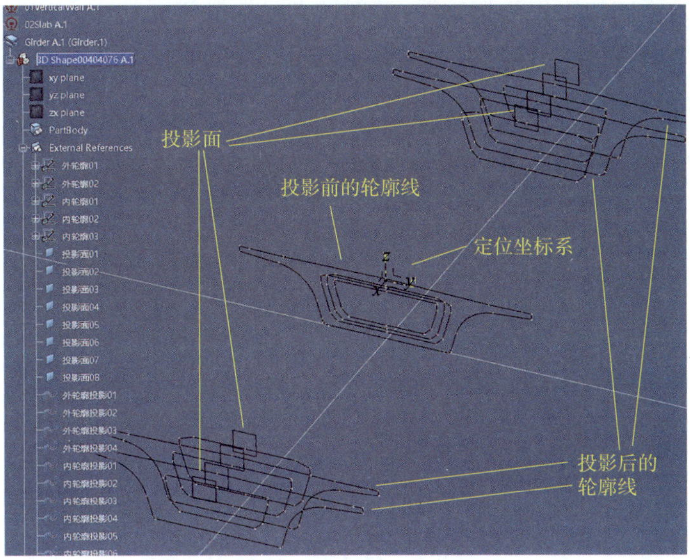

图 3-89 根据投影面偏移轮廓线

生成偏移后的轮廓线后，采用等截面实体、多截面实体等操作，创建与外包络体、内部空腔相对应的三维实体。最终通过空间布尔切割操作，完成梁体三维建模，如图 3-90 所示。

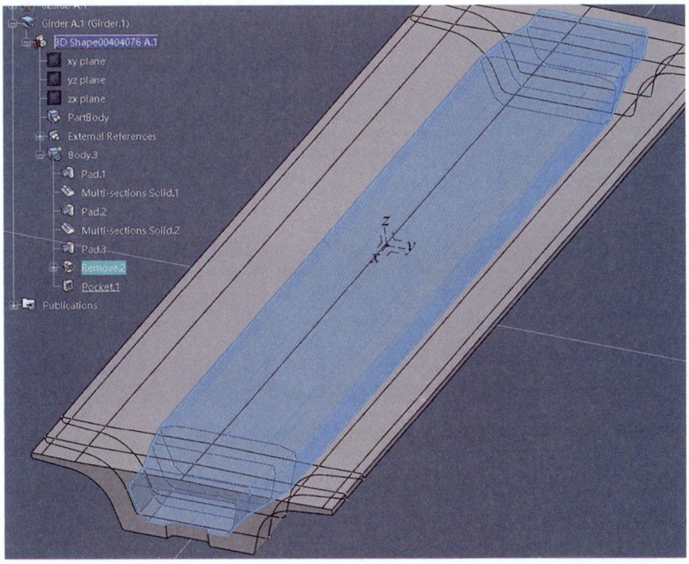

图 3-90 外轮廓体向空腔的布尔切割

2. 简支梁批量建模

结合简支梁骨架设计成果、模板设计成果，采用 BIM 软件的装配阵列功能，为不同类型的简支梁模板输入不同的定位骨架集群，实现简支梁批量建模。

根据设计需要，骨架设计模块为每种类型的简支梁创建一个几何图形集，其中存放了每种简支梁跨中顶部的坐标系集群，如图 3-91 和图 3-92 所示。

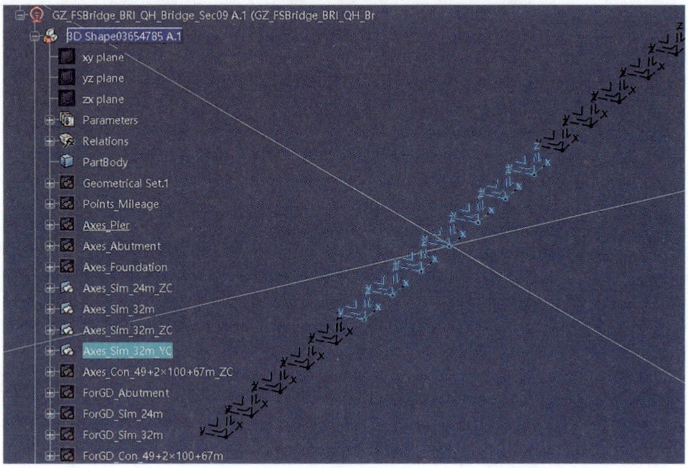

图 3-91　不同类型简支梁的骨架坐标系集群

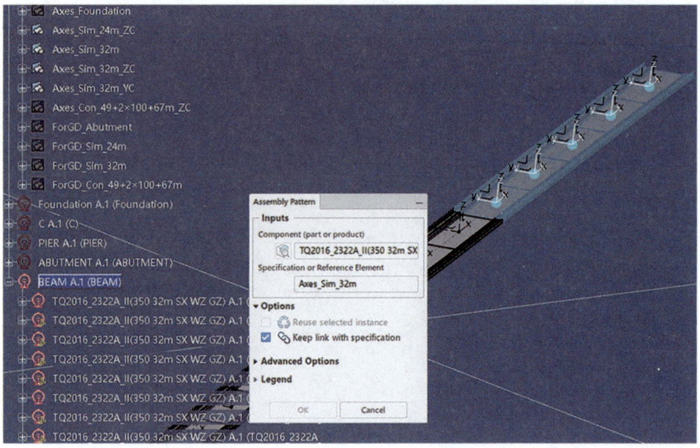

图 3-92　输入定位坐标系集群

3.4.3　连续梁设计

1. 连续梁 BIM 设计过程

基于 BIM 软件进行二次开发，形成连续梁设计程序，以骨架设计结果作为前置条件，融合用户界面输入、表格信息录入等交互方式，最终实现连续梁快速 BIM 建模功能。

交互界面如图 3-93 所示，该人机交互的连续梁设计程序直接嵌入到 BIM 软件内部。具备以下特点：设计参数采用表格输入和对话框输入两种手段同时进行；作为设计成果的连续梁全桥模型与作为骨架的节段坐标系关联，当节段坐标系位置发生变化时，连续梁模型的空间位置和大小也同步发生变化。

该设计程序的操作流程如图 3-94 所示，使用其进行连续梁桥 BIM 设计时应遵循以下步骤。

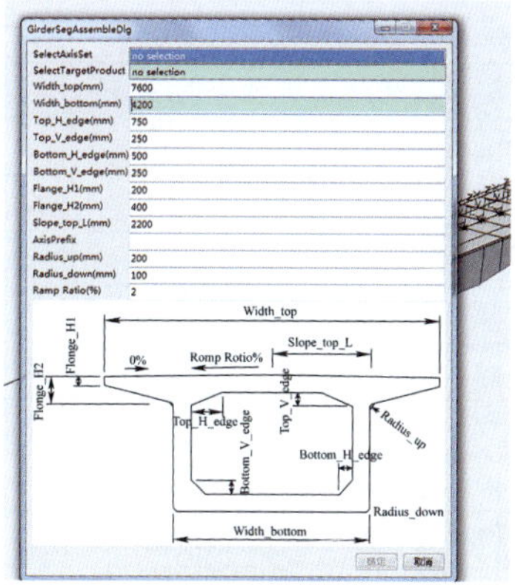

图 3-93　连续梁批量建模用户交互界面

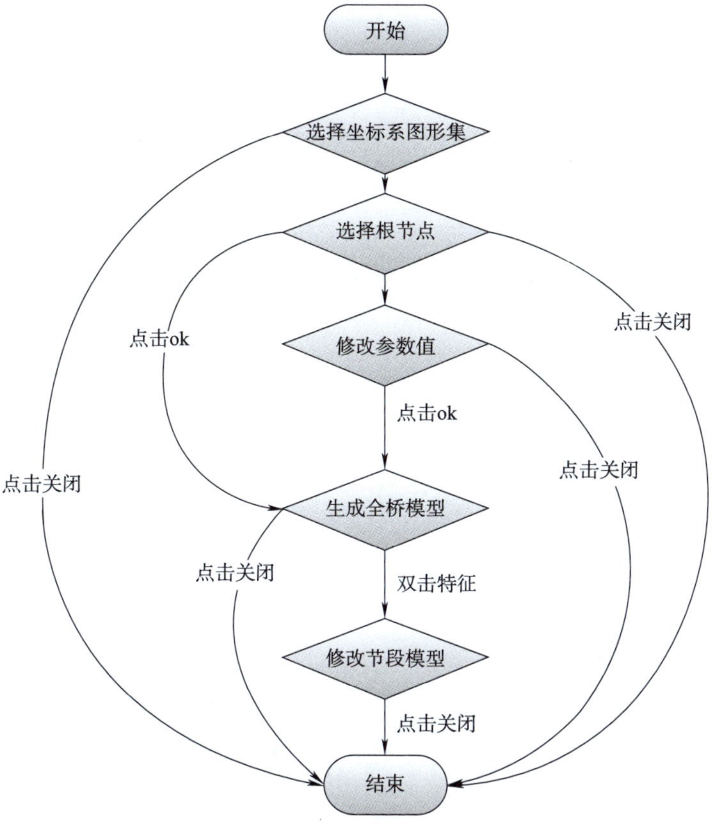

图 3-94　连续梁 BIM 设计操作流程

（1）设计准备工作

首先，按照下表所示的固定格式填充连续梁桥节段信息表格，见表 3-4，该表格存储了连续梁各节段的长度、顶底板厚度、梁高等参数。然后，BIM 软件读取连续梁节段信息表格中的数据，批量生成连续梁节段骨架。

表 3-4 连续梁节段信息表格

序号	节段长/mm	水平偏移/mm	类 型	顶板厚/mm	腹板厚/mm	顶板厚/mm	梁高/mm
1	7 600	2 300	1	340	500	440	2 804
2	2 000	2 300	3	340	500	440	2 804
3	3 500	2 300	5	340	500	440	2 807
4	3 500	2 300	5	340	500	448	2 856
5	3 500	2 300	5	340	500	464	2 968
6	3 500	2 300	5	340	700	490	3 143
7	3 500	2 300	5	340	700	526	3 382
8	3 500	2 300	5	340	700	571	3 684
9	3 000	2 300	5	340	700	626	4 049
10	3 000	2 300	5	340	700	681	4 413
11	2 500	2 300	7	340	900	743	4 825
12	3 000	2 300	5	600	1 100	1 000	5 204

(2)识别连续梁节段骨架及其建模数据

选择几何图形集后，程序会自动识别并读入存储在几何图形集内的骨架坐标系和节段信息表格。

(3)选择用于存储连续梁各节段模型结果的父级根节点

生成的连续梁节段模型将存储在该节点下。

(4)修改交互界面中的其他参数值

“其他参数值”包括断面尺寸参数，例如梁顶宽、底宽、横向排水坡坡率等，这些几何参数对于所有连续梁节段来说都是相同的，因此，可以在一个统一的界面中修改。

(5)生成连续梁全桥主体结构模型

程序调用 BIM 软件的三维建模算法，实现全桥批量模型，结果如图 3-95 所示。

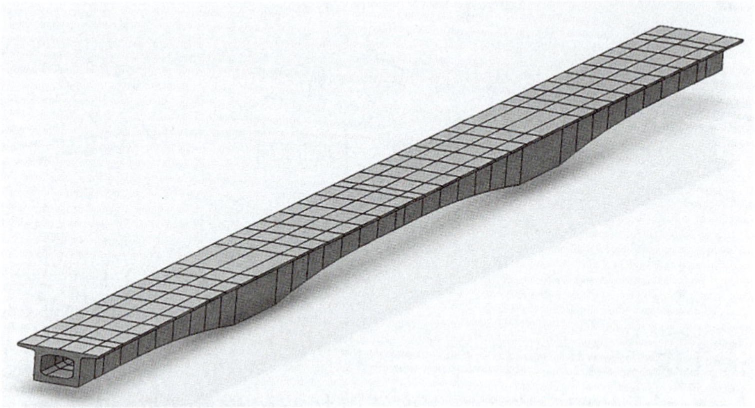

图 3-95 全桥三维 BIM 模型结果

(6)修改连续梁节段模型

在结构树中双击特征节点或者在模型窗口中双击模型，即可打开如图 3-96 所示的节段模型修改窗口，此窗口能够根据用户个性化需求修改节段尺寸参数和端部定位坐标系。

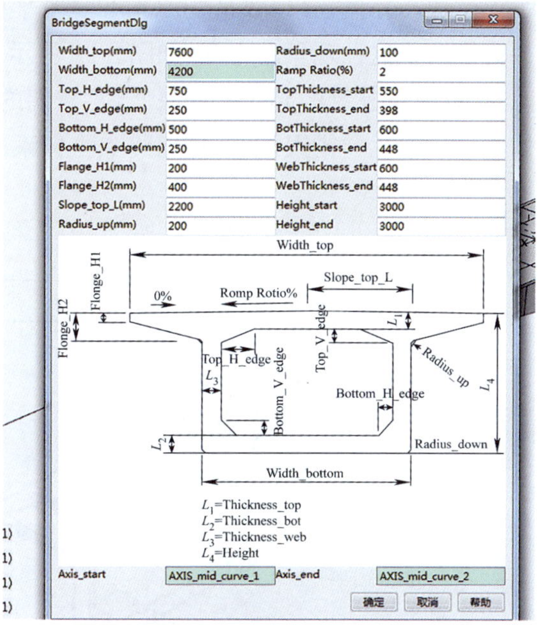

图 3-96　节段模型修改窗口

(7)附属结构设计

附属结构一般包括栏杆、支座、防护墙及电缆槽等。现阶段采用手动创建工程模板然后实例化的形式。模板实例化完成后，修改相关参数，即可完成附属结构的实例化工作，如图 3-97 所示。

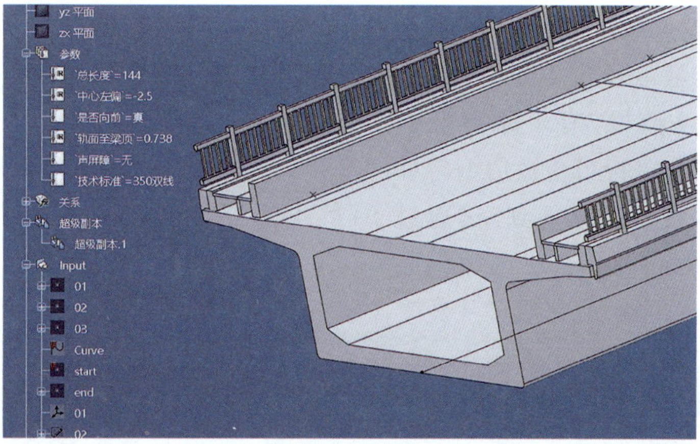

图 3-97　附属结构设计成果

2. BIM 二次开发程序技术原理

对于混凝土节段，在该节段长度范围内，线路是有平弯的，而节段的两个端面均竖直，也就是说对于起点坐标系和终点坐标系，y 轴在同一个平面内但不平行，z 轴均竖直向上。如果直接在这样两个坐标系上生成拓扑体，会导致某些原本在一个平面上的四个点出现翘曲而产生几何体生成错误。为了防止这种现象的出现，如图 3-98 所示，沿起、终点坐标系连线复制起点坐标系，对于起点坐标系和复制的起点坐标系来说，它们的 y 轴是平行的，基于这样两个坐标系生成拓扑体不会导致几何错误，最后使用终点坐标系的 xz 面切割此体，去除多余部分。

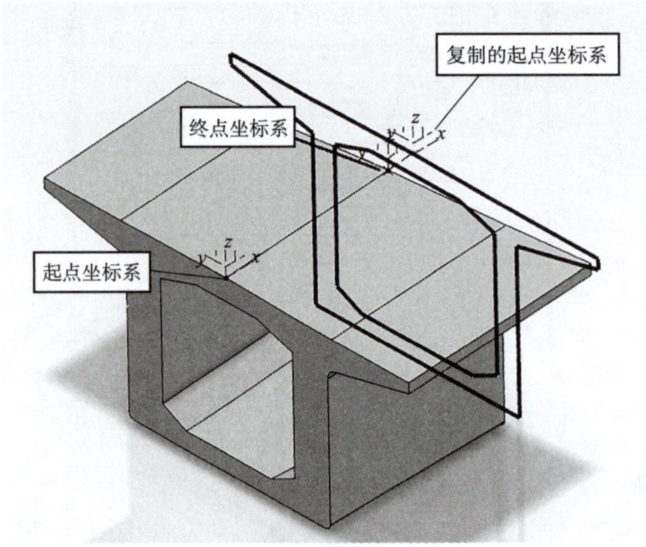

图 3-98 节段生成过程

以图 3-99 所示的单箱单室连续梁节段为例，介绍连续梁在几何拓扑层面的 BIM 建模原理。空心的连续梁截面由外圈和内圈组成，分别用 11 个关键点和 9 个关键点表示。坐标系原点和方向向量可通过 BIM 软件二次开发 API 中 CATmathAxis 类的 GetOrigin，GetDirections 方法获取，有了原点及方向，内外圈各关键点坐标可由数值型特征属性值经过简单数学运算得到，再通过 CATCGMCreateTopPoint xyz 函数生成拓扑点。经过这些步骤，就完成了从数学层到拓扑层的过渡，再通过拓扑点、线、面、体的逐层晋级生成最终拓扑形状。

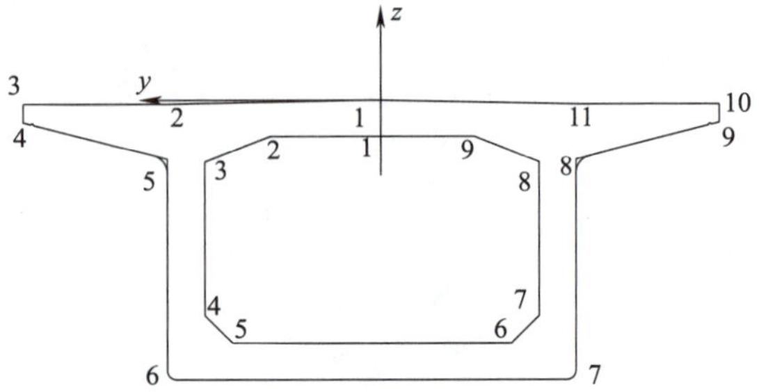

图 3-99 连续梁截面关键点

拓扑层内部操作多次用到达索

Topological Operator 功能，具体涉及的接口有 CATICGMPowerFill，CATICGMHybAssemble，CATICGMCloseOperator，CATICGMDynBoolean，CATICGMDynFillet，CATICGMDynSplit。这几个接口均派生于 CATICGMTopOperator，在使用过程中作为临时对象，当生成拓扑结果后再将这些接口释放。拓扑层内部操作过程如下：

①使用 CATCGMCreateTopLineFromPoints 函数，以拓扑点作为输入参数，分别将内圈、外圈相邻关键点连接成线，分别将内圈、外圈具有相同编号的起、终坐标系关键点连接成线；

②使用 CATICGMPowerFill 接口，以步骤①生成的线作为输入参数，将相邻四个首尾相接的线所围空间填充成面；

③使用 CATICGMHybAssemble 接口，以步骤②生成的面作为输入参数，分别将位于外圈和内圈的离散面结合成整体；

④使用 CATICGMCloseOperator 接口，以步骤③生成的结合后的面作为输入参数，分别通过外圈面和内圈面所限制的空间范围生成拓扑体；

⑤使用 CATICGMDynBoolean 接口，将步骤④生成的外圈体和内圈体进行布尔相减运算，扣除连续梁内部空心部分；

⑥使用 GetEdgeFromEndPositions 函数，通过端点位置获取连续梁节段中需要倒角的边(CATEdge)，使用 CATICGMDynFillet 接口执行倒角操作；

⑦使用 CATICGMDynSplit 接口，以终点坐标系的 yz 平面和步骤⑥生成的拓扑体为输入参数进行切割，去掉终点坐标系和复制的起点坐标系之间的部分，形成最终拓扑体。

3.4.4　墩台设计

为了实现桥墩 BIM 设计，首先将桥墩一级模板分解为离散于数据库中的二级模板，再使用 BIM 二次开发的桥墩批量建模程序，根据桥墩模板的几个属性值从数据库中检索出所需二级模板，放置于对应的骨架坐标系，从而快速建立全桥桥墩 BIM 模型。

1. 生成桥墩一级模板

对于高速铁路项目来说，沿线要经历各种不同的地质环境和风环境情况，上部结构形式也多种多样，桥墩设计需要考虑这些外部条件的差异。同时，当这些外部条件固定时，由于桥墩受力特点随墩高变化由量变发生质变，不同高度范围的桥墩其几何形式也有所不同。

将具有相同几何规律的桥墩归纳为一类一级模板，充分运用多种参数化设计手段，考虑不等高顶帽、墩身结构形式复杂变化等技术细节，创建具备高度通用性的桥墩模板。

如图 3-100 所示，桥墩骨架是位于墩顶的空间坐标系，该坐标系 x 轴指向纵桥向，z 轴竖直向上，建模过程中的定位平面、辅助草图均依托本坐标系实现。桥墩模板包含了墩高、纵横向偏移、混凝土等级等众多参数，这些参数控制了几何建模的关键数据，实现参数驱动的复杂几何造型功能。

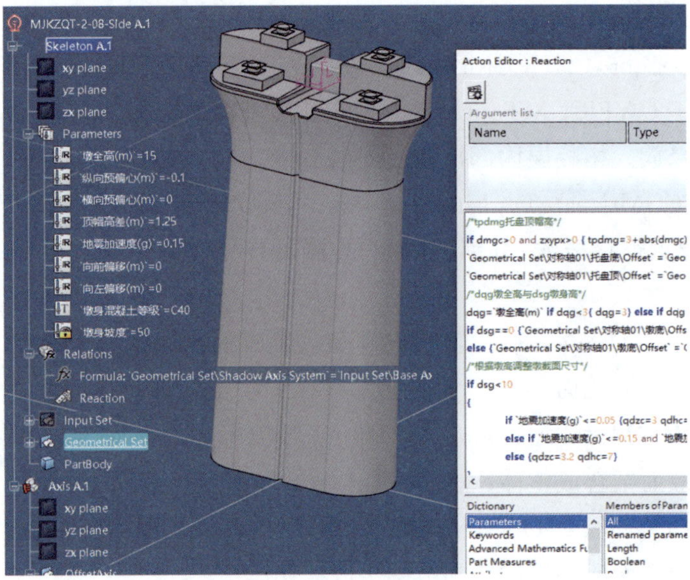

图 3-100　不等高顶帽桥墩建模

如图 3-101 所示，支座垫石平面尺寸在草图中定义，当参数取值在不同的范围时，垫石尺寸发生变化，在 BIM 软件的脚本语言编辑工具中，可以调用草图中的尺寸参数，使用选择语句实现尺寸的动态变化。

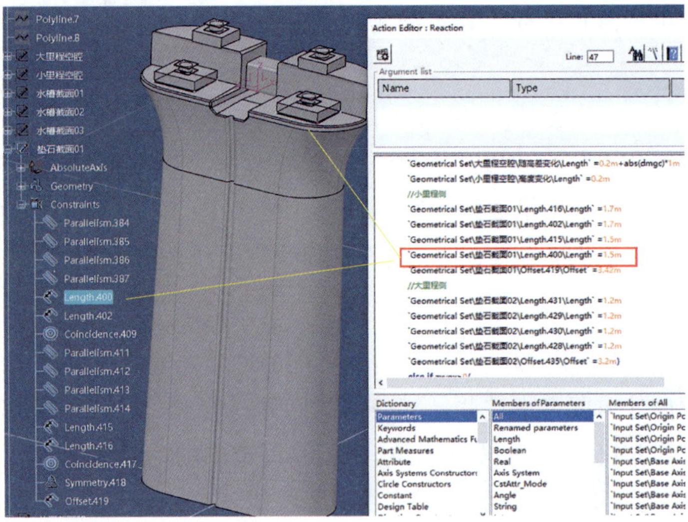

图 3-101　Reaction 知识工程工具对草图尺寸参数的控制

混凝土体积与材料等级是桥梁设计及工程数量统计过程中的重要参数，这些参数在 IFC 属性中体现，混凝土等级是字符串类型参数，混凝土体积需要通过三维几何拓扑体积计算实现，调用 BIM 软件有关 API 函数完成 IFC 属性赋值，开发界面如图 3-102 和图 3-103 所示。

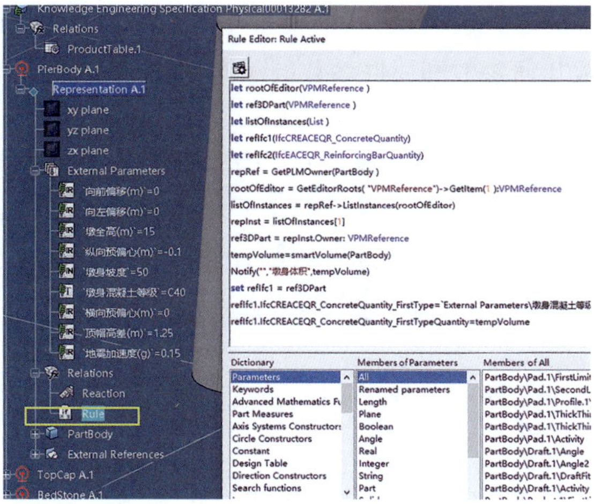

图 3-102　桥墩一级模板混凝土体积、等级 IFC 属性赋值

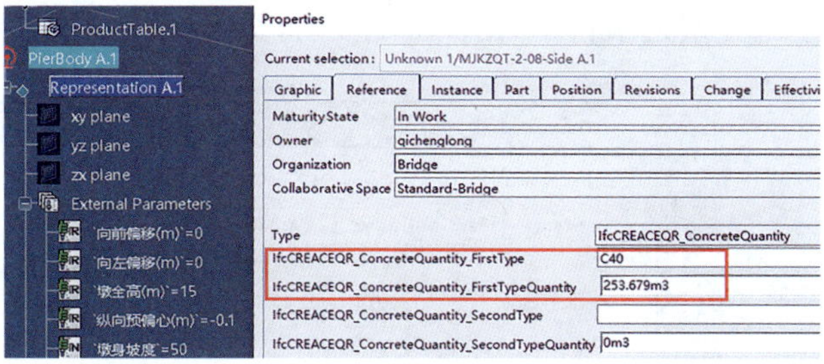

图 3-103　成功赋值后的混凝土等级、体积属性

2. 生成桥墩二级模板

如图 3-104 所示，使用表格数据对一级模板的图号、抗震等级、墩全高等属性及其他几何参数赋值，从而生成离散分布于数据库中的众多桥墩二级模板。

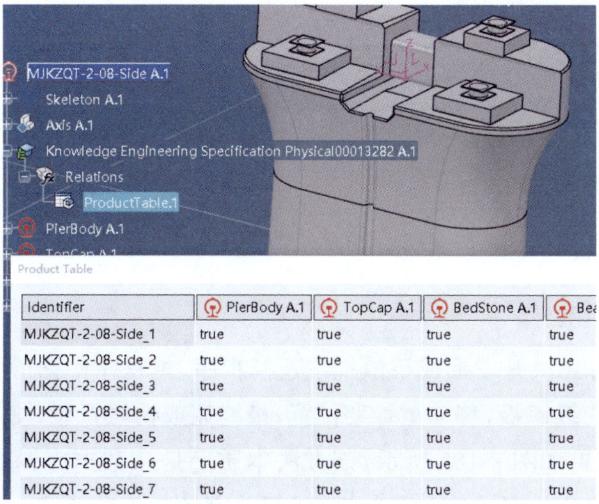

图 3-104　桥墩一级模板中的数据表格内容

使用 BIM 软件进行桥墩一级模板分解，批量生成与数据表格行数相同的桥墩二级模板，同时完成了二级模板几何参数和属性参数的赋值，如图 3-105 所示。

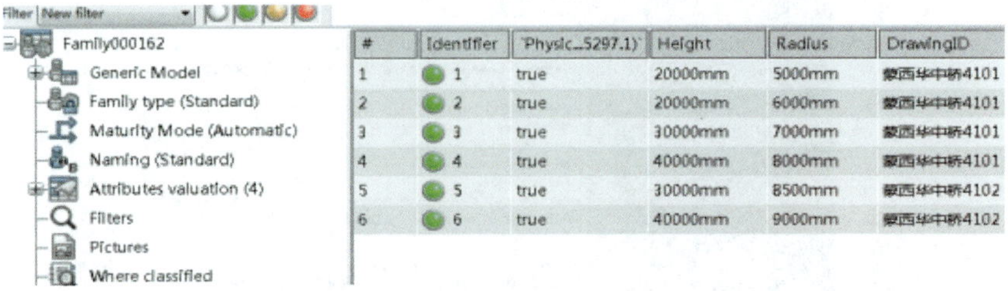

图 3-105　桥墩一级模板分解

生成的桥墩二级模板属性界面如图 3-106 所示。其中，specCAApierheight，specCAAvisionnum，specCAApierdescription 是为 SpecCAAPier 类添加的用于桥墩 BIM 设计的属性，这些属性的类型是字符串，由图 3-106 可以看出，均已成功赋值。

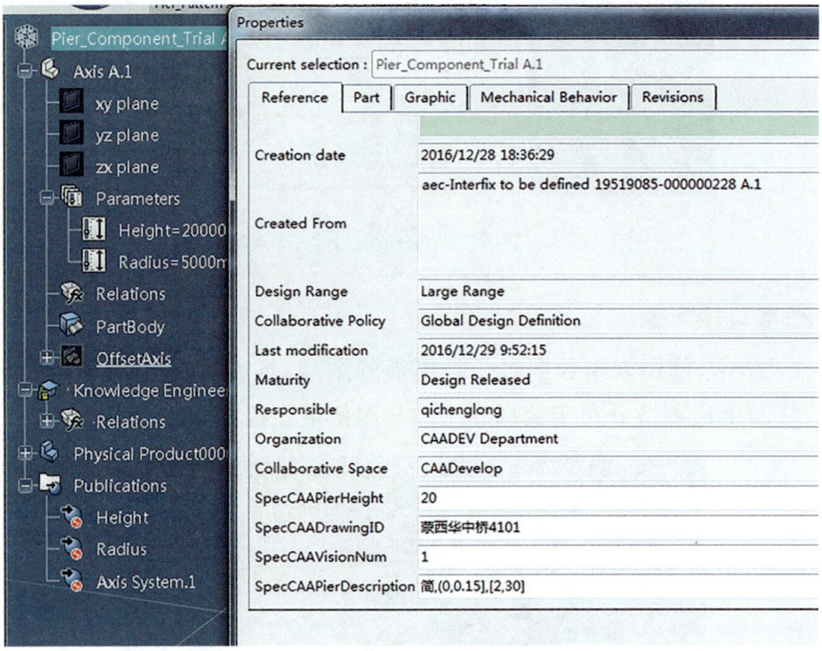

图 3-106　桥墩二级模板属性界面

3. 桥墩批量 BIM 建模

对 BIM 软件进行二次开发形成桥墩批量建模程序，本程序根据桥墩设计表格中的属性值，从数据库中检索二级模板，移动至骨架位置，最终完成桥墩批量建模。

桥墩批量建模结果如图 3-107 所示，该方法本质上是从数据库调取模型实例并改变实例空间位置，不存在真正消耗内存的几何造型过程，因此效率非常高。

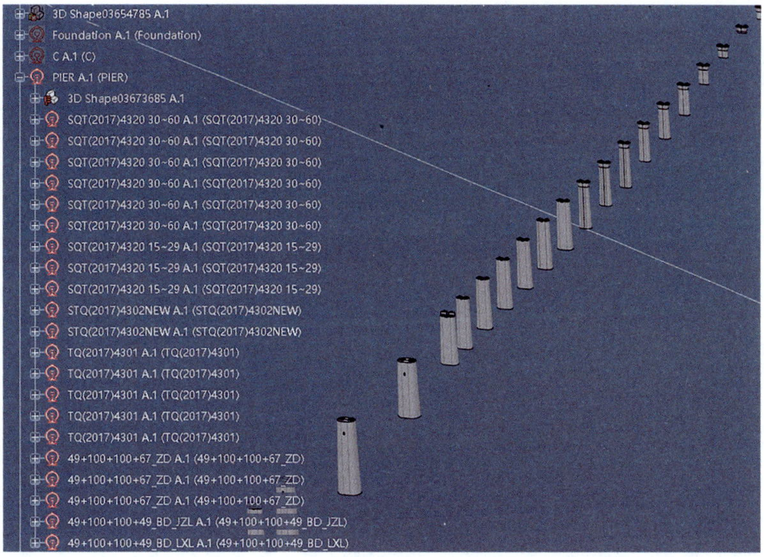

图 3-107 桥墩批量 BIM 建模结果

4. 桥台设计

创建桥台 BIM 模型，并对关键设计数据进行参数化，封装为如图 3-108 所示的桥台 BIM 模板，将图 3-108 模板在桥台骨架上实例化，完成 BIM 设计。

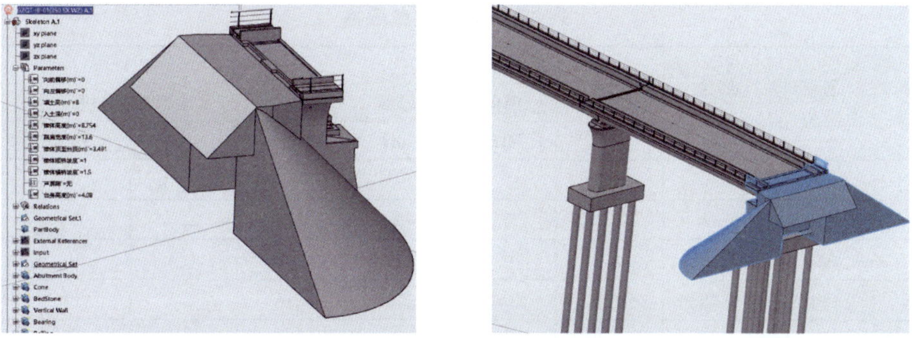

图 3-108 桥台 BIM 模板及其设计成果

3.4.5 基础设计

基于 BIM 软件二次开发，形成桥梁基础设计程序，界面如图 3-109 所示。该人机交互的基础设计工具具备以下特点：设计功能嵌入到通用 BIM 平台中；设计参数采用表格输入的手段；程序在批量创建基础模型的同时，自动为 IFC 属性赋值；承台和桩分别作为用户定义特征组合成最终的基础模型，用户可手动修改这些特征结果；用户手动修改承台和桩特征后，程序可根据最终特征结果输出数据表格供模型审核所用，并更新 IFC 属性值。

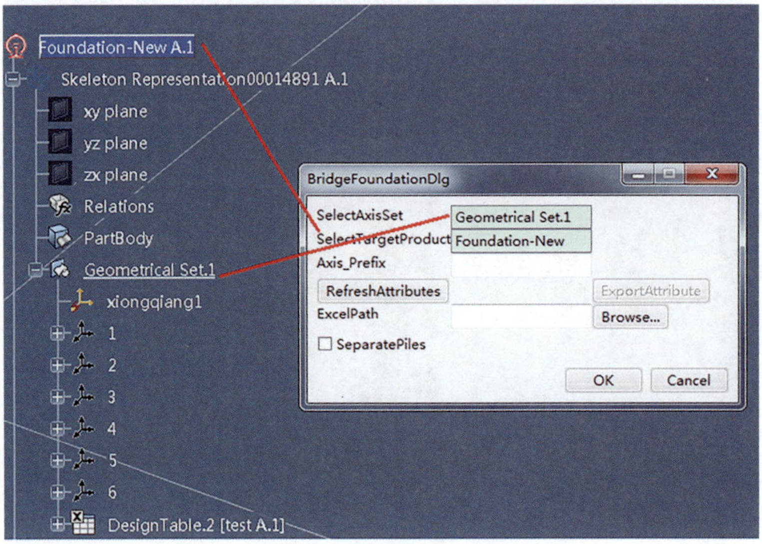

图 3-109 全桥基础设计用户交互界面

1. 设计准备工作

按照表 3-5 的格式填充基础信息(以第 1 层基础和桩 1 为例),该表格存储了承台和桩基在结构尺寸、空间位置及混凝土等级方面的参数,并准备好桥梁基础骨架设计成果。

表 3-5 基础信息表格

项目	基础类型	加台放坡	第 1 层基础尺寸/m			桩 1/m			
			纵向	横向	厚度	*x* 坐标	*y* 坐标	桩径	桩长
			A1	B1	hh1	x_1	y_1	DP	HP
台尾	C40	C35							
胸墙	C40	C35	7	10.4	2	2.5	1.4	1	14
1	C40	C35	4.8	10.4	2	1.4	1.4	1	17
2	C40	C35	6.8	10.4	2.2	2.4	1.4	1	27
3	C40	C35	6.8	10.4	2	2.4	1.4	1	20
4	C40	C35	7.6	11	2.2	2.8	1.5	1	24
5	C40	C35	8.3	12.5	2.5	3	1.7	1.25	29.5
6	C40	C35	8.3	12.5	2.5	3	1.7	1.25	28
7	C40	C35	9.5	13.1	2.5	3.6	1.8	1.25	24.5
8	C40	C35	9.5	13.1	2.5	3.6	1.8	1.25	19
9	C40	C35	8.3	12.5	2.5	3	1.7	1.25	23
10	C40	C35	8.3	12.5	2.5	3	1.7	1.25	21
11	C40	C35	7.6	11	2.2	2.8	1.5	1	19.5
12	C40	C35	6.8	10.4	2	2.4	1.4	1	20

2. 选择用于存储基础骨架的几何图形集

选择几何图形集后，程序会自动识别并读入存储在几何图形集内的骨架坐标系和基础信息表格。

3. 在工程树型组织结构中选择用于存储各基础设计成果的根节点

生成的桥墩基础 BIM 模型将添加在该节点下。

4. 生成全桥基础模型

当上述所有必需步骤均完成时，运行本程序，生成全桥基础 BIM 模型，如图 3-110 所示。

图 3-110　全桥基础 BIM 模型

5. 修改基础模型

双击承台或桩基模型后，分别打开图 3-111 和图 3-112 所示的特征修改用户交互窗口。在承台特征交互窗口，用户可以增加、删除、修改一层承台的数据，或者修改承台混凝土等级；在桩基特征交互窗口，用户可增加或删除某根桩数据，也可修改桩混凝土等级以及桩长。

6. 基础属性批量修改及基础模型审核数据输出

承台和桩基的部分 IFC 属性如图 3-113 所示，当用户手动交互式完成这两种基础构件修改后，BIM 属性值无法自动更新。为达到此目的，当用户完成全桥所有基础交互式修改后，在用户界面点击 refresh attributes 按钮，所有零件的 IFC 属性值即根据最新的特征交互式修改结果自动更新。输出 excel 表格形式的模型审核数据，见表 3-6。

模型审核数据表格存储了基础尺寸、位置、混凝土等级数据，可用于 BIM 建模结果审核。

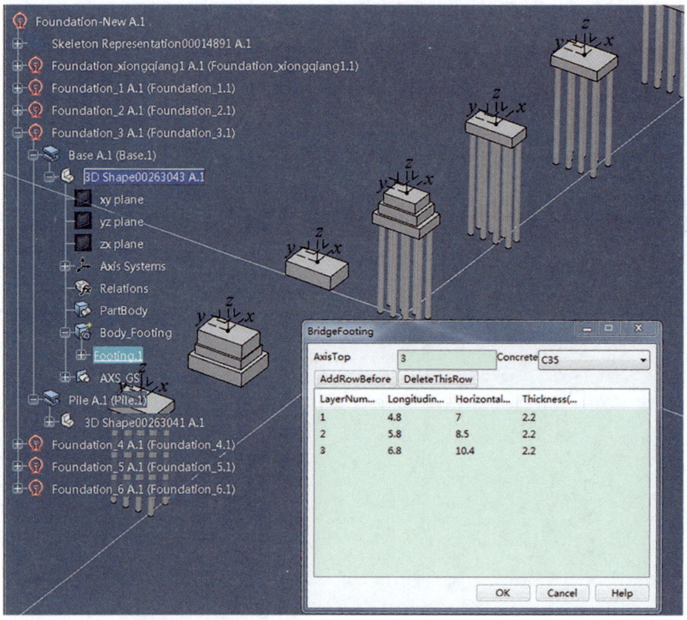

图 3-111　承台特征修改界面

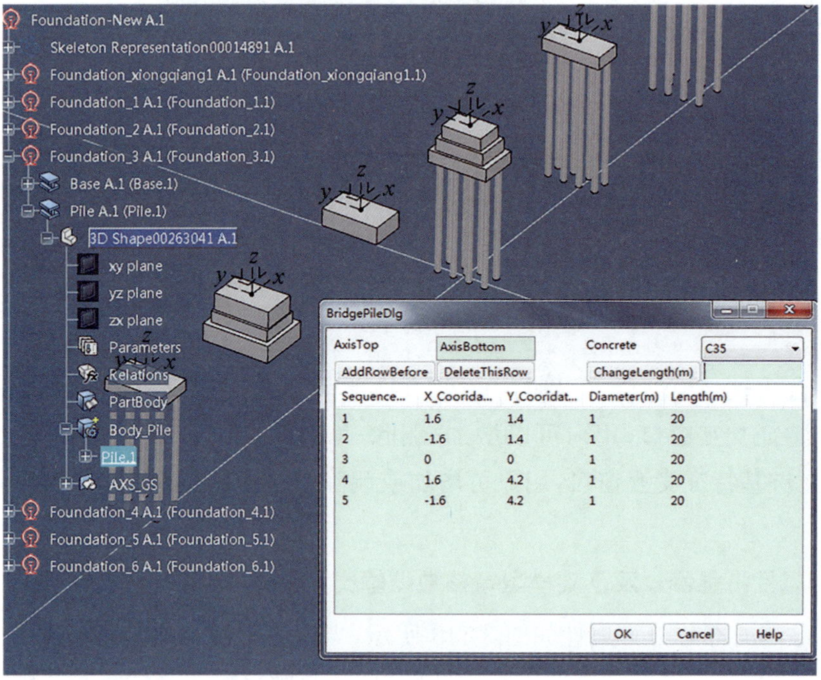

图 3-112　桩特征修改界面

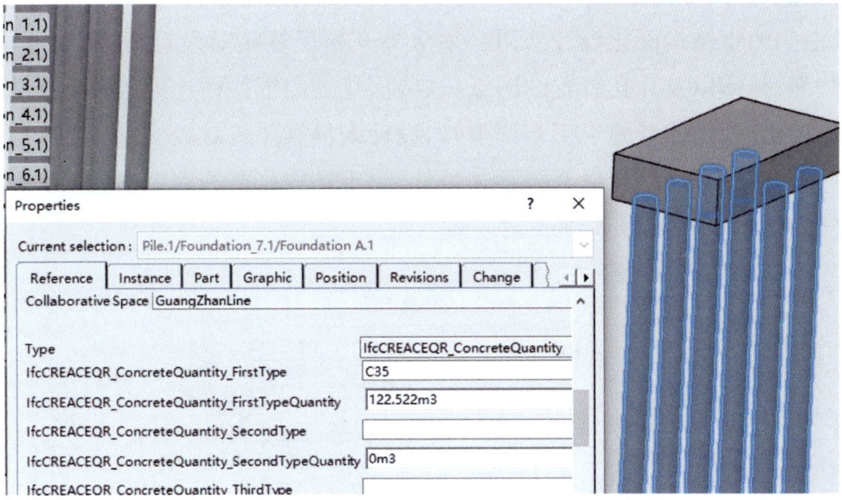

图 3-113　承台和桩基零件 IFC 属性

表 3-6　输出的模型审核数据表格

墩台号	承台混凝土	桩混凝土	第 1 层基础尺寸/m			桩 1/m			
			纵向	横向	厚度	x 坐标	y 坐标	桩径	桩长
			A1	B1	hh1	x_1	y_1	DP	HP
基础_0	C30	C40	7	10.4	2	2.5	1.4	1	20.5
基础_1	C30		6	10	3				
基础_2	C35		6	10	3				
基础_3	C30	C40	4.8	10.4	2.2	1.4	1.4	1	15
基础_4	C40	C35	4.8	10.4	2.2	1.4	1.4	1	22.5
基础_5	C30	C40	7	10.4	2.2	2.5	1.4	1	21.5
基础_6	C35	C30	7	10.4	2.2	2.5	1.4	1	19

3.4.6　钢结构桥梁设计

1. 钢结构桥梁 BIM 设计优势分析

(1)钢结构桥梁设计存在的问题

虽然钢结构在我国桥梁中的应用范围越来越广，钢结构承包商、制造商或者专门的钢结构深化设计公司依靠 AutoCAD 等技术手段在一定程度上提高了钢结构桥梁的深化设计水平，但是仍存在着不可忽视的问题。

传统钢结构深化设计流程如图 3-114 所示，该流程本质上是施工图设计单位将问题推卸到深化设计阶段的一种行为。

在我国，钢结构的深化工作通常都由钢结构承包商、制造商或者专门的钢结构深化设计公司来进行。这时,尺寸的精度和正确性的责任就转嫁给了他们。也就使得钢结构承包商、制造商或者专门的钢结构深化设计公司必须从头开始反复核对设计意图,绘制出能够清晰反映尺寸、截面、材质以及开孔位置的图纸,这些深化的图纸往往达到数百上千张,工作量很大。且在遇到设计变更或者施工工艺调整时,设计人员需要核对较多设计图纸,不仅工作量巨大,效率低下,而且容易出现遗漏问题。另外,对于结构复杂的钢结构桥梁,一些空间异形零构件往往很难用 AutoCAD 明确表达。

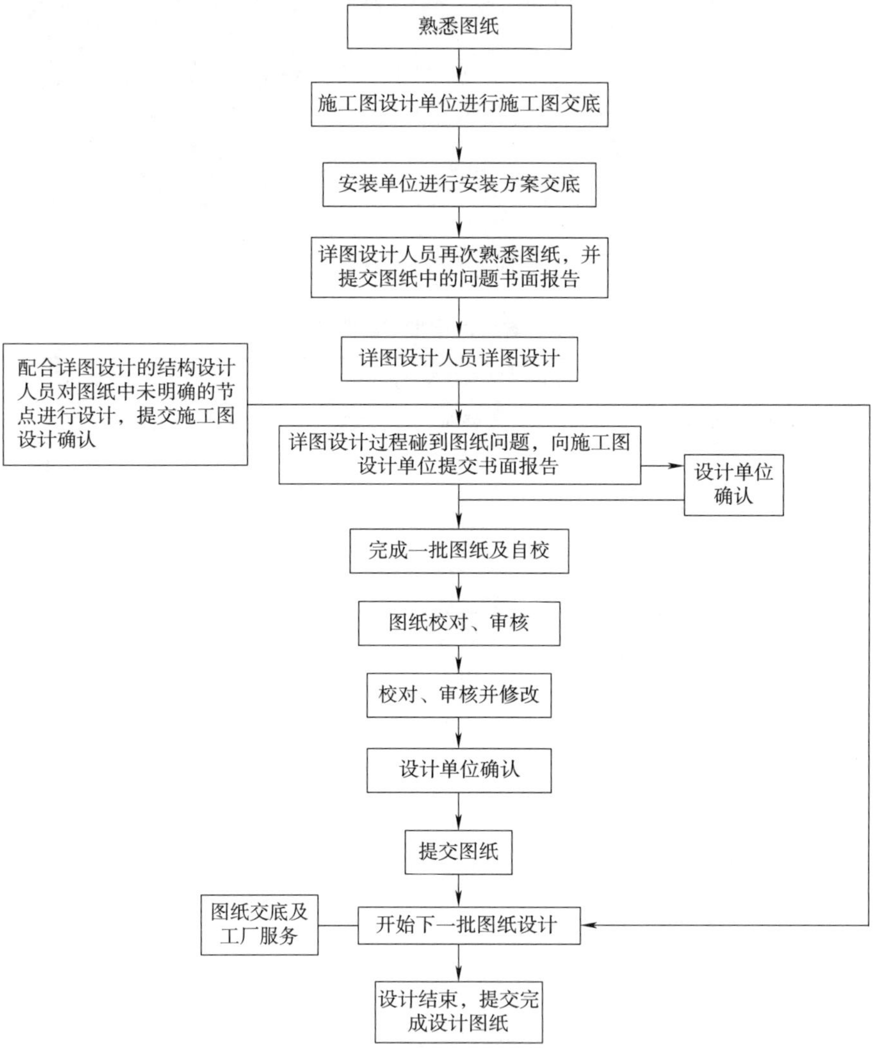

图 3-114 传统钢结构深化设计流程

(2)BIM 技术在钢结构桥梁项目中的应用优势

现阶段,钢结构桥梁存在的诸多亟待解决的问题已经制约了钢结构桥梁的发展,可充分利用 BIM 技术的诸多优势,突破上述瓶颈。现将 BIM 技术在钢结构桥梁设计方面的应用优势整理如下。

①有助于节点精细设计，提升设计质量。

钢结构桥梁连接节点设计通常最复杂，很大程度上决定了钢结构桥梁的安全性和稳定性，不合理的细节设计，会使得结构处于应力集中的状态。若是钢结构桥梁出现应力累积现象，随着时间的推移，在疲劳荷载的影响下，这些容易被忽视的小病害会越来越加重，造成疲劳应力不断加大，达到一定数值之后，就有可能出现严重的事故。另外，钢结构桥梁构件多、技术复杂、制作工艺要求严格，而精准的加工图纸则是保证零件正确加工和安装的基础。

BIM 技术自带参数化节点库、支持自定义批量操作，可以提高设计效率；其可视化节点设计工作方式，使得设计不留视角死角和操作死角，方便焊接；同时，设计人员在节点设计时可充分考虑施工组织、协同设计；基于 BIM 技术建立的细节化模型可以从设计阶段直接传递到加工制造甚至施工安装阶段，对于设计到制造及集成项目交付具有较高的实用价值，大大节省人力、物力和财力。

②工程信息数字化集成，管理方式高效。

通过建立精准的 BIM 信息化模型，在设计阶段，设计人员可实现对桥梁三维可视化模型中的工程信息进行数字化集成，如快捷高效统计工程量、智能批量输出图纸、以及对构件空间位置进行碰撞检查；在现场安装阶段，BIM 模型及其应用平台可以汇集业主、承包商、制作加工厂等多方的信息，项目各参与方共享信息、协同作业，实现工程信息的高度集成和共享，形成高度集成的管理模式，提升管理水平，提高工作效率，增加项目收益。同时，高度集成的管理模式贯穿钢结构桥梁的全工程生命周期，可简化信息传递的过程，有助于大幅度减少设计与施工间协作的耗能。

2. 钢结构桥梁 BIM 设计技术

(1)骨架设计

在全桥骨架设计过程中，同时发挥了 BIM 技术专业间和专业内协同的优势，以空间三维线位作为输入条件，使用 BIM 软件的参数化脚本编辑功能，依次循环读取表格中存储的桥梁构件定位数据，批量生成空间坐标系，完成骨架建模。桥梁工程师将以此骨架为输入条件实例化各类钢结构模板，完成全桥 BIM 设计。

如图 3-115 所示，对于具有竖弯线型的钢桥，为了保证钢板厚度顺畅过渡，相邻节段的分界面不是竖直的，而是相邻节段顶缘面的角平分面，这样才能保证相同厚度钢板被此面分隔后的交界尺寸相等，也就不会出现板件相错的情况。

钢箱梁骨架坐标系的 yz 平面即是相邻钢箱节段的分界面，为了使钢箱梁骨架坐标系符合上述相邻节段分界面的空间位置要求，使用空间解析几何的方法，以 $\boldsymbol{v}_1,\boldsymbol{v}_2,\boldsymbol{v}_3$ 向量为输入条件，使用下式作为钢箱梁骨架坐标系转换矩阵：

$$W_{L1}=\{v_{L1x},v_{L1y},v_{L1z}\}=((\boldsymbol{v}_1+\boldsymbol{v}_2)\times\boldsymbol{v}_3\times(\boldsymbol{v}_1+\boldsymbol{v}_2),(\boldsymbol{v}_1+\boldsymbol{v}_2)\times\boldsymbol{v}_3,\boldsymbol{v}_1+\boldsymbol{v}_2)$$

$\boldsymbol{v}_1$、$\boldsymbol{v}_2$ 向量是通过节段顶点连线生成，$\boldsymbol{v}_3$ 是已知的水平向量，因此，使用节段端点空间坐标数据，借助该骨架坐标系转换矩阵，能生成足以保证相邻钢板厚度均匀过渡的骨架定位坐标系。根据本规则批量生成的钢箱骨架坐标系如图 3-115 所示。

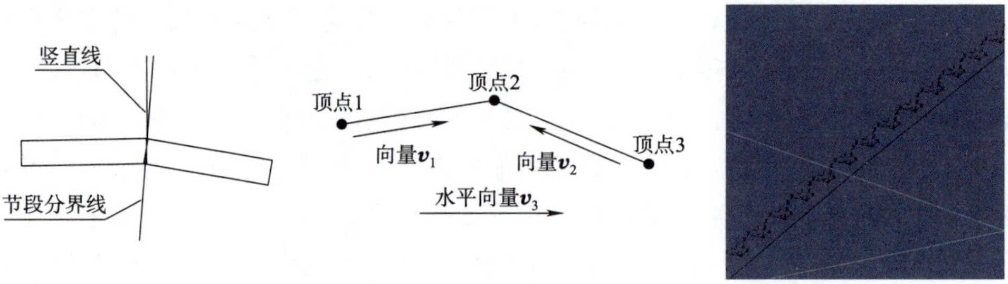

图 3-115　钢箱梁骨架设计

（2）钢箱梁设计

钢箱梁节段模型采用达索软件的钢结构模块建立。达索钢结构模块原本为造船行业量身定做，由于行业的相似性，也可用于钢结构桥梁的 BIM 设计。使用该模块开展钢结构 BIM 设计遵循 SFD-SDD 的基本步骤。所谓“SFD”与“SDD”是达索的两个钢结构设计子模块，前者用于钢结构的初步设计，生成不显示厚度的板件，所有板件以特征（feature）的形式存储于一个零件（part）当中，占用内存较少；后者用于钢结构的详细设计，所生成的每个板件都是一个单独的零件。

SFD 模型转化为 SDD 形式后，既能够在 SDD 上执行 SFD 无法实现的功能，也能对 SFD 上已执行的功能进行修改，从而达到详细设计的目的。

图 3-116 显示了钢箱梁某位置 SFD 和 SDD 两阶段设计的模型（左侧为 SFD，右侧为 SDD）。可以看出，SFD 模型只包含板件的位置信息，U 型加劲肋的截面也仅仅以轮廓代表。经过 SDD 阶段的详细设计以后，实现了板件的角部位置切割及加劲肋对横隔板的穿孔操作，同时，板件的实际厚度及加劲肋的实际截面也得以显示。

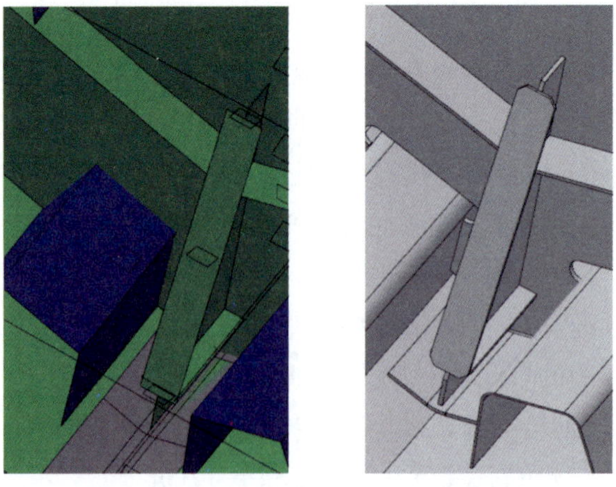

图 3-116　钢箱梁某位置的 SFD 及 SDD 模型

图 3-117 所示为使用 SFD 子模块创建的钢箱梁初步设计模型，每一个构件以特征形式存储，板件不显示厚度，并省略其他一些细节处理操作，占用内存较小，能够适应初步设计阶段频繁变更的情况。图 3-118 所示为使用 SDD 子模块创建的钢箱梁详细设计模型，完整包含了所有设计细节，占用较大内存，适用于局部范围内存在变更的详细设计阶段。

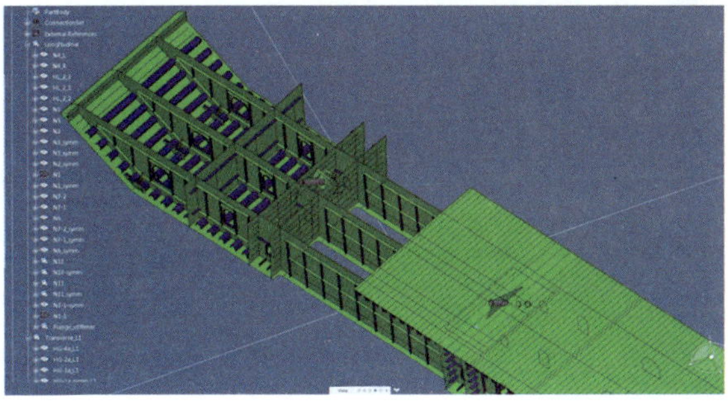

图 3-117　钢箱梁初步设计模型

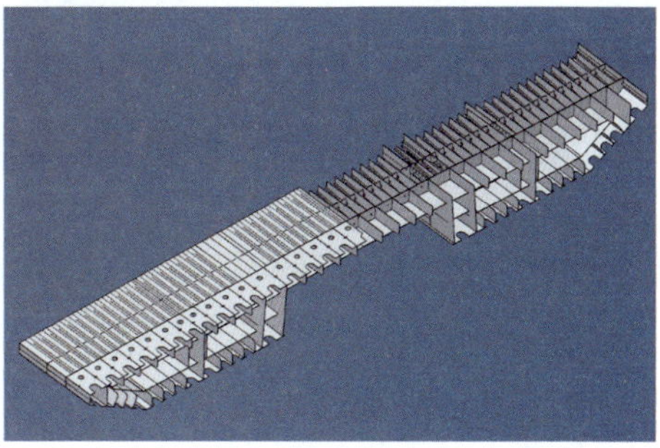

图 3-118　钢箱梁详细设计模型

根据几何特点及重用性，将全桥钢箱梁节段分为标准节段、钢混结合段等多种类型。工程师依次使用初步设计、详细设计模块创建这几种类型的节段模板并存储于模板库，使用 BIM 软件的模板实例化功能，读取设计表格，从模板库选择不同类型的钢箱节段模板实例化到相应的骨架位置，完成全桥钢箱梁 BIM 设计。

根据几何特点及重用性，将全桥钢箱梁节段分为标准节段、钢混结合段等 8 个节段模板（Engineering Template），分别是：结合段，M1，标准段，M26，M27，M28，M29，M31，如图 3-119 所示。这些模板依据是否有钢锚箱分为两种类型，对于没有钢锚箱的节段，模板的输入元素为位于两个端点的局部坐标系；对于有钢锚箱的节段，除了位于两个端点的局部坐标系，表征拉索方向的直线也是输入元素，这是因为拉索方向对钢锚箱内板件的尺寸及布置有影响。

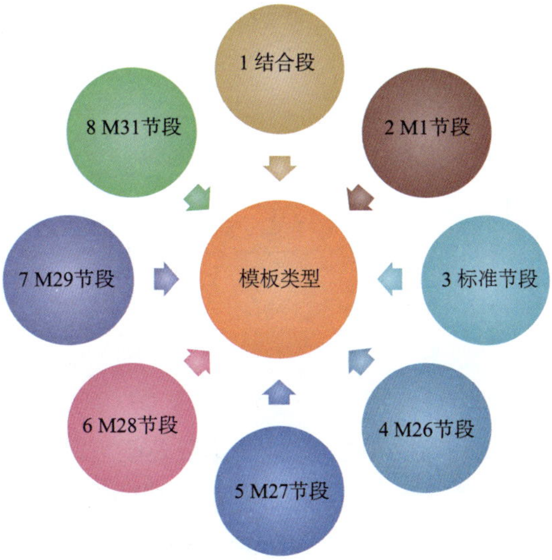

图 3-119　钢箱梁模板类型

将一些具有可变性的参数开放，如某些板件厚度、钢管直径等，从而实现箱梁节段模板的参数化。

箱梁节段的实例化通过达索软件 Action 操作完成，将存储节段信息的表格放置于 resource table 当中（表 3-7），这些信息包括节段长度、模板类型、水平偏移值、拉索编号及节段模板开放出来的其他尺寸参数等。

表 3-7　钢箱梁节段信息表格

节段号	节段长度/mm	水平偏移/mm	节段名称	节段类型	拉索号	参数 1/mm	参数 i/mm
1	10 550	2 200	M31	8			…
2	9 000	2 200	M30	7			…
⋮	⋮	⋮	⋮	⋮			…
7	9 000	2 200	M25	3	26	1 500	…
8	9 000	2 200	M24	3	25	1 500	…
9	9 000	2 200	M23	3	24	1 500	…

编写 EKL 语言的循环程序，从第一行开始依次按行搜索表格内容，根据表格第五列“Segment type”中的模板类型信息从数据库中调用与之匹配的工程模板，当表格第七列“Cable_number”内没有数值时，说明该节段没有钢锚箱，否则根据该列数值调取相应的表征拉索方向的直线作为输入元素。最后，将钢箱梁节段定位坐标系作为输入元素，实现节段定位，完成实例化。具体流程如图 3-120 所示。

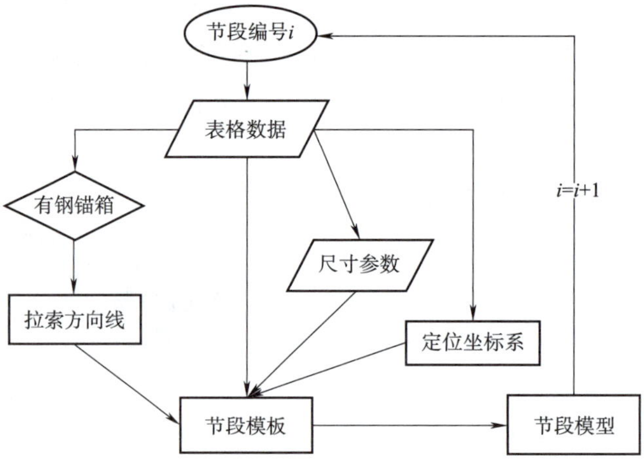

图 3-120　钢箱梁节段实例化流程

(3)节点精细化设计

基于 BIM 技术建立的细节模型可以从设计阶段直接传递到加工制造、施工安装阶段，甚至运维管理中，对于设计到制造及集成项目交付具有较高的实用价值，节省人力、物力和财力。

BIM 建筑信息模型具有所见即所得的特点，能够直观地模拟、展现拟建工程全部零件，给设计人员提供最为直观便捷的设计途径和工作平台，方便设计人员在设计过程中进行沟通、讨论和做出决定。与传统的二维平面设计相比，在 BIM 软件中进行节点设计，能够立足于三维模型，基于网络协作平台，实时自动更新各专业设计变更及相关的数据信息，快捷切换设计视图，充分利用 BIM 技术可视化优势，方便设计人员直观地全方位观察节点，及时发现并修正节点设计中的不合理之处，如明显的碰撞之处和焊接死角等。

为解决复杂节点的问题，基于 BIM 二次开发，形成三维钢结构智能节点处理的程序。对全桥所有节点进行统计分析，将典型的节点连接方式归纳为：L 形、K 形、双 K 形、X 形、T 形、三形、六形等，如图 3-121 所示。

图 3-121　常用节点类型

利用钢结构三维智能节点处理程序开发成果，通过用户交互点选杆件，软件自动判断几根杆件之间的几何和拓扑关系并判断出节点连接的类型，通过预设的节点板尺寸，快速生成节点板构造，如果发现节点板尺寸不满足要求，可更改参数值，重新生成，由此可快速完成全桥的所有钢节点，简单高效，大大节约了设计时间，如图 3-122 和图 3-123 所示。

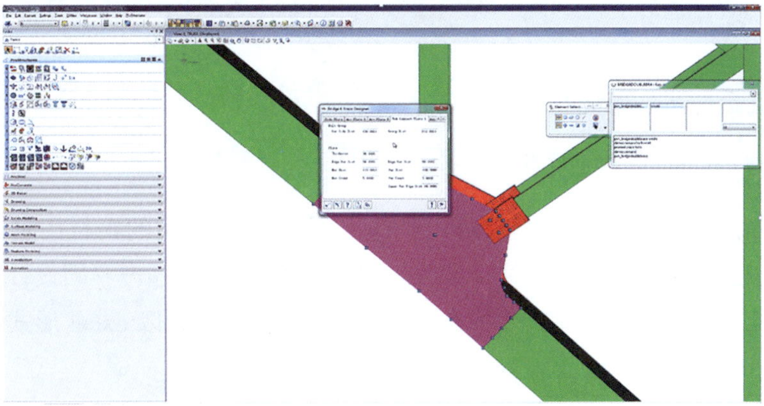

图 3-122　钢结构三维智能节点处理程序交互界面

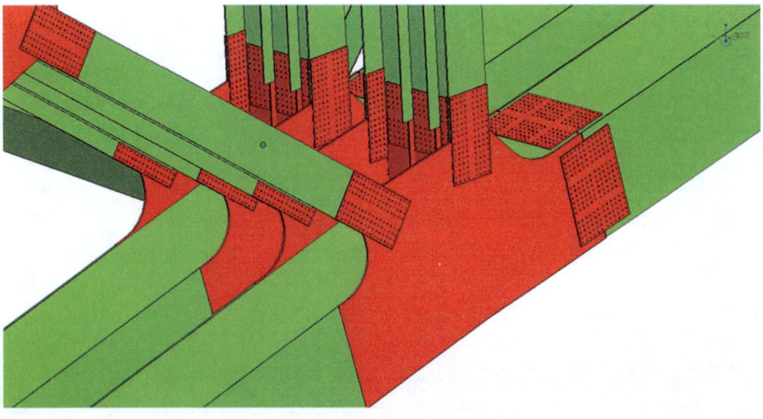

图 3-123　钢结构节点处理效果

(4)用钢量统计

钢结构桥梁 BIM 设计成果中,每一种钢结构构件都包含有材料信息及几何信息,与面向对象程序开发语言中类和属性的关系相似,每一种构件作为一个类,材料和几何信息是这个类的属性,每一个具体的钢结构构件就是类实例化出来的对象。如图 3-124 所示,BIM 软件向用户提供了个性化编制钢结构工程数量报表的方法,用户可以选择需要统计的钢结构构件类型以及其属性,同时,用户还能自定义输出报表的格式,从而实现用钢量统计。

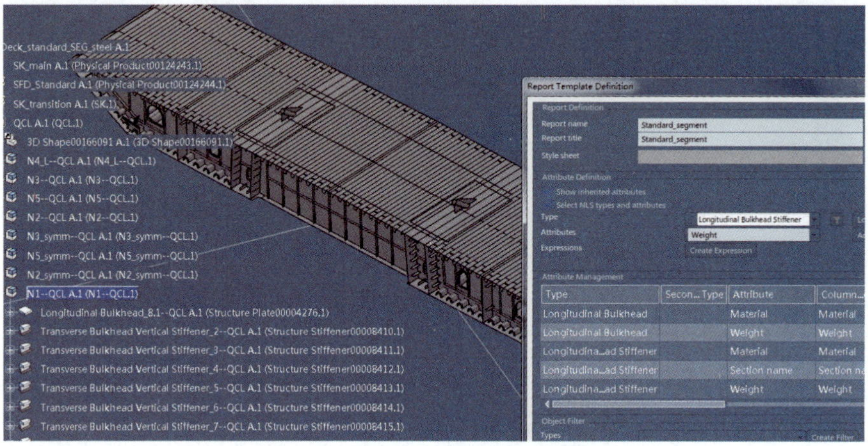

图 3-124 个性化钢结构工程数量报表定义

同一个钢结构工程数量报表模板可用于输出不同 BIM 模型的钢材用量,因此,当钢结构设计结果发生变化时,使用相同的工程数量报表模板,能自动输出不同设计阶段的工程数量表。与传统二维设计手段相比,效率有很大提升。图 3-125 为以 excel 形式体现出来的统计结果,表格中包含钢板厚度、结构材料及钢材重量等内容。

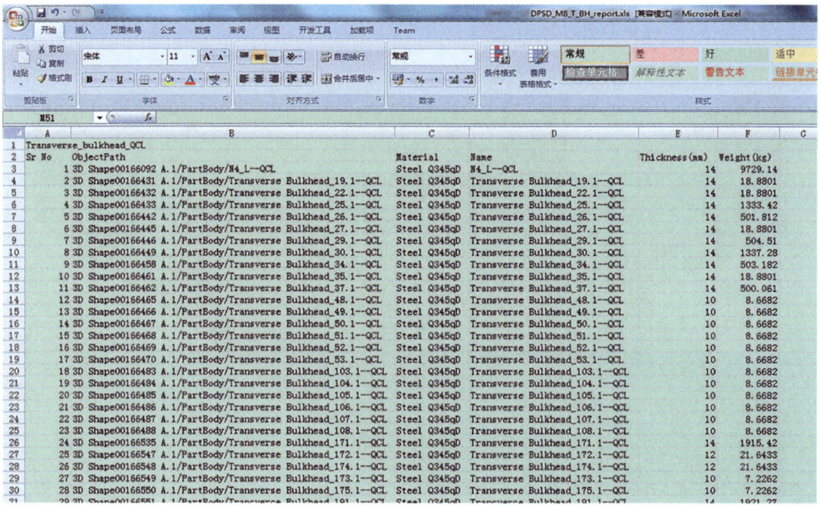

	A	B	C	D	E	F
1	Transverse_bulkhead_QCL					
2	Sr No	ObjectPath	Material	Name	Thickness(mm)	Weight(kg)
3	1	3D Shape00166092 A.1/PartBody/N4_L--QCL	Steel Q345qD	N4_L--QCL	14	9729.14
4	2	3D Shape00166431 A.1/PartBody/Transverse Bulkhead_19.1--QCL	Steel Q345qD	Transverse Bulkhead_19.1--QCL	14	18.8801
5	3	3D Shape00166432 A.1/PartBody/Transverse Bulkhead_22.1--QCL	Steel Q345qD	Transverse Bulkhead_22.1--QCL	14	18.8801
6	4	3D Shape00166433 A.1/PartBody/Transverse Bulkhead_25.1--QCL	Steel Q345qD	Transverse Bulkhead_25.1--QCL	14	1333.42
7	5	3D Shape00166442 A.1/PartBody/Transverse Bulkhead_26.1--QCL	Steel Q345qD	Transverse Bulkhead_26.1--QCL	14	501.812
8	6	3D Shape00166445 A.1/PartBody/Transverse Bulkhead_27.1--QCL	Steel Q345qD	Transverse Bulkhead_27.1--QCL	14	18.8801
9	7	3D Shape00166446 A.1/PartBody/Transverse Bulkhead_29.1--QCL	Steel Q345qD	Transverse Bulkhead_29.1--QCL	14	504.51
10	8	3D Shape00166449 A.1/PartBody/Transverse Bulkhead_30.1--QCL	Steel Q345qD	Transverse Bulkhead_30.1--QCL	14	1337.28
11	9	3D Shape00166458 A.1/PartBody/Transverse Bulkhead_34.1--QCL	Steel Q345qD	Transverse Bulkhead_34.1--QCL	14	503.182
12	10	3D Shape00166461 A.1/PartBody/Transverse Bulkhead_35.1--QCL	Steel Q345qD	Transverse Bulkhead_35.1--QCL	14	18.8801
13	11	3D Shape00166462 A.1/PartBody/Transverse Bulkhead_37.1--QCL	Steel Q345qD	Transverse Bulkhead_37.1--QCL	14	500.061
14	12	3D Shape00166465 A.1/PartBody/Transverse Bulkhead_48.1--QCL	Steel Q345qD	Transverse Bulkhead_48.1--QCL	10	8.6682
15	13	3D Shape00166466 A.1/PartBody/Transverse Bulkhead_49.1--QCL	Steel Q345qD	Transverse Bulkhead_49.1--QCL	10	8.6682
16	14	3D Shape00166467 A.1/PartBody/Transverse Bulkhead_50.1--QCL	Steel Q345qD	Transverse Bulkhead_50.1--QCL	10	8.6682
17	15	3D Shape00166468 A.1/PartBody/Transverse Bulkhead_51.1--QCL	Steel Q345qD	Transverse Bulkhead_51.1--QCL	10	8.6682
18	16	3D Shape00166469 A.1/PartBody/Transverse Bulkhead_52.1--QCL	Steel Q345qD	Transverse Bulkhead_52.1--QCL	10	8.6682
19	17	3D Shape00166470 A.1/PartBody/Transverse Bulkhead_53.1--QCL	Steel Q345qD	Transverse Bulkhead_53.1--QCL	10	8.6682
20	18	3D Shape00166483 A.1/PartBody/Transverse Bulkhead_103.1--QCL	Steel Q345qD	Transverse Bulkhead_103.1--QCL	10	8.6682
21	19	3D Shape00166484 A.1/PartBody/Transverse Bulkhead_104.1--QCL	Steel Q345qD	Transverse Bulkhead_104.1--QCL	10	8.6682
22	20	3D Shape00166485 A.1/PartBody/Transverse Bulkhead_105.1--QCL	Steel Q345qD	Transverse Bulkhead_105.1--QCL	10	8.6682
23	21	3D Shape00166486 A.1/PartBody/Transverse Bulkhead_106.1--QCL	Steel Q345qD	Transverse Bulkhead_106.1--QCL	10	8.6682
24	22	3D Shape00166487 A.1/PartBody/Transverse Bulkhead_107.1--QCL	Steel Q345qD	Transverse Bulkhead_107.1--QCL	10	8.6682
25	23	3D Shape00166488 A.1/PartBody/Transverse Bulkhead_108.1--QCL	Steel Q345qD	Transverse Bulkhead_108.1--QCL	10	8.6682
26	24	3D Shape00166535 A.1/PartBody/Transverse Bulkhead_171.1--QCL	Steel Q345qD	Transverse Bulkhead_171.1--QCL	14	1915.42
27	25	3D Shape00166547 A.1/PartBody/Transverse Bulkhead_172.1--QCL	Steel Q345qD	Transverse Bulkhead_172.1--QCL	12	21.6433
28	26	3D Shape00166548 A.1/PartBody/Transverse Bulkhead_174.1--QCL	Steel Q345qD	Transverse Bulkhead_174.1--QCL	12	21.6433
29	27	3D Shape00166549 A.1/PartBody/Transverse Bulkhead_173.1--QCL	Steel Q345qD	Transverse Bulkhead_173.1--QCL	10	7.2262
30	28	3D Shape00166550 A.1/PartBody/Transverse Bulkhead_175.1--QCL	Steel Q345qD	Transverse Bulkhead_175.1--QCL	10	7.2262

图 3-125 钢结构工程数量报表结果

（5）钢结构出图

通过 BIM 手段创建详细的钢结构三维设计模型，借助 BIM 软件的出图功能以这些模型为基础，创建钢结构桥梁二维图纸，包括断面图、大样图及其尺寸标注。

传统设计手段下，设计变更导致的出图工作量是非常巨大的。在 BIM 设计过程中，三维模型发生变化时，二维图纸内容随之同步更新。因此，与常规模式相比，基于 BIM 的设计、出图一体化模式具备很大的优势。

3.4.7　钢筋设计与出图算量

1. BIM 设计程序开发

以简支梁为例，阐述基于 BIM 的预应力混凝土桥梁结构钢筋设计、出图及算量程序开发技术路线。

（1）结构参数化

考虑简支梁的截面特点，将 BIM 模型的每一个箱梁截面划分为 22 个参数，以某个数据是否存在来判断截面排水坡，提高 BIM 模型对多种类型桥面的适应性，如图 3-126 所示。

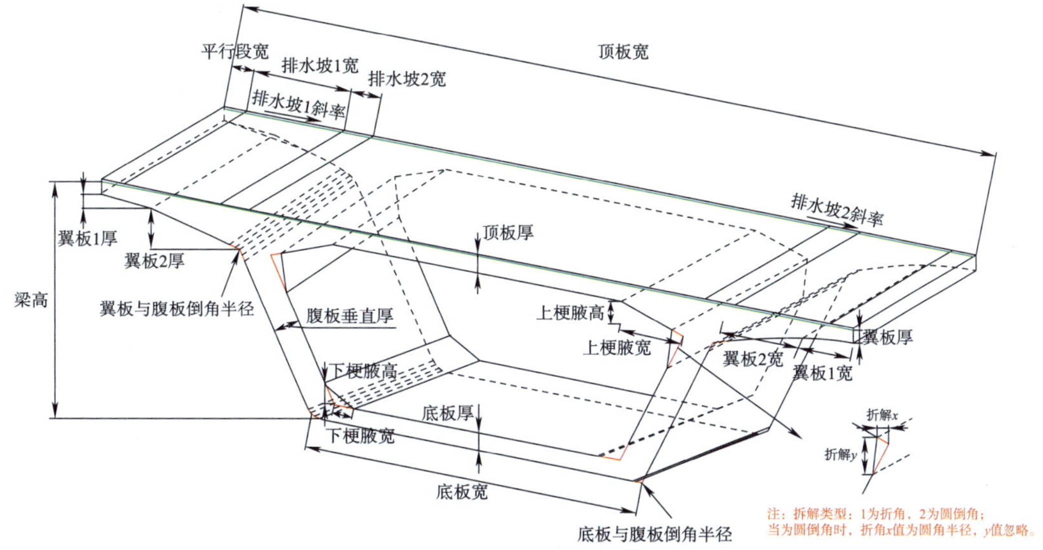

图 3-126　简支梁结构轮廓尺寸示意

为提高 BIM 建模的简便性，结合 C 语言技术，采用程序语言驱动用户数据，从而建立 BIM 模型的方式。设计者仅需参照上图所示各参数，在 excel 表格中输入简支梁轮廓尺寸，程序自动完成混凝土结构 BIM 建模，如图 3-127 所示。

（2）预应力束参数化

预应力束在 BIM 模型中为空间曲线，与平面曲线采用导线点即可描述曲线线性不同，空间曲线描述复杂程度大大增加，而且由于缺乏成熟的空间曲线插值算法，研究采用文献《桥梁结构分析及程序系统》提到的工程应用方法，将空间曲线投影到相互垂直的两个平面内得到两条平面曲线，分别描述两条投影曲线的线性。在每个平面内分别采用插值函数计算预应力束上点的坐标，进而合成空间点，如图 3-128 所示。计算得到足够多空间点的坐标后，空间曲线就可以转化为容易处理的空间折线。在数据文件中填写预应力束局部坐标以及相对于局部坐标系的节点坐标。

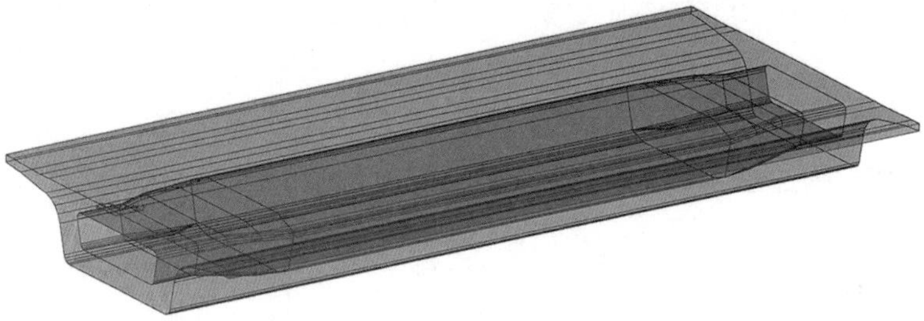

图 3-127　简支梁混凝土 BIM 模型

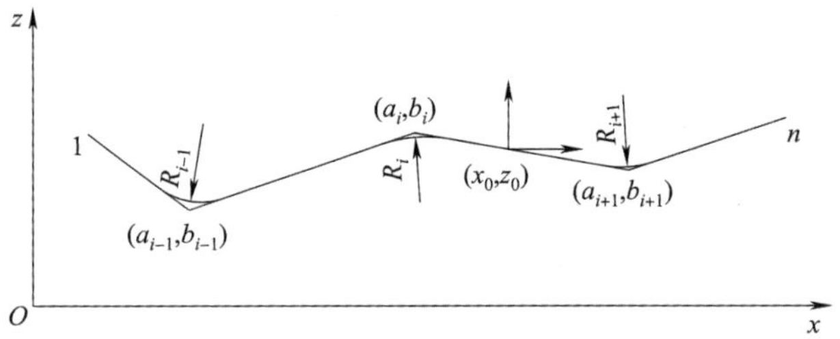

图 3-128　预应力束竖弯数据输入示意

其中，x_0 以及 z_0 为局部坐标系，按照图示可得到简支梁预应力束在整体坐标系下的竖弯坐标：

$$\begin{cases} x_i = x_0 + a_i \\ z_i = z_0 + b_i \end{cases}$$

平弯数据的输入方法与竖弯相同，且采用相同的局部坐标系。为获得建立预应力束的三维空间节点坐标，需要拟合竖弯、平弯数据，如图 3-129 所示。

在获取重新排序后的预应力束空间节点坐标之后，引用预应力规格数据，建立简支梁预应力钢束 BIM 模型，如图 3-130 所示。

(3)普通钢筋参数化

经过对 BIM 软件的学习及查阅参考文献发现，普通钢筋建模的便捷性以及对庞大钢筋数据的简化处理方式一直是考验 BIM 软件的一项重要指标，可见普通钢筋 BIM 建模及数据处理的复杂性。

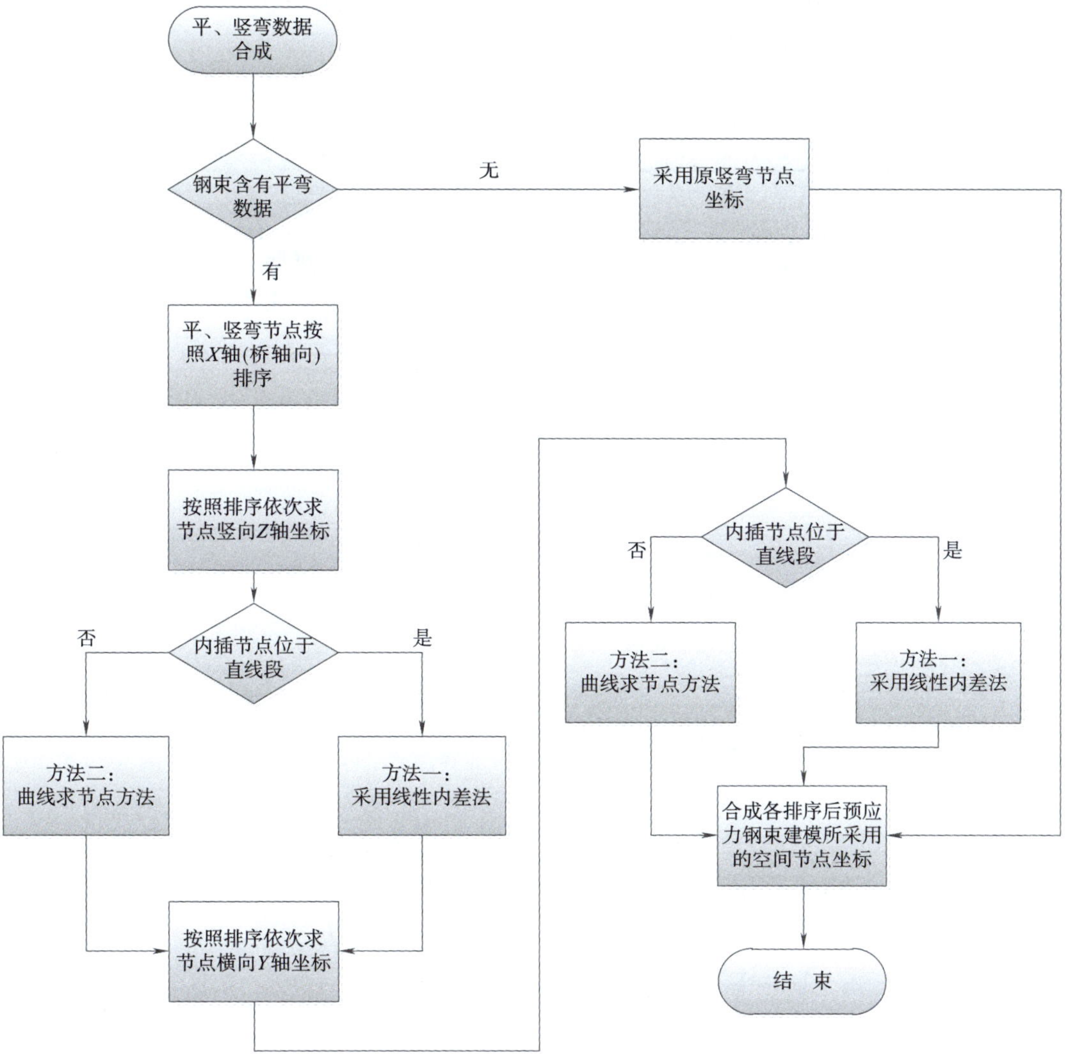

图 3-129　拟合预应力平、竖弯数据流程

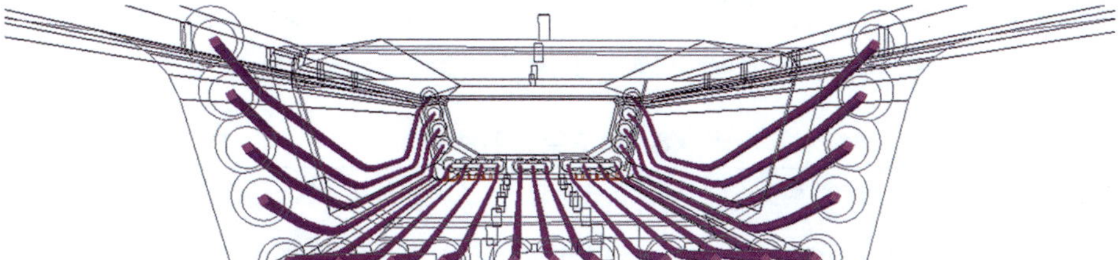

图 3-130　简支梁预应力束 BIM 模型

根据规范及国铁集团相关通用图普通钢筋布置方式，对简支梁普通钢筋参数进行划分，如图 3-131 所示。

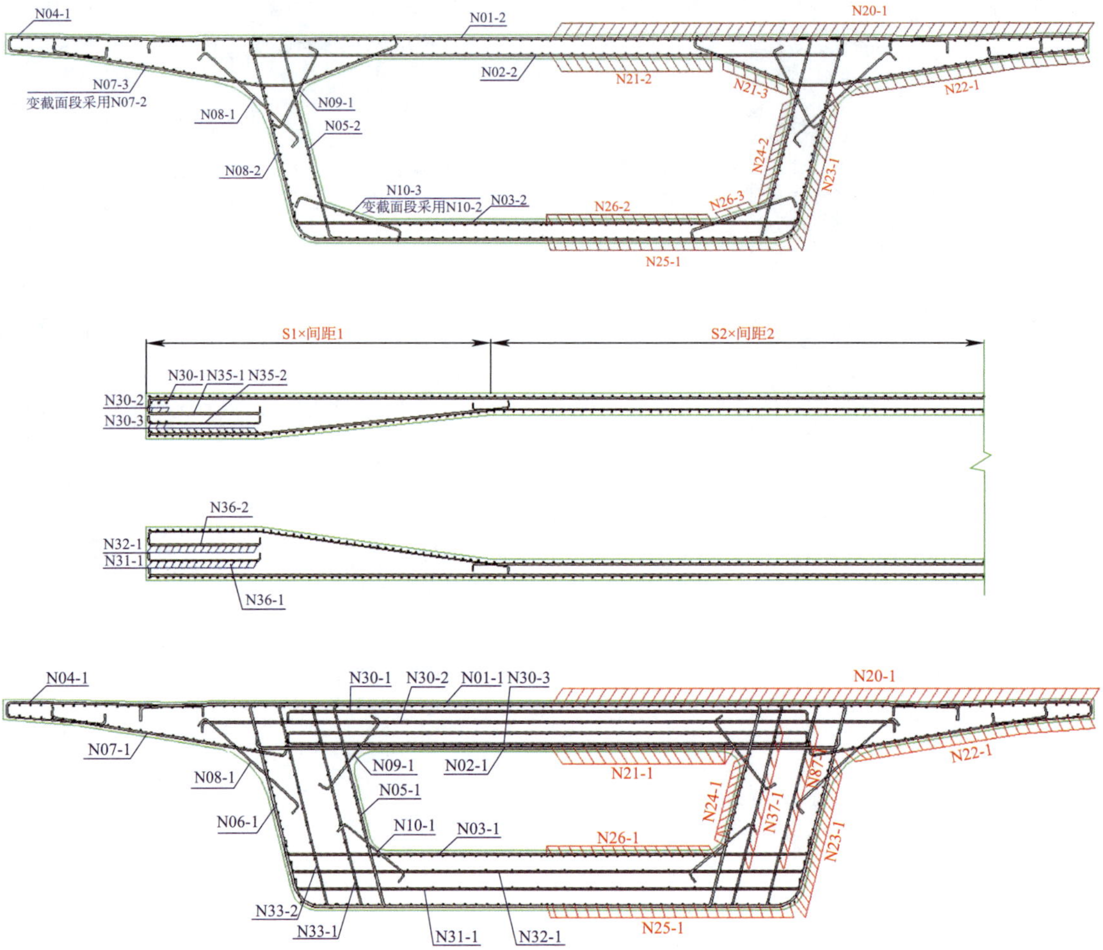

图 3-131 简支梁普通钢筋参数示意

参照图示钢筋编号，依次按钢筋位置输入该钢筋组的编号、钢筋等级、钢筋直径、布筋间距、弯钩属性以及保护层厚度等参数。简支梁体普通钢筋具体参数见表 3-8。

表 3-8 简支梁布筋参数表

钢筋位置	钢筋编号	钢筋等级	钢筋直径/mm	布筋间距/mm
箍筋	N01-1	HRB400	22	间距 1
	N01-2	HRB400	18	100
	N02-1	HRB400	22	间距 2

续上表

钢筋位置	钢筋编号	钢筋等级	钢筋直径/mm	布筋间距/mm
箍筋	N02-2	HRB400	16	125
	N03-1	HRB400	22	
	N03-2	HRB400	16	
	N04-1	HRB400	16	
	N05-1	HRB400	20	
	N05-2	HRB400	18	
	N06-1	HRB400	22	
	N06-2	HRB400	18	
	N07-1	HRB400	16	
	N07-2	HRB400	16	
	N07-3	HRB400	16	
	N08-1	HRB400	16	
	N09-1	HRB400	16	
	N10-1	HRB400	16	
	N10-2	HRB400	16	
	N10-3	HRB400	16	
点筋	N20-1	HRB400	14	顶板顶层
	N21-1	HRB400	12	125
	N21-2	HRB400	12	腹板外层
	N21-3	HRB400	12	100
	N22-1	HRB400	14	底板底层
	N23-1	HRB400	14	125
	N24-1	HRB400	12	
	N24-2	HRB400	12	
	N25-1	HRB400	14	
	N26-1	HRB400	12	
	N26-2	HRB400	12	
	N26-3	HRB400	12	
梁端加强筋	N30-1	HRB400	16	采用默认值
	N30-2	HRB400	16	
	N30-3	HRB400	16	
	N31-1	HRB400	16	
	N32-1	HRB400	16	
	N33-1	HRB400	16	
	N33-2	HRB400	16	
	N35-1	HRB400	16	
	N35-2	HRB400	16	
	N36-1	HRB400	16	
	N36-2	HRB400	16	
	N37-1	HRB400	16	

根据表中的内容，程序会按照 BIM 模型建模逻辑，生成详细的布筋参数，包括模型内钢筋的自定义属性信息等，BIM 模型结果如图 3-132 所示。

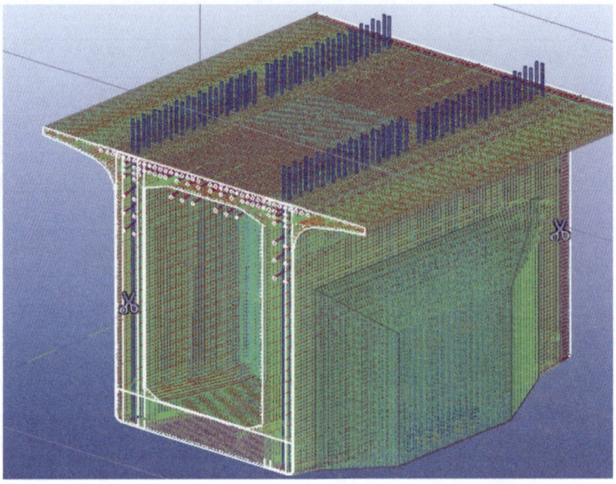

图 3-132　简支梁普通钢筋 BIM 模型

(4)绘制二维工程图

通过各层级参数化建模以及设计调整，BIM 模型已具备了施工图精度要求。以此模型数据为基础，自动绘制二维工程图，即能节省绘图时间，又能保证模型与图纸的统一。自动绘制二维工程图需完成的工作：钢筋图图纸自动创建、钢筋尺寸标注和钢筋编号标记。

图 3-133 生成二维钢筋图的流程中，关键在于如何创建视图、创建钢筋标记和尺寸标注，下面专项对这三个步骤进行技术说明。

①关键问题一：解决如何创建视图。

结合简支梁结构特点，研究采用构造函数 View（container view，coordinate system，coordinate system，array list）来插入视图，其中，container view 是一个视图容器，第一个 coordinate system 为视图坐标系，第二个 coordinate system 为视图的显示坐标系，

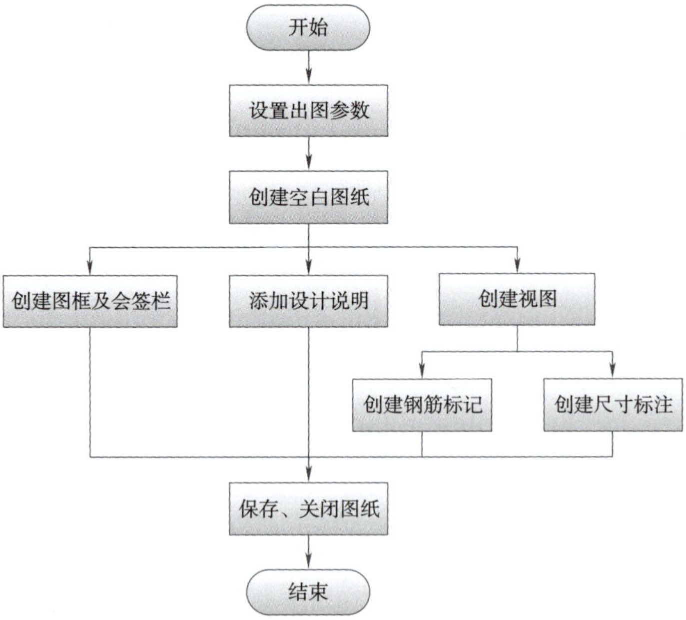

图 3-133　二维绘图程序流程

通常设置成与视图坐标系相同即可，array list 中的成员主要为视图需显示的所有零件(包括浇注体单元和钢筋组等)的 identifier，通过这些 identifier 实现图纸与模型中零件的一一对应关系。

视图坐标系的计算算法：创建 view 类对象的首要任务是计算出该对象的视图坐标系和显示坐标系，因为两个坐标系的值可以设置成一样的，所以，只需要计算出其中一个坐标系即可。Tekla API 中坐标系有一个专门的类 coordinate system，只有三个属性，分别是 axisy(x 轴)、axisy(y 轴)和 origin(原点)，其中，axis$x$ 和 axis$y$ 为一个 vector(向量)类的对象，origin 为一个 Point 类的对象。

在建模过程中，每一个箱型梁单元被定义成一个 beam 类的对象，通过调用 tekla API 中 beam 类的 get coordinate system 方法可以获取该梁单元自身的坐标系。

对梁单元自身的坐标系进行基本的几何转换后便可以得到箱型梁各个剖面视图的坐标系，如图 3-134 所示。

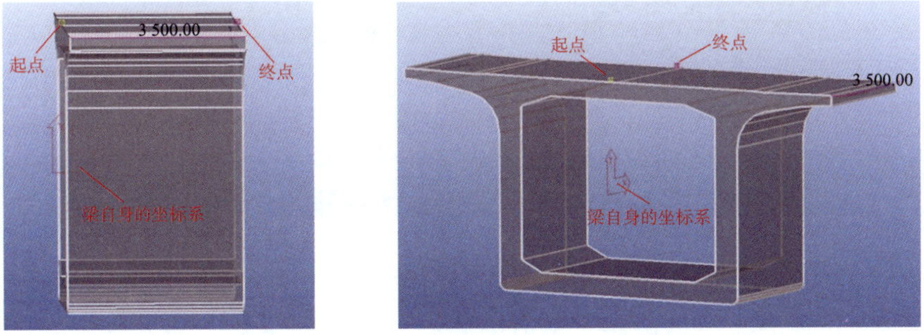

图 3-134　梁单元自身坐标系示意

过滤算法及实现路径。创建 view 类对象的第二个任务是在模型中过滤出该 view 类对象中 array list 的成员，即该视图中需要显示的所有零件。此过程需要与前文建模程序相链接：在建模过程中，对每一个零件通过添加自定义属性的方法定义了该零件在各个视图中的可见性(通过 1 和 0 来表示零件在视图中是否可见)，通过对一个箱型梁单元中所有零件进行遍历(包括浇注体单元和钢筋)，获取各个零件的自定义属性，把各个视图可见性属性值为 1 的零件的 identifier 添加到对应的 array list 对象中，经过一轮遍历后便可以生成所有视图的 arraylist 对象。

②关键问题二：解决如何创建钢筋标记。

如图 3-135 所示，计算钢筋组几何坐标值。在钢筋建模过程中主要用到的是 tekla API 提供的 rebar group 类和 single rebar 类，这两个类中均有 get rebar geometries 方法，该方法返回的是一组 rebar geometry 对象，每个对象对应钢筋组中的一根钢筋在模型坐标系下的三维信息。rebar geometry 类中有个 shape 属性，该属性其实是一个 poly line 的实例，通过 shape 属性可以得到一组 points 对象，该 points 对象储存的便是钢筋起点、终点和中间各个弯折点在模型坐标系下的坐标值。把这些坐标值经过必要的坐标转换便可以得到各钢筋组在不同视图坐标系下的坐标值,从而实现后续操作从模型坐标系到视图坐标系的转变。针对钢筋组,通过 get rebar geometries 方法可以获得 24 个 rebar geometry 对象(因为该组钢筋由 24 根钢筋组成),每个 rebar geometry 对象的 shape 属性中的 points 值是一个包含 4 个 point 对象的数组(因为每根钢筋有 4 个关键点,分别是起点、终点和中间两个弯折点)。

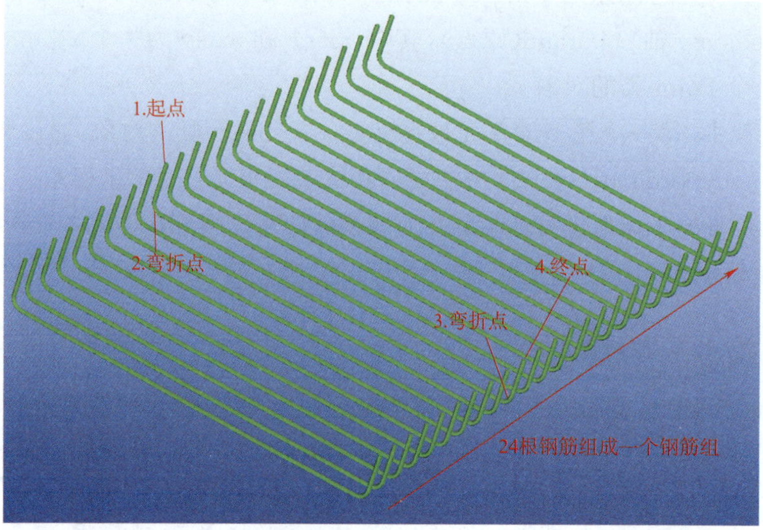

图 3-135 钢筋组几何信息示意

计算钢筋组与平面交点坐标值。根据钢筋组与视图平面的空间位置关系不同,在同一个视图中往往包含两种不同形式的钢筋组,分别是投影后平行于视图平面的钢筋组和垂直于视图平面的钢筋组。

如图 3-136 所示,对于投影后平行于视图平面的钢筋组,在创建钢筋标记时,标记的插入点可以直接通过读取钢筋组几何坐标值,或通过对这些坐标值进行适当的计算后获得;对于垂直于视图平面的钢筋组则无法通过此方法实现,只能通过计算钢筋组与视图平面的交点获得。

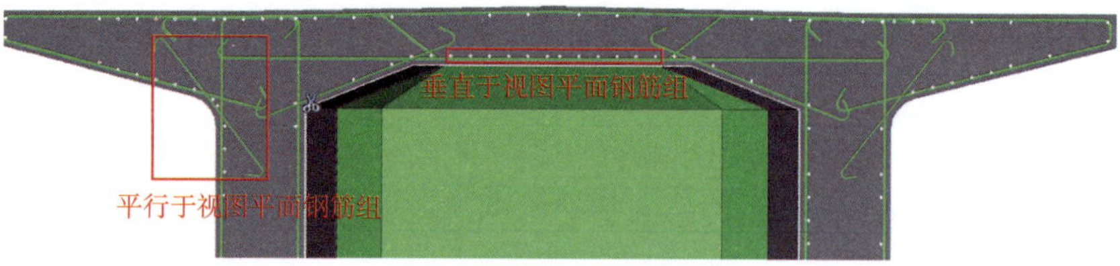

图 3-136 钢筋组与视图平面空间位置关系示意

计算钢筋组与视图平面的交点,可以借助 tekla API 中 intersection 的 line segment to plane 方法实现,如图 3-137 所示。使用 line segment to plane 方法之前,必须先创建 line segment to plane 方法的两个参数：line segment（线段）和 geometric plane（几何平面），line segment 为钢筋与平面相交的那段直线，geometric plane 即为视图平面。由 line segment 的构造函数：line segment(point point1，point point2)可知，创建 line segment 对象只需要确定 point1 和 point2 即可，而 point1 和 point2 的连线必须满足与视图平面相交图中 P2 和 P3 即为 point1 和 point2 相对应的点。假设创建的 line segment 对象为 ls，则 ls＝new line segment(P2，P3)。

另一个参数 geometric plane 为视图平面，可直接由视图平面坐标系创建 geometric plane 对象。

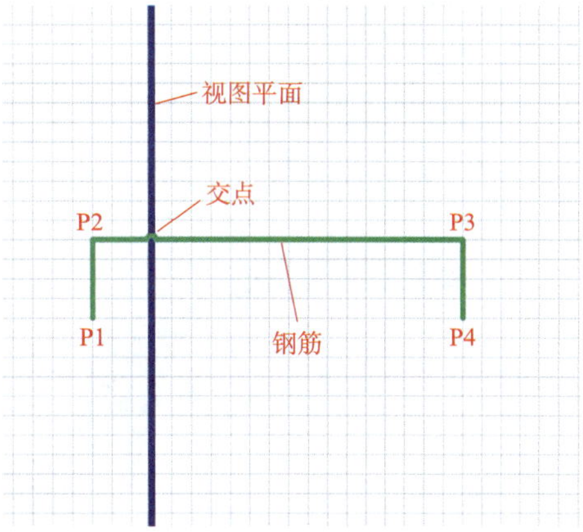

图 3-137　钢筋组与视图平面交点示意

填写钢筋标记：tekla API 提供了两种创建钢筋标记的方法：一种是通过 mark 类创建，另一种是通过 text 类创建。mark 类创建的是关联注释标记，即通过 mark 创建的钢筋标记和钢筋实体是紧密关联的，标记显示的内容可以直接通过设置 mark 对象的属性来添加或删除，当该组钢筋被修改时，更新图纸后，钢筋标记中的内容也会自动做出相应的修改。但是，目前版本的 tekla 软件开放钢筋组的连续关联注释 API，而本程序中涉及的主要是钢筋组的标记，所以本次开发无法通过调用 mark 类来创建钢筋标记，只能通过 text 类创建。

text 类创建的是文本标记，与 mark 类相比，它可以更灵活的设置标记内容。连续梁每个视图中的钢筋标记需要区分在剖视图内显示为一根钢筋还是显示为钢筋组，如图 3-138 所示。同样，还需要区分在剖视图内显示为一组线的钢筋组还是一排点的钢筋组，如图 3-139 所示。

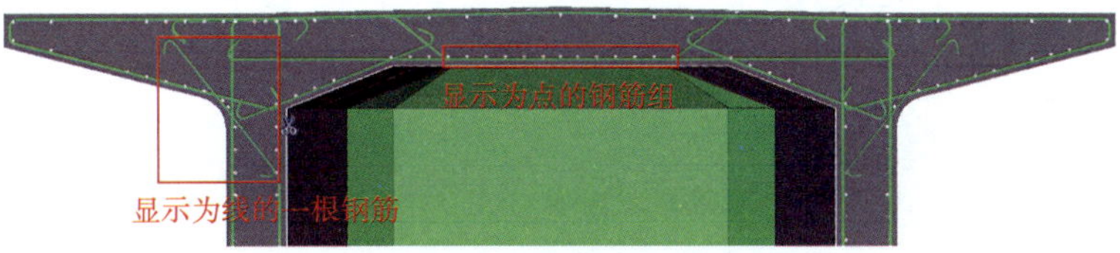

图 3-138　剖面内显示为单根钢筋与钢筋组的区别

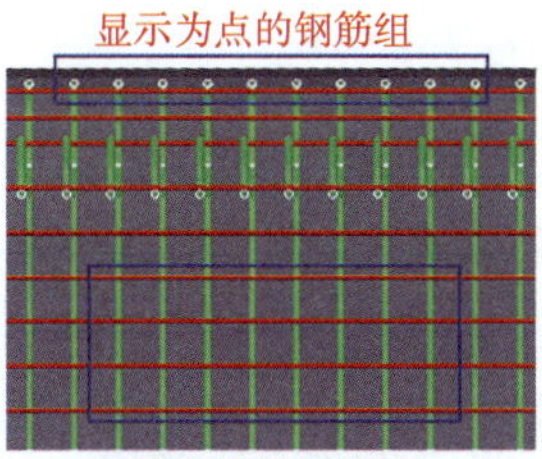

图 3-139　剖面内钢筋组显示为点和线之间的区别

针对上述钢筋标记方式的问题，研究采用在钢筋建模之初即对其在每个视图中的显示情况进行约定的方式，即在钢筋建模时，程序会根据该钢筋组在二维图纸每个视图中的标记方式赋给用户自定义属性一个数值，通过绘图读取该数值，从而判断出需要采用的标记方式。

在得到钢筋组几何坐标值的基础上，可以借助 tekla API 中的 straight dimension set handler 类创建和编辑尺寸标注，每一个尺寸标注在 tekla API 中其实是一个 straight dimension set 对象。试用本次绘图程序研发的 straight dimension set 对象包含 5 个参数的定义。

根据图纸需要，在 BIM 模型中创建不同剖切位置视图，生成对应的二维图纸（图 3-140），并添加尺寸、钢筋标记之后，生成详细的二维施工图，如图 3-141 所示。

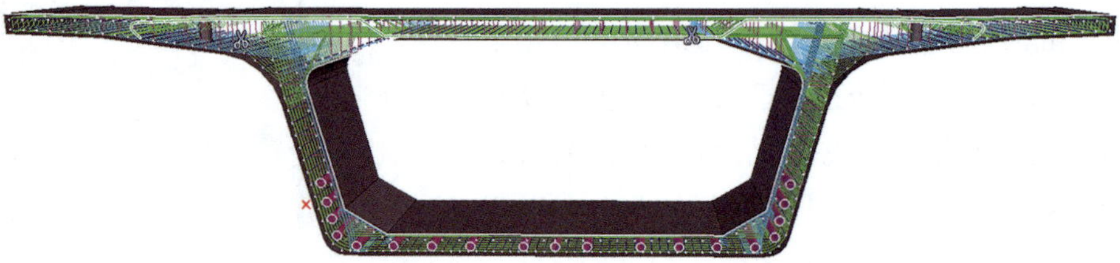

图 3-140　BIM 模型二维图

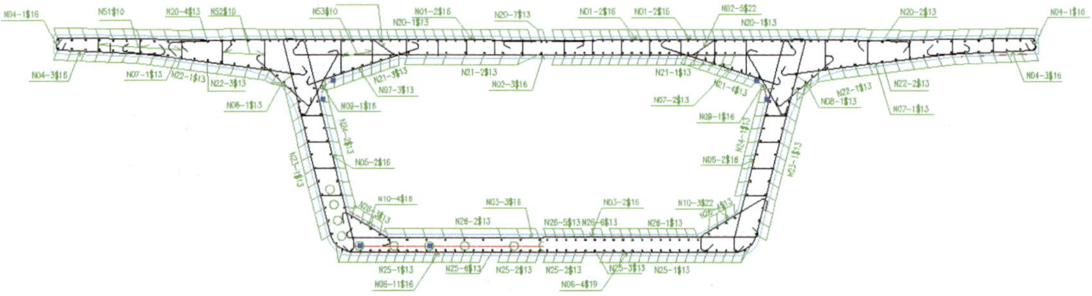

图 3-141　简支梁跨中截面钢筋二维图纸

（5）绘制钢筋大样

钢筋大样图的绘制是一项难点，也是决定钢筋数量统计能否真正应用的重点之一。下面分步骤对如何绘制钢筋大样进行阐述。

第一步，如何识别钢筋形状。研究发现，在模型空间中定义钢筋编号，并编辑形状弯曲规则，以该弯曲规则匹配相同形状钢筋的方式是识别钢筋形状的可行路线。

首先在“形状目录”内填写形状编号，如图 3-142 所示，便于识别；其次根据形状示意，在“弯曲形状规则”里编辑该编号钢筋的弯曲规则，如第一条边弯曲角度≥90°、第二条边弯曲角度＝90°等，这样满足同样弯曲规则的钢筋就会自动识别并归类在该编号之下；然后在“弯曲计划字段”内填写大样图所需要的各种参数，如每条边的长度、每个弯角的角度、每个弯角的半径等。

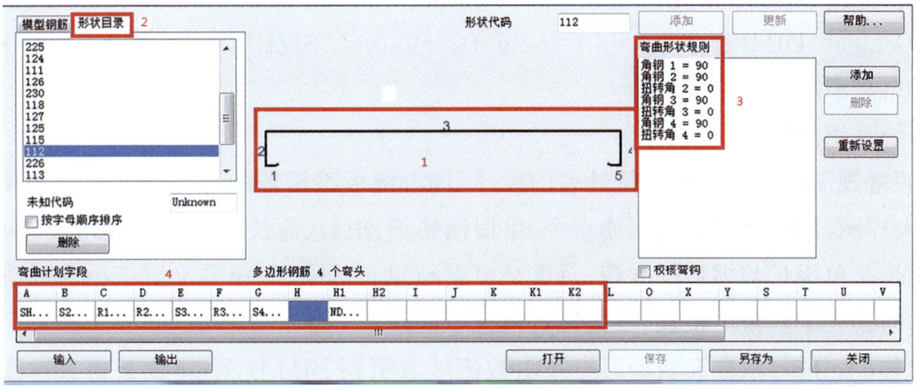

图 3-142　钢筋组形状编号定义示意

按照上述方式，将每种类型的钢筋形状均进行编号，此时，钢筋编号及其弯曲规则信息就自动匹配在 BIM 模型的每组钢筋之内。

第二步，如何绘制大样。在第一步中已经对每种弯曲形状钢筋进行了编号，搜索 BIM 模型中出现的每一种编号，调用该编号对应的大样。按照上述思路，首先在 Tekla 模板空间定义每一种编号对应的钢筋大样，作为单独的一行内容。针对每一行数据，均填写具体的行规则，部分代码所示。

```
if((GetValue("SHAPE")=="111")&&GetValue("DIM_B_MAX")==GetValue("DIM_B_MIN")&&GetValue("DIM_D_MAX")==GetValue("DIM_D_MIN")) then
Output()
else
StepOut()
endif
```

依次在模板空间中定义大样，并索引大样图对应的参数，即上文填写的“弯曲计划字段”中对应的字符，如图 3-143 所示。

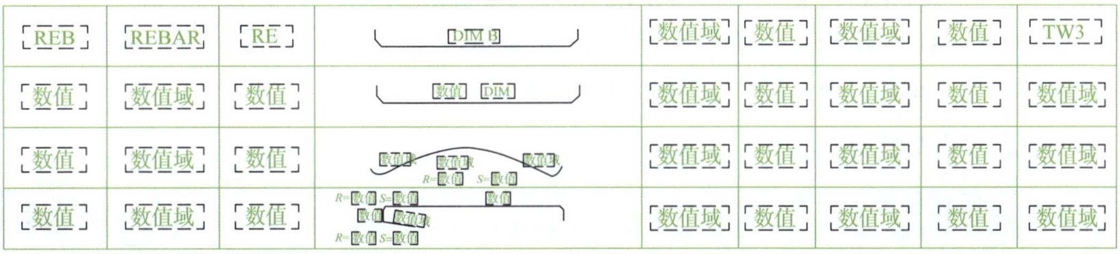

图 3-143　钢筋大样绘制模板编辑

其中，每一个字符均代表一个“数值域”，即索引在 BIM 模型数据库中的一个具体的位置，可以对该“数值域”进行数学运算，以满足计算钢筋长度的需要，例如某单根钢筋长度计算公式如下：

GetValue("DIM_B")＋2 * 3 * double(GetValue("SIZE"))＋4＋2 * 10.93 * double(GetValue("SIZE"))。

(6)统计钢筋数量

按照常规简支梁钢筋数量统计表的设计习惯，模板编辑器的每一行数据中不仅包含有钢筋的大样图，同样还包含有钢筋直径、单根钢筋长、根数、总长、单重以及总重等多个参数，其中，总长是单根长与根数的乘积、总重是单重与总长的乘积，单重又直接由直径确定。因此，关键数据在于获得单根长、根数和直径三个数据。

根据以上分析，根数和直径可直接由数值域索引到 BIM 模型，单根长由大样图总提供的参数数据可直接计算得到，因此，钢筋的数量统计问题可以得到圆满解决。

绘制图纸时，在二维图纸空间中引用模板，按模板行规则逐钢筋组进行过滤，满足行规则条件时进行数量统计，如图 3-144 所示。

编号	规格	直径	形状示意	每根长(mm)	根数	总长(m)	单重(kg/m)	总重(kg)
N01-1	HRB400	16	1450	1 666	80	133.280	1.58	209.82
N02-1	HRB400	16	3970	4 186	40	167.440	1.58	264.18
N03-2	HRB400	12	2071	2 233	80	178.640	0.89	158.42
合计：	混凝土体积(m^3)：34.19　　钢筋重量(kg)：5 430.08							

程序数量统计表

编号	规格	形状	每根长(mm)	根数	总长(m)	单重(kg/m)	总重(kg)
N1-2	⌀16	1465	1 683	80	134.61	1.58	212.68
N2	⌀16	3930	4 148	40	165.90	1.58	262.13
N3	⌀12	2058 471 2003	2 221	80	177.70	0.888	157.79
钢筋合计：	HRB400：5 419.70 kg						

人工数量统计表

图 3-144　钢筋数量统计表对比

数量统计表可输出 DWG 格式文件，以某跨度梁节段为例，数量精度和设计图纸数量误差为 0.22%左右，经核查，该 0.22%的数量差距是由于设计图纸中的统计错误产生，可见研究成果满足施工图统计钢筋数量的要求。

通过合理分解简支梁施工模型，分层级建立混凝土、预应力以及钢筋的 BIM 模型，能够较快较好地完成整体 BIM 建模工作，满足深化设计需要。同时，研究内容可应用到连续梁等上部预应力混凝土结构以及桥墩等下部结构，其中桥墩 BIM 模型如图 3-145 所示。

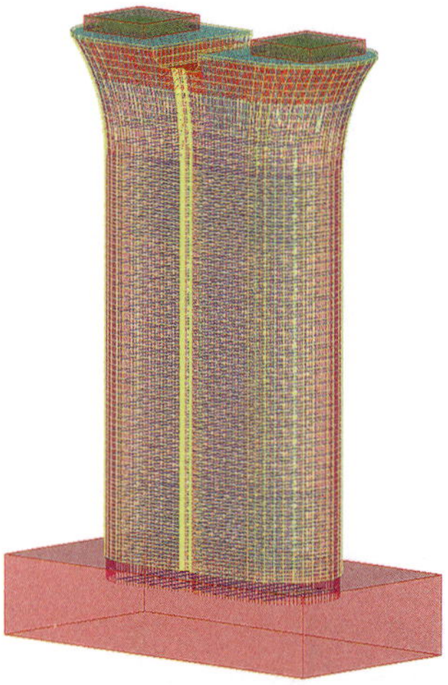

图 3-145　桥墩施工图精度 BIM 模型

2. 钢筋深化设计

(1)应用目标

依托 BIM 技术可视化、参数化等优势，对施工过程中容易产生差错漏碰以及变更的重点部位创建精细化钢筋混凝土结构模型，开展全方位深化设计，解决后续工作中可能遇见的施工难题，提升施工质量和效率。具体包括：桥塔锚固区及混凝土梁拉索锚固区开展施工图精度BIM建模工作，并基于此对该位置的预应力布置、模板开孔布置、钢筋分布等进行全方位深化设计。

塔内爬梯及检修平台是施工和运维期间较为重要的附属设施，曲线H形桥塔的结构形式增加了爬梯和检修平台的设计难度。结合BIM技术开展优化设计甚至是正向设计，支持对工程数量进行核对，消除施工图设计中的盲点，实现打造精品桥梁工程的目标。形成的成果可交付施工单位指导施工。

(2)技术路线

用达索或tekla开展施工图精度建模工作，与施工图设计团队配合完成预应力布置、模板开孔布置、钢筋分布等深化设计并指导出图。将BIM模型轻量化后，使用桌面端通用IFC模型解析器或在浏览器端通过GIS平台远程交付指导施工。

同样，以简支梁为例对钢筋深化设计进行说明。普通钢筋在简支梁梁体内密集分布，原有的二维设计手段已难以支撑设计人员全面考察简支梁梁体内普通钢筋与预应力束、普通钢筋等各构件之间的空间关系，借助BIM技术可视化、参数化的优势，将简支梁钢筋分为环框箍筋、纵向钢筋、架立钢筋以及梁端加强钢筋四个部分进行深化。

(3)环框箍筋深化设计

从简支梁横断面来看，环框箍筋为沿截面轮廓布置的横向钢筋，投影显示为线。布置原则为箍筋沿混凝土梁体内外轮廓布置，避免出现钢筋向混凝土面外的向心力，防止混凝土开裂，顶板箍筋深化设计。顶板箍筋主要分布在箱梁顶板、两侧翼缘板上下两侧，其布置方式主要参考中国国家铁路集团有限公司颁布的相关通用图，如图3-146所示。

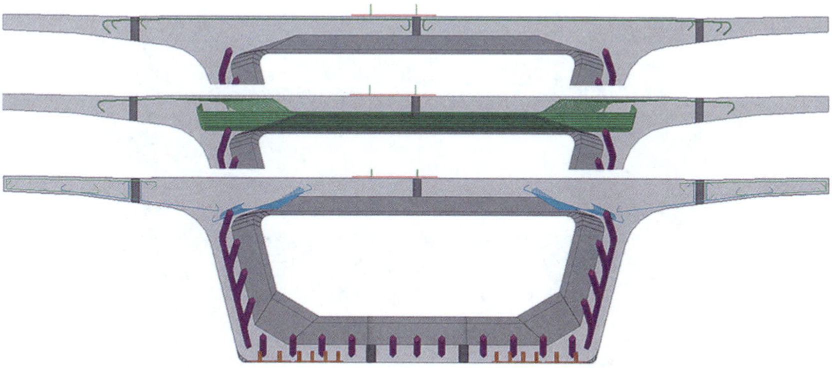

图3-146 简支梁顶板箍筋分布

从其分布来看，深化设计一方面结合顶板底层箍筋与预应力束的关系，优化箍筋弯起位置，如图3-147所示。

图 3-147　顶板箍筋深化设计避免与预应力束空间干扰

另一方面，结合排水孔、泄水孔位置，精确模拟钢筋截断及布置。同时，根据梁场施工方提出的方便钢筋绑扎要求，深化设计钢筋大样，在多次弯折大样的基础上拆分为多组简单钢筋的布置方式，如图 3-148 所示。

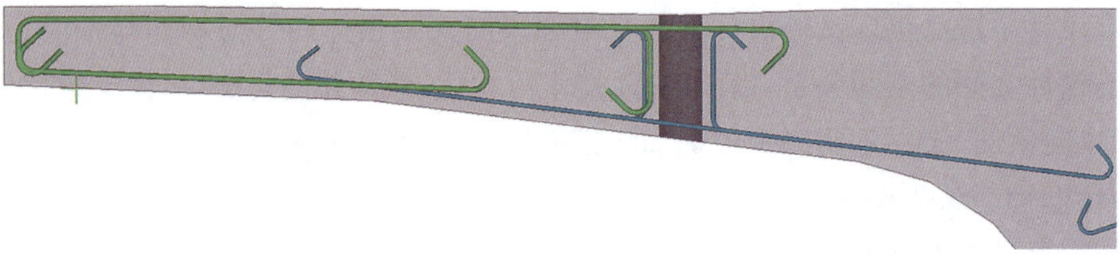

图 3-148　泄水孔处钢筋截断及细化钢筋大样示意

底板箍筋主要分布在箱梁底板上下两侧，由于预应力束多分布在底板，如图 3-149 所示，因此，底板钢筋的深化设计尤为必要。

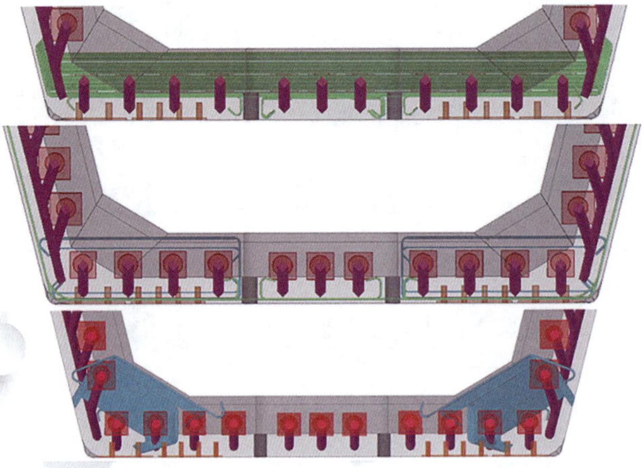

图 3-149　简支梁底板箍筋分布

为了避免底板箍筋与预应力束的干扰，在BIM提供的可视化环境中，深化设计钢筋的弯起大样，其底板梗腋下方钢筋大样与预应力管道之间的空间关系如图3-150所示。

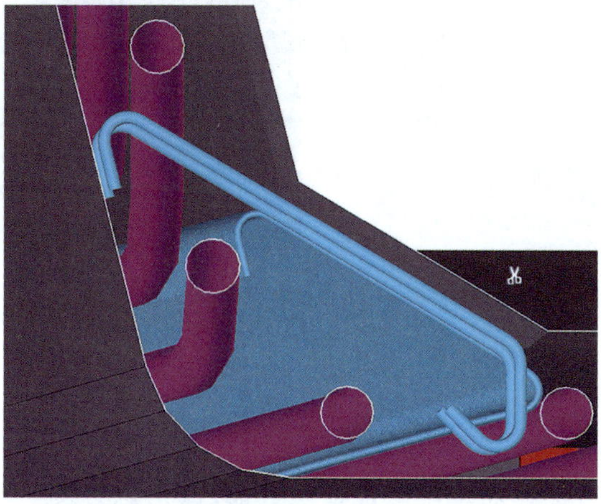

图3-150 底板箍筋与预应力管道空间关系示意

腹板箍筋分布在箱梁腹板左右两侧，设计时，底板底层采用较大的U形筋，腹板外侧已经与底板底层箍筋形成一体，一次本次腹板附近深化主要针对梁端及腹板内侧箍筋，如图3-151所示。

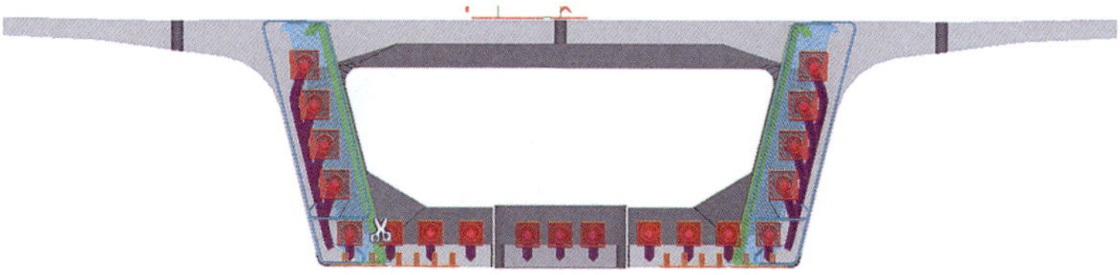

图3-151 简支梁腹板箍筋分布

深化设计里梁端腹板箍筋，考虑预应力束分布、预应力束张拉等因素，梁端腹板箍筋采用图3-152所示布置方式。为避免钢筋与预应力束干扰，腹板内侧箍筋布置如图3-153所示。

图3-152 梁端腹板箍筋与预应力束空间示意

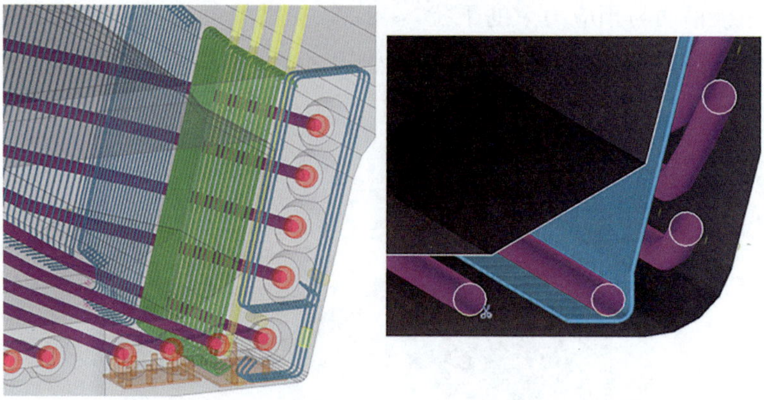

图 3-153　腹板内侧箍筋与预应力束空间关系

(4)纵向钢筋深化设计

纵向钢筋分布主要按照箍筋角点位置布置一根，其余位置按照参数间距自动计算布置的方式，如图 3-154 所示，其中顶板底按照顶板顶层纵向钢筋向下投影确定布筋位置。

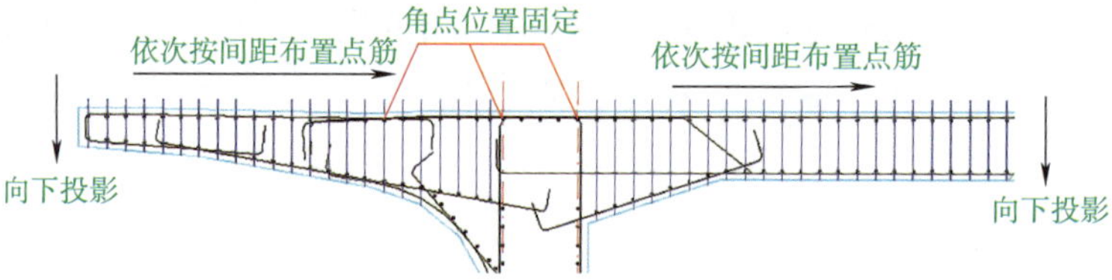

图 3-154　纵向钢筋计算示意

结合施工单位提出的深化建议，简支梁沿外轮廓线布置的纵向钢筋除搭接位置外，均取消弯钩设计，保证施工的便捷性。顶板、底板、腹板位置的纵向钢筋分布如图 3-155 所示。

(a)顶板纵向钢筋

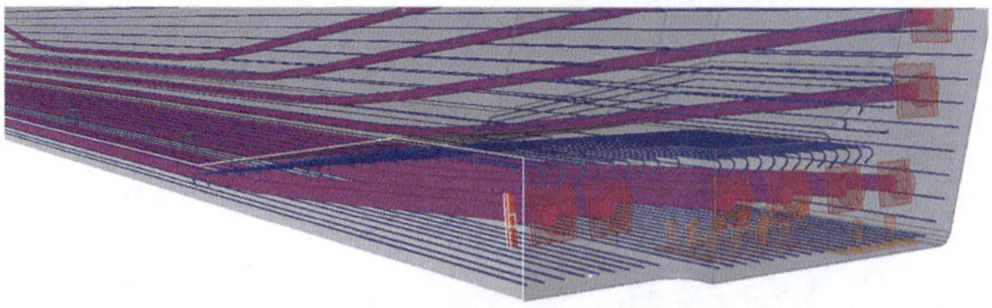

(b)底板纵向钢筋

图　3-155

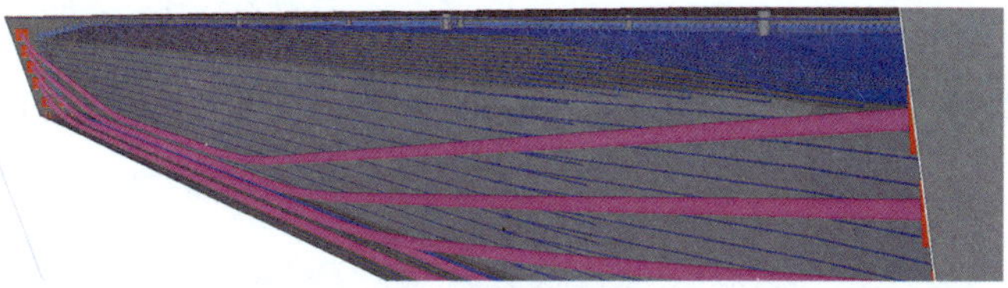

(c)腹板纵向钢筋

图3-155　分组位置纵向钢筋布置示意

(5)架立钢筋深化设计

按照构造要求,简支梁拉筋布置于顶板、腹板内,呈梅花形分布。通过程序精确计算,将每根拉筋的长度、弯钩均准确计算并对应模拟在BIM模型中,如图3-156所示。

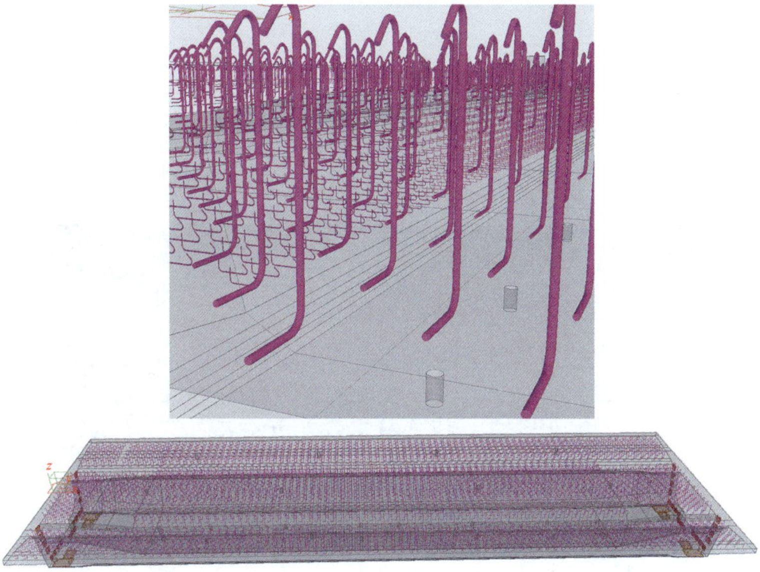

图3-156　拉筋图示及分布示意

(6)梁端加强钢筋深化设计

梁端加强钢筋是因为支点位置受力较大而在梁端顶板、底板和腹板位置的加强筋。

梁端顶板加强钢筋,如图3-157所示。为避开靠近顶板位置的预应力束张拉槽口,梁端顶板加强钢筋部分向上弯起,部分在顶板加厚段形成闭合箍筋,强化顶板顶层钢筋布置。

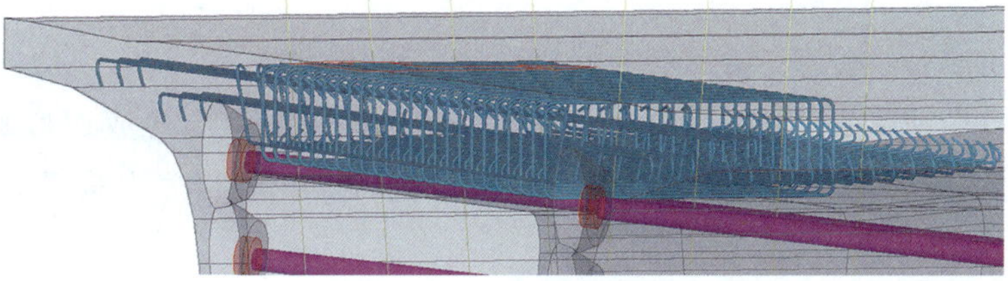

图3-157　梁端顶板加强钢筋

梁端底板加强钢筋，如图 3-158 所示。梁端底板分布较多的预应力束张拉槽口，因此，底板加强钢筋深化设计一方面需满足加强布筋作用，另一方面需避免与槽口、预应力束的干扰。

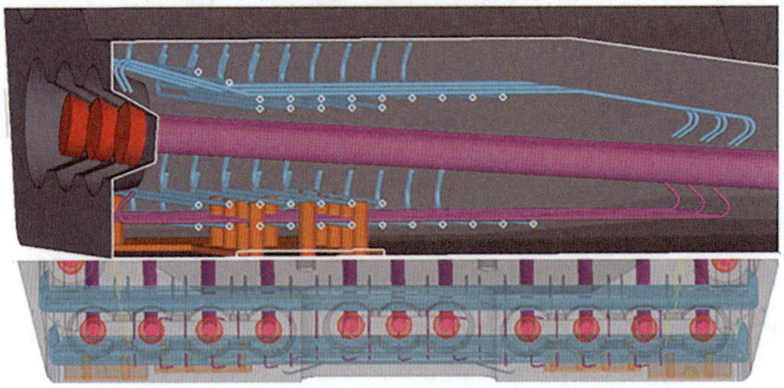

图 3-158　梁端底板加强钢筋

梁端腹板加强钢筋，如图 3-159 所示。梁端腹板分布整排的预应力束，其加强钢筋的深化设围绕避开预应力束布置。

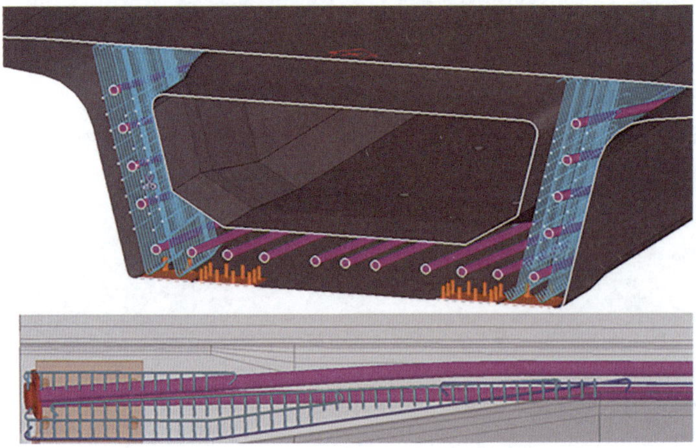

图 3-159　梁端腹板加强钢筋

另外，由于此位置分布较多的环框钢筋，加强钢筋设计时并不能在满足顶板、底板的保护层厚度的前提下直接计算布置长度，应该在考虑梁端环框箍筋的直径后，计算加强钢筋长度，如图 3-160 所示。

基于 BIM 技术开展简支梁钢筋的深化设计工作，能够更加清晰、便捷的发现设计中存在的不足，提升设计质量。同时，在深化完成的 BIM 模型基础上，生成 2D 施工图、统计工程数量，实现 BIM 在预应力混凝土钢筋方面的正向设计，一定程度上提高设计质量和设计效率。

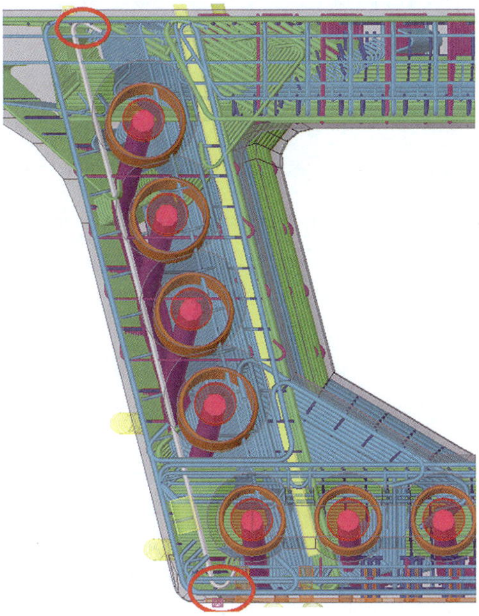

图 3-160　梁端腹板加强与箍筋关系示意

3.5　基于 BIM 的铁路桥梁信息化施工技术

3.5.1　桥梁施工信息化管理技术

桥梁施工信息化管理是基于 BIM＋GIS＋IoT 技术，建立“云＋端”技术体系的工程施工信息化平台，结合云计算、大数据、物联网、人工智能等实现三维可视化进度、质量、安全、计价、资料、信息管理，通过视频监控、门禁系统、环境监测设备、机械设备等的挂接及数据分析，实现信息化、数字化智慧工地建设。强化其装配式结构施工应用，采用北斗导航技术，增强预制构件的定位、安装、调整精确度。

平台可分为应用端(信息化管理平台)及展示端(项目管控中心)，应用端为项目管理人员日常管理服务，根据项目管理的角色及权限设置进行项目管理操作。平台的展示端是将项目的管理内容在平台进行一站式集成，作为项目对外展示的窗口，为领导的项目决策提供数据支撑。

1. 三维地形场景构建与 BIM 设计成果集成

(1)三维地形场景模型创建方法

三维地形场景的数据采集、模型构建通常采用 GPS RTK 地形检测法、倾斜摄影测量法、三维激光扫描的点云数据法等方法，对地形地貌、植被群落等进行测量。然后借助 BIM

建模软件输入采集到的地质数据、构件信息等，构筑地层地貌、地面建筑物的三维立体结构模型。常用的三维地形建模方法有：

①GPS RTK 测量法。

GPS RTK 地形、地籍测量法，主要利用天线、电缆、数据采集器、调制解调器、双频接收机等设备，对 GPS 卫星观测到的数据进行测量，在一定外部区域内设置基准参考站、流动站点，通过 GPS 接收机测量地形的坐标、水准高程和质量元素等，并将其转换为三维地形模型的参数。

②倾斜摄影测量法。

倾斜摄影测量法是利用摄像机拍摄下视影像、倾斜影像的方法，通过不断切换倾斜摄影的倾斜角度、拍摄模式，采集地面地形清晰的侧面纹理信息的测量方法。借助无人机搭载倾斜摄影机，从 3～5 个不同角度对地形地貌进行拍照，之后使用主控计算机系统（PCS）、惯性测量装置（IMU），对倾斜影像作出多次曝光与重叠拼接，形成具有立体结构的重叠点状模型。

对于重点交通设施可以采用倾斜建模的方式。交通运输管理的道路、河流等通常为线性分布，覆盖范围较广，在管理中，道路、河流附近的环境信息也是管理的重要内容，如果使用人工建模的方式，人力成本与费用都相对较高。通过倾斜摄影技术，用户可以快速对道路和周边环境进行数据采集建模，时间成本明显降低，费用也非常可控，通过倾斜摄影技术，交通运输行业真正可以在实际项目中大范围的采用三维技术。

③三维激光扫描的点云数据法。

三维激光扫描分为固定点、移动点三维激光扫描，一般情况下扫描仪被架在地面的固定位置，而移动三维激光扫描常常需要安装在移动物体上，之后通过点云形状检测处理算法，获取三维地形表面的空间数据信息，再进行多视图角度测算得出不同空间点的坐标，生成具有多维视图的立体结构模型，来完成虚拟空间点、纹理数据与实际地形的匹配。

常规测绘三维建模法仅适用于简单的三维地形建模，精细度不足，无法满足精度要求较高的铁路工程 BIM 设计；倾斜摄影测量法是目前购置设备费用相对经济的一种，适用于植被及雪覆盖少的测区，对风速及气温有一定要求；三维激光法点云数据精度高，内业数据处理量大，设备价格相对偏高。

（2）铁路行业 BIM 地形模型创建方法

相较于建筑 BIM 技术，铁路 BIM 技术针对的是大场景、大体量、呈带状的三维模型构建，这与建筑模型相对集中的结构特点有很大不同。呈带状分布的铁路线路，无论是设计阶段对大面积区域地形情况的掌握，还是施工阶段对不同坐标系的转换，都比传统建筑 BIM 技术要复杂得多。铁路 BIM 地形模型可以为桥梁等设计专业进行 BIM 设计提供可靠的三维空间数据。

通常在 BIM 软件中创建地形模型的技术流程为：依据航测获取的点云数据，或者利用航空摄影测量技术获取高分影像数据，经过一系列的数据处理（如空三加密、点云滤波等），得到数字高程模型(DEM)和数字正射影像图(DOM),通过地形曲面创建、地表材质铺贴以及地形裁切三大步骤,最终形成铁路沿线的 BIM 地形模型。

(3)BIM 设计成果集成

由于设计过程无法完全考虑建设管理的所有需求,设计阶段向施工阶段交付的 BIM 模型成果无法直接被信息化管理平台接收,需要根据管理精细度需求、用户体验需求对设计阶段传递下来的 BIM 模型进行修改。例如桥梁结构的内部孔洞、设计过程产生的中间参数对建设管理没有贡献,但由于其增加了数据负荷导致平台运行缓慢,可以将这部分数据优化后形成更轻量的 BIM 模型传递给建设管理平台;又例如桥墩按照一个整体构件进行设计,但现场分节段浇筑且分节原则随实际情况而异,这就需要对设计阶段传递的 BIM 模型进行分解,形成满足施工管理细度的 BIM 模型。

常用的 BIM 软件包括 revit、bentley、CATIA 等,目前国内 revit 和 bentley 主要应用于建筑工程,Bentley 还应用于公路、铁路建设领域,CATIA 在航空航天、汽车船舶、铁路行业应用较为广泛。

目前基于不同的 BIM 设计软件具有不同的设计模式和数据格式,如图 3-161 所示,彼此间很难直接兼容,国际 BIM 联盟 openBIM 推出了 IFC 格式作为 BIM 统一格式,各设计软件能够导入和导出 IFC 格式,由于 IFC 兼容性问题,各家软件的独有特性在 IFC 数据中很难体现。

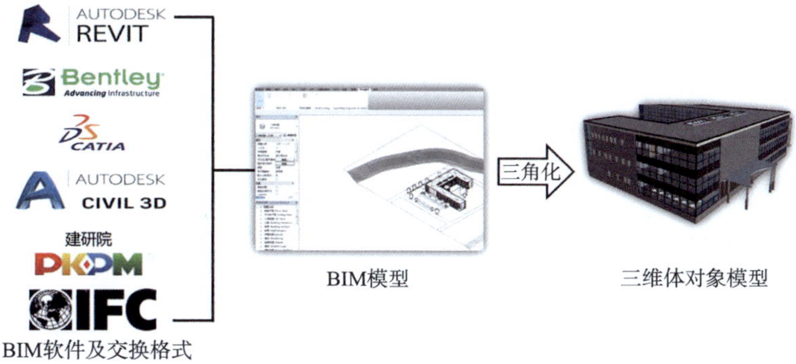

图 3-161　BIM 数据格式

利用 GIS 平台可集成各 BIM 软件的设计成果,通过将 BIM 模型保存为相应数据格式,实现 BIM 与 GIS 数据的无缝衔接。GIS 软件支持 BIM 数据的编辑、分析与展示,在显示方面,GIS 可以通过加载多种 BIM 数据构建综合性的宏观三维应用场景,通过多层次细节 LOD、实例化存储与绘制、简化冗余三角网、生成三维切片等实现海量 BIM 数据的高效渲染,解决了 BIM 与 GIS 结合应用的性能瓶颈。

BIM 数据导入 GIS 平台后支持坐标系转换与配准,支持位置编辑,实现在三维场景中重新定位。BIM 数据导入 GIS 平台后存储为三维体数据模型,具有拓扑闭合性,可以进行空间运算、体积、表面积计算,与地形、倾斜摄影数据进行运算。

2. 多源异构数据存储

将不同 BIM 平台的多源异构设计成果进行集成处理后成为统一的空间数据模型，传统的空间数据存储主要分为文件型和数据库型存储两种方式，伴随着技术的发展，空间数据采集手段越来越丰富，面向海量交通大数据，GIS 平台支持了分布式存储、云存储等方式。

文件型、数据库型、分布式存储和云存储具有不同的适用场景：

（1）文件型存储

将数据存储为空间数据文件，文件型存储一般为应用独占，通常在系统使用时后台无法修改数据，文件型存储主要面向中小型交通应用系统以及研究课题需求，另外地图瓦片数据通常也是文件型存储。

（2）数据库存储

数据库存储主要是将空间数据通过数据引擎写入到关系型数据库中。数据库存储需要 GIS 软件具有面向具体数据库的访问引擎，是传统 GIS 应用数据的主要存储模式，针对较大型系统，有数百万、千万条矢量影像交通空间资源，可采用关系型数据库的方式。

（3）分布式存储

数据库存储受限于数据库软件本身的性能，目前基于大数据分布式技术，GIS 平台支持空间数据分布式存储，通过分布式存储方式，有助于提升海量空间数据存储与运算效率，提升对于交通大对象、全要素数据的存储能力。

分布式存储具体包括：基于 HDFS 或 HBase 实现超体量空间数据和非结构化数据的分布式存储；通过对 Postgres-XL 分布式数据库的支持对海量空间大数据提供存储管理；通过支持 MongoDB 分布式数据库，实现海量栅格瓦片、矢量瓦片和三维瓦片数据的存储管理；通过对 Elasticsearch 分布式数据库的支持对流数据提供存储管理等。

（4）云存储

云存储是三方云平台提供的数据存储服务，由三方云平台直接管理，现有 GIS 软件可直接对接云存储，使用户无需考虑存储环境搭接、扩容，安全、高可靠保障等存储问题，只专注 GIS 业务自身，而这些云存储涵盖文件、关系型、分布式多种类型，特提升了各类 GIS 数据的存取效率，同时也是对 GIS 存储能力的补充。对接云存储大大提升了 GIS 上云的效率和稳定性，目前适配的主流云厂商存储服务有华为云存储、阿里云存储。

3. 平台开发技术

桥梁施工信息化管理平台通常采用基于“云＋端”技术体系的 3DGIS 系统，结合 BIM、GIS、云计算、大数据、物联网、人工智能等技术开发的项目综合管理平台。其原理是将三维的 BIM 模型和设计属性信息导入 3DGIS 平台，形成三维信息数据库，通过浏览器、客户端即可在 WEB 端、移动端实现模型及信息的浏览、查询。

桥梁施工信息化管理平台从逻辑上考虑，主要分为 6 大区：客户端区、转发区、后台服务区、渠道区、文件区、数据区，如图 3-162 所示。

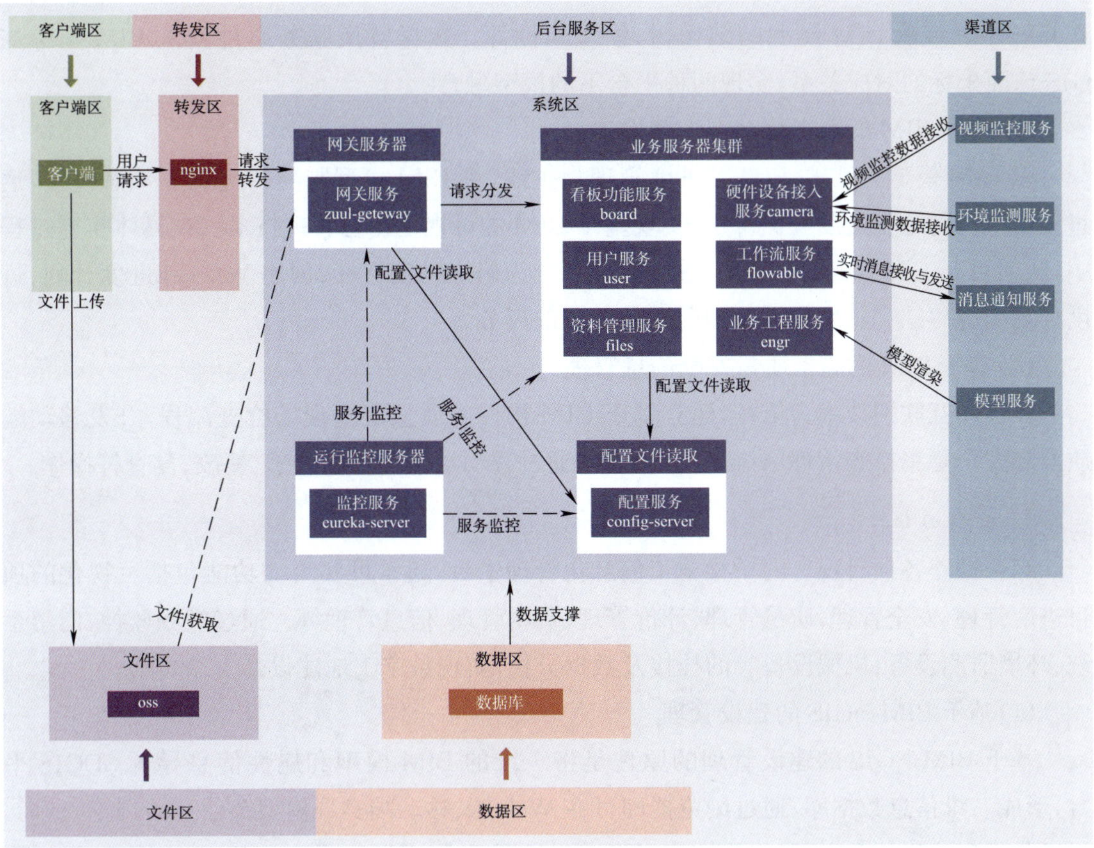

图 3-162　平台逻辑架构

客户端区为客户在浏览器可访问区域，主要包括 web 功能端、大屏展示端、移动端等功能；转发区主要是 nginx 系统，提供用户请求的转发和负载均衡，保证系统前置安全；后台系统区主要指后台请求处理服务器区，后台服务器组成主要有网关服务器、服务监控服务器、业务服务器集群、配置文件服务器；渠道区主要指平台接收与发送的其他独立或第三方的服务，如大华、海康威视等视频监控设备，环境监测设备，极光推送短信平台和超图模型服务；数据区主要指平台系统自身数据存储区，数据处理过程中及数据处理结束后，相关信息会在数据库中进行记录存储，作为之后数据统计和分析的依据，数据库建议使用 mysql。

（1）以 spring cloud 技术为代表的微服务架构

微服务架构是一种架构概念，旨在通过将功能分解到各个离散的服务中以实现对解决方案的解耦，从而降低系统的耦合性，并提供更加灵活的服务支持。

spring cloud 是一系列框架的有序集合，它利用 spring boot 的开发便利性巧妙地简化了分布式系统基础设施的开发。

（2）基于 BIM 原生数据的轻量化转换技术

采用以超图软件为代表的 GIS 系统，通过数据转换服务，对 BIM 模型进行轻量化转换，在 GIS 平台继承 BIM 模型的结构树、模型属性等。数据转换服务通过读入 BIM 坐标与 GIS 球面坐标的对应关系，实现两种平台下的模型融合。

（3）基于 BIM 的可视化动态管理技术

以 BIM 模型为基础，以施工进度管理为主线，将 BIM 模型与项目进度表动态链接，通过工程模型与施工进度数据绑定，实现基于 BIM 的可视化动态管理技术。在具体实施过程中，从项目开工到最后竣工交付，进度管理可分为确定进度目标、创建 WBS 和进度计划、进度计划实施跟踪和进度分析及预警纠偏等关键环节。

（4）基于 BIM 的施工质量安全信息管理

以移动互联网技术为依托，建立基于 BIM 构件的质量安全现场检查流程，开发移动端质量和安全隐患排查治理 App，实现随时随通过移动端进行隐患记录、整改、复查等操作。

4. 平台功能

综合铁路各项目现有的桥梁施工信息化管理平台，通常可实现的功能包括可视化的项目进度管理、安全管理、质量管理、计价管理、资料管理、信息管理等。通过视频监控、门禁系统、环境监测设备、机械设备等的挂接及数据分析，实现数字工地建设。

（1）基于 BIM+GIS 的建设管理

基于 BIM+GIS 的建设管理的原理是将三维的 BIM 模型和属性信息导入 3DGIS 平台，形成三维信息数据库，通过浏览器即可在 Web 端、移动端实现模型及信息的浏览、查询。通过各管理流程的开发，最终能够实现可视化的项目进度管理、成本管理、安全管理、质量管理、资料管理等，如图 3-163 所示。

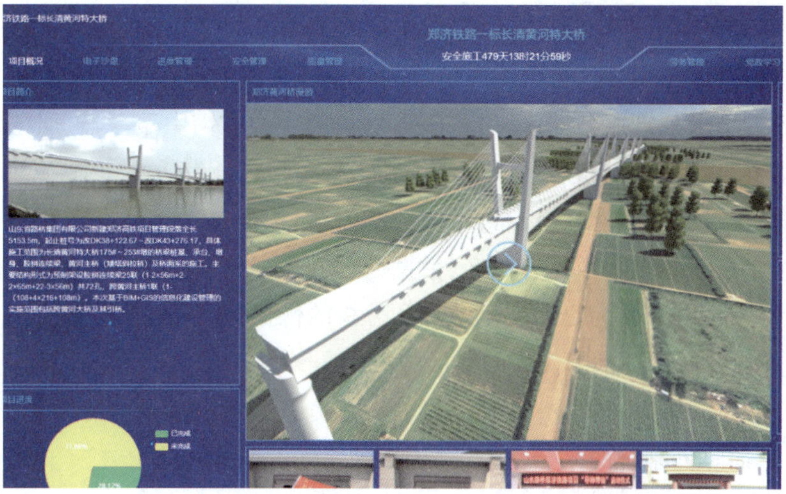

图 3-163　建设管理平台主界面

(2)进度管理

三维进度展示功能可利用 BIM 模型动态、直观反映进度信息，并进行统计分析，如图 3-164所示。人员物资设备管理功能可对每个标段、工点施工现场的人员、物资设备进行管理，可进行工程量统计、优化资源配置等；征拆管理功能通过无人机沿铁路线位飞行拍摄，定期进行工程进度检查，对视频进行处理，添加线位、工点注记等信息，能清楚的反映沿线征地拆迁、工程进度等情况。在总控时间节点要求下，以 BIM 方式表达、推敲、验证进度计划的合理性，寻找最优化的施工方案，充分准确显示施工进度中各个时间点的计划形象进度，为施工进度的管理提供依据。

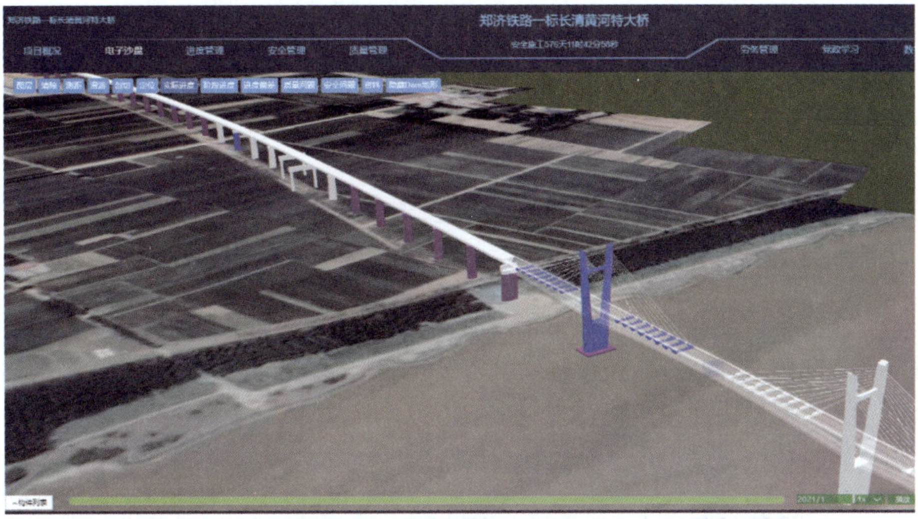

图 3-164　进度管理

(3)质量安全管理

我国高铁运营里程已超过 4 万 km，高速铁路建设工程复杂、涉及范围广泛，高铁桥梁安全和质量管理要素众多、关联密切、结构复杂、时空边界及目的明确、变化动态，其质量好坏直接影响铁路运营安全。

新一代信息技术引领的新一轮产业变革，以数字化赋能全过程全方位质量管理，提升产业链供应链质量协同水平，是推动各行业质量、效率、动力变革，是实现高质量发展的现实选择。

聚焦基于数字化的高速铁路桥梁工程质量管理体系，围绕感知、传输、存储、分析、应用等数字化驱动维度，深入掌握数字化质量管理涉及的不同阶段、不同要素的管理需求，形成数字化高速铁路桥梁工程质量管理体系架构。

从高铁工程建设项目全生命周期角度出发，结合数字化技术，把握系统工程理论，对基于数字化的高铁桥梁工程质量行为、质量管理组织方式、质量管理方法、质量管理技术等要素分析，建立基于数字化的高铁工程质量管理的时间维、逻辑维、知识维的三维概念模型，如图 3-165 所示。

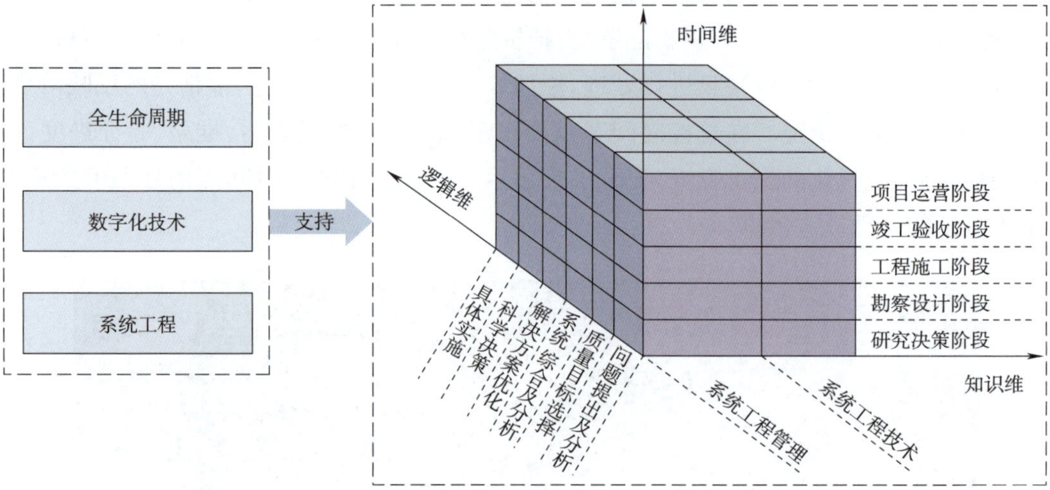

图 3-165　高铁工程质量管理三维概念模型

在实施过程中，依据施工管理制度和项目实际情况，对专项检查和日常检查进行记录及上传，实现发现问题、追溯责任、问题整改以及整改检查的全过程闭环管理。通过安全、质量管理信息与 BIM 模型构件相关联，实现在 BIM 建设管理平台中进行工程质量流程审批管理过程，提高项目信息化应用水平，如图 3-166 所示。

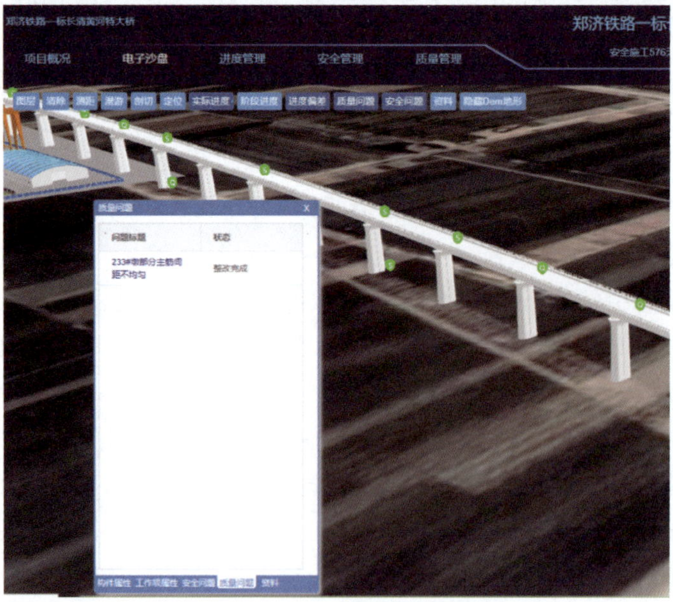

图 3-166　质量安全管理模块

(4)手机客户端

以移动互联网技术为依托，建立基于BIM构件的质量安全现场检查流程，开发移动端质量和安全隐患排查治理App，如图3-167所示，实现随时随地通过移动端进行隐患记录、整改、复查等操作，实现跨平台办公。

图3-167 手机客户端

(5)深基坑监测

为避免铁路工程施工对周边环境及工程本身的危害，采用先进、可靠的仪器及有效的监测方法，对工程本身和周围环境的变形及应力应变情况进行监控，为工程动态化设计和信息化施工提供所需的数据，从而使工程处于受控状态，确保工程本身及周边环境的安全，如图3-168所示。

(6)劳务管理

对人员进出入通道进行权限认证，防止未经授权的人员进出施工作业现场等场所，提升各场所的人员管理能力和工作的秩序，消除安全隐患。通过劳务分析可直观查看项目的实时人员门禁出入情况，查看进场人员的数量、工种，月累计用工分析，根据作业队统计用工等，如图 3-169 所示。

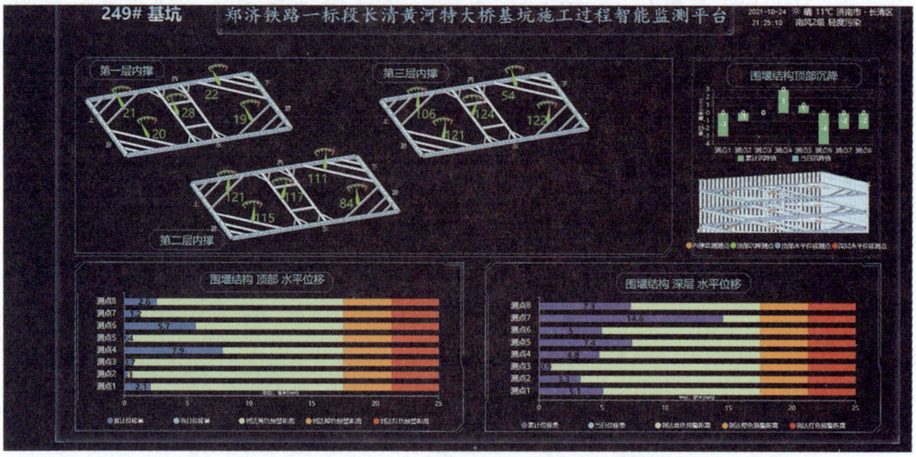

图 3-168　深基坑监测

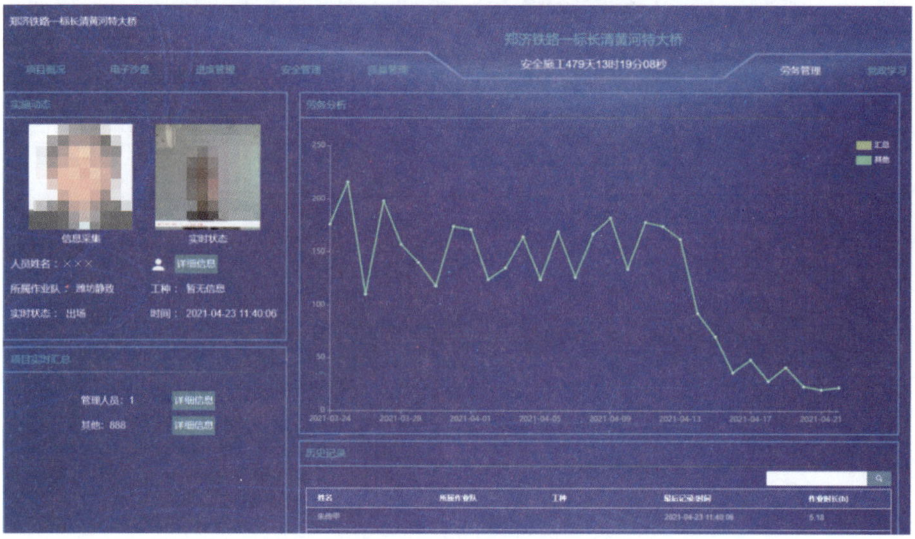

图 3-169　劳务管理

(7)环境监测

通过环境监测可直观查看项目区域内的环境状况。PM2.5、PM10、温度、湿度、噪声、风力、风速等实时信息及历史信息分类统计功能，管理人员可实现现场环境的远程在线监测，提升了监管的力度和水平。平台支持挂接自动喷淋或者雾炮等设备，便于针对性地对施工场地进行降尘处理，缓解环境污染，实现绿色工地建设，如图 3-170 所示。

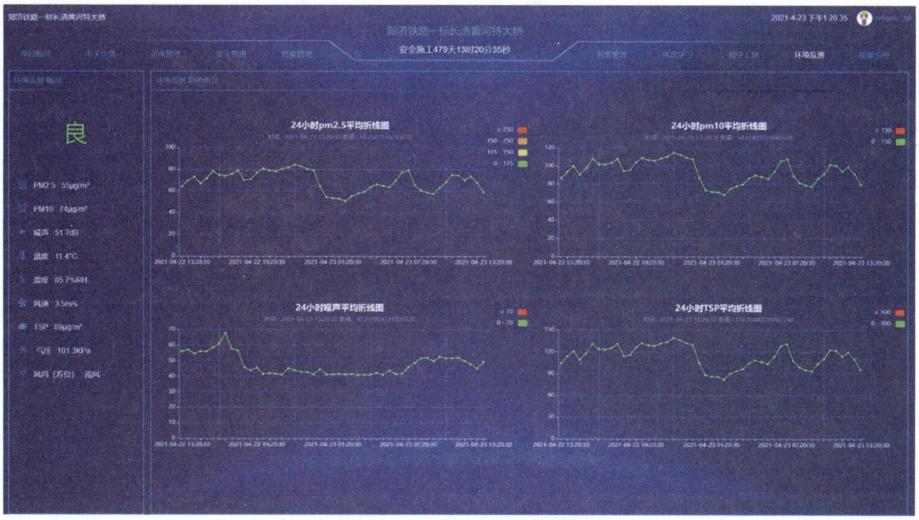

图 3-170　环境监测

(8)视频监控

根据现场实际需要,在标段内架梁提升站、栈桥、钢围堰等重要点位布设监控设备。管理人员可以通过移动端、网页端、大屏端设施查看现场情况,防范危险区及仓库的非法入侵,监管材料和设备的财产安全。运用控制指令功能,对摄像机进行实时抽检监控,在监督施工现场是否规范的同时,及时发现安全隐患,全面提升施工现场的管理效率及质量,如图 3-171 所示。

图 3-171　视频监控

(9)大型机械监控

基于 BIM 技术实现塔吊、龙门架及架桥机等大型机械的安全监测。能够实现对大型机械运行状态的全方位监控、多种不同危险的管理以及运营作业的信息化管理,能够有效提升大型机械的安全水平和运营效率。最终实现传感器采集设备运行数据实时上传,管理层随时随地监管。

(10)施工机械管理系统

针对项目洒水车等施工机械众多,施工管理困难繁琐的问题,通过引入机械管理系统,对现场施工机械各个状态进行实时监控反馈,能更直观、高效、系统的把控现场施工质量,减少了窝工怠工的可能,降低了施工成本,提高了施工效率,各类机械施工状态在平台上一目了然,如图 3-172 所示。

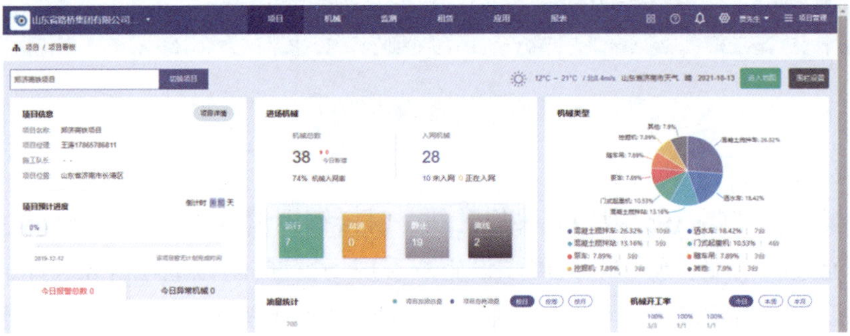

图 3-172　机械指挥官模块

5. 空间数据获取技术

交通运输行业空间数据包括静态的基础地图、交通网络、交通设施、电子海图、电子航图、轨道线路图,动态的物流信息、船舶位置信息、车辆位置信息及交通养护信息等。不同的数据有不同的采集获取方式,需要关联相应的设备,常用的获取方式包括测绘、北斗/GPS、IoT 采集、蓝牙 WiFi 定位、雷达监测、数据建模、BIM 等手段。

(1)北斗定位导航

北斗定位导航技术是国家的核心战略技术之一,在交通运输行业的应用场景很多,除了提供实时导航定位能力,北斗还可以为任意场景下的交通感知设备进行授时校对,为没有通信条件的场景提供短报文通信能力。在交通行业,北斗导航技术是空间信息最重要的来源之一。

由于北斗导航技术强大的定位和通信能力,在交通运输领域的某些应用场景中,北斗被简单等同于地理信息系统,这实际上是将北斗的巨大价值浪费了。从地理信息应用整体上来看,北斗导航提供的是位置信息,是一种高效的空间定位数据资源,北斗导航并不是地理信息的全部,位置≠地图,位置信息的应用还需要地理信息的展现与分析能力。

北斗定位功能在应用中需要位置信息通过 GIS 的能力与地图叠加展现的。地图上常用的电子围栏等位置监控功能，也需要地理信息提供对海量定位流数据进行分析处理才能实现。除了常规的面向定位本身的应用外，行业内积累的巨大的北斗定位历史数据是重要的行业信息分析与挖掘的数据来源。

北斗+GIS 是利用北斗高精度定位和短报文通信能力，加上地理信息系统的高性能数据处理与空间分析能力，为交通行业应用提供更全面的业务应用场景。通过北斗高精度定位监测信息，能够对交通重要设施提供便捷的状态监管能力；面向海量定位数据，利用大数据建模和人工智能学习训练，可以实现预测道路拥堵情况，挖掘港口服务能力，统计船舶线路变迁等交通宏观状态变化的分析预测能力，为交通综合决策提供更加科学智能的依据。此外，在区域交通行业管理应用中，通过信息平台统一北斗服务进行共享和业务能力定制，不但可以降低应用成本，并且能够整合行业状态信息资源，是行业管理统计的重要技术实现方式。

超图软件具有分布式大数据大数据处理能力，能够支持海量定位数据的存储、查询、分析与服务能力，具有流服务接入与发布能力，同时，超图大数据 GIS 技术能够为用户实现对海量数据的挖掘定制能力，提供了上百种的海量空间数据分布式挖掘计算模型，能够支持合作伙伴，实现区域内北斗导航服务价值的最大化实现。

依托中国国家铁路集团有限公司铁路北斗应用服务平台，将针对工程建设期提供北斗时空一体化信息服务，针对各类业务应用提供高精度位置服务、短报文通信服务、授时服务，以及其他定制化服务等，具体包括施工人员定位、作业车辆定位、作业船舶定位、辅助水下基础施工精确放样等。

(2)IoT 设备

目前基于 IoT 定位是交通运输行业的主要定位技术手段。在交通设施周边设置的传感器能够获取车、船等交通工具和携带传感器设备的人员的经过信息，并通过交通网络数据计算出定位对象的轨迹。IoT 的采集设备包括摄像头、路侧 RFID 等。此外，传感器获取旅客进出站信息，可以实现旅客人员的 OD 迁移数据。

在梁体钢筋绑扎过程中埋入 RFID 芯片，如图 3-173 所示，RFID 芯片不只存储设计、施工阶段的信息，还可记录维修养护的信息，最终实现梁体的全生命周期管理。RFID 芯片除了存储全球唯一的构件识别编码以外，还存储了其他基本属性，超过 256 个字节以外的信息，可通过 5G 传输远程获取数据库的内容，读写器扫描后，读取芯片中存储的梁体识别信息，根据识别信息查询数据库获取当前条目权限，在读写器上进行数据库增删改操作。

RFID 芯片与施工信息化管理系统关联，作为一种有效的物联网手段，通过读写器的扫描实现构件信息查询、录入更新等功能。芯片与二维码相比具有更高的使用寿命，可作为运营期的物联网标签长久使用。

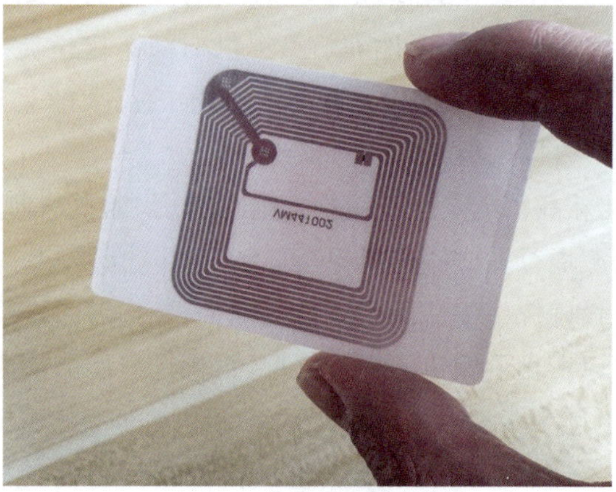

图 3-173　RFID 芯片预埋

(3)蓝牙 WiFi 定位

在机场、运输枢纽等室内环境可以通过手机蓝牙和 WiFi 的方式实现人员的室内定位,部分设备可以通过惯性导航和地磁等其他方式来辅助室内定位。

3.5.2　桥梁施工仿真模拟

1. 应用背景

工程仿真模拟是通过数字或图像建立工程系统模型并利用所建数字或图像模型对实际工程系统进行仿真模拟、实验研究的过程。通常利用模型复现实际工程、系统中发生的本质过程,并通过对工程、系统模型的实验来研究设计或施工中的问题。

基于 BIM 技术的桥梁施工仿真模拟,可实现在构建虚拟场景并进行施工现场地形地貌、施工安全风险信息查询以及施工过程中的工序工艺虚拟仿真,能够及时发现存在的问题,提高沟通效率,显著提高施工组织和安全管理质量。

将铁路 BIM 与 GIS 技术相结合,有效利用设计模型和既有三维地理信息数据,数据的真实性和几何精度高,在 GIS 平台中开发和集成各类仿真和动画功能,由工程人员直接操作,成果可复用,实现施工仿真与设计、施工、信息化管理融合,如图 3-174 所示,有效利用 BIM 设计成果,实现与信息化系统的集成,大幅降低施工仿真的难度和成本,拓展应用面。

对于铁路、公路中重大立交、跨越处普遍采用的桥梁结构而言,跨越铁路、繁忙道路以及施工难度大的桥梁工程施工安全风险较高,是工程控制性节点,建设过程中涉及多方沟通和方案审查与审批,施工组织和管理难度大,参建各方承担的安全风险和工期控制压力逐渐增大。通过施工仿真确定合理施工方案,可服务于施组优化设计,提高施工组织和管理水平,降低安全风险,提高各方沟通效率。

图 3-174　基于 BIM+GIS 的施工仿真平台

2. 技术路线

在精细化 BIM 设计模型和三维数字化地理场景数据交付成果基础上，进行基于 BIM 和 GIS 的桥梁工程施工仿真，需要开展数据集成、仿真软件应用、仿真方案制作等工作内容。

(1)数据集成

对 BIM 模型进行转换，导入到三维地理场景中，实现在同一个坐标系下的精确整合。BIM 模型转换的关键技术包括交换格式、坐标系统转换、模型轻量化等，如图 3-175 所示。

图 3-175　数据集成

(2)仿真软件应用

基于仿真软件进行数据上传，并发布地形、模型、图片、矢量等各类数据，搭建数据共享访问环境。

(3)仿真方案制作

可由设计与施工人员主导,编制施工仿真脚本,根据脚本在仿真软件中编制施工工序演示动画和复杂施工工艺的演示动画,如图 3-176 所示。

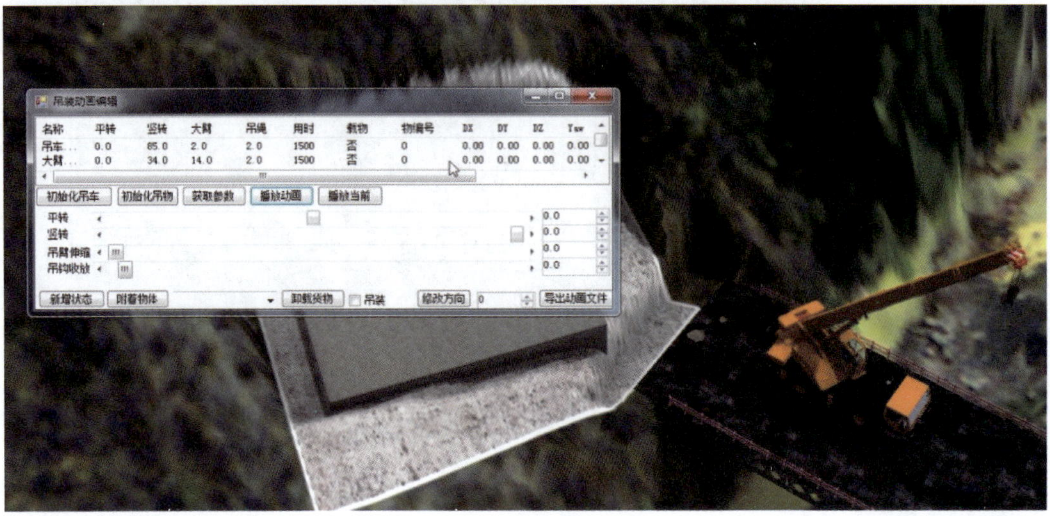

图 3-176　施工方案制作

(4)施组方案优化与成果发布

结合三维可视化的施组仿真模拟,开展施组方案设计优化工作。最终成果形式可以施工仿真视频或可交互的三维仿真场景等形式提交。

3. 技术优势

常规的桥梁施工仿真主要通过动画和视频渲染技术表现,成果作用单一。与之相比,基于 BIM+GIS 的桥梁仿真模拟能够将铁路桥梁设计阶段的 BIM 数据成功应用于施工建管阶段,实现从设计阶段到施工阶段的信息传递与共享,促进 BIM 在铁路全生命周期的应用。

基于桥梁结构 EBS 分解与施组紧密结合可实现工艺级 4D 仿真,可在虚拟地理环境中完整展示施工过程安全控制因素,为安全隐患排查与决策管理提供一种可视化、矢量化的分析方法。

4. 应用场景

(1)跨既有线施工风险管理

跨既有线施工面临较大的安全风险,如图 3-177 所示,对施工组织和施工管理提出了很高的要求,通过虚拟施工,结合施工组织优化,可实现对上跨既有线施工安全风险的提前摸排和对风险有效应对。

图 3-177　主墩工作坑与既有线高程相对关系

(2)高墩陡坡桥墩施工风险管理

高墩陡坡施工,便道选择、塔吊位置面临较大的安全风险,对施工组织和施工管理提出了很高的要求。基于工程仿真模拟,如图 3-178 所示,可实现综合考虑既有道路、施工难度以及施工工程量对施工便道方案进行方案优化。

图 3-178　高墩陡坡便道方案比选

(3)大跨结构跨越既有高速公路施工风险管理

大跨结构在跨越既有高速公路,往往需封闭道路,缩减公路通行空间,大跨结构施工工序复杂的施工风险大,存在一定的安全隐患。通过虚拟施工,如图 3-179 所示,结合施工组织优化,可实现对上跨运营高速公路施工安全风险的提前摸排与有效控制。

图 3-179　拱肋施工期间道路切改导引

3.5.3　三维信息化施工技术交底

设计交底是由建设单位组织，施工单位和监理单位参加，由设计单位对施工图设计文件和图纸文件进行讲解的一项技术活动，其目的是让施工单位、监理单位充分了解设计意图、设计内容和技术规范要求，明确质量控制的重难点。在长期的技术交底实践中，传统的技术交底一般依托于 office 或者图纸，文字表达枯燥乏味，不够形象直观。而基于 BIM 的可视化技术交底具有直观明了、易于理解等优点。

1. 方法研究

基于 BIM 的铁路桥梁技术交底在内容上与二维设计交底相比，内容和对象没有变化，变化的只是形式和手段。采用 composer、navisworks 等 BIM 软件以及 powerpoint、Adobe Acrobat 等常规软件相结合的 BIM 可视化和信息化交底方法，如图 3-180 所示，在虚拟环境下全面表达工程设计意图、技术标准和施工注意事项，提升施工单位对工程的了解，有利于建设单位对工程的全面把控，如图 3-181 所示。

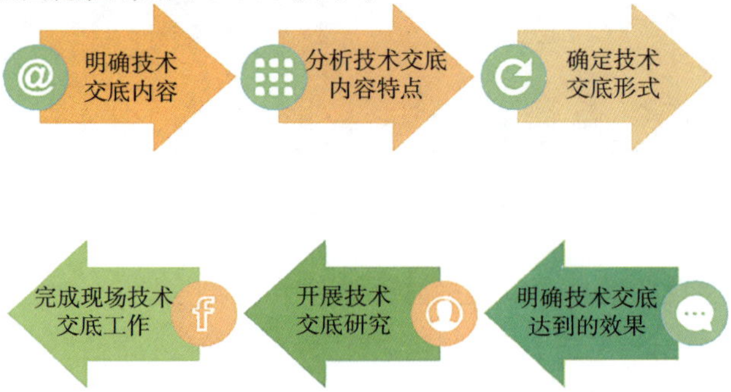

图 3-180　技术交底路线图

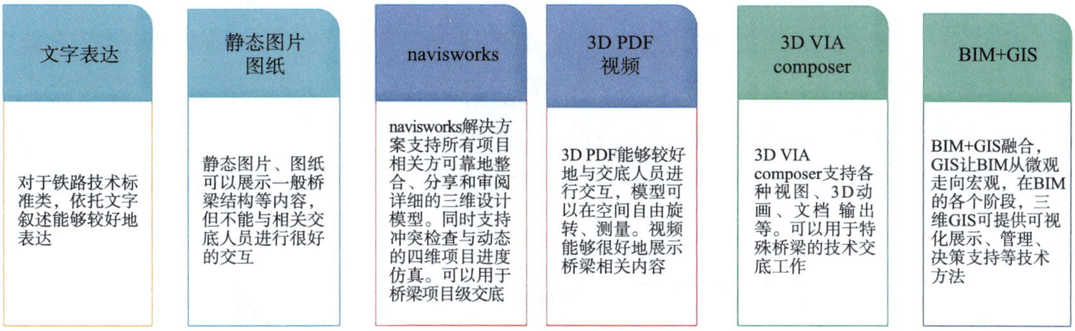

图 3-181　各种交底方法的对比分析

2. 成果应用

(1)装配式桥梁结构技术交底

设计单位完成 BIM 设计，受大部分常用 BIM 设计软件的数据体量和安装条件限制，模型展示不方便，可将模型导出为 3D PDF 格式，具体操作步骤如图 3-182 所示，用于施工现场技术交底。形成的 3D PDF 可以用于设计阶段的方案汇报，辅助建设单位、相关产权单位进行相关决策。同时，可用于施工阶段的现场技术交底，使施工单位人员更好地了解设计意图。

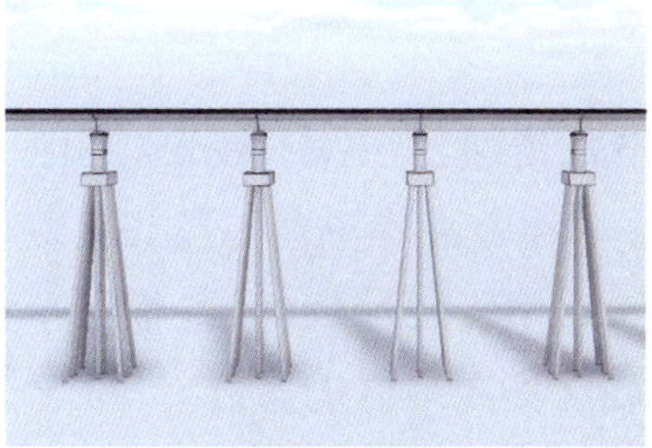

(a)BIM 设计成果

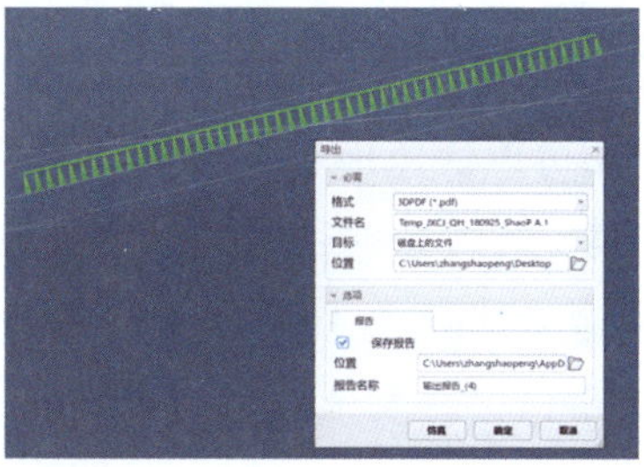

(b)BIM 模型导出为 3D PDF 格式

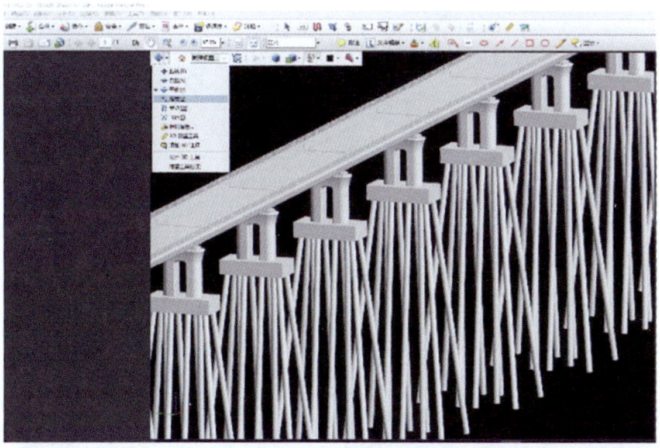

(c)现场 3D PDF 展示

图 3-182　装配式结构整体模型展示

(2)拱桥钢筋技术交底

连续梁—拱组合结构的拱脚部位非常重要而且受力复杂，其中的预应力钢束、普通钢筋、拱脚加强钢筋及拱肋结构互相交叉干扰，通过建立 BIM 模型能够指导二维设计优化钢筋布置，在此基础上进一步实现施工单位的深化应用，提高施工班组效率，保证混凝土浇筑质量。通过录制视频辅助进行现场技术交底，以可视化、多视角方式展示结构细节，使施工人员了解设计意图，如图 3-183 所示。

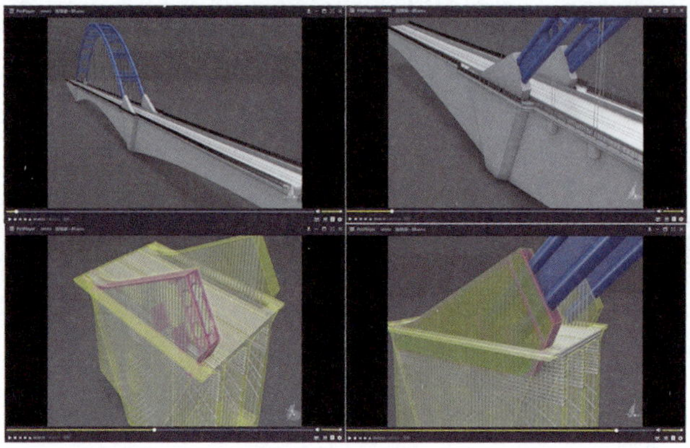

图 3-183 连续梁—拱拱脚钢筋视频展示

(3)转体连续梁技术交底

BIM 模型可以快速地以 IFC 作为中转数据格式传递给 navisworks，其中，navisworks 作为解决方案支持所有项目相关方可靠地整合、分享和审阅详细的三维设计模型。以桥梁工程 BIM 模型为基础，如图 3-184 所示，通过 navisworks 展示软件，三维展示桥梁工程构件，实现三维碰撞检查及预应力钢束空间定位，大幅度提高多方沟通效率、降低安全风险、提高施工过程管理水平、确保进度和工期，如图 3-185～图 3-187 所示。

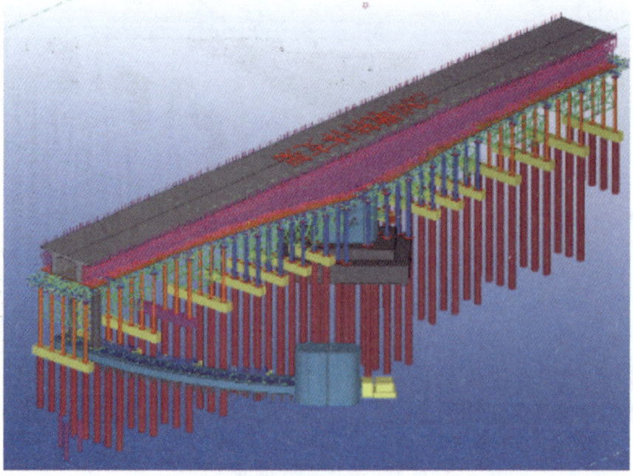

图 3-184 BIM 模型导出 IFC 数据格式

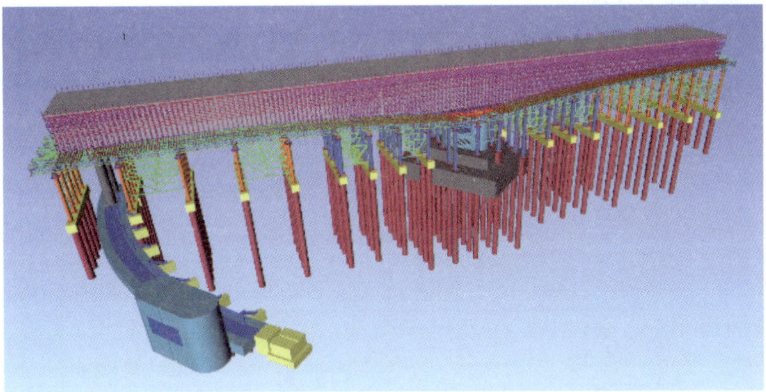

图 3-185　BIM 模型在 navisworks 中展示

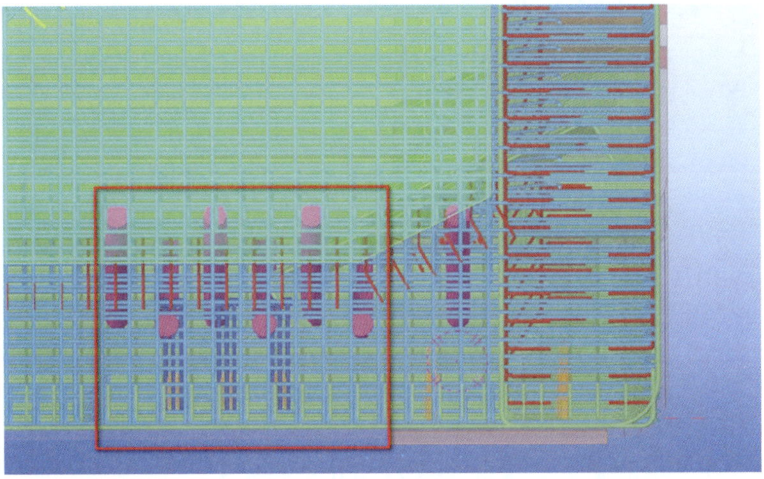

图 3-186　碰撞检查结果

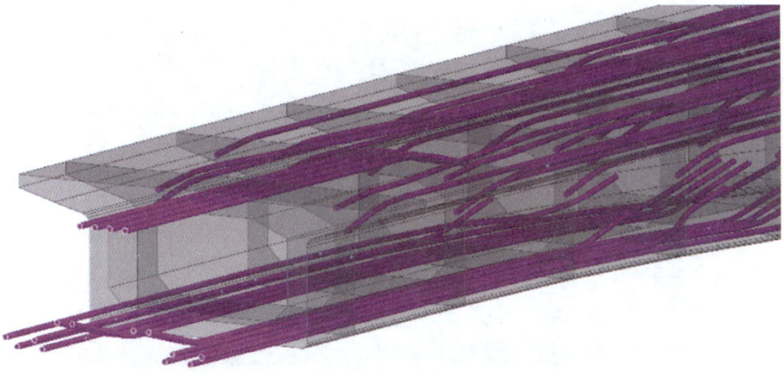

图 3-187　预应力钢束空间定位展示

(4)连续梁支座技术交底

铁路连续梁球型钢支座构造复杂,结构构件多,使用 BIM 软件进行支座参数化精细设计,在设计阶段可以进行碰撞检查。进一步利用 composer 软件将模型分解或者剖切,如图 3-188 和图 3-189 所示,用于现场施工交底,同时可利用 composer 制作动画视频。

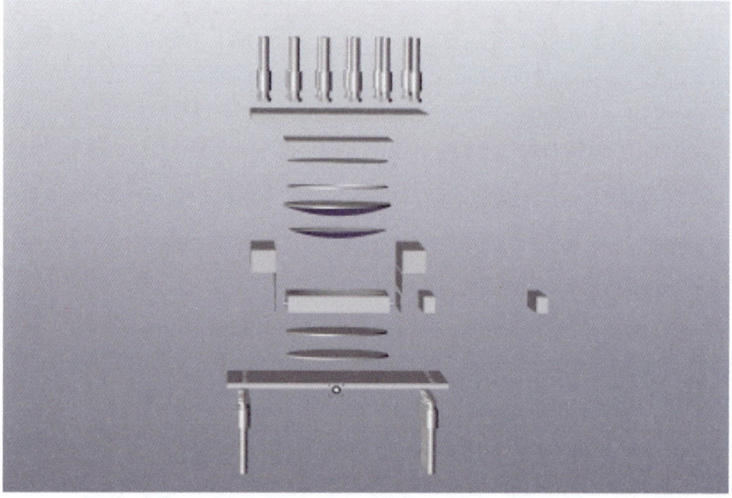

图 3-188 composer 模型分解展示

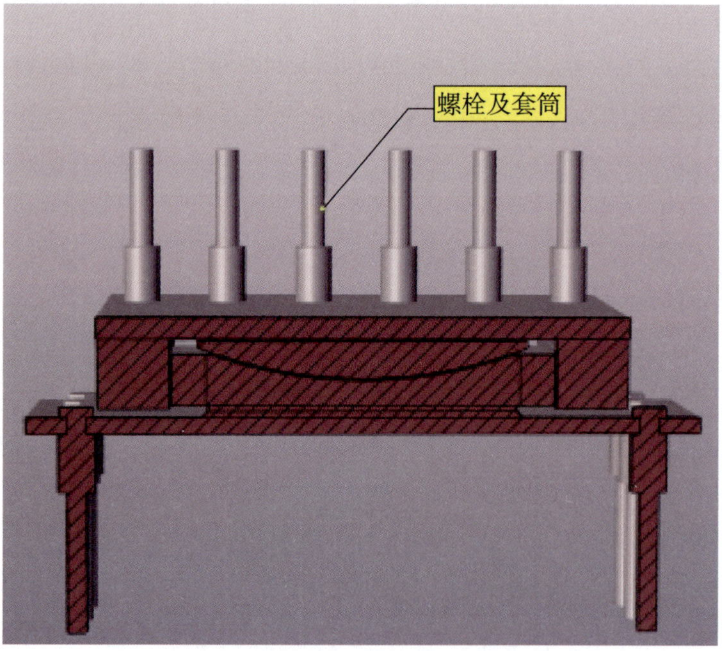

图 3-189 composer 模型剖切

3.5.4 基于 BIM 的钢桥数字化加工

1. 概述

钢结构桥梁数字化加工，是制造技术、计算机技术、网络技术与管理科学的交叉、融合、发展与应用的结果，也是制造企业不断实现数字化的必然趋势。数字化加工要实现各智能系统的数据连接和集成整合，数据的源头在于设计单位交付的设计 BIM 模型能够将最终产品的功能及结构信息进行传递，通过制造单位在设计 BIM 模型的基础上进行深化设计、工艺、制造和生产信息的集成等操作后，实现设计 BIM 模型到制造 BIM 模型的转变，从而产生用于驱动和指导智能制造的基础数据制造 BOM。智能制造系统对数据进行分类管理和整合应用，制造 BOM 数据转变成驱动各数控和智能设备进行制造的代码指令，智能制造单元根据智能制造系统派发的生产任务组织生产、生产质量和进度等相关数据再集中反馈到智能制造管理系统，由智能制造系统将数据进行分类梳理后反馈至 BIM 信息可视化管理平台，在平台上实现制造 BIM 模型生产数据的集成，完成最终产品数据模型的建立。通过应用大数据分析技术对产品制造过程中的数据进行全面分析，对生产工艺、质量管理、资源配置、进度管理等进行针对性的优化，结合知识工程的运用，不断提高智慧决策，形成生产制造数据实时进行分析，分析结果直接指导生产纠偏和提供智能决策的运转模式。通过移动和物联网技术的应用，实现智能设备与系统之间的数据实时传递与共享，打通生产制造各个环节中的数据，实现数据的全面贯通与应用。最终通过智能传感器及智能制造系统实现智能制造组织模式的建立，最终实现基于数据驱动的智能制造管理模式即无人制造。以 BIM 三维模型为基础，在熟练运用三维建模软件的基础上，自行开发了工艺余量添加系统，实现了三维设计制造一体化，打通了设计到生产制造的环节，提升了项目的智能制造水平。

BIM 技术的应用，能够将设计与制造进行紧密的结合，在设计阶段即可将部分制造信息进行细化和集成，这样设计的模型仅需再集成和添加更专业的制造信息就可以用于指导生产制造。为能够充分利用 BIM 信息模型的优势，减少人工干预和修改数据的风险，在设计提供的 BIM 信息模型的基础上通过二次开发专用模块实现设计、制造一体化加工制造的模式。在统一的 BIM 信息平台上实现设计 BIM 模型向制造 BIM 模型的演变，为设计、制造一体化应用提供基础的信息。利用建模软件导出的钢板信息，经过工艺余量添加系统对各类钢板进行余量添加，并通过与高性能优化套料软件的集成应用，进行优化套料排版，以模型数据的套料结果，驱动工厂数控设备进行生产，实现从三维设计到制造的一体化。

2. 信息模型设计

在钢结构制造环节，主要在设计院提供的设计模型的基础上，进行生产工艺信息、质量信息、进度信息、成本信息及一些驱动数控机床或设备的驱动指令文件等信息集成添加，实现用于生产的制造信息模型，如图 3-190 所示。

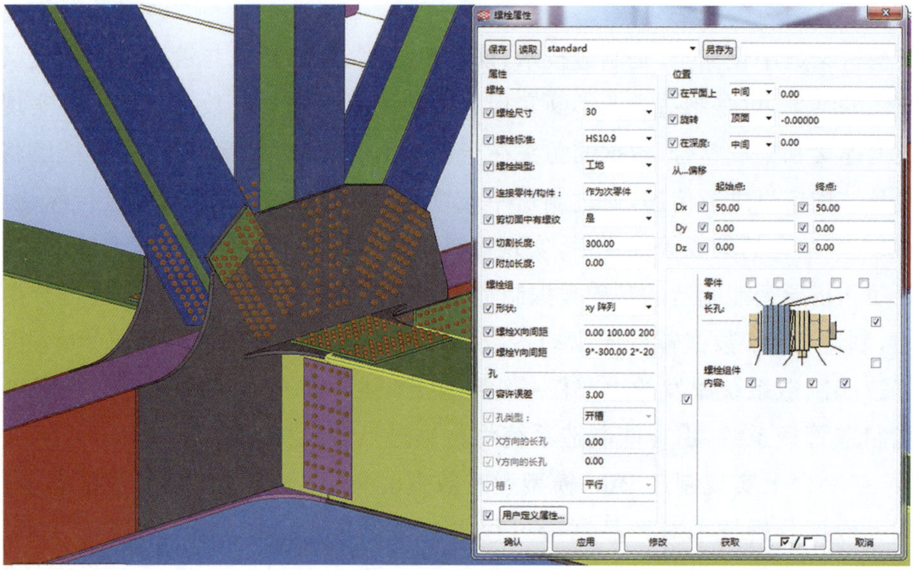

图 3-190　螺栓节点库

如图 3-191 所示，三维模型是生成钢结构制造二维施工图纸的基础。在三维模型检查无误的基础上进行出图，保证图纸的准确性和高效性。项目结构发生变更后，施工图纸会根据模型自动修改，并有云线标识修改位置，时时保持模型与图纸的一致性。

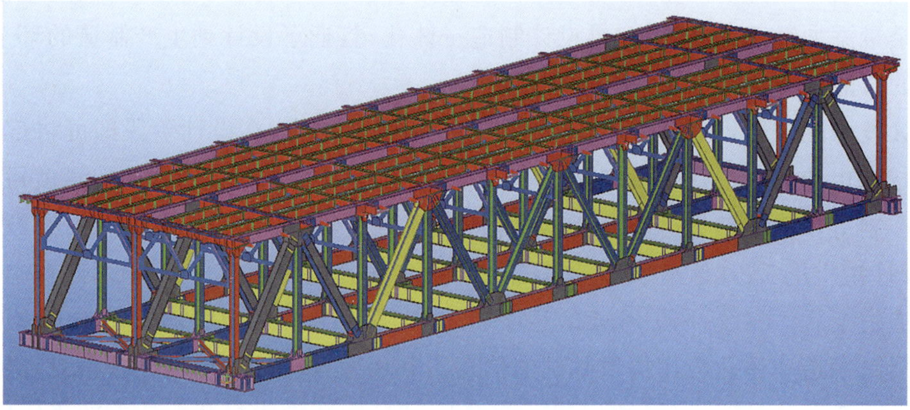

图 3-191　单跨三维几何模型

材料采购的精确性也离不开三维模型。模型能够通过预套料提供精确的零件清单，完成精确材料采购清单。同时，模型能够提供产品的各种信息清单，能够避免二维出图所带来的信息统计量大而不准确的问题。

设计图纸与施工图纸在表达工程信息方面采取了不同的表达方式。设计图纸文件中的大量图纸是采用装配图的方式表达结构构造设计，与制造工艺有关的信息一般集中以少量图纸分类表达。从制造施工角度看，这种表达方式的设计信息不够具体，且较为分散，使用起来不太方便，而且存在一定风险。因此，制造厂通常需要在设计图纸基础上另出施工图，以使设计信息集中化和具体化，降低风险。施工图纸常按零件图的方式表达，它不但包括完整的零件构造信息，还包括在设计图纸中较为抽象的与制造工艺相关的焊缝要求、尺寸要求等设计信息在该零件上的具体落实方案。因此，施工图更能指导现场施工人员进行焊接作业和施工测量，使最终产品能够满足设计图纸提出的焊接质量和尺寸精度质量。

此外，设计图纸表达的是一种类型或系列的产品设计要求，而施工图纸需要表达的信息量比较具体，需要具体到每个产品的特殊要求，为此施工图纸的数量与设计图纸数量不相同。由于受制于钢板尺寸或设备规格，有时会将设计图纸的大尺寸零件进行合理的分割，以满足钢板尺寸或设备限制的需求，故施工图纸有时会出现设计图纸没有表达出来的制造或工艺需求的特殊情况。

三维模型是 BIM 工作开展的基础，在设计信息模型升级为制造信息模型的基础上通过二次开发，自行开发了工艺余量系统、焊缝管理系统和生产物联系统，并实现了工艺余量信息、焊缝信息和进度信息在模型中的集成，如图 3-192 所示。使三维模型不仅能够展示三维几何特征，同时也能够将工艺、焊缝和进度信息在模型中进行展示，实现多维度的扩展，为 BIM 技术的实施奠定基础。

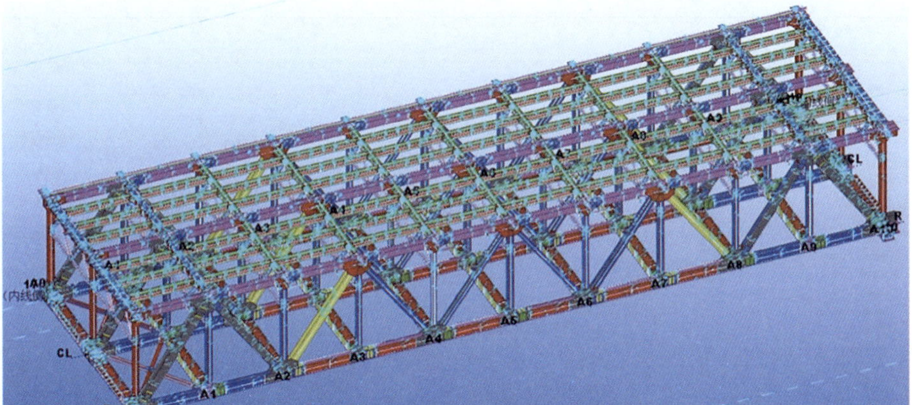

图 3-192　单跨三维含焊缝信息模型

3. 设计余量添加系统

利用建模软件导出的钢板信息，经过工艺余量添加系统可实现对复杂几何外形的零件添加多种形式的工艺余量，分为单边余量、均布余量和厚度余量三种模式。其中，单边余量添加可对零件各边分别添加余量，如图 3-193 所示。均布余量添加模式可对零件分区域添加均布余量，如图 3-194 所示。厚度余量添加模式可对零件添加板厚余量，以满足各种情况的余量添加要求。针对部分相对规则的板件，可自动批量添加工艺余量，分别定义长度方向和宽度方向的工艺余量：包括焊接收缩量、二次切割量、机加工量和起拱量，其中焊接收缩量可定义为与长度(宽度)相关的值，如图 3-195 所示。

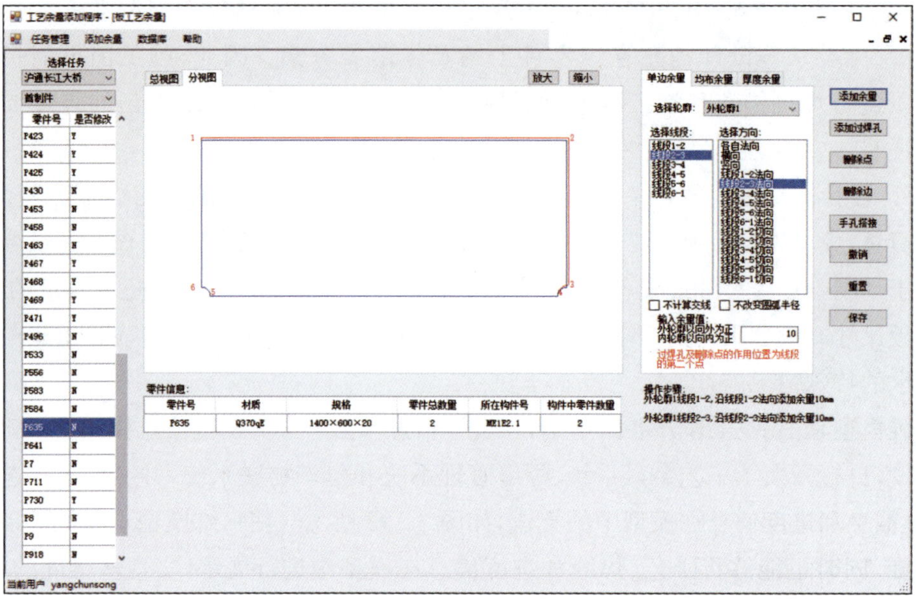

图 3-193 单边余量添加

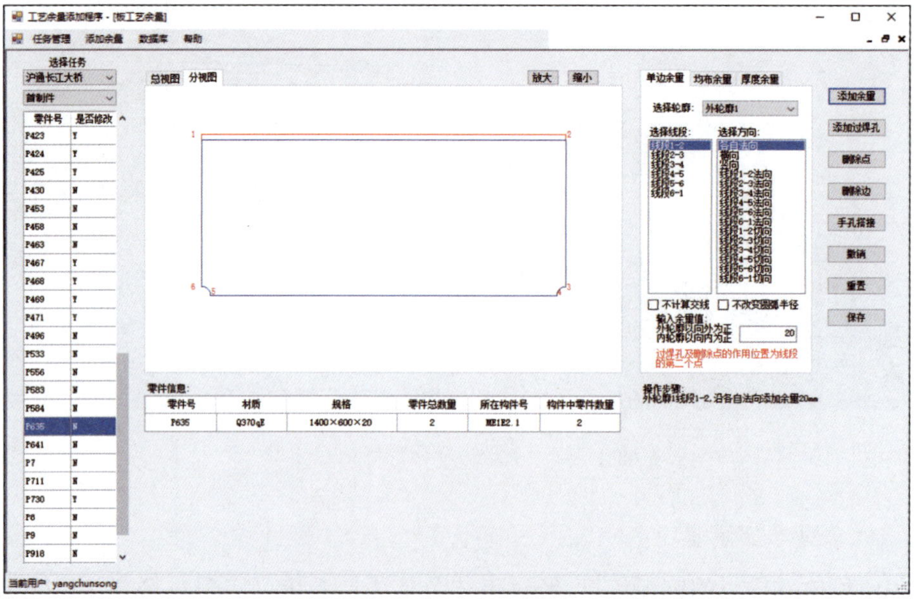

图 3-194 多边余量添加

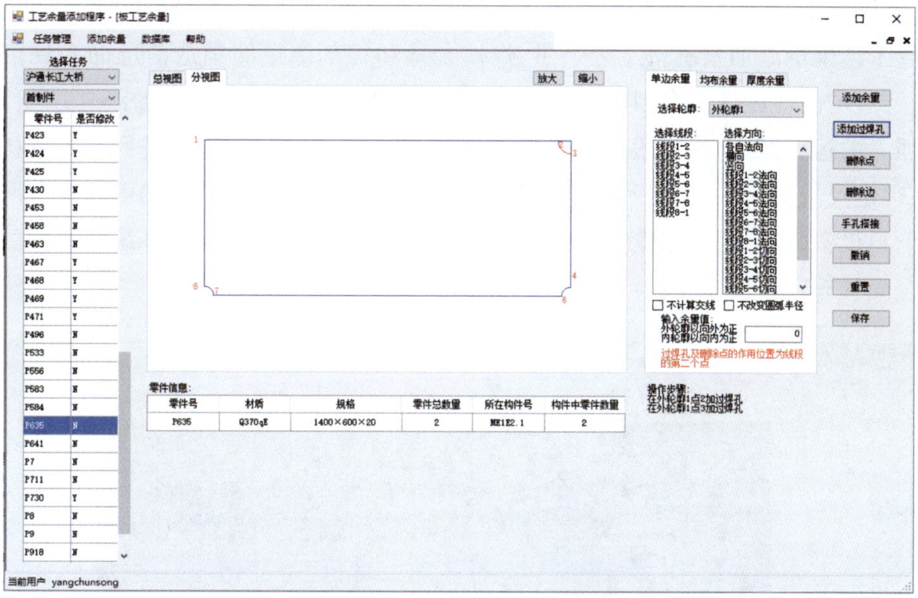

图 3-195　过焊孔添加余量添加

可在三维 BIM 信息平台上对产生的钢板信息文件进行修改，使其包含余量信息；对项目中所有零部件余量添加的操作进行记录，支持数据库存储功能，实现工艺余量的添加可查询性、再修改和重复利用功能，如图 3-196 所示。

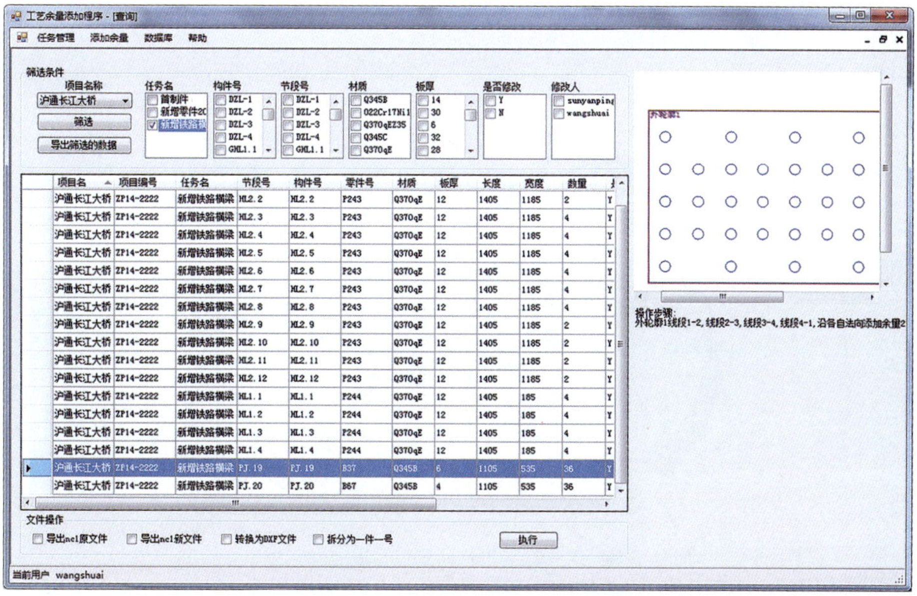

图 3-196　工艺余量信息查询界面

4. 设计加工一体化

通过工艺余量添加系统将工艺余量、焊接余量和切割余量等制造信息加入到信息模型中，然后通过与高性能优化套料软件的集成，所有排版工作全部自动，如图 3-197 所示，利用计算机强大的运算能力，使排版工作效率得到极大提高，无须出图即可进行采购钢板的精确套料，实现定尺规格采购，材料利用率得到显著提升。排版后的切割代码可以通过网络推送到数控下料设备，按照项目进度安排进行排产下料，通过专用下料管理系统对钢板的下料过程进行全面管理，最终实现设计加工一体化生产模式，如图 3-198 所示。

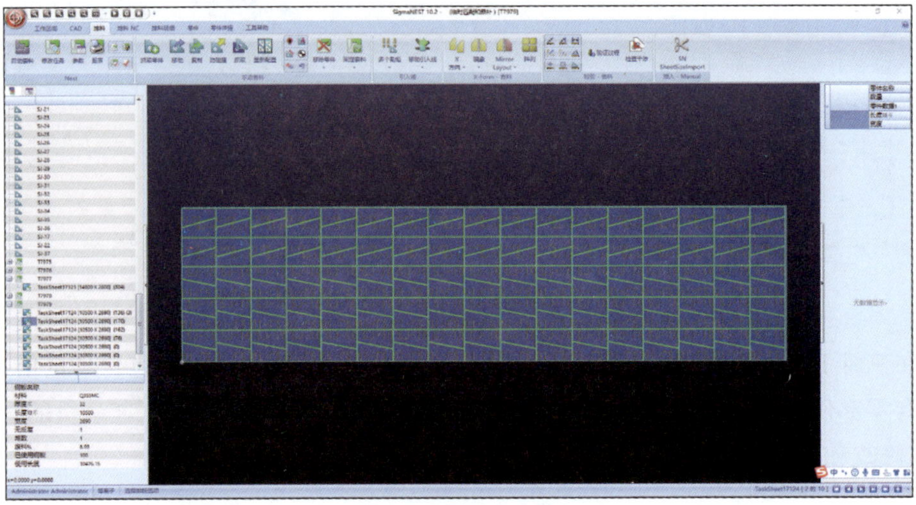

图 3-197　排版优化界面

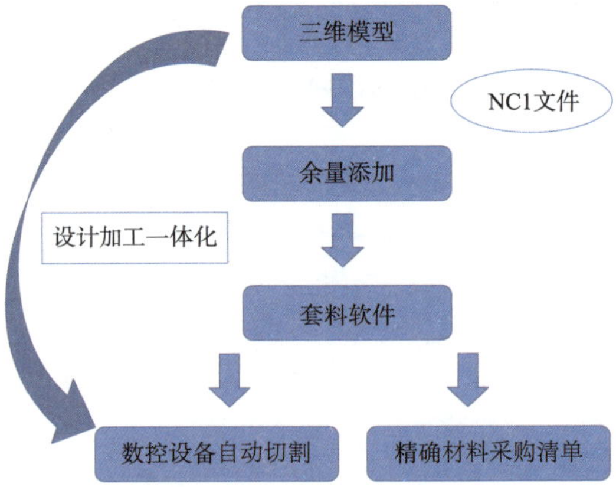

图 3-198　设计加工一体化流程

SinMES 下料管理系统可实现车间的规范化、信息化、精益化及无纸化管理，如图 3-199 所示，完成零件数据管理、套料计划、套料、切割任务分配、切割报工和切割结算等工序流转。

管理所有零件基础信息，制定套排料计划，分配套料任务，与排料软件无缝衔接套料，套料结果反馈至下料数据库系统。

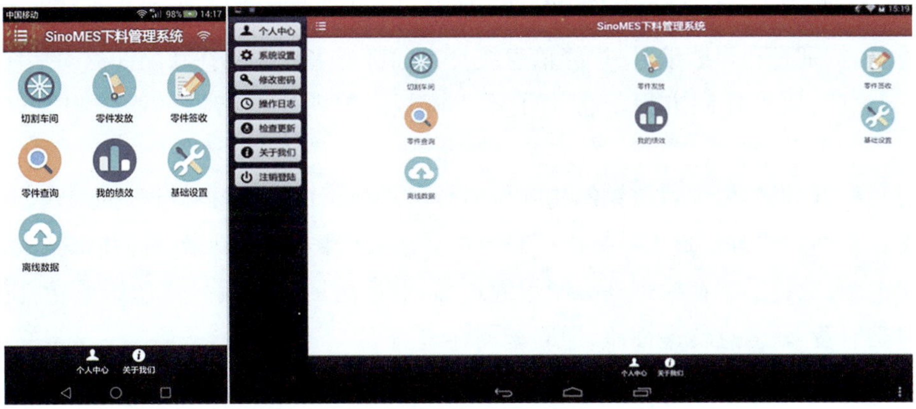

图 3-199　下料管理系统界面

最后，运用下料管理系统，驱动车间数控设备进行自动生产，如图 3-200 所示。三维加工一体化技术的应用改变了传统的详图设计、拆图、加放工艺余量、排版的模式，通过采用三维加工一体化技术取消了拆图过程，直接打通了设计到工艺余量环节，将工艺余量添加的工作在三维建模阶段进行，缩短了技术准备时间，减少了人力资源投入，摆脱了限定钢板规格的束缚，根据排版套料结果制定钢板采购清单，达到了提高材料利用率和减少库存积压的目的。

图 3-200　数控设备切割钢板

应用过程中，所有板件的工艺余量都可以在三维模型中进行集成，产生的带有工艺余量的 NC1 文件也能够顺利读入 SigmaNEST 优化套料软件中，实现工艺余量添加系统与优化套料系统的集成。

通过优化套料工作的前移，使套料结果能够更好地指导材料采购，减少库存积压，提高了信息化水平，实现了无纸化办公。

5. 焊缝信息全面管理

钢结构详图设计软件逐渐从二维转向三维，目前钢结构行业中比较常用的三维软件有 tekla、solidworks、Pro/E、CATIA 等，但是无论哪款软件，在建模阶段都很难对焊缝信息进行有效管理，特别是在焊缝编号、焊缝信息统计方面都或多或少存在缺陷。这对后续的焊材采购、车间生产、质检控制方面都带来了不少麻烦。国内外钢结构企业较为常见的做法如下。

焊材采购：根据类似项目按钢结构吨位对焊材进行预估。焊材实行分批采购，后续不断进行修正。这种方式对订货人员提出了较高的要求，而且采购量到最后往往都偏大。

焊缝追踪：通过手工在模型外编制焊缝地图，然后将图纸和编号传递给质检部门使用。这种方式费时费力、信息传递性差、逆向查询性差。

车间生产：根据施工图纸中标注的信息和焊接工艺评定来完成坡口准备、装配、焊接及探伤工作。最后将这些信息与焊缝编号对应，填入表格。这种方式在实际车间使用时，质检员需要参照图纸、焊缝地图和焊接工艺评定等多份文件，工作量大、效率低、出错率高。

施工队结算：主要根据项目类型，按吨位进行结算。这种方式较为粗放，对工作量的计算不够精准。

针对以上问题提出了可视化焊缝管理理念，通过对系统开发，在模型中实现对焊缝的快速编号和属性定义，同时实现对焊缝的类型、长度、熔融金属、焊材用量、焊接工时等信息的统计，将焊缝信息在三维建模、生产准备、焊材采购、车间焊接、质量控制等环节进行有效整合，形成完整的数据链，从而在项目整个过程中实现焊缝精细化管理，提高企业的生产力。如图 3-201 所示，可视化焊缝信息管理系统的优势及特点主要表现在以下几点。

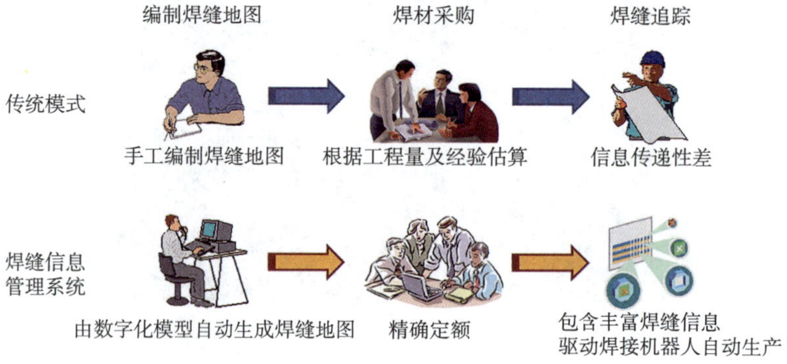

图 3-201　焊缝管理系统与传统模式对比

(1)与信息模型高度集成

焊缝信息管理系统通过内部接口与钢结构深化软件 tekla structure 连接，将焊缝的坡口信息、施焊信息、检验信息等焊缝信息全部集成到 tekla 模型中，如图 3-202 所示，以项目为核心，全过程通过数据库高效管理，确保数据的安全性和访问便携性。

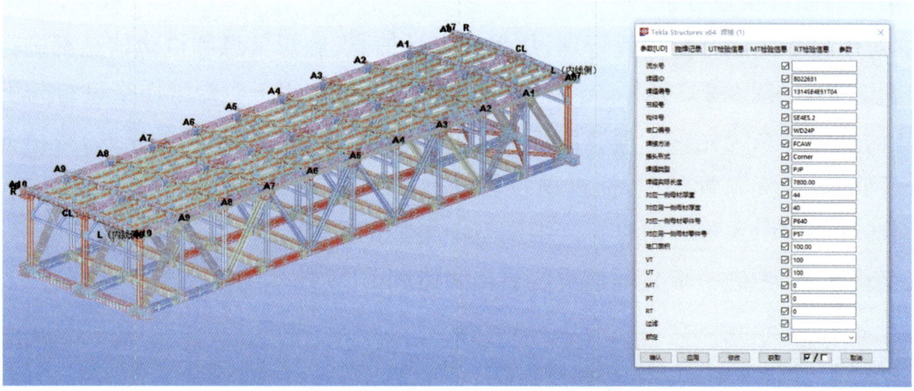

图 3-202　沪苏通长江大桥焊缝信息集成于 Tekla 模型

（2）焊缝快速定位查询

焊缝信息管理能够根据项目需求自定义焊缝编号管理，一般情况下根据焊缝的节段号、构件号、流水号进行编号，如图 3-203 所示，保证焊缝编号的实用性和唯一性，能够在信息模型中通过编号快速定位和查询焊缝的设计、施焊和检验信息，查询结果直观形象，如图 3-204 所示。

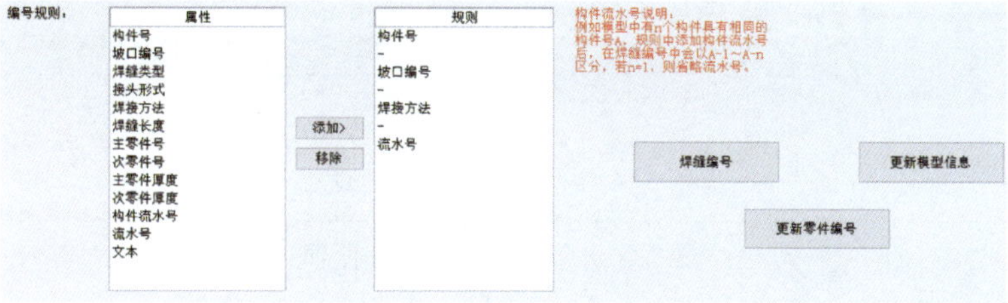

图 3-203　自定义焊缝编号

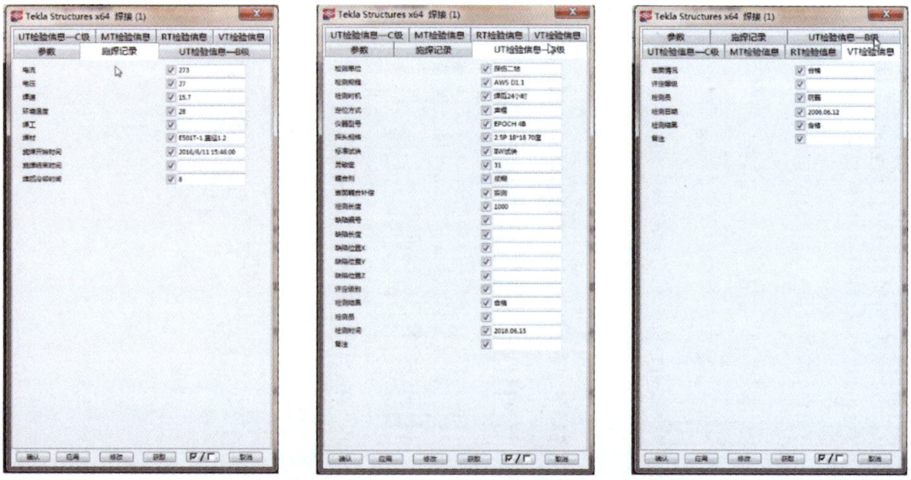

图 3-204　沪苏通长江大桥焊缝信息查询

(3)钢结构制造全过程管理

能够对项目焊缝进行全过程管理,从焊缝设计信息、施焊信息和检验信息都进行全面的管理,如图 3-205～图 3-207 所示,导出相应的报告及清单,用于对焊缝质量进行分析。

焊缝信息管理系统完善了焊缝信息的管理机制,改变以往粗放型的模式,将精细化管理理念引入到项目的资源管理中,促进项目管理水平的提高,降低资源消耗,提高企业效益。在钢桥制造行业中引入焊缝信息在三维模型中集成的方法,进一步提高桥梁制造行业的信息化、数字化水平,为进一步实现钢桥数字化制造和 BIM 技术的推广奠定基础。

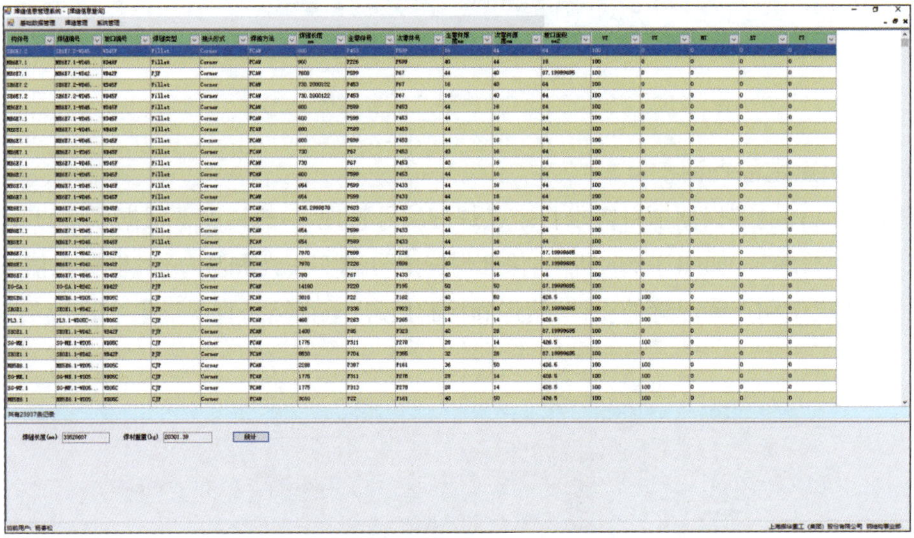

图 3-205　焊缝设计信息管理

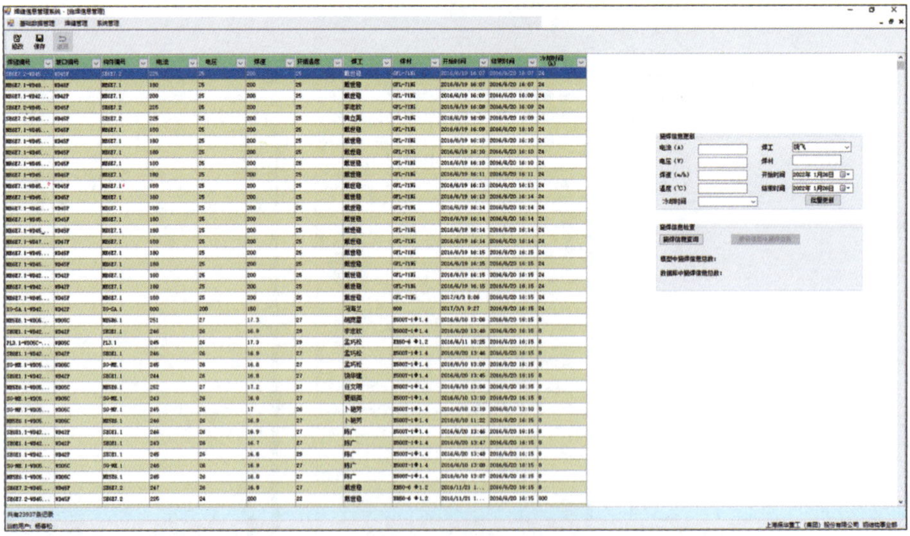

图 3-206　焊缝施焊信息管理

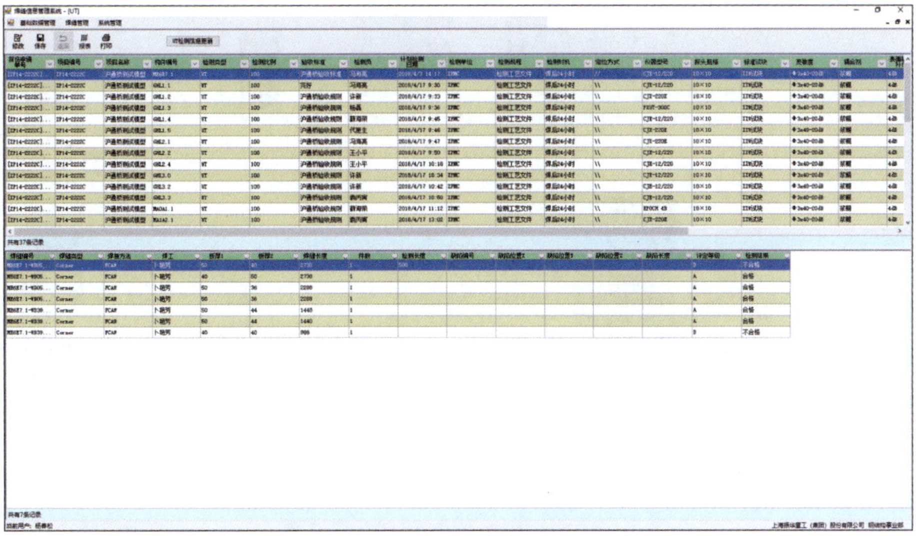

图 3-207　焊缝检验信息管理

沪苏通长江大桥项目上的应用，实现了在三维模型中生成所有焊缝并统一管理，自动生成各类焊缝信息统计报告，计算焊材采购量、焊接工作量及探伤工作量。经过在该项目上的应用，结果较为理想，达到了预期的效果。

①改变以往经验估计的采购模式，对焊材消耗进行精确定额，指导焊材采购及合理化厂内资源配置。

②改变以往按吨结算方式，实现按焊缝类型、长度的精细化结算，有利于成本控制。

③通过在三维数字模型中集成焊缝信息，自动生成各类焊缝信息统计报告，可大幅提高生产效率，节约劳动力成本。

6. 焊缝信息可视化管理

焊接数据管理信息化的主要目的是实现焊接参数统一管理，如图 3-208 所示，真实、准确记录焊接过程数据并自动上传到服务器，减少传统作业中的人工测量的资源投入和人工测量误差，同时预留数据接口，方便与各单位进行信息共享。

焊接数据管理主要通过智能焊接管理系统来实现，该系统基于客户端/服务器(C/S)结构开发，集成在沪苏通长江大桥 BIM 管理系统平台上，在沪苏通长江大桥构件节段拼装关键焊缝焊接上进行实施，可实现关键焊缝的焊接信息自动采集、上传。解决了焊接数据无法采集，焊接管理流程效率低，缺少焊接过程数据分析，焊接质量不可控等传统焊接管理过程中的问题，使焊接过程实现了可视化、数字化和智能化。

传统的焊接数据管理主要存在以下问题：

传统的焊接过程数据往往无法真实采集，焊接记录人工纸质填写，不易进行数据化的统计和管理；焊接工时与生产进度无法实时采集，导致焊接作业进度与计划很容易脱节；焊接工艺、焊缝检验记录采用人工纸质管理，时效性差；实际焊接参数与工艺要求会有偏差，焊接

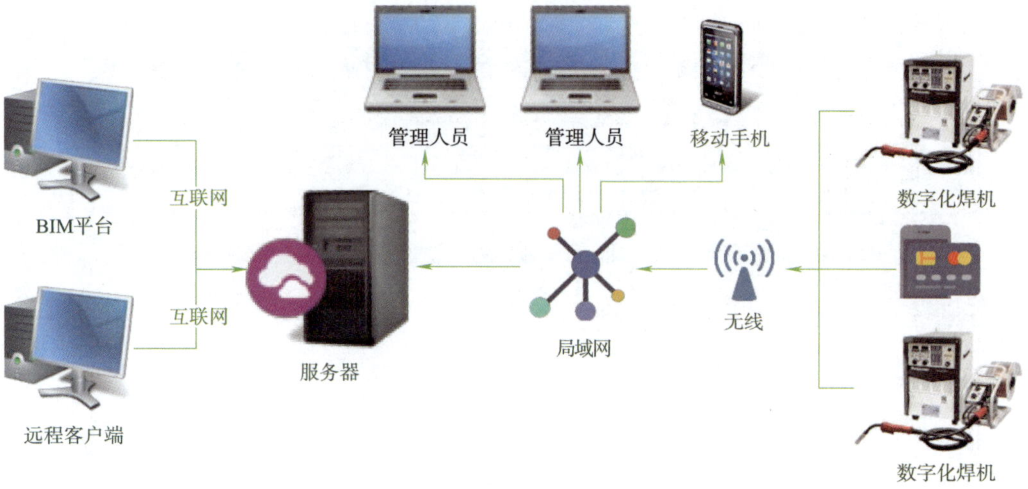

图 3-208　焊接数据管理流程示意

工艺难以严格执行，焊接产品的参数及追溯性难以实现；生产进度报表、工时统计，产品合格率报表依靠手工统计，难以满足追求效率的车间管理要求；人员及设备的运行数据没有智能分析，无法提高整体生产效率。

如图 3-209 所示，焊接数据管理系统实现的功能主要包括：支持不同权限用户分类，实现各部门分级管理；实时显示焊机状态与详细参数，把握车间联网焊机工作情况；按车间进行焊机管理，便于宏观地管理焊接设备的运行状况；焊工排班管理，便于生产管理人员对焊工考核与管理；管理焊接规范，超规范报警，确保严格执行焊接工艺参数；历史焊接波形查询与工艺分析，实现焊接数据追溯；丰富的统计报表，统计平均焊接参数、焊丝用量等信息。

图 3-209　系统主要功能表

质量分析:根据焊接电流的实际分布对所有联网焊机进行有针对性的宏观质量分析,或者对某一台焊机进行以焊缝为单位的微观质量分析。

成本分析:通过查询得到指定时间段内每台焊机的焊丝消耗、气体消耗、电能消耗,并以报表及柱状图的形式体现,方便对焊丝的库存管理。

设备管理:对焊机的设备信息及使用信息的及时把握与管理,显示每台焊机的序号、设备编号、安装位置、出厂编号、责任人、入厂时间、累计焊接时间、是否需要实施保养等信息,以降低焊机故障率。

焊工管理:通过软件设定工号模式或焊工输入工号模式,将焊工与焊机建立对应关系,用于实时信息的显示及按焊工进行报表统计。

规范管理:可以对联网焊机的焊接规范进行设置,包括设置焊接电流上下限,焊接电流报警上下限等。

报表统计:以区间报表、日报表、月报表、自由报表或故障报表的形式统计同一焊接规范下的焊接电流平均值、焊接电压平均值、累计焊接时间、累计工作时间、是否超规范、焊丝消耗、气体消耗、电能消耗等信息,并生成 excel 格式的表格文档或直接打印。

工艺人员在线编辑焊接工艺目录卡、焊缝编号,焊工通过手机确定焊接任务,并扫描焊缝条码,焊缝工艺参数自动从服务器下传到焊机,焊工仅可在规范要求内微调,焊工在施焊时,系统实时记录焊机的电流、电压等参数,焊接作业完成后,自动将焊缝报检信息推送至检验人员客户端,检验人员现场检验后,使用系统及时填写检验结果,并快速传递到各个部门。

若设备发生故障时,系统会将故障代码推送到设备管理人员的客户端,便于设备的及时维修。

系统按照班组、焊工,产品等多维度统计作业时间、工作效率、焊丝消耗、气体消耗、电能消耗等,方便进行数据分析,系统可追溯每条焊缝的详细情况,实现焊接质量可追溯,焊接报告一键生成,包含从设计、焊工、检验等全部信息,如图 3-210 所示。

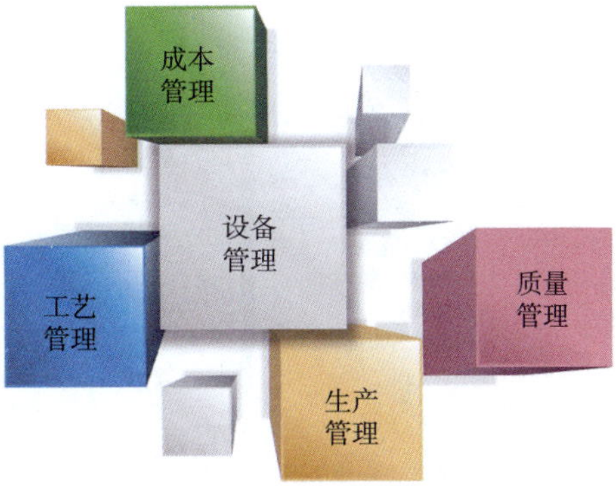

图 3-210　焊接数据管理系统模块

焊接数据管理流程如图 3-211 所示。BIM 管理系统平台可实时调用工厂服务器内焊接记录,追溯每条焊缝的焊接历史,实现异地资料的无缝对接和资料的无纸化管理,如图 3-212 所示。

在焊接数据管理系统点击节段号,可显示节段焊缝信息。选择焊缝时,焊缝红色高亮显示,可显示焊缝的历史波形。

为实现与 BIM 平台联通的焊接数据自动采集,拼装场地实施了无线网覆盖、焊机服务器架设,及焊机数字化改造工作,如图 3-213 所示。

图 3-211　焊接数据管理流程图

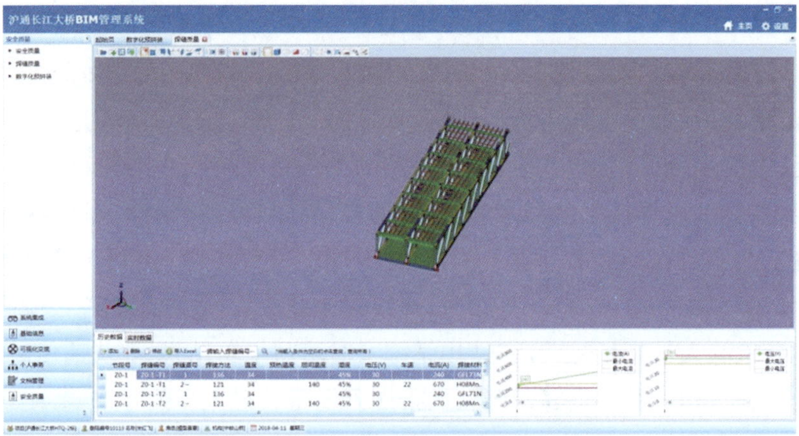

图 3-212　远程 BIM 平台焊缝管理示意

图 3-213　焊接信息管理系统服务器

3.5.5　基于 BIM 的钢桥虚拟预拼装

1. 常规预拼装技术

由于钢桁梁构件自重和刚度都比较大，制造误差的修正必须借助专用机械设备，架设钢桁梁时的高空作业环境不具备这样的条件，因此在吊装前必须确保构件制造误差符合架设安装要求。误差控制是钢桁梁构件制造过程最重要的工作之一，制造过程的每一道工序都有误差控制要求。构件组拼完成后，为检验构件制造过程各道工序误差控制的综合效果，在涂装之前要进行厂内试拼装。试拼装结束后要将装好的构件拆散涂装，然后再发往工地储存待架。在正式架设钢桁梁预制构件之前，一般还要在地面进行一次预拼装，最后一次综合检验钢桁梁构件制造误差是否符合要求。预拼装合格后还要将在地面拼好的构件拆开，按照设计的吊装顺序进行正式架设作业。

厂内试拼装和工地预拼装，有时也笼统地称为预拼装，是执行制造误差综合性检查的工序。通过预拼装，可以验证施工图纸的正确性，检验制造工艺的合理性，检验工艺装备的精确性，检查构件连接处能否正常进行，有无不正常的抵触等情况，连接处螺栓施拧或接缝施焊操作空间是否足够等。一旦发现异常，可以进行尺寸修正和调整，避免在高空发现异常后影响架设施工进度。节段间预拼装如图 3-214 所示。

图 3-214　节段间预拼装

预拼装一般需要在专用的重工拼装场进行，场地地面需要硬化，能满足承重要求；另外，还要配备龙门吊机、门座式吊机等起吊设备，以及备制支墩、胎架、预拼工具和测量仪器等。预拼装要先设计拼装方案图，然后按照设计步骤在拼装场地进行拼装。为加快进度，通常先分结构单元平行组装，然后按照从下至上、从中间到周边的顺序进行结构单元的拼装。预拼装要考虑工厂预拱度的要求，一般用支墩和胎架进行模拟。

参与拼装的构件事先必须全部检验合格。拼装过程中必须确保杆件处于自由状态拼装，不可为了完成拼装而对杆件施加外力生拉硬扯。拼装时必须使板结合面密贴，所用冲钉数量一般不少于螺栓孔总量的 10%，所用螺栓一般不少于螺栓孔总量的 20%。必须对所有对接螺栓孔进行检验，自由通过比设计孔径小 0.75 mm 的试孔器方能判定合格。磨光顶紧处应有 75%以上的面积密贴。应避免日照温差因素对检测结果造成影响。预拼检测要留意过程中发生的构件不正常抵触、移运路径阻断、施拧螺栓受限等异常。

常规预拼装技术需要配备较多的机械设备、耗费大量人工、占用较长工期，成本较高。

2. 虚拟预拼装技术

虚拟预拼装技术，是近年来兴起的虚拟装配技术在钢桁梁领域的应用。虚拟装配技术是虚拟现实技术在工业界的应用典型，它从产品装配设计的角度出发，利用虚拟现实技术和计算机仿真技术，建立一个具有听觉、视觉、触觉的多模式虚拟环境，借助虚拟现实的输入、输出设备，设计者可以通过在虚拟环境中以人机交互的方式进行装配操作和规划，检验和评价产品的装配性能，制定经济、合理、实用的装配方案。

钢桁梁虚拟预拼装，是针对待拼装的构件进行数据采集，实测数据与预先输入计算机的理论数据一起，通过算法分析确定构件制造误差，以此评价构件加工精度、制订整改方案。一般包括以下几个步骤：①构件实测数据的采集；②根据实测数据逆向三维建模；③采用合理的虚拟预拼装算法进行构件预拼装仿真；④结果的输出和三维可视化展示。

构件实测数据的采集是虚拟预拼装最关键的步骤，其数据测试的精度直接影响预拼装的结果。《铁路钢桥制造规范》(Q/CR 9211—2015)规定的试装要求：对于焊接钢构件，跨度长度允许误差为±8 mm，而对于螺栓连接的构件，桁梁主桁和结合梁的螺栓孔应 100%自由通过较设计孔直径小 0.75 mm 的试孔器，可见对虚拟拼装数据采集精度的要求之高。桥梁虚拟预拼装中预制钢构件特征数据的采集需要采用数字化测量技术，常见的有数字工业摄影测量系统、三维激光扫描测量技术和激光跟踪仪测量系统。

数字工业摄影测量系统是一种用于产品外形高精度检测的工业测量系统，具有高自动化、高精度、高效率、高灵活性等特点，近年来在各行业各领域的应用越来越广泛。钢结构制造上，采用该技术进行钢桁梁构件制造过程检测和对数字模拟预拼装检测，都可以取得良好的效果。该系统全局测量误差可控制在 0.02 mm/10 m 以内。

数字工业摄影测量系统一般包含高精度 CCD 相机、测量点标靶、定向棒、编码标志、软件系统。操作流程为：①在待测试构件上布置测量标靶、编码标志和定向棒，测量标靶根据测试特征数据位置不同有球形标靶(测试螺栓孔)、L 形标靶(测试边缘点)等，编码标志要满足拼接要求；②采用高精度 CCD 相机对构件进行拍摄，要求每张照片上的编码标志能保证 2 个以上，以保证后期软件处理拼接精度；③将被测构件的所有图片导入软件系统，该软件系统较成熟，可实现自动拼接提取测量点几何坐标，这些测量点可作为预拼装实测结构特征点。

三维激光扫描测量技术是一种全自动、高精度、非接触式的立体扫描技术，该技术环境适应能力强、数据采集时效性高、可实时测量。它不仅在测绘领域得到广泛应用，而且在工程、环境检测、城市建设、文物保护方面也得到发展。在钢结构方面，可采用三维激光扫描仪对钢结构生产构件进行测量和检测。

三维激光扫描测量技术是通过激光扫描仪测试构件，获得复杂桥梁钢结构的点云数据，实现实测模型的重构，数据获取速度快、精度高，可全天候作业。徕卡 Scan Station P30/40 扫描仪测角精度 8″，测距精度 $1.2+1\times10^{-5}$ mm，扫描速度可达 1 000 000 点/s，标靶获取精度 2 mm@ 50 m。

激光跟踪仪测量系统是工业测量系统中一种高精度的大尺寸测量仪器，它具有精度高、效率高、实时跟踪测量、操作简单等特点，广泛应用于航空制造、汽车制造和通用制造领域工装设置。

激光跟踪仪测量系统测试大型复杂钢桁构件时，可利用球形标靶，实现快速测量螺栓孔特征数据，且精度高。徕卡 Leica AT402 是目前计量精度最高的测距仪：ADM 分辨率为 0.1 μm，最大测量不确定度 10 μm，ATR 支持 320 m（全量程）内不同反射镜持续跟踪和定位。

建立三维实测特征模型的目的在于：一方面是与设计的理论几何模型进行对比的需要，另一方面是虚拟预拼装作可视化展示的需要。建立三维测试特征模型的步骤为：①在拼装软件中导入设计的三维理论模型；②在软件中标注测试点位置并将测点编号；③将数字化测量的特征点几何坐标导入；④利用最小二乘法将实测特征点与理论设计点进行关联和显示。

在进行关联时，可以选择自动关联、手动关联，关联后即可进行精度管理，软件按照设定的参数，对设计数据与实测数据进行误差对比，自动计算出特征位置的位置偏差，并按颜色分级显示，并可实现误差统计输出、允许值的设定、自定义报表等输出功能。同时，针对每个杆件可能出现测试的温度不同，对每个杆件可进行温度修正，保证测试数据不受测试温度的影响。

通过以上步骤即可完成每个杆件的三维实测特征数据模型的建立，单个杆件包含杆件名称、设计三维模型、设计特征点、实测特征点等模型信息。在软件中进行分类管理，以便进行后期查看和预拼装工作。

虚拟预拼装的关键在于算法，对于螺栓连接的两个面拼接的算法，意大利的 F. Case 等最早提出了一种基于螺栓孔位的预拼装方法，并对其进行了简要介绍。ETH 等对算法（广义谱分析）进行详细的数学推导，针对螺栓连接的钢构件实现两根杆件的对拼计算。但对于复杂的钢桁构件，每个杆件由多个杆件连接，且杆件均为箱形截面，具有 4 个拼接面，每个拼接面上由 1 组或 2 组以上的拼接板进行杆件连接，简单的算法拼装结果不能完全解决。

因此，需要在软件中对算法和拼装步骤进行改进，先将主杆件的实测值与设计理论值进行匹配分析（最小二乘法），使得实测特征值与理论杆件位置达到最佳，此时固定主杆件位置，后采用改进广义普分析算法，即计算时匹配后钢衔梁的特征数据不调整，仅对拼接板的位置进行调整，计算出各拼接面的误差，验证杆件的制造精度。沪苏通长江大桥 HTQ-1 标非通航孔桥为 23 跨 112 m 简支钢桁梁桥，主桁采用 3 片桁架结构，中心间距 2×14.5 m，中心桁高 16 m。每跨 10 个节间，中间节间长 11 m，端部节间长 10.8 m，均采用高强螺栓连接。作为技术验证试验，在钢结构制造厂内选择了 3 根杆件和 1 块拼接板进行了测试。测试方法采用了激光跟踪仪测量系统，采用虚拟预拼装软件进行误差分析，螺栓平面 x，y 方向的拼接误差大部分在 1 mm 以内，个别达到 2 mm，沿着螺栓孔轴向 z 向最大达 4 mm(沿孔轴线误差对拼装影响可忽略)。现场安装表明可以满足安装要求，证实虚拟预拼装在技术上是可行的。

3. 桁架梁数字化预拼装技术应用

沪苏通长江大桥钢桁梁构件数量多，产品结构连接均为螺栓联结，对构件产品的制造精度要求比较高。应用精度控制技术及虚拟预拼装技术，通过构件理论数据与构件实测数据进行分析对比，检验构件实际制造精度是否满足要求。沪苏通长江大桥的虚拟预拼装采用了激光跟踪测量系统和 V-STARS 三坐标摄影测量系统。

图 3-215　徕卡 AT402 追踪仪及参数表

如图 3-215 所示，激光跟踪测量系统由徕卡 AT402 追踪仪、反射球系统、笔记本 PC 系统以及 SA 软件等几个部分组成。其中 AT402 是目前世界上少数能跟踪测量到 160 m，同时保持了高精度的激光跟踪仪；如图 3-216 所示，SpatialAnalyzer(SA)是可溯源的三维测量分析软件，该软件可以同时和许多不同类型的测量系统通信，并且可以快速地实现复杂的分析任务。

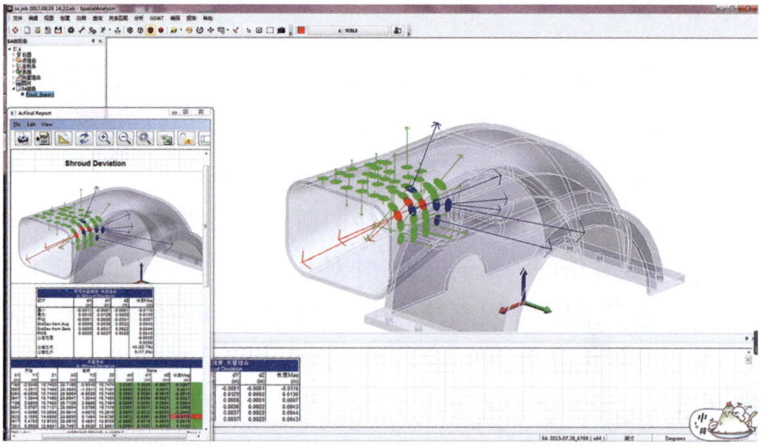

图 3-216　SpatialAnalyzer 软件界面

首先，在边桁、中桁及上下层桥面板块连接部位布置测点，利用激光跟踪仪分别测量关键连接点的坐标。不同连接部位要分组单独测量，且连接部位相关块体上的测点布置数量和顺序要一致，以便后续进行虚拟拼装时进行拟合。在板块测量时，同时测量环境温度及杆件温度，在软件虚拟拼装过程中对每个板块设置不同的温度补偿，以保证所有板块在统一误差条件下进行虚拟拼装，尽可能降低测量误差对虚拟拼装效果的影响。

然后，对连接部位不同块体测得的坐标进行处理(预加焊接间隙)，进行块体间的虚拟拼装。如中桁与下层铁路桥面虚拟拼装，将依序测量好的中桁和下弦杆的横梁接头板的坐标组与下层桥面横梁端头的坐标组进行最佳拟合，即可以完成中桁与下层桥面的虚拟预拼装，其他部位的虚拟预拼装与此类似。

最后，待节段虚拟拼装完成后，在虚拟模型中进行大节段的长度、宽度、高度、垂直度、对角线差等关键数据测量，将环口数据坐标与下一节段环口数据做最佳拟合，进行节段之间的虚拟拼装。

如图 3-217 所示，V-STARS 三坐标摄影测量系统是基于数字摄影的大尺寸三维坐标测量系统，也称为工业摄影测量系统。该系统的组成及其附件有：装备工业镜头的相机一台、装有 V-STARS 软件的电脑一台、编码点若干、高精度标尺一套、测量点及孔工装。该系统的测量精度能够达到 7 μm+7 μm/m，完全满足沪苏通长江大桥的精度要求。

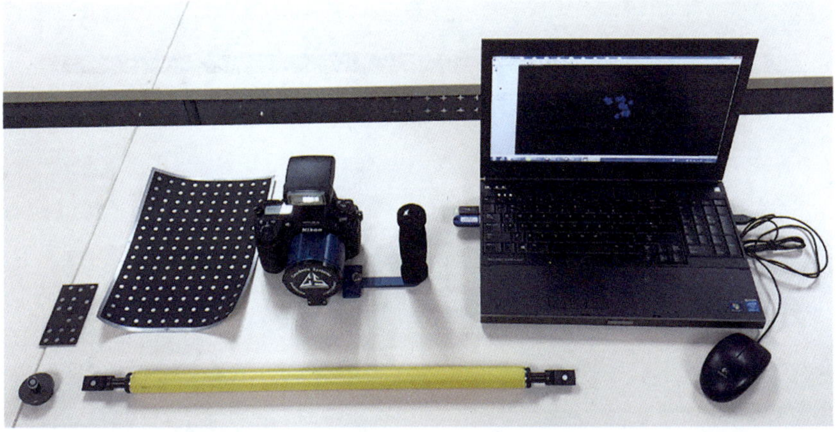

图 3-217 V-STARS 摄影测量系统

首先，针对杆件的关键点位和孔位进行测量(图 3-218)，获取测量点位的三维坐标，形成杆件的测量点文件。测量时通过反射标志点和测孔工装来获取杆件的关键点坐标，工装布设及现场测量如下图所示，测量点解析如图 3-219 所示。

然后，利用现场摄影测量的数据，对所测单根杆件进行精度分析(图 3-220)。将测量点的数据与设计模型上相应的点的坐标进行匹配、对比，计算出这些测量点处存在的误差，指导生产现场进行杆件精度控制。

图 3-218　工装布设及现场测量

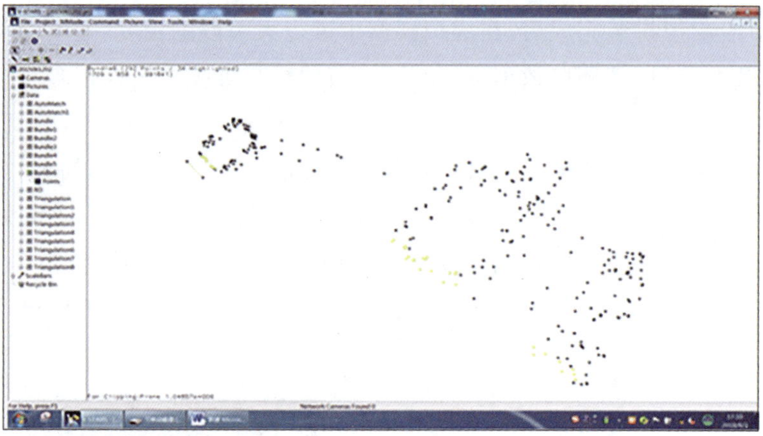

图 3-219　测量点解析

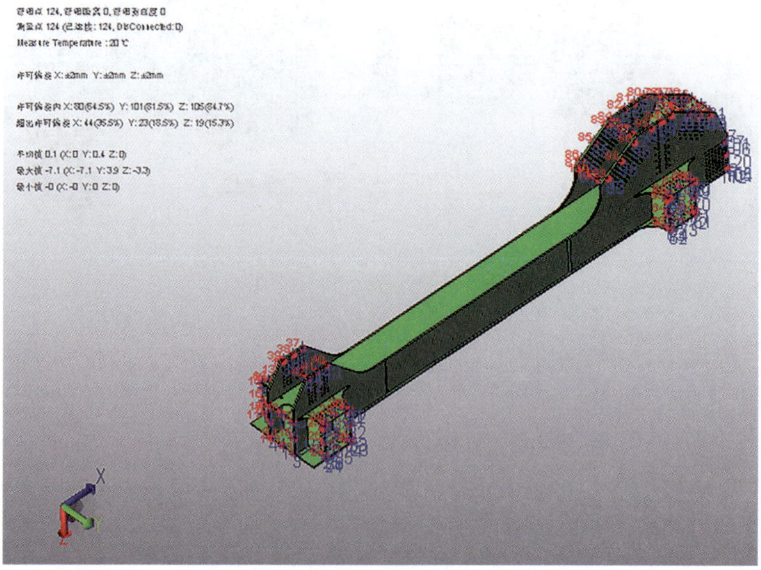

图 3-220　测量点与模型设计点匹配示意

单根杆件精度分析能够得到杆件各方向的尺寸偏差，为产品的验收和修正提供基础数据。分析报告展示杆件的偏差大小和位置，指导车间对超差杆件进行调整。

最后，将单独分析过的杆件预拼装成为一个整体节段，并计算出整体节段对接环口的实测坐标，与理论坐标比对得到整体节段对接环口误差。误差超标时，借助软件能够快速分析问题产生原因，并对调整方案的整体效果进行直观模拟（图 3-221）。虚拟预拼装分析报告（图 3-222）能够指导现场对问题构件和接口的调整加工和处理。

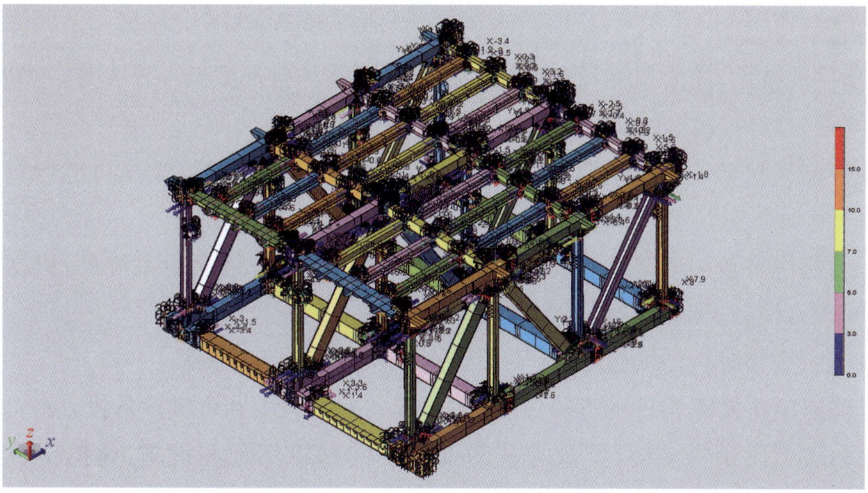

图 3-221　整体 3 节间预拼装示意

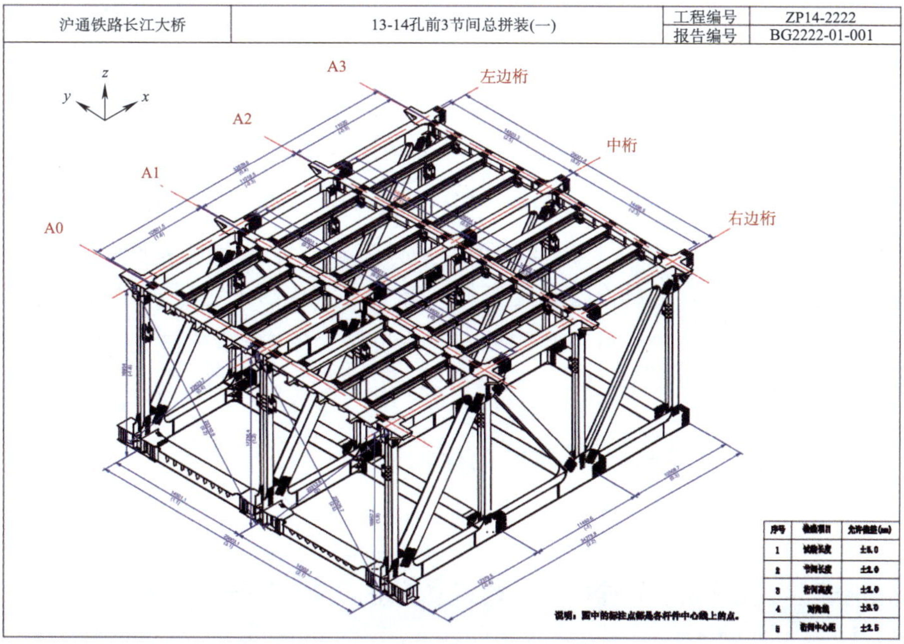

图 3-222　整体 3 节间预拼装报告示意

将节段对接环口数据上传至BIM管理平台进行数据共享，使各制造厂可以根据已有节段的制造误差，指导下一节段构件的制造和预拼装，将对接环口公差调整至容许范围，保证异地制造的整体节段也能够顺利对接。

4. 虚拟预拼装技术的优势

常规预拼装技术，无论是在工厂进行的试拼装，还是在工地进行的预拼装，都需要占地面积较大的场地建设，配备较多的大型机械设备，耗费大量人工和占用较长工期，各项投入的成本很高。

虚拟预拼装技术，需要机械设备和人工投入的只有构件测量这一个工序，拼装工作完全在虚拟空间通过软件完成，由此带来极大的成本优势：

(1)构件测量对场地的要求低，在工厂构件组拼车间即可完成，无须再进行专用的试拼场地建设；

(2)无须制作拼装胎架等专用设施，构件测量除需配备三维测量系统外，机械设备可利用组拼车间现有设备，无须再行投入；

(3)没有组拼实际构件的过程，节省大量人工和机械设备投入；

(4)也没有组拼实际构件的拆除过程，同样节省大量人工和机械设备投入；

(5)执行多节段预拼装时，常规方式需要更多的预拼场地和设施，虚拟预拼装则无此需求；

(6)在考虑预拱度和先期安装区段的实际线性影响方面，常规方式需要调整胎架线性进行模拟，测量工作量较大，占用人工较多、工期较长，虚拟预拼装则在软件中通过坐标换算进行处理，可以节省人工和工期；

(7)常规预拼装在胎架上进行，这种用有支撑的措施模拟无支撑的高空架设场景的解决方案，存在结构自重变形引起的理论偏差，这种偏差在虚拟预拼装技术中是方便处理的。

综合而言，虚拟预拼装技术在成本投入和项目周期等方面有较大优势，是比较理想的代替实体预拼装的解决方案。虚拟预拼装技术在钢桥制造领域应用的时间还比较短，测量和软件处理方面还不太成熟，测量设备和配套软件都没有实现国产化，与中国规范的结合还需要人工去实现。可以预见，再经过一些项目的应用发展之后，虚拟预拼装终将会取代物理实体预拼装。

3.4.6 预制拼装式桥梁构件外观自动化检测

1. 应用背景

《铁路混凝土工程施工质量验收标准》《高速铁路桥涵工程施工质量验收标准》等规范均对铁路桥梁混凝土结构外形尺寸偏差及其检测方法提出了要求，尤其是预制装配式混凝土结构，外形尺寸偏差引起的误差积累会导致严重的工程失误。较为常见外观质量问题主要有 5 类：①麻面，混凝土表面局部出现缺浆和许多小凹坑、麻点，形成粗糙面，麻面通常近似圆形或不规则形状；②蜂窝，混凝土表面无水泥浆，骨料间有空隙存在，形成数量或多或少的窟窿，大小如蜂窝，形状不规则，露出石子深度大于 5 mm；③孔洞，混凝土中孔穴的长度和深度均超过构件厚度 1/3，构件结构内存在滞留空间，或者模具内局部、部分没有混凝土拌和物；④缺棱掉角，构件边角处局部混凝土掉落导致边角不规则；⑤裂缝，混凝土构件所产生的裂缝主要为干缩裂缝，其多为表面性，其走向没有规律性。这些质量问题都直接关系到构件使用功能的实现和工程使用寿命。

基于人工测量的外观检查是最传统的桥梁预制构件状态数据采集方法，经过培训有经验的技术人员对桥梁预制构件进行近距离尺寸检查，对照验收标准进行核对，在多数情况下，这一方法是合适有效的。但基于人工的外观检查取决于技术人员的主观定性判断及相关技术规程的完善程度，不同的检查人员对相同构件依据同一规程均可能得出不同的结论。因此，有必要采用信息化手段提高预制构件外观检测的效率和精度。

2. 外观自动化检测技术流程

与产品常规的正向设计方法不同，逆向工程是将已有的原型、实物、软件或影像作为研究对象，对它们的设计、制造以及管理等技术的再现过程。它是在目标产品的技术背景下，应用专业的逆向设备、产品设计理论和计算机辅助技术等手段对目标对象进行分析。

(1)数据采集阶段

客观物体三维信息的获取是计算机辅助设计、三维重建以及三维成像技术中的基础环节，被测物体空间信息的快速准确获取在制造业中有着广泛的应用。本阶段主要采用三维激光扫描和摄影等技术手段。

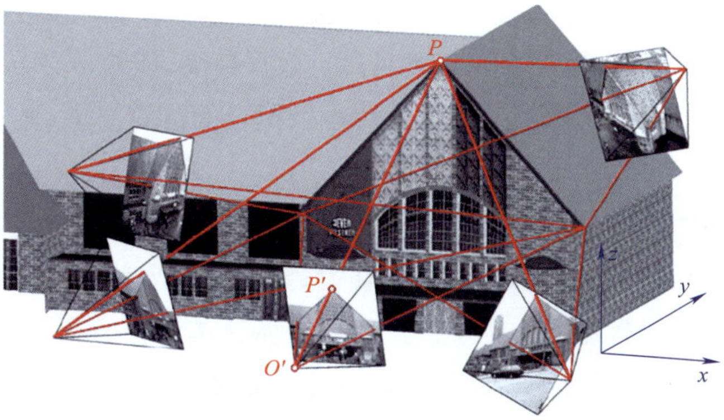

图 3-223　某房屋摄影测量示意

基于图像的三维重建是以计算机视觉和计算机图形学为理论基础，从单幅图像或图像序列中恢复出物体的三维信息。这种逆向建模方式具有装置成本低廉，所获模型真实感强，测量方法自动化程度高等优点。

(2)数据处理阶段

数据处理是逆向工程中的关键环节,数据处理技术决定着后续模型数据应用的准确性,如图 3-224 所示。由于测量对象、测量设备、测量方法和数据最终应用情况存在一定的差异,数据处理一般由对测量对象所处的专业领域有一定技术背景的人员来完成。

图 3-224 数据处理后的混凝土构件模型

数据处理阶段通常包括云数据排序及矢量化,对于具有较复杂表面的待测对象,数据中必然有一部分是无序的,须建立数据点间的拓扑关系。数据滤波,去除环境噪声的影响,减少测量误差,增强数据的合理性。特征提取,特征点、特征线以及特征平面都是几何造型的关键要素,它们不仅可以作为数据对齐和拼合的基准,而且对控制几何形体的形状具有极为重要的作用。数据拼合,为了得到待测对象全面的三维信息,往往需要从不同视角采集点云信息进而得到多个点云数据,所以数据的拼合是必不可少的。坐标系变换,数据拼合后,点云数据的坐标系需要重新定义,方便后续的处理。数据精简,压缩不必要的曲面片内的数据点,减少后期计算量。数据分块,对于整体曲面难以拟合的待测对象,通常采用分片曲面的拼接来形成整块曲面。

(3)数据应用阶段

首先进行目标几何体的 BIM 建模,将 CAD 二维图纸转换为立体三维模型。由于两组模型分别在不同的两个坐标系中,在进行对比分析前需要统一。采用 ICP 算法将两组模型对齐并使之距离达到最小,其核心思路就是在两组模型间寻找建立对应的最近点对,计算所有对应点对间距离的平方和,并使距离平方和的值逼近最小。

模型经过对齐后,预制构件的 BIM 设计模型与三维逆向模型之间的点对总体距离之和已经达到最小,此时可以认为两组模型已经达到预期的完全对齐状态。这时模型上独立点对之间的距离反映了其外形尺寸的偏误差,如图 3-225 和图 3-226 所示,也就是实际生产的预制构件与设计构件之间的外形尺寸的差值。

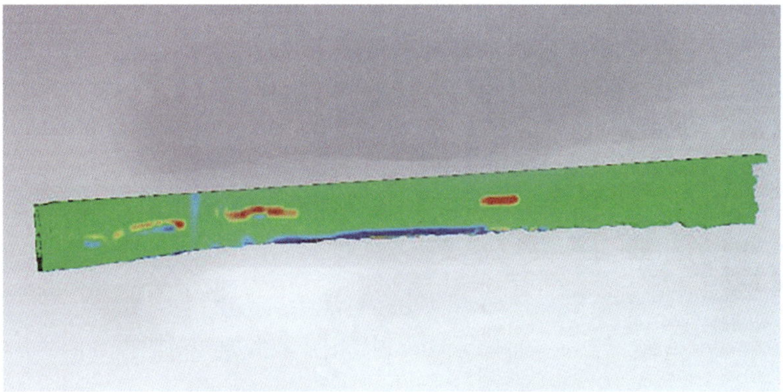

图 3-225　模型 3D 对比分析色谱图

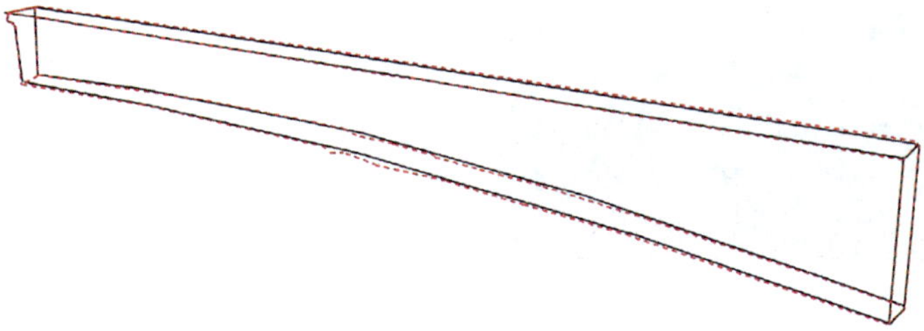

图 3-226　模型外形整体偏差

3. 技术优势

将 BIM 与以摄影测量为代表的逆向工程技术融合应用于高速铁路桥梁外观质量检测中，具有如下优势。

图像具有很高的可靠度，基于图像信息逆向建立的桥梁三维模型，对桥梁实际的空间位置与构件尺寸信息、图像进行分析，提高了检测信息的真实性，相较于传统人工桥梁检测方法具有明显优势。

摄影测量技术将大量的户外测量工作转移到室内，减少了人力、物力的消耗，使桥梁检测更加便捷灵活，且在很大程度上提高了数据准确性、获取便利性，适用面宽、灵活性好、安全性高。

可以建立桥梁运维信息数据库。在建造过程中可以将桥梁的特征、点云数据、空间位置等进行标记并将其存储到桥梁运维信息数据库中。同时，在运维期间对桥梁进行信息采集，多期数据存储对桥梁信息化健康检测的发展有着深远意义。

4. 应用场景

基于三维逆向工程和 BIM 技术的预制拼装式桥梁构件外观自动化检测已成功应用于涵洞构件外形测量。

工程背景：华东地区某装配式涵洞。

在预制装配式涵洞构件的空间外形测量中,基于摄影测量的涵洞构件三维重构及外形测量结果显示:对特定点空间位置测量精度不低于 1 mm,如图 3-227 和图 3-228 所示。

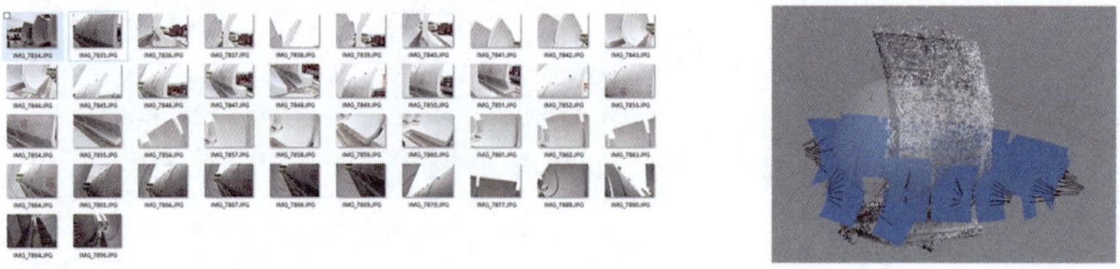

图 3-227　涵洞预制构件现场图片采集及三维重建

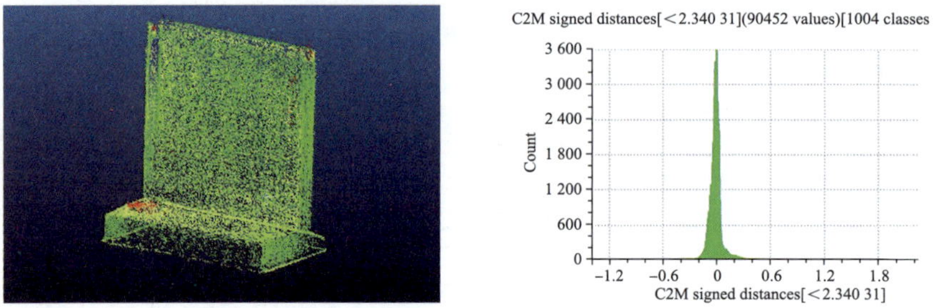

图 3-228　涵洞预制构件的误差云图和误差统计分布图

3.5.7　大体积混凝土温度控制

1. 传统大体积混凝土温控方法存在的问题

混凝土桥塔等大体积混凝土的施工开裂现象较为普遍,几乎“无塔不裂”,表面开裂是常见开裂类型,表现为表面密布龟裂,长缝与短缝交错等情况,如图 3-229 所示。

图 3-229　混凝土桥塔开裂

传统的温控模式存在较多问题，表现为温控设计与现场存在脱节，数据采集、处理不及时，监测数据准确性差，温度控制效率低，混凝土温度分布显示不直观，大部分工程存在“只测不控”的情况。

2. BIM 温度控制系统设计原理

借助 BIM＋物联网＋传感器技术，开发大体积混凝土温控系统，实现桥梁施工过程中的温度实时监测、预警、控制功能。

大体积混凝土智能温控系统将监测技术、物联网、云平台等技术引入大体积混凝土温度监测控制工作中，通过传感器对大体积混凝土内部温度实时监测，根据温度监测数据自动调节冷却水管电磁阀门，最终实现温差精准控制。大体积混凝土智能控制系统主要由施工现场监测硬件设备和云平台控制系统组成，如图 3-230 所示。云平台有电脑网页版和手机 APP 版本。

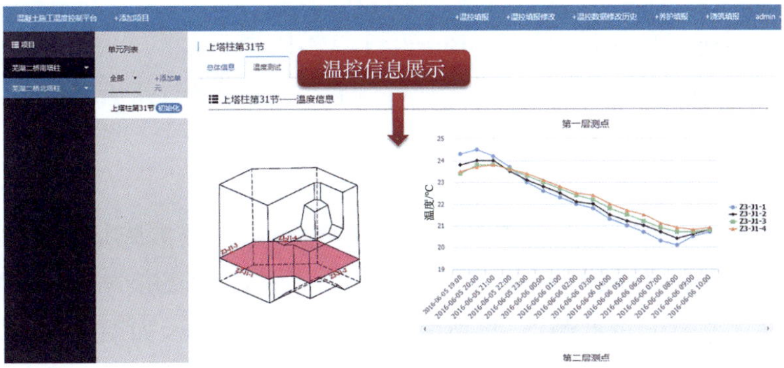

图 3-230　温控系统界面

与传统冷却通水温控方法相比，在基于 BIM 的温度控制系统中，工作人员通过自动控制平台对冷却水的通断进行远程控制，改善传统方法中主要依靠人工采集、录入和处理数据的问题，减少了数据传递过程中人为因素的影响；通过 BIM 温控平台和工业控制协议的结合，实现数据的实时动态采集和反馈，可解决传统方法中数据采集、处理滞后的问题，提高数据处理的效率；BIM 实体模型携带各类物理信息与现场信息，以三维模式直观、动态反映混凝土温度变化情况，改善了传统温控中二维、抽象的数据分析方法。BIM 温控系统主要设计原理：首先依据施工工艺进行 3D 建模，在 BIM 虚拟环境中按照施工组织设计进行施工模拟，以检验并优化构件之间的空间关系；然后搭建 BIM 温控信息平台，建设 BIM 温控模块，在混凝土中放置测温元件，将信息平台与现场测温设备通过计算机连接，经监测仪器实时采集温度数据，并通过通信协议转换传输至 BIM 信息平台中，在已建 3D 建筑信息模型相应测温点位置同步直观反映混凝土温度变化；最后在 BIM 温控系统中建立温度预警机制，搭载人工智能控制算法，系统自动判别温度是否异常并通过无线传输发送指令，实现冷却水管阀门的自动开关，从而实时调节水量并达到控制混凝土内部温度、减少混凝土内外温差的目的，流程如图 3-231 所示。

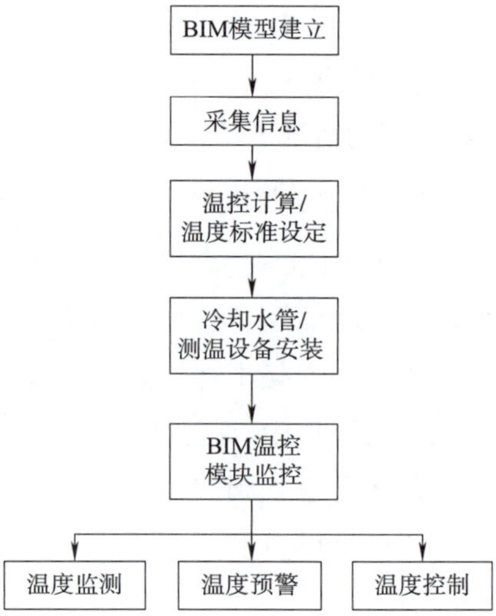

图 3-231　BIM 温控系统工作流程

3. 温控系统组成

BIM 温控系统作为 BIM 信息化管理的重要应用，采用主流 BIM 软件平台作为模型的创建载体，在此基础上利用 Microsoft. NET Framework、Javascript 及 HTML、C＋＋、Autodesk CAD、Naviswork 等软件技术搭建而成。该 BIM 温度测控系统的开发过程综合利用了控制计算机、温度采集仪、温度传感器、自控阀门循环水泵、无线网络通信设备、无线网络桥接设备、工业集成软件服务器及客户机等技术，温度测控模块软件底层采用 C＋＋进行跨平台开发，可支持 Windows、Linux、Mac OS 以及 Android 等多系统设备，整个平台在物理架构上充分考虑环境复杂度，使用 ModBus 及 TCP/IP 通用协议，可通过无线、有线、4G 网络单个或混合整合进行工作，便于在复杂应用环境中平滑切换、灵活运用。

(1)温度测控

温度监测是实时检验混凝土温度变化是否符合标准、温控措施是否有效的重要措施。温度监测的实现基础是温度数据采集，采用 ModBus 总线串口通信结构的测量系统，根据大体积混凝土温度规范要求布置测点，将温度感应器埋入混凝土，如图 3-232 所示。在 BIM 模型相同位置设置测温点，浇筑混凝土时冷却管进口采用每管一阀，每个阀门通过温度测控系统进行单独控制。温度采集仪依据预先设定的温度传感器编号，每间隔 1 s 采集 1 次温

图 3-232　自动阀门安装示意

度传感器的温度值。温度信号从传感器传入调节器，通过ModBus通信协议将温度数字信号转化为计算机可识别信号，自动录入BIM模型中进行数据分析处理，并作出进一步控制措施，采用自动化的数据处理方法，节约了人力，避免人工录入可能造成的数据遗失或精确度不高等影响。温度数据将与材料信息、进度信息等一同作为BIM模型数据库中的一部分，无论是前期的分析计算还是后期的查询调取都体现了BIM技术即时化、可视化、动态控制的特点。

(2)温度预警

测控装置搭载算法软件后储存温控设计要求、水温与流量、混凝土温度等数据，对通水降温的效率进行计算，并将混凝土内部温度与设计要求的目标温度进行比较。当混凝土传输至计算机的温度超过相应限值时，模型中对应的监测点会在周边区域内以颜色变化(呈现红色)的形式预警，每个测温点的温度数据均在BIM模型中直观反映，温度出现异常的传感器编号、时间点、数值大小、与标准温度的差值都呈现在温控平台上。当测温点较多或多处工程部位同时施工时，温控系统优势更为明显，可以根据BIM模型更为直观地查看各处温度情况，每一次预警情况及处理情况相关的信息都储存在系统中，作为后期进行分析总结和优化方案研究的参考资料。

(3)温度控制

预警发出后，系统会自动给出指令采取降温措施，算法软件根据对数据的分析确定降温水的流量大小，控制阀门开关调整通水量，并保证数据监测持续不间断，待温度回落至正常范围内后，预警取消，阀门关闭。整个远程控制指令的操作由控制电动阀实现，电动阀使用电能作为动力，通过电动执行机构来驱动阀门，实现阀门的开关动作，从而达到对管道介质的开关目的。

3.6 基于BIM的铁路桥梁智能运维技术

近年来，我国高速铁路快速发展，截至2021年底，高铁运营里程已超过4万km。随着高铁的发展模式从速度规模型逐步向质量效益型转变，其对基础设施的养护维修管理提出了更高要求，推进高速铁路基础设施的智能运维已成为必然趋势。铁路基础设施智能运维的目标是通过掌握基础设施的劣化机理及演变规律，实现预测性维修，提高养护维修效率，降低运维成本。在其实现过程中，传统以人工为主的运维管理模式必将被基于信息化、自动化、人工智能技术的智能监测维修方式所取代，基于测试分析的状态修和基于评估先验的预知修将成为主要维修模式。利用大数据、云计算、物联网、建筑信息模型(BIM)、地理信息系统(GIS)、北斗定位、信息集成等现代信息技术搭建智能运维管理平台，是实现铁路基础设施数据共享、安全预警、故障预测、健康评估等的必要手段，其中BIM技术是核心技术之一。

BIM 技术具有可视性、模拟性、协同性、连续性、集成性等特性，可为铁路基础设施的智能运维提供重要保障。

近年来，在国铁集团的组织下，开展了众多 BIM 试点项目应用，但主要涉及设计阶段，虽然取得了一定的成果，但并没有把 BIM 技术的价值完全发挥出来。BIM 技术的最大价值实际是在运维阶段体现出来的。BIM 技术在铁路桥梁运维阶段的应用前景主要包括以下几个方面：

3.6.1 BIM 技术在铁路桥梁健康监测中的应用

1. 桥梁结构健康监测技术发展概况

运营维护阶段，在 BIM 技术引入之前，结构健康监测系统是桥梁运维信息化应用较为深入的管理系统之一。健康监测系统于 20 世纪 80 年代逐渐引入土木工程行业，在桥梁领域特别是长大桥梁中的应用发展迅速。最初欧美及亚洲的一些国家和地区明确提出了“主动预防式”的结构健康监测理念，并先后在一些重要的桥梁安装了健康监测系统，开始研究桥梁结构健康监测养护技术，引起行业内的高度关注。2000 年以后桥梁健康监测理念和技术进入中国，至今也已经积累近十几年的健康监测系统研究设计和实施经验。

随着互联网、物联网以及大数据等前沿技术的发展，健康监测系统也加强信息化技术的应用。其中，有一些健康监测系统也考虑监测信息的可视化研究，在构建桥梁健康监测系统时，引入三维图像显示技术，在健康监测系统中显示出监测的结构模型和相关场景，实现监测信息的可视化远程监控；同时，健康监测系统相关研究专家及学者也开始注重对监测信息数据库技术的研究和应用，研发基于 Oracel，SQL Server 等大型数据库的监测数据库管理系统。

2. BIM 技术对铁路桥梁健康监测的促进作用

可以看出，虽然健康监测系统在界面可视化、数据库升级、分析预警等方面有了一定的研究，但仍难以满足长大桥梁越来越精细化的结构实时安全监测需求，在结构模型信息承载量、数据库大数据处理能力以及系统可视化的实时评估和智能预警方面都存在问题。BIM 技术的发展为健康监测系统完善或解决上述问题提供了一个新的契机。BIM 技术以模型为基础，以数据为核心，将工程结构化和非结构化数据信息进行集成，解决工程设计、施工和运维不同阶段信息转移遗漏和难以共享的一系列问题。此外，基于 BIM 技术可以实现监测数据的可视化浏览、分析以及智能评估和实时预警，实现基于 BIM 技术的工程数字化高效管养。所以，将 BIM 平台与健康监测系统进行融合及信息共享，借助 BIM 技术自身具体的强大信息共享及可视化管理优势，也能促进工程运营维护阶段健康监测技术的巨大提升。

故障预测与健康管理(PHM)技术是健康监测技术的高级形态，是为满足设施设备自主保障、自主诊断的要求而发展起来的技术，其强调资产设备管理中的状态感知，以及对设施设备健康状况、故障频发区域与周期的监控，通过数据监控与分析，预测故障的发生，从而大幅提高运维效率。目前，该技术已运用于铁路基础设施的运维管理。例如，将 PHM 管理理念应用于接触网全生命周期管理，可延长设备的使用寿命，降低成本，减少故障的发生；基于 BIM 技术的大跨度桥梁 PHM 运维管养系统可实现对设计、施工和运维阶段多源数据信息的采集、上传、关联、存储和分析，为桥梁运营部门提供日常管理和决策服务。BIM 技术与 PHM 技术的结合将为铁路基础设施的智能运维提供新思路，BIM 技术为 PHM 技术提供可视化手段，为其进行寿命预测及智能决策提供信息支撑；而 PHM 技术可丰富完善运维阶段的 BIM 模型信息，发挥 BIM 模型的价值优势，深化 BIM 技术应用。

目前，健康监测系统存在信息可视化程度低、数据可读性差、系统维护效率有待提升等问题，BIM 与健康监测系统的融合应用，可提升监测数据可视化以及系统信息化水平，提高系统日常维护效率。基于 BIM 可将监测数据上传至三维模型，实时查看桥梁结构的内力状态以及损伤情况，对桥梁结构进行实时的安全评估、预警和决策。通过“BIM＋GIS”数据结合，可实现现场信息与模型信息的双向传输，为管养人员提供病害部位坐标、构件类型等信息。此外，BIM 模型可提供集图片、表格、文字于一体的信息展示方式，具备较强的数据管理能力。

3.6.2 BIM＋数字孪生在铁路桥梁运维中的应用

1. 数字孪生的概念

数字孪生是指基于传感器数据更新及历史信息等，建立物理实体在虚拟空间的映射(孪生模型)，通过虚拟模型对实体进行模拟、指导、控制、优化、预测等全寿命周期管理应用。数字孪生技术发展大致经历 3 个阶段，(1) 概念形成期：从美国航空航天局(NASA)的 Apollo13 到数字孪生概念正式提出，数字孪生理论框架基本形成；(2)应用探索期：军事航空航天领域最早提出应用数字孪生，随后向工业制造领域拓展；(3)智能发展期：数字孪生与 AI 及大数据、物联网等 New IT 技术融合，应用场景向民用领域拓展，推动各领域数字化、智能化转型。

新一代信息技术为数字孪生落地应用提供了技术支持。当前数字孪生正在与人工智能及大数据、物联网等技术深度融合，形成智能数字孪生(intelligent digital twin，IDT)。Grieves 指出智能数字孪生与传统数字孪生相比，可变被动管理为主动管理，离线分析变在线分析，从目标给定到目标搜索，在历史经验学习、预防性维护等方面具有广阔发展前景。美国著名咨询公司高德纳(Gartner)连续 3 年(2017—2019 年)将数字孪生评为年度十大战略科技之一。数字孪生从航天及制造领域向农业、医疗、土木、交通、电力等民用领域拓展，具体应用场景有智慧医院、智能建筑、智慧城市、智能交通等。Tao 等结合自行车设计、汽车制造、电力变压器服务 3 个具体应用场景，提出数字孪生驱动的产品全生命周期应用框架及其发展趋势。

数字孪生技术已经开始用于智能建造与运维管理。Taraben 将建筑表观损伤特征转换为基于像素变化的 BIM 展示，对裂纹、缺失等损伤的几何特征进行自动匹配和损伤程度自动比较。TAGLIABUE 等基于 BIM 及传感器数据对建筑室内环境质量（舒适度）进行可持续性评估。RAUSCH 等通过 3D 激光扫描，建立参数化 BIM 模型，利用 BIM 模型动态更新其中丰富的语义信息构建几何数字孪生体，研究了数字孪生在构件生产装配过程中的质量控制。

2. 在铁路桥梁运维领域的应用

铁路线路呈线状分布，跨度大，传统人工巡检属于“头痛医头、脚痛医脚”的被动式管理，工作量大、效率低、成本高，维护效果不理想。数字孪生为铁路运维技术智能化发展提供了新的契机，将数字孪生、New IT、人工智能、BIM 及 GIS 等技术交叉融合，实现结构检（监）测智能化及管理决策智能化。

结构检（监）测智能化是指使用无人机及机器人等智能装备实现结构的远程、非接触、自动化监测。管理决策智能化是指基于数字孪生，结合物联网、大数据和人工智能分析，实现损伤诊断、状态评估、故障预警、优化维护等，提供更科学的决策支持。

（1）铁路桥梁智能检（监）测

计算机视觉提供结构的非接触检（监）测，结合图像识别及智能算法对涉水、峡谷、高空等人工难检或隐蔽部位进行有效检测，减少检管人员投入，提高监测效率，提高检测结果准确性。

铁路桥梁表观缺陷、局部损伤、挠度过大等会危及列车的安全运营。Hoskere 等提出一种新型网络配置和由结构图像组成的数据集，以提高桥梁损伤探测效率。Ghahremani 等基于视觉图像，根据点云变化进行损伤的自动识别、定位及量化，应用于结构的有限元模型修正。Shao 等使用全息视觉传感技术对大跨桥梁振动、位移变形的非接触式监测方法。Yoon 等利用无人机捕获的视觉数据对实验结构进行了系统识别，并结合静态坐标来测量动态位移。郑明新等基于 BIM 建立桥梁施工安全的智能监测平台，对框架桥梁下穿既有铁路线的施工过程进行监测预警。

因此，研发智能检（监）设备，开展基于计算机视觉的损伤识别与状态评估技术研究是铁路智能运维的研究热点及发展趋势。但无人机抗风稳定性差，易坠毁。目前图像智能分析方面的理论方法较多，如深度学习、机器学习等，但图像智能识别技术仍处于理论层面，识别准确率及自动化处理水平较低，实际现场情况复杂，工程应用过程中仍需依靠人工图像处理。研究基于计算机视觉的结构损伤自动化识别方法、结合多源异构监测数据进行损伤智能定量与状态评估，是当前亟待解决的主要问题之一。

（2）基于 SHM 的铁路桥梁数字孪生模型

随着光纤光栅、无线等传感技术发展，SHM 积累了海量数据，但多源异构数据的管理、分析挖掘能力不足，无法有效提取结构损伤信息。Febrianto 等在铁路桥建设过程中埋入 FBG 光纤传感系统，基于统计有限元 statFEM 建立数字孪生模型，使用贝叶斯方法将监测数据和 FEM 模型参数中的不确定性进行量化，对桥梁应变变化进行预测。To 等基于无人机扫描研究了结构 3D 重建和卷积神经网络图像识别技术，将 AI、3D 重建与数字孪生相结合，提出弥补 BIM 数据融合能力的多源数据融合技术框架。Ye 等基于 BIM 建立桥梁的 SHM 数字孪生模型，将 SHM 数据分析的两种常用方法：数据驱动（统计模型）和模型驱动（数值仿真模型）相结合对监测数据进行挖掘。智能运维还需要对成本进行精细化管理。段晓晨等研究了智能控制技术在桥梁运维成本管控中的应用，使用人工智能算法及 Navisworks 软件建立成本数字孪生模型，实现运营成本的 3D 动态可视化管控。

3.6.3　BIM＋AI 在桥梁运维中的应用

1. 人工智能技术的概念

人工智能是数字孪生数据挖掘的重要工具之一。机器学习（machine learning，ML）和深度学习（deep learning，DL）是 AI 的主要算法，其中机器学习算法用于在历史数据中搜寻特定模式，以指导决策。机器学习也是大数据分析的常用技术。深度学习是有多层神经网络结构的机器学习算法，数据经多层次迭代训练以获得最佳结果。常用的有卷积神经网络（convolution neural networks，CNN）和递归神经网络（recurrent neural network，RNN）。

在传统的工业设计、制造和服务领域，经验往往是一种模糊但行之有效的概念，很难将其作为精准判决依据。数字孪生可通过数字化手段，将原本无法保留的专家经验进行数字化，并提供了保存、复制、修改和转移的能力。基于数据构建智能数字孪生模型，可实现结构在特定场景下的风险评估、性能预测、维护管理等。国内外学者开展了结构智能检（监）测及智能损伤识别研究。将机器学习、深度学习、计算机视觉与结构健康监测、无人机及 3D 激光扫描等融合，使用激光扫描建立数字孪生高保真模型、无人机及计算机视觉用于结构表观损伤智能识别，使用智能算法实现数据特征提取和深入挖掘，提供改进和优化策略。

2. 基于 BIM＋AI 技术的铁路桥梁病害智能采集

借助手持移动设备，通过 AI 识别自动采集桥梁病害信息，并同步到后台，形成桥梁病害库，并将病害信息在三维 BIM 场景中实时展现，如图 3-233 所示。

基于高清卫星影像技术采集铁路桥梁信息，融合 AI、BIM，建立设施病害模型，并对海量影像进行识别，实现基于 AI 技术的设施病害信息采集，如图 3-234 所示。

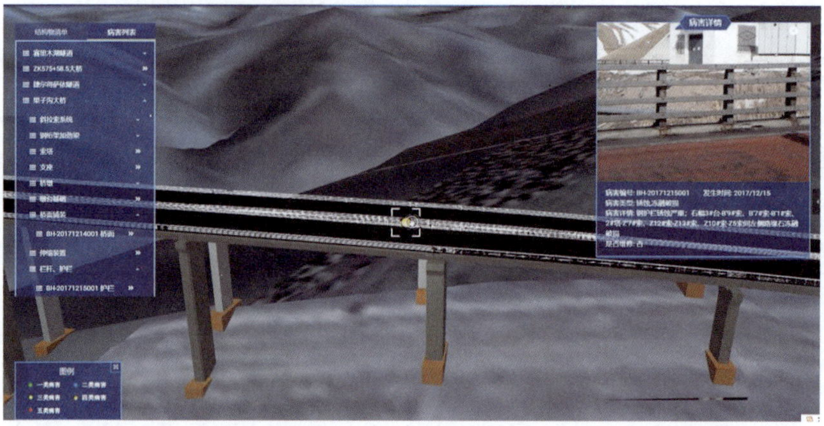

图 3-233　桥梁病害采集

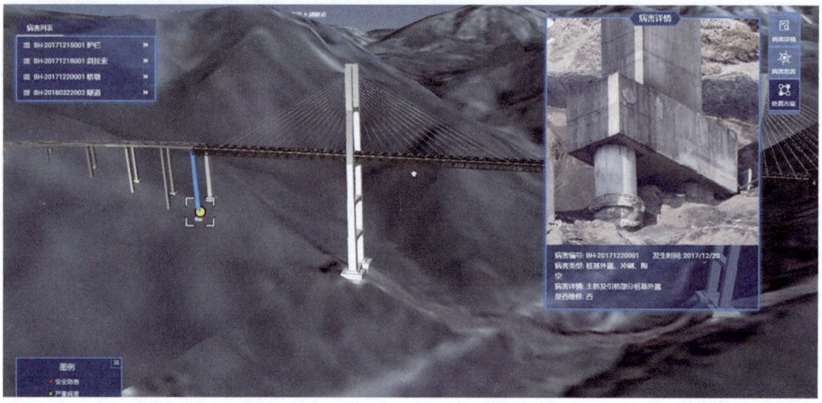

图 3-234　遥感影像 AI 桥梁病害识别

3.6.4　BIM 在铁路桥梁运维阶段的其他应用技术

1. 基于 BIM+GIS 技术的全生命周期管理

通过对设计、建造阶段的数据信息进行分类组织，BIM 模型集成了各专业多维度、多层次、多时相的数据资源，形成基于 BIM 技术的数据资源库，实现基于 BIM 技术的数字化竣工交付。同时，BIM 模型集成了运维阶段的生产管理、运行检修、物资管理、问题库等数据，整合了铁路基础设施的全生命周期信息。GIS 系统为 BIM 技术的应用提供了宏观地理环境显示、查询分析、位置服务、空间分析等功能。通过将 BIM 技术与 GIS 系统深度集成和融合应用，可实现对设施设备的科学化维护及可预见性管理，从而达到对铁路基础设施进行全生命周期管理的目标。

2. 基于 BIM+物联网技术的设备监测和预警

物联网是利用各种信息传感器，实时采集所需连接、互动、监控的物体或过程等各类信息，并与互联网结合的一个大型网络。以 BIM 为核心的物联网技术，实现了高铁桥梁三维可视化信息管理，并且赋予了铁路桥梁所有构件生命感知力，从而将桥梁构件运维提升到智慧运维的新高度。

智慧运维的 3 个阶段是设施设备检测监测、故障诊断和预警、状态评估和寿命预测。其中，设施设备监测检测是基础和前提。将 BIM 技术与物联网技术结合，通过对铁路基础设施进行全方位检测监测，并完成对监测数据的自动采集、分析、集成管理和三维展示，可实现对设施设备状态的实时远程监控和预警，确保运维现场人、机、设施与模型数据的实时同步，为实现设施设备的状态评估和寿命预测提供基础。BIM 和物联网技术在智能运维中缺一不可，二者的综合应用不仅可实现设施设备的三维可视化管理，而且可赋予其感知力和生命力，将传统的运维方式提升到智能运维的新高度。

3. BIM＋5G 技术实现铁路基础设施智能运维

(1)5G 的通信优势

①大数据流。与 4G 通信技术相比，5G 通信能够容纳更大的数据流，大约是前者的 1 000倍。并且，5G 通信技术即使采用了载波聚合技术其速率也要远远高于 4G 技术的通信速率，比如 5G 最低速率仍然高达 1 Gbps，而 4G 的速率只有 100 Mbps。这主要是因为 5G 技术在传输数据的过程中采用的是高频毫米波。

②具有较高的峰值速率。互联网运行的最高速率以及最低速率就是 5G 技术的峰值速率。5G 通信技术在速率方面相比于 4G 通信技术，能够提高 10 倍以上。

③低延时和高可靠性。以手机为例，在 3G 和 4G 网络中，手机延时分别为 500 ms 和 50 ms，而在工程虚拟现实的可视化场景中应用 5G 网络环境，能够使延时大幅降低，确保三维空间数据可以实时刷新，使用户可以获得身临其境的现场感。

④泛在网。“泛在网”即广泛存在的网络，其主要目标是使通信在任何时间、场景、地点和人之间保持畅通。

目前，设备(D2D)技术在 5G 设备中的广泛应用，能够将一定范围内的设备全部找出来，并且还能使连接数量大幅增加。

(2)5G 与 BIM 的融合发展

5G，意味着更高的带宽，更快的传输速度，更便捷的接收设备。对于铁路桥梁行业来讲，最大的变化是推进了可视化的发展，依托于现在的云渲染服务，在 5G 时代，渲染将不再花费很长时间，将可以边设计边渲染，这就是所谓的实时渲染的技术。5G 时代基站密布、网速极高，意味着很多运算不必放在设备本地，可以在云端完成。因此，个人移动终端只需要有显示屏、摄像头、电池、收发器即可；用电负担小，设备将会变得轻便快捷；于是未来的个人移动终端就可以直接集成到眼镜上，这将极大促进铁路桥梁信息化运维的发展。

作为新一代通信技术，5G 技术已被各国纳入国家数字化战略优先发展领域。随着核心技术日益成熟、标准体系逐步建立，5G 技术正呈现产业链加速布局、应用勃发的态势。5G 技术具有高速率、大容量、高可靠性、低时延等优点，可满足多设备连接、快速反应和大流量传输的要求，是建设数字化、智慧铁路的重要技术支撑。2020 年 7 月 3 日，国铁集团党组召开会议，指出“加快推进新一代信息技术特别是 5G、大数据技术在铁路的应用，提高铁路信息化、智能化水平，促进传统产业提质升级”。推进 BIM＋5G 技术在铁路基础设施运维领域的应用，对于抢占新一轮科技制高点、实施中国铁路“走出去”战略具有重要作用。

4. 基于 BIM＋VR 技术的维修作业模拟

(1)VR 技术的发展

人类通过大脑认知世界，而绘画、电视、电脑、3D 游戏、雕塑等艺术表现手法或者技术方式，实质上都是人类对客观世界虚拟化的视觉表达。从人类的需求来说，二维平面的方式不足以满足需求，因为我们认识的世界是一个三维立体的存在，还有一个时间维度，以及触觉、嗅觉、寒冷或者炎热等。从能量角度来说，绘画、电视等二维载体所表达的平面数据，信息量较三维数据少了一个维度，本质上只需要较少的能量即可以实现。而计算机技术按照摩尔定律进步，用最先进的计算机制造更为先进的计算机。现在计算机一定程度上已经可以帮助人类使用三维的信息表现形式，满足人类对信息的立体形式的需求。当下虚拟现实技术一直在发展进化，虚拟现实(VR)、增强现实(AR) 与混合现实(MR)是人类实现平面显示信息到三维立体显示信息的必然，这是能够彻底颠覆传统人机交互内容的变革性技术。目前以 BIM、GIS 为代表各种三维立体显示软件已经可以一定程度模拟一个三维的虚拟世界，如果辅助以增强现实、混合现实，将物理实体和数字对象叠加形成类似于全息影像的效果，可以进行一些交互行为，能使用户沉浸于高度仿真的虚拟现实中。

(2)5G 与 VR 的相互促进作用

虚拟现实将在 5G 时代有质的飞跃。所谓的虚拟现实实际上就是一种融合了多方面现代科技的三维环境技术，其中主要包括微电子技术、计算机技术以及仿真技术等，通过各种技术的综合运用能够将非常逼真的三维感觉环境构建出来，将体验者置于一种几乎接近现实的虚拟世界中。

截至目前，可以将虚拟现实的发展划分为四个阶段，即初级沉浸阶段、部分沉浸阶段、深度沉浸阶段以及完全沉浸阶段。要想使其获得进一步的发展，首先要创新和突破现有的技术，其中最为重要的两个方面就是最大程度的降低时延和提高传输带宽，也就是说在能够较快地进行交互的同时，还要确保良好的画质，从而提高沉浸体验的层次。就虚拟现实的画面质量来说，根据多个方面的指标估算，主要包块分辨率、刷新率以及视场角等，需要使用百兆带宽才能够充分满足部分沉浸阶段的实际需求，但是目前普遍使用的 4G 速率根本达不到这个要求，而对于超过 4G 速率 10 倍以上的 5G，则能够充分满足部分沉浸阶段对于百兆带宽的需求。另外，在云端进行视觉计算，能够使终端的复杂度有效降低，但是在这个过程中要注意对额外引入的网络传输延迟进行充分的考虑。现阶段，5G 的空口时延只有 1 ms，与之相比 4G 的空口时延则高出了几十倍，达到了几十毫秒，这对于虚拟现实业务交互响应的时延要求根本无法满足。

(3)BIM+VR 在铁路桥梁运维中的应用

BIM 与虚拟现实(VR)技术的结合使用可通过 VR 技术的三维沉浸式体验弥补 BIM 模型展现方式的不足,实现从界面到空间的可视化表达效果。维修作业模拟是 BIM+VR 技术在设施设备维修中的应用,通过将 VR 技术创建的虚拟维修环境与包含设施设备技术资料和状态参数等数据的 BIM 模型相结合,可进行维修设计、维修训练、维修评估、辅助维修、维修指导等的全流程仿真模拟,使运维管理人员可以在一个安全、逼真的环境下学习和操作,突破了传统维修工作在空间和时间上的限制。

第4章　高速铁路桥梁BIM技术应用与实践

4.1　大瑞铁路怒江特大桥

4.1.1　工程概况

大理至瑞丽铁路是中国“一带一路”和中缅国际铁路通道的重要组成部分，将重塑历史上“南方丝绸古路”新辉煌，经缅甸通往印度、中东、西欧、北非，形成第三座欧亚非大陆桥。

大瑞铁路是中国Ⅰ级单线电气化干线铁路，客货共线，设计时速 140 km，东起大理站，向西经永平、保山、芒市等市县，跨越澜沧江、怒江、瑞丽江等大江大河，西至瑞丽，线路全长 330.103 km，如图 4-1 所示。该铁路将极大地促进滇西片区的经济发展和多民族共同繁荣。

图 4-1　大瑞铁路平面示意

怒江特大桥位于云南省保山市境内，桥址位于金刚元隧道与高黎贡山隧道之间，于大坪子附近跨越怒江，属构造剥蚀、溶蚀高中山河谷地貌。怒江水流较为湍急，无航运交通。小里程端（怒江左岸）岸坡较缓，局部为阶地，自然横坡 20°～40°，坡面多垦为农田。大里程端岸坡陡峭，自然横坡 30°～50°，地表植被以灌木丛、松树林为主，植被发育。特大桥两端有滇缅公路相通，左岸多机耕道路，交通条件较好。桥址区工程场地类别为Ⅱ类，地震动峰值加速度为 0.248g，地震动反应谱周期为 0.45 s。

怒江特大桥中心里程为 D1K191＋819，线路标高 842 m，桥高约 226 m，桥梁全长 1 024.2 m，孔跨布置为 7×41 m 连续钢混结合梁＋14×37.2 m 拱上连续钢箱梁＋5×41 m 连续钢混结合梁。主桥采用 490 m 上承式钢桁拱桥，钢桁拱矢高 109.5 m，矢跨比 1/4.475，拱轴线为悬链线，拱轴系数 m 为 2.0。全桥总圬工量为 115 271 m^2，用钢量为46 195 t，如图 4-2所示。该桥是全线跨度最大、技术含量最高的重点工程，建成后将是世界最大跨度的多线钢桁拱桥。

图 4-2　怒江特大桥效果图

4.1.2　技术标准和实施情况说明

1. 软件使用与实施流程

本项目全专业采用 bentley 平台专业软件，基于“一个平台，一种数据格式，一个模型”的理念，开展多专业间的三维协同设计，如图 4-3 所示，所有模型文件均采用 dgn 格式。

2. 协同设计平台搭建

为规范和协同各专业 BIM 工作，项目采用 bentley projectwise 开展协同工作，如图 4-4 所示，从而减少各专业间以及专业内部由于沟通不畅或沟通不及时导致的错、漏、碰、缺，有利于各专业通过 BIM 技术独立进行相关的三维设计，实现信息共享，使设计成果在各个专业之间通过协同设计平台及时呈现，能够提高设计质量，提升工作效率，从而提高整体项目的质量。

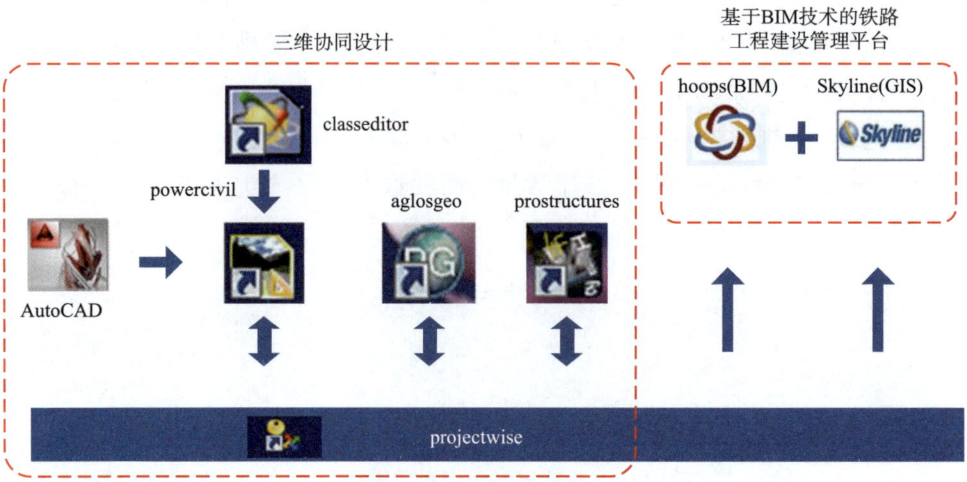

图 4-3　协同设计模式

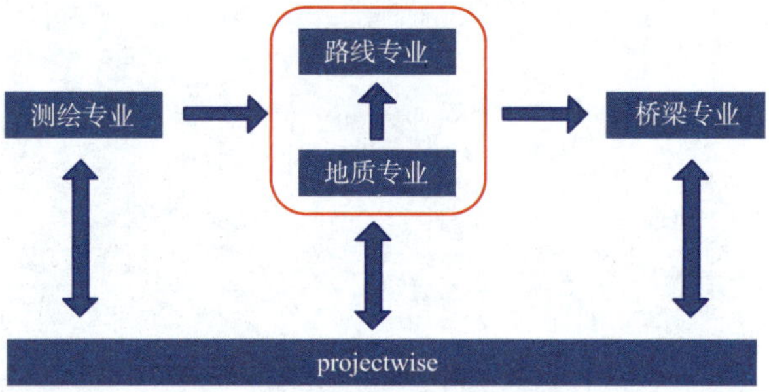

图 4-4　协同工作技术路线

首先，部署集成服务器、WEB 服务器、协同服务、文件索引服务器等系统环境。然后，在系统中定义设计标准、设计审批流程、部门、人员、角色、权限等。最后，各专业基于本平台开展协同设计，实现校审、互提资料、会签等。

4.1.3　应用内容

1. BIM 在设计阶段的应用

(1)桥梁 BIM 设计

怒江特大桥主体为钢结构，开展 BIM 设计的流程如图 4-5 所示。通过 prostructures 的参数化建模的特点，创建钢结构构件的模板，利用三维轴线定位工具，生成主桥钢结构的定位轴线，根据三维定位轴线，结合 prostructures 软件的参数建模的功能，创建怒江特大桥各部分钢结构构件，再利用所开发的钢结构智能节点工具，进行各部分钢结构节点处理，生成桥梁 BIM 模型，最后利用自主开发的属性附加工具，将 BIM 模型与铁路 BIM 标准进行挂接，便于信息在设计、施工乃至之后的运维过程中传递。

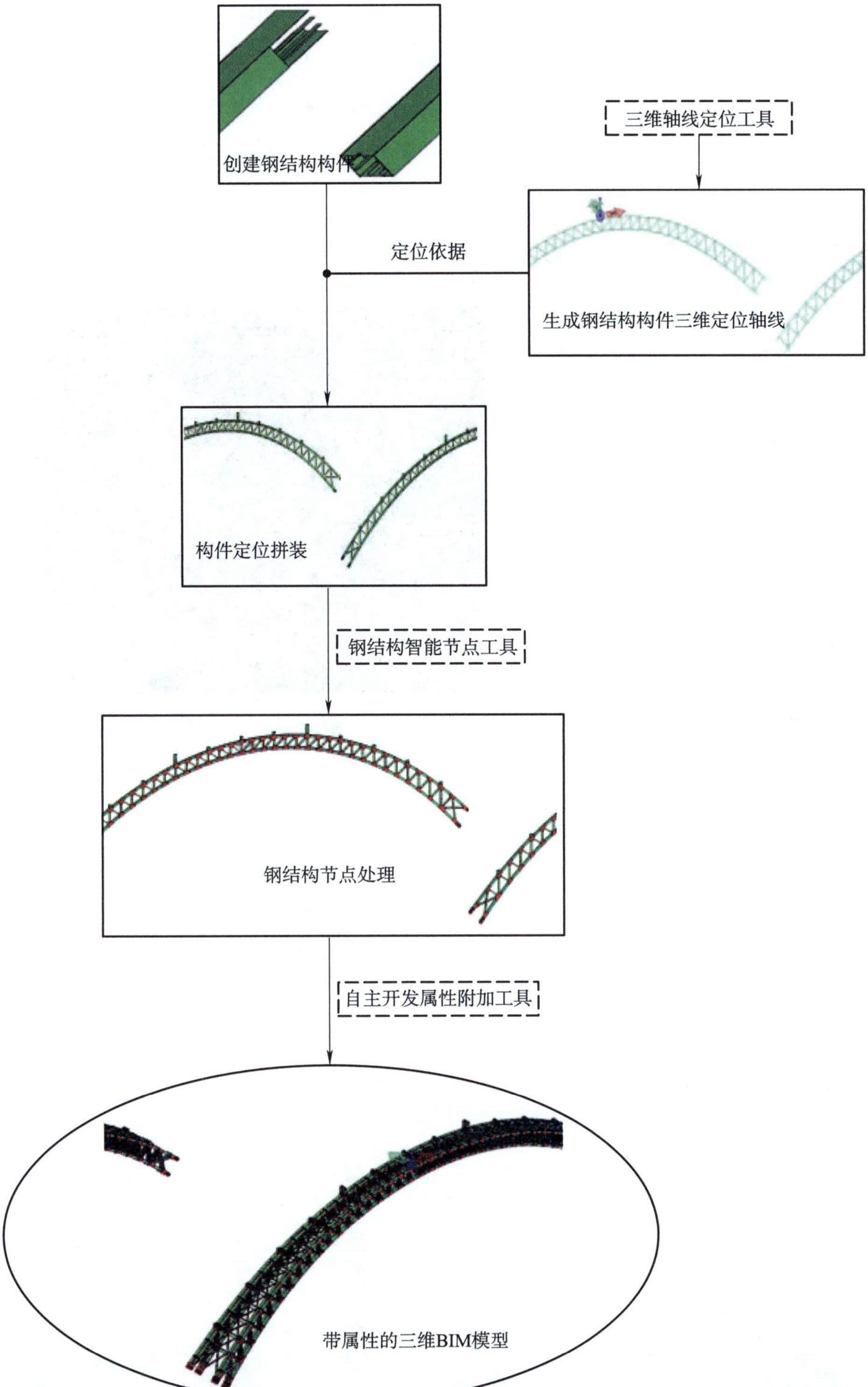

图 4-5　桥梁 BIM 设计流程

①定位轴线。

怒江特大桥拱圈是变高和变宽的钢桁结构，拱轴线为悬链线方程，拱轴系数 m 为 2.0。为复杂的三维空间结构体系，二维平面设计无法精确反映各杆件之间复杂空间关系。为此项目组开发了三维钢结构轴线定位工具，如图 4-6 所示，通过快速创建空间轴线，来快速定位钢结构构件，达到准确高效的工作效果。

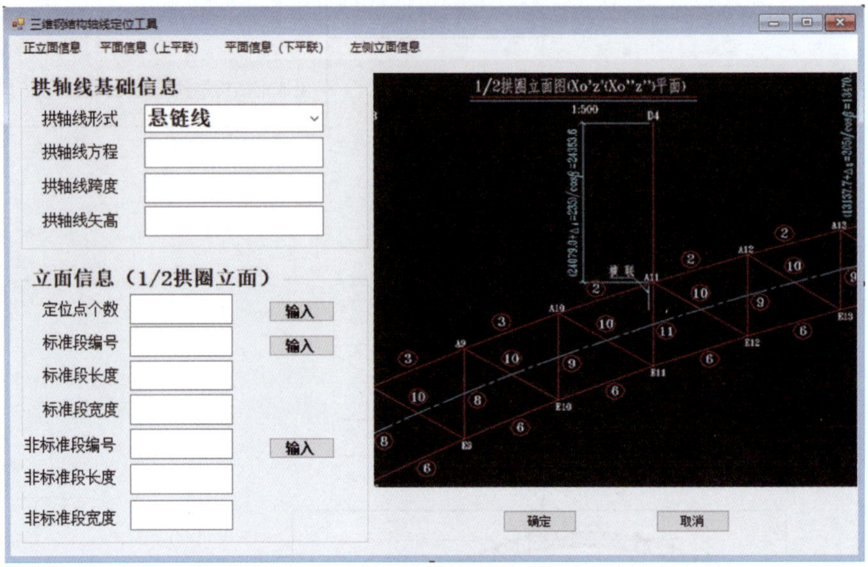

图 4-6 三维钢结构轴线定位工具

②节点处理。

怒江特大桥的拱圈杆件众多，杆件之间的连接形式多种多样；主拱肋有 1 162 根杆件，433 个节点以及 629 480 枚高强螺栓，无法自动创建怒江特大桥复杂的钢节点，手动处理数量巨大的钢节点耗时费力，且无法保证精度。为解决复杂节点的问题，项目组开发了三维钢结构智能节点处理的程序。对全桥所有节点进行统计分析，将典型的节点连接方式归纳为 L 形、K 形、双 K 形、X 形、T 形、三形、六形等，如图 4-7 所示。

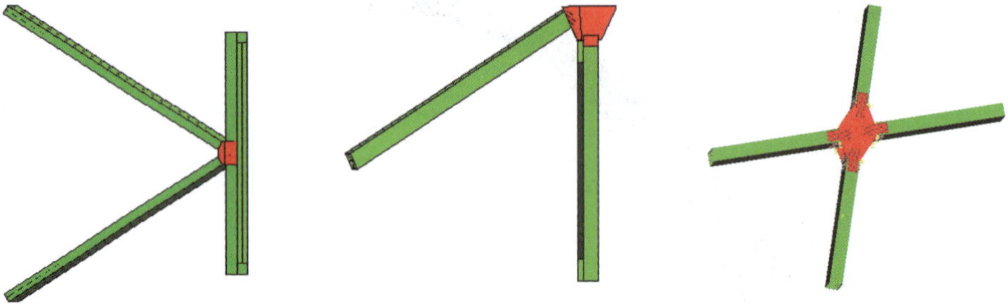

K 形节点　　L 形节点　　X 形节点

图 4-7

双 K 型节点　　　　六形节点

图 4-7　常用节点类型

采用 C＃和 C＋＋混合编程的方式，针对全桥典型的钢结构连接形式，开发了钢结构三维智能节点处理程序，程序界面如图 4-8 所示。

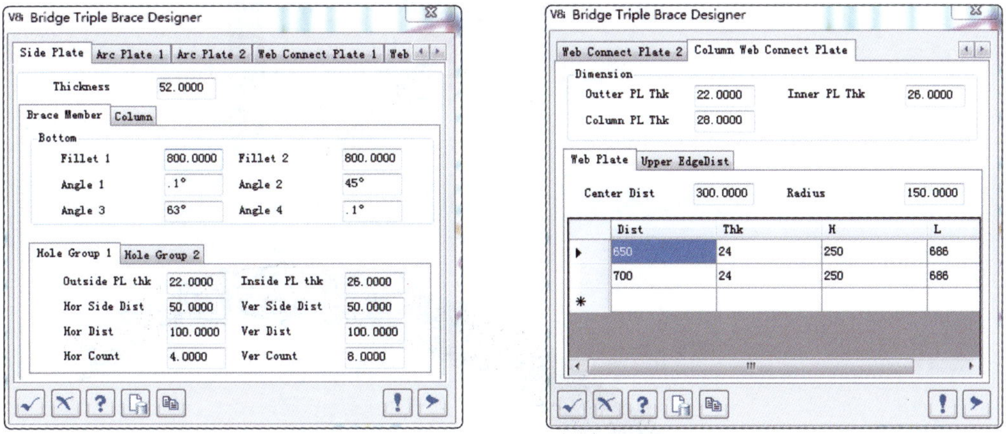

图 4-8　三角支撑杆件设计工具界面

利用钢结构三维智能节点处理程序，如图 4-9、图 4-10 所示，通过用户交互点选杆件，软件自动判断几根杆件之间的几何和拓扑关系并判断出节点连接的类型，通过预设的节点板尺寸，快速生成节点板构造，如果发现节点板尺寸不满足要求，可更改参数值，重新生成，由此可快速完成全桥的所有钢节点，简单高效，明显节约了设计时间。

(2)BIM 标准应用

2013 年中国铁路 BIM 联盟成立，在铁路联盟的带领下，各会员单位在铁路行业 BIM 标准、接口研究、平台技术、专业应用等方面开展深入研究，铁路 BIM 联盟先后发布了《铁路工程信息模型交付精度标准》《铁路工程信息模型数据存储标准《铁路工程信息模型设计实施标准》等 14 项 BIM 标准，成为现行铁路 BIM 应用的重要标准。目前市面上的钢结构三维设计软件并不能和现有的铁路 BIM 规范进行很好的结合，也不包括铁路行业的相关属性，如何将现有铁路 BIM 标准应用到怒江特大桥，成为一个亟需解决的问题。

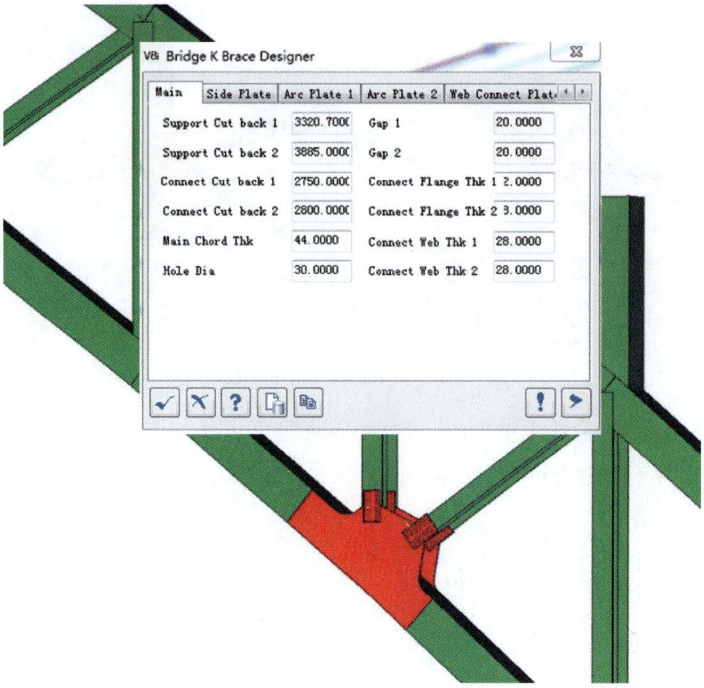

图 4-9 快速生成节点操作

图 4-10 拱圈钢结构 BIM 模型

为此，项目组采用二次开发的方式开发了铁路工程属性附加的工具，通过 bentley class editor 定义铁路 IFC 各种类及类之间的继承关系，如图 4-11 所示，基于所开发的属性附加工具,完成桥梁模型各构件的属性附加。将现有铁路 BIM 标准应用到本项目中,实现测绘、地质、线路、桥梁 BIM 模型间的信息互通,便于信息在设计、施工乃至之后的运维过程中传递,实现工程数量的精准计算与统计,如图 4-12 所示。

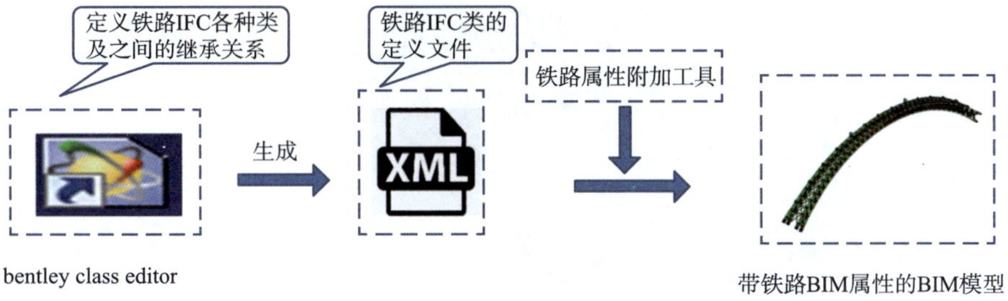

图 4-11　铁路 BIM 标准实现的流程

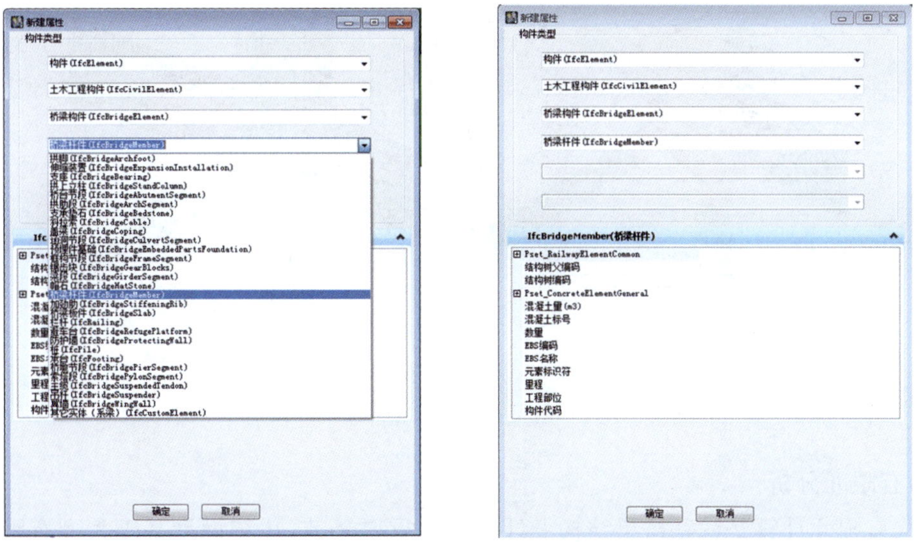

图 4-12　属性附加的工具界面

桥梁专业通过上述方式,完成属性附加后,可将模型整体交付至施工阶段,施工单位可基于此模型所含的施工阶段信息,开展施工应用,完成了设计阶段信息向施工阶段共享,如图 4-13 所示。

(3)碰撞检查

怒江特大桥杆件众多,仅主拱肋有 1 162 根杆件;三维设计时需要考虑三个平动及仰角,内仰角及杆件自身的旋转角,施工过程中杆件大部分为插入式,杆件间隙仅为 2 mm,部分杆件设计更是等宽度无间隙插入,因此开展杆件之间的碰撞检查是很有必要的,项目组在桥梁 BIM 模型的基础上,设计人员梳理了碰撞检查要点,如图 4-14 所示,共计查出碰撞 40 余处,同时优化了设计方案,减少施工过程中的窝工及返工现象。

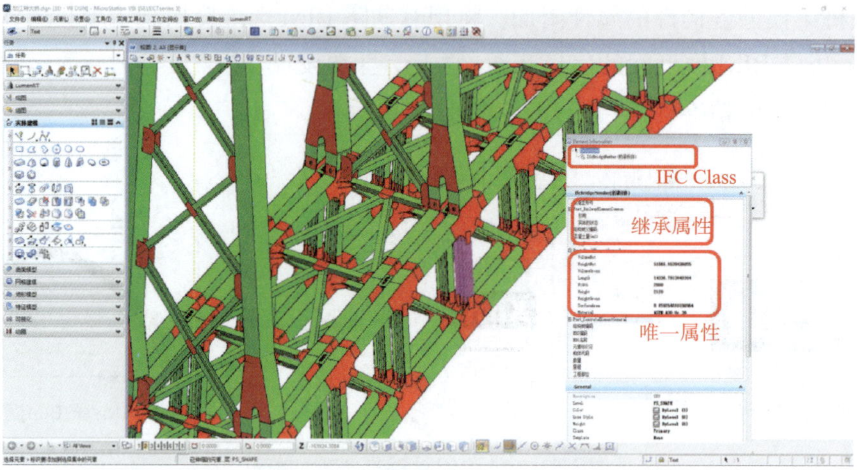

图 4-13 BIM 模型与属性链接

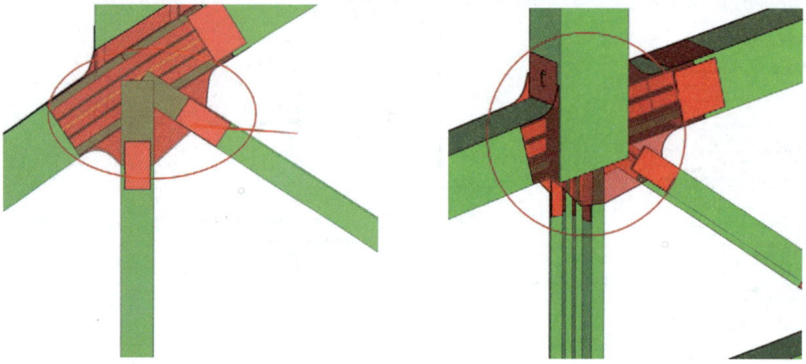

图 4-14 碰撞检查

(4)有限元分析

结构有限元计算是铁路桥梁结构设计的一个重要环节,传统设计基于大型有限元程序对结构进行基于受力检算,有限元模型建模效率及精度有限,利用 BIM 模型开展有限元计算,既省去有限元单独建模时间,又提升了模型的精度,如图 4-15 所示。

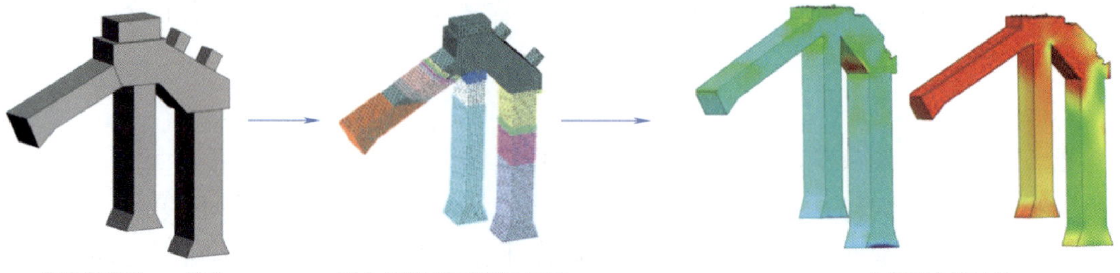

图 4-15 有限元分析

2. 基于 BIM 技术的建设管理

项目组在怒江特大桥 BIM 模型的基础上，开发了大瑞铁路 BIM 工程建设协同管理平台，平台以建筑信息模型为基础，在项目设计、施工和运维的全过程进行信息共享和传递，有效控制工程质量、进度、安全、风险等项目要素，为参建各方提供协同工作平台，为进一步提高建设管理水平发挥重要作用。

大瑞铁路 BIM 建设管理平台的功能模块包括质量安全管理、施工进度管理、钢构件管理、变更设计管理、基础信息管理、权限流程管理，如图 4-16 所示。

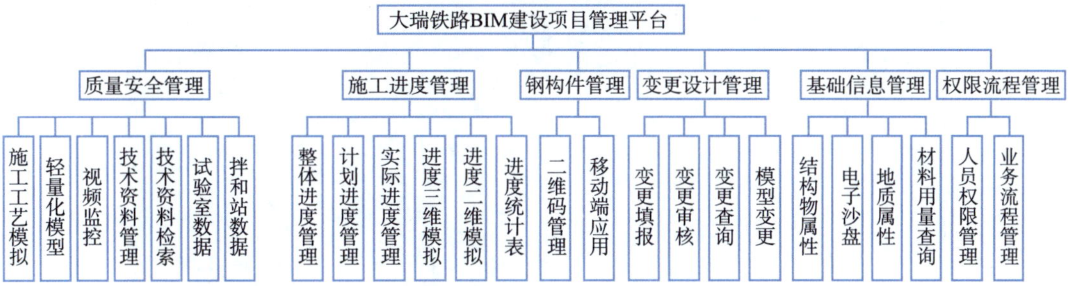

图 4-16　建设管理平台

(1)基础信息管理——电子沙盘

三维电子沙盘利用三维 GIS 技术实现工程项目各工区工点在三维数字地图的精准定位、区域展示及全桥场景漫游，如图 4-17 所示。可以查看工程周边环境概况及工程位置分部情况。

图 4-17　电子沙盘

(2)基础信息管理——结构物属性

通过 BIM 模型查询其几何信息(体积、长度、面积等)与非几何信息(用料、施工信息等),如图 4-18 和图 4-19 所示,实现全桥整体与细部模型的信息管理。

图 4-18 钢构件属性查看

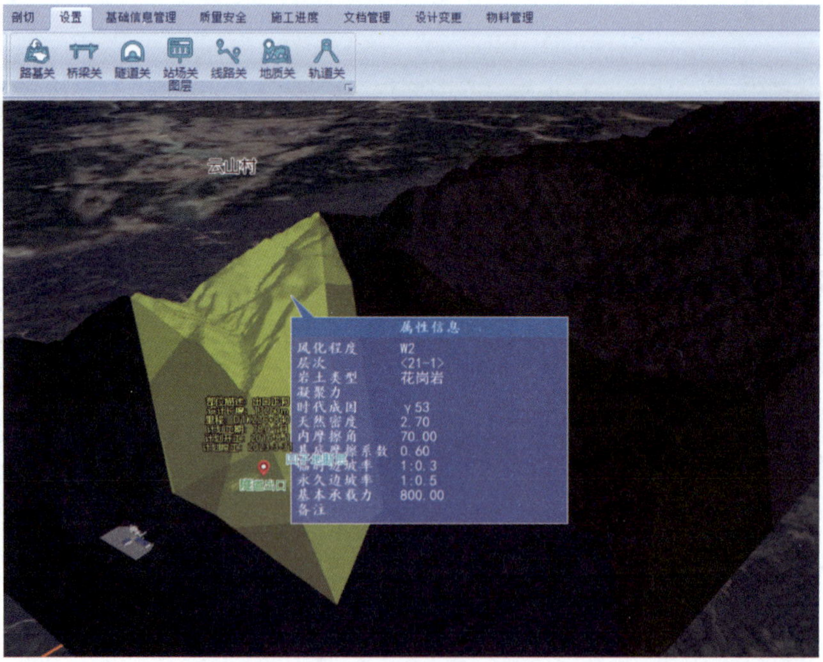

图 4-19 地质体属性查看

(3)质量安全管理——施工工艺模拟

在基于 BIM 技术的施工工艺模拟过程中，根据收集的项目相关资料与项目合同条件等，制订经济合理的项目总体目标计划，包括质量目标、工期目标、安全目标等，并制定相应的施工组织措施、合同措施和经济措施。根据项目特点制订主要施工方法，并利用 BIM 技术对主要施工方法进行模拟分析，如图 4-20 所示，分析过程主要是针对施工方法的合理性进行论证，确定主要工程的施工方法。

图 4-20　施工模拟

(4)质量安全管理——轻量化模型展示

轻量化模型用于 BIM 模型的各部件的精确展示，如图 4-21 所示，用户可通过视图切换、缩放、旋转、平移、透视、剖切和碰撞检查的方式查看模型细度，了解设计模型的精确结构，可快速帮助施工人员充分理解设计、施工意图，减少由于信息不对称或理解不一致导造成的各种施工问题，实现三维技术交底。

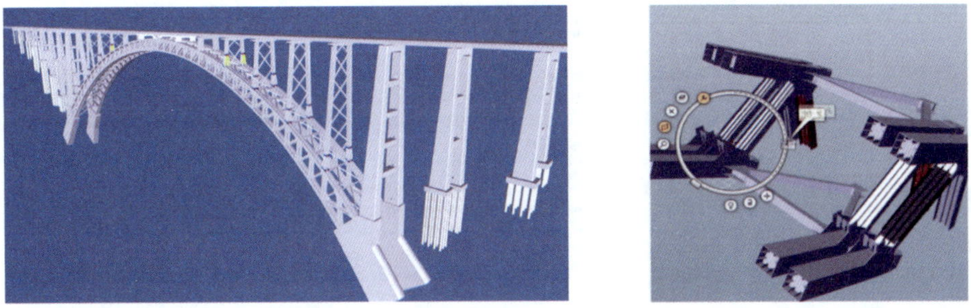

图 4-21　轻量化展示

(5)质量安全管理——视频监控接入

将施工现场的视频监控集成在平台上，供各级管理人员远程监控施工现场；用户可通过 PC 或移动端查看施工工艺模拟视频与现场监控视频，如图 4-22 所示，指导并监控施工过程，便于施工管理人员对现场有更加全面的把控。

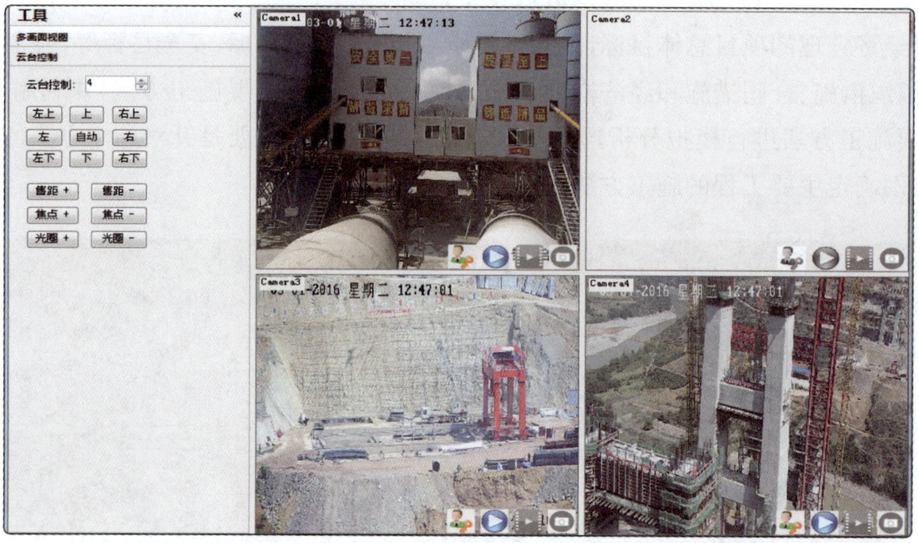

图 4-22　施工现场视频

(6)质量安全管理——外部系统接入

按照全路统一数据接口标准，将试验室信息管理系统、拌和站信息管理系统的数据接入本平台，进行集成管理，可及时查看和掌握工程质量不合格信息，如图 4-23 所示，提高项目安全质量管理水平。

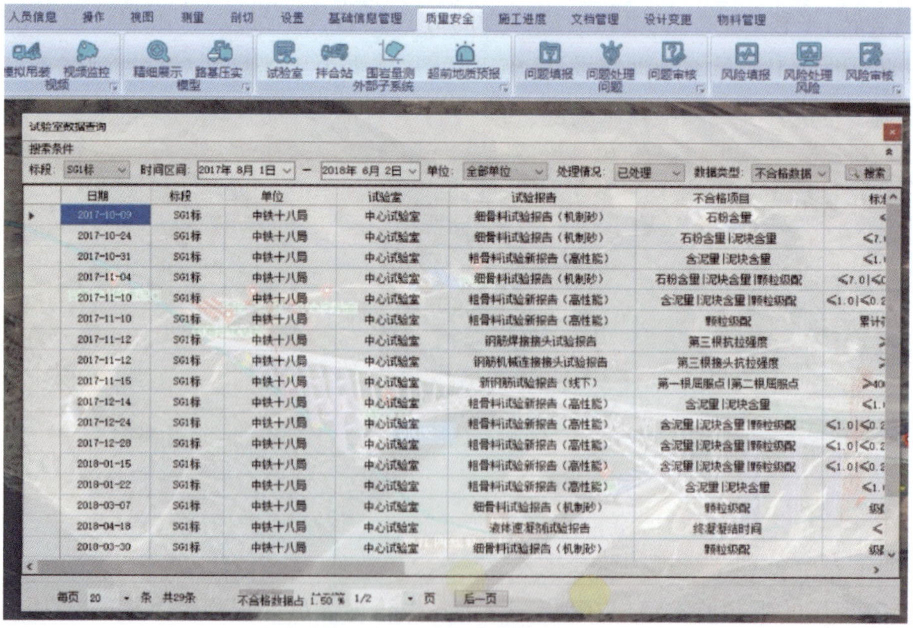

图 4-23　试验室信息管理系统

(7)施工进度管理——施工进度填报、审批

平台针对怒江特大桥编写了施工进度填报页面，施工人员可根据项目的完成实际情况，填报施工进度，如图 4-24 所示，现场管理人员负责审批、复核，防止错填、漏填等现象。通过对进度情况的填报、审查和模拟，实现以可视化的方式直观查看施工进度情况，并基于 BIM 模型比对计划与实际进度的差异，用于指导下一步施工方案制定。

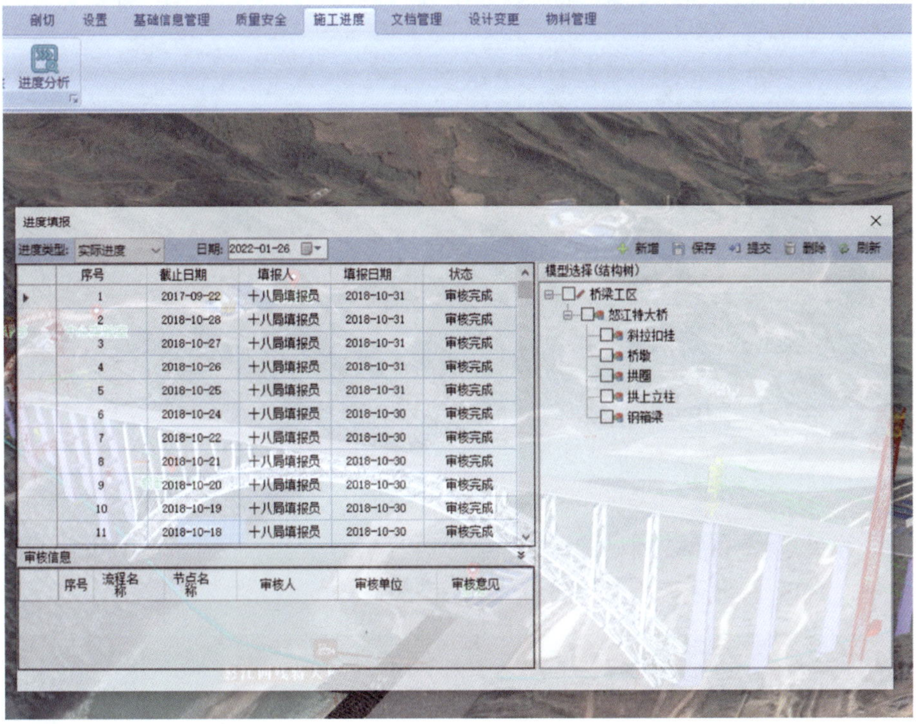

图 4-24　施工进度填报

(8)施工进度管理——施工进度三维形象展示

根据计划进度和实际进度进行对比分析，如图 4-25 所示，并能够在 BIM 模型中标记出按期完成、超前完成、延期完成的分项工程，实现了多维进度信息的直观表达，用于指导下一步施工方案制定。拖动时间条，通过判断模型施工完成时间属性控制模型显示与隐藏，实现进度的模拟。

(9)变更设计管理

变更设计申报和审批流程以及查询管理。通过对变更信息的记录实现《变更建议书》《变更会审纪要》和《变更通知单》等信息的查询，如图 4-26 所示。通过对变更模型的上传，实现场景中 BIM 模型的自动更新，也能够查询不同时期变更前后模型的差异，如图 4-27 所示。

图 4-25　计划施工进度

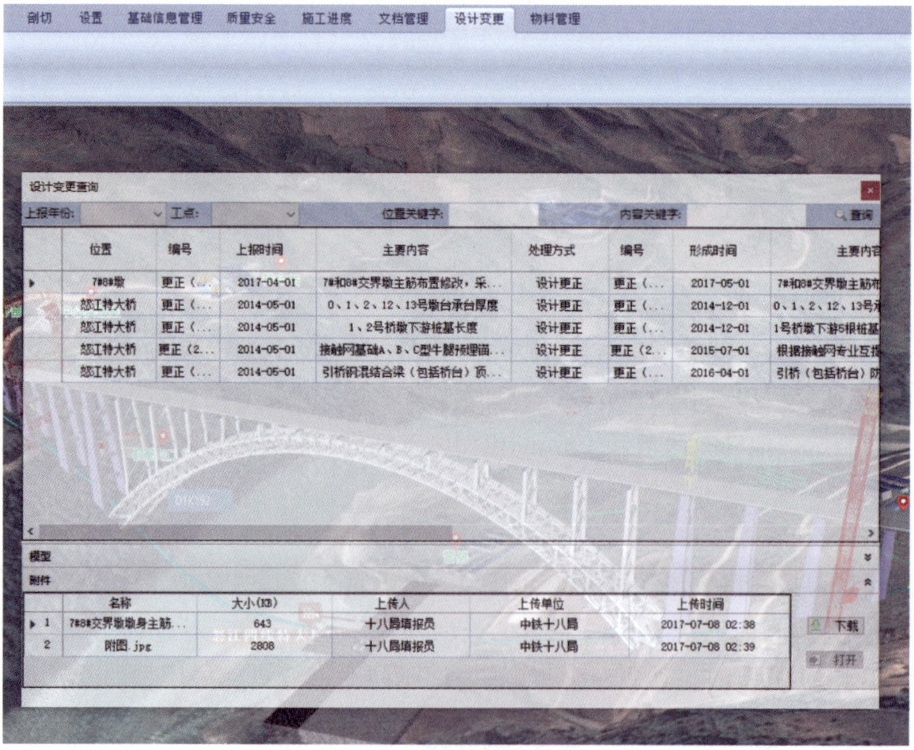

图 4-26　变更设计信息查询

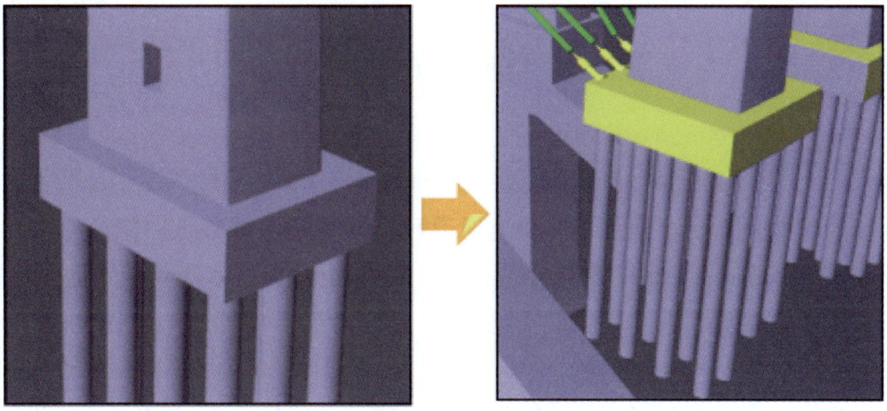

图 4-27　变更设计前后模型的差异对比

4.1.4　技术特点和创新点

将 BIM 技术引用到怒江特大桥的建设过程中,解决了三维协同设计、铁路 BIM 标准在项目中的应用和铁路工程精细化管理等问题,取得了丰硕成绩,BIM 应用的主要特点如下。

(1)统一的平台和数据格式更方便进行专业间及专业内的三维协同设计,对于提高设计效率和提升设计质量具有重要的意义。

(2)通过 IFC 类和模型结构树可以方便进行模型及信息的管理,实现信息在工程建设的设计、施工、运维等全生命周期的传递,为后期怒江特大桥运维阶段提供了可靠的信息依据。

(3)通过二次开发程序更方便快捷的进行复杂钢结构桥梁三维设计;采用三维参数化智能节点处理工具,比预期设计时间提前一个月,大大提高了三维设计的效率。

(4)基于 BIM 技术的铁路工程建设管理平台实现了铁路工程的形象、科学和精细化建设管理。

本项目的创新点如下:

将现有铁路 BIM 标准应用到项目中,实现了不同专业间模型的信息互通,保证了数据的统一性、一致性和完整性,解决了信息共享性差的问题,为铁路工程全生命周期管理提供了信息支持。

基于 Bentley Prostructures 开发了钢结构三维设计程序,解决了复杂钢结构节点处理工作量大,精度低等问题,大大提高了钢结构三维设计效率。

针对现有铁路工程施工管理方面存在的问题,结合三维 BIM 模型开发了基于 BIM 技术的铁路工程建设管理平台,实现了对铁路工程的质量、安全、进度和成本的精细化管理,既节约了建设资金,又缩短了工期。

4.2 京张高铁桥梁工程

4.2.1 工程概况

京张高速铁路是北京至西北地区快速通道和京津冀地区城际铁路网的重要组成部分，既是支撑成功举办 2022 年北京冬奥会的交通保障线，也是促进京津冀一体化发展的经济服务线。既是传承京张铁路百年历史的文化线，也是全面展示中国铁路建设尤其是中国高铁建设成果的示范线。

将京张高铁打造成“精品工程、智能京张”，建成一条优质创新、绿色人文、节约廉洁、精品智能的京张高速铁路，是落实绿色、共享、开放、廉洁办奥理念的具体实践。京张高速铁路作为促进京津冀一体化发展和全面展示中国高铁建设新成就的创新示范线，其建设意义十分重大。

铁路工程具有线长、点多、分布广、参与单位多、投资多、资源消耗体量大、质量要求高、安全风险大等特点，稍有不慎就会造成不可挽回的损失。BIM 设计具有数字化、可视化、多维化、协同性、模拟性等特点，可贯穿设计、施工、运营、维护整个铁路生命周期。让多专业协同设计，实现多阶段无缝衔接，最大信息共享化，减少施工阶段因设计变更等造成的成本浪费，提升项目管理能力，使管理更加精细化、决策更加科学化。中铁设计开展京张铁路全线的 BIM 设计工作是实现“智能京张、数字京张”总体部署的重要环节和工作。

北京至张家口铁路位于北京市西北、河北省北部境内，东起北京市，途经北京市海淀区、昌平区和延庆区，由延庆康庄镇入河北省境内，跨官厅水库，经怀来县、下花园区、宣化区，西迄张家口市，呈东西向沟通两市。

线路自北京北站引出，于学院南路南侧转入地下，连续下穿学院南路、北三环、知春路(地铁 10 号线)、北四环、成府路、清华东路(上跨地铁 15 号线)，于万泉河以南转出地面，后下穿北五环沿既有京张线增建二线至沙河站，沙河站至昌平站区段增建沙昌三线至昌平站，平面引入既有昌平站后经南口镇东侧以隧道穿越军都山，于新八达岭隧道内设八达岭长城站(地下站)，出隧道过康庄进入河北境内，于既有线北侧在军事设施影响范围内采用地下隧道形式，出隧道后新设东花园北站，沿京藏高速公路跨官厅水库、大秦铁路、京藏高速公路，与既有线并行，下穿京新高速公路后新设怀来站，出怀来站后一路西行经下花园北、宣化北新设站，终至既有张家口南站，正线全长 173.964 km，其中，北京市境内 70.503 km，河北省境内 103.461 km。正线桥梁 64 座共 65.9 km、隧道 10 座共 48.78 km，桥隧比例为 66%。

全线共设 10 个车站，分别为北京北、清河、沙河、昌平、八达岭长城站(地下站)、东花园北、怀来、下花园北、宣化北、张家口南；八达岭长城站(地下站)、东花园北、怀来、下花园北、宣化北 5 个为新建车站，其余均为改建车站。其中，北京北、清河和张家口南为始发站。

沿线经过地区大的地貌单元主要有平原区和山岳区。其中，在山岳区中又分布有较大的山间河谷盆地，即怀来盆地、宣化盆地和张家口盆地。

北京北至南口属北京平原，是华北平原的一部分，位于华北平原的北端。地形平坦，地势较低，地面高程一般在 50 m 以下。过昌平后地势逐渐升高，至南口附近地面标高升至 150～160 m。本段地处北京市区及近郊区，沿线有城铁 13 号线、S2 线、京张高速公路及各类市政及城乡道路，交通便利，大部地段建筑物密集。

南口至八达岭段，为中低山区，该段穿军都山。军都山属燕山山脉的支脉，山峰高度多在 500～1 000 m，相对高差 300～700 m。山峰高耸，沟谷深切。山体自然坡度较大，一般在 30°～50°，一些山体坡度超过 60°，更有少量山体近直立状态，植被发育。

八达岭隧道出口至西黄庄隧道进口段为怀来盆地。地势两端高中部低，以官厅水库为界，在官厅水库南部地段，地形东南高西北低，向官厅水库方向倾斜；跨官厅水库后地形呈东北高西南低，向洋河河谷方向倾斜。地面标高在 460～600 m，相对高度 50～150，其中以官厅水库为最低。地形相对平坦，沿途植被发育，以农作物为主，部分地段为果树、葡萄园，如图 4-28 所示。

图 4-28　康庄高架特大桥总装模型

西黄庄隧道进口至龙洋河左岸段为低山丘陵区。标高一般在 800 m 以下，相对高度一般在 100～200 m。除个别地段基岩裸露外，其他大部地段为黄土或碎石类土所覆盖，冲沟极发育，地表支离破碎。植被较发育，有农作物、果树及葡萄园等。

龙洋河左岸至终点张家口南站为宣化盆地、张家口盆地及其边缘地带。总的地势是东北高西南低，沿线路方向的趋势是地面标高向大里程方向逐渐增大。除个别突出山丘地面标高大于 800 m 之外，其他大部地段地面标高多在 630～710 m，相对高差一般在 50 m 以内，盆地边缘与山区过渡地带相对高差 80～120 m。地形较平坦，冲沟发育，村镇较多。植被发育，有农作物、果树及葡萄园等。

京张高铁正线全长 173.964 km，特大、大、中桥梁共计 65.905 km/64 座，线路占比 37.88%。其中，新建、改建桥梁 65.528 km/57 座，改造利用既有线桥梁 377.0 m/7 座。小桥涵共计 195 座

(含 77 座护管涵),扣除桥梁及隧道长度后每公里 3.3 座。全线桥梁采用 BIM 设计。

固安特大桥主要为跨越 S371 省道、廊涿高速公路、廊涿城际、正兴街东延而设,采用 24 m 和 32 m 简支箱梁结合框架墩的形式跨越廊涿城际右线。

官厅水库特大桥主跨采用 8 孔 108 m 简支钢拱桁(拱形钢桁梁)跨越官厅水库。钢拱桁支点跨度 108 m,端部总长 109.7 m,采用变高曲弦拱形桁式。拱顶高 19 m,宽 13.2 m,节间长 10.8 m,支座距梁端距 0.85 m。桥面系采用正交异性钢桥面板,钢桥面板上挡砟墙内侧铺设 20 cm 厚混凝土道砟槽板,如图 4-29 和图 4-30 所示。

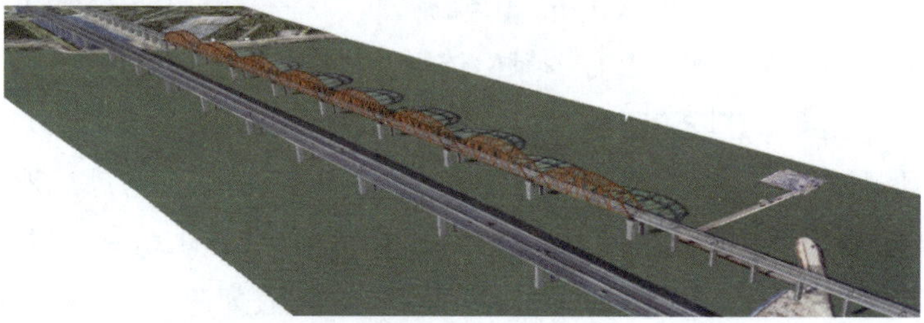

图 4-29 官厅水库特大桥主桥段实景影像模型

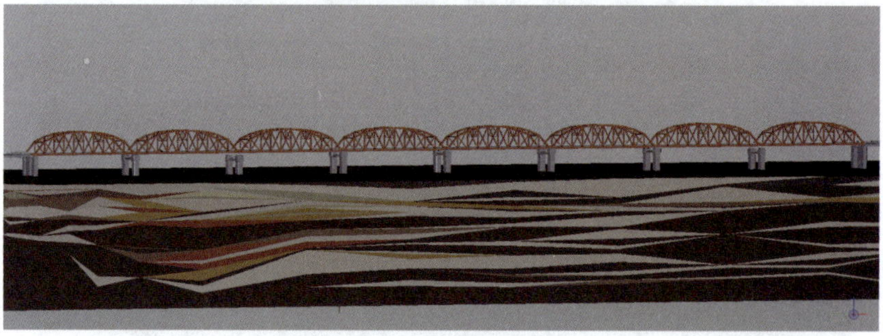

图 4-30 官厅水库特大桥总装模型

4.2.2 技术标准和实施情况说明

1. 协同设计平台应用

建设协同设计平台,搭建了对资源、流程、人员进行集中管理的统一工作环境,如图 4-31 所示,达到资源共享、协同工作的目标,如图 4-32 所示。

(1)资源管理

对设计基础设计资源,如:符号、线形、样式、材质、构件库、设计标准等进行统一的管理,方便桥梁设计过程中对资源进行访问,同时方便专业协同工作的资源环境统一。

(2)流程管理

对工作单元和工作目录进行划分,按照 BIM 设计标准作业流程分层级分阶段对访问权限和文件校审流程进行设置,将工作流程内置,实现了作业流程可控及强制质量检验。

(3)人员管理

按照项目职责对人员角色进行划分，不同的角色对不同的项目文件目录中的文件拥有不同的权限，实现文件操作权限可控。

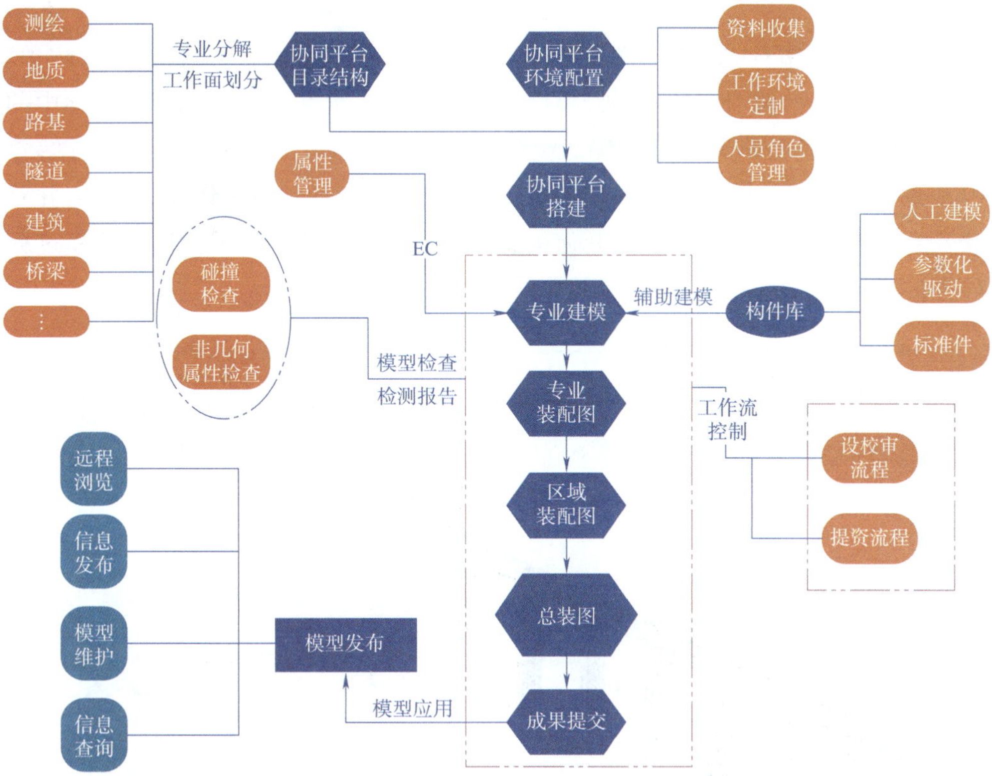

图 4-31　基于协同设计平台的 BIM 作业流程

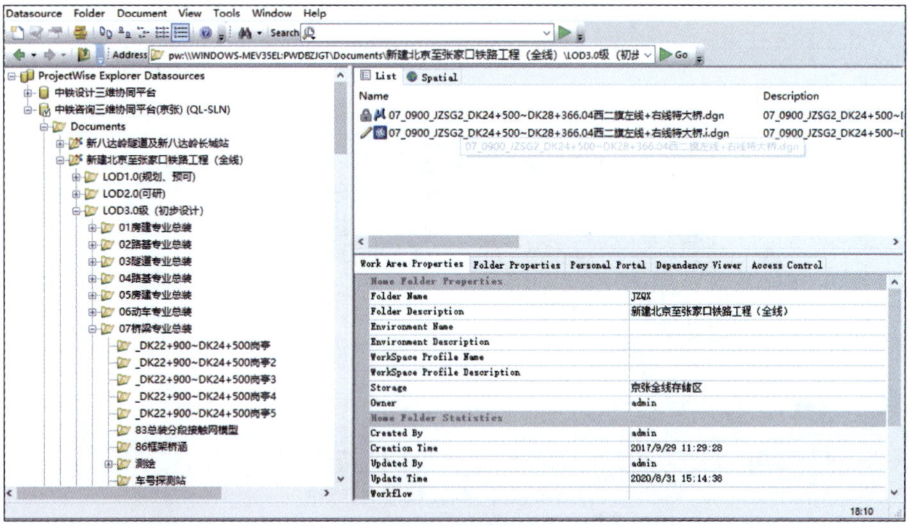

图 4-32　桌面端登录协同设计平台

2. 铁路 BIM 标准应用

根据《铁路工程信息模型分类和编码标准》，对桥涵专业 BIM 模型进行结构分解并对相关内容进行补充。将桥涵专业模型分为桥梁和涵洞两大类，根据桥梁设计习惯将桥梁大类分解为上部结构、下部结构、附属构件等大类，上部结构包括，梁、拱、钢桁梁等；下部结构包括桩基、承台、墩台、垫石、支座，如图 4-33 所示。附属结构包括盖板、遮板、竖墙、防护墙、栏杆等。涵洞包括帽石、涵身、涵身基础、翼墙、翼墙基础等，如图 4-34 所示。将桥梁中的每一大类按单体构件进行分解和 IFD 编码。涵洞大类则直接按具体组成构件进行分解并对其进行 IFD 编码。在 IFD 编码过程中严格保证相关联构件编码的继承性和唯一性，并对规范中未涉及的编码内容（几何信息和非几何信息）进行补充、完善和扩展。模型建模过程中将各构件类按层建模，属性按构件赋予，结构树按按构件创建。

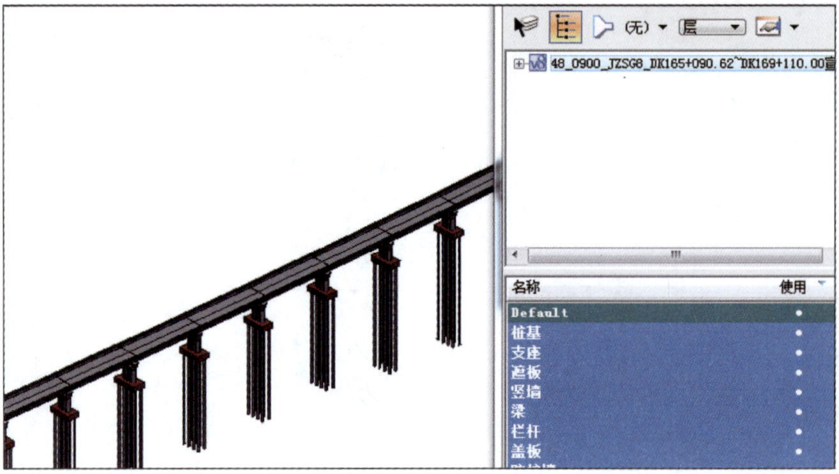

图 4-33　桥梁建模分层信息

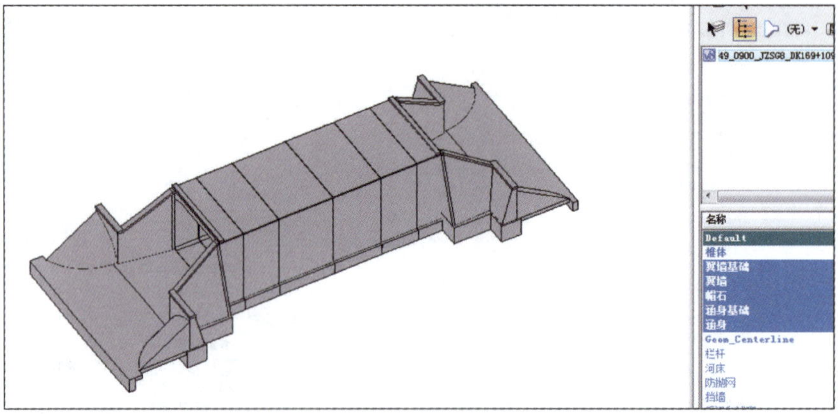

图 4-34　涵洞建模分层信息

根据桥梁专业结构分解与 IFD 编码表格对桥涵各构件进行桥涵各构件结构树的创建工作，创建完成的结构树，如图 4-35 和图 4-36 所示。

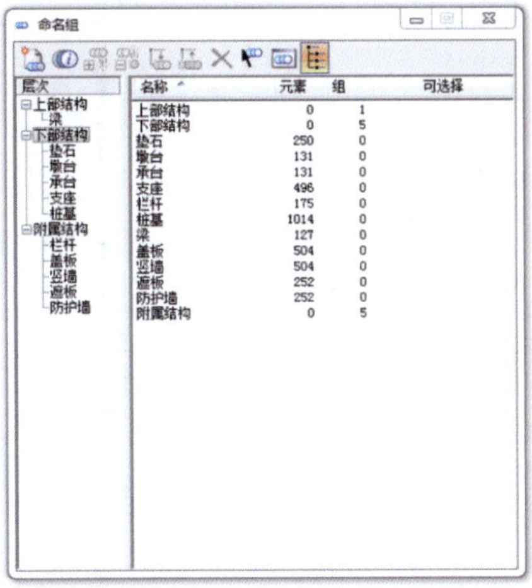

图 4-35　桥梁结构树

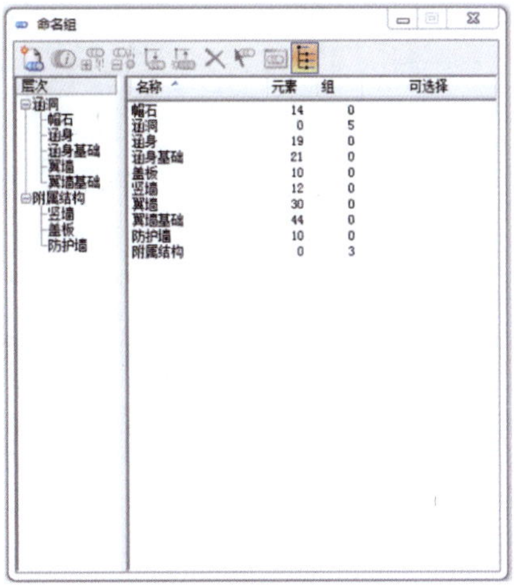

图 4-36　涵洞结构树

4.2.3　应用内容

1. 工点 BIM 设计

采用自研二三维一体化设计软件进行工点桥 BIM 设计，如图 4-37 所示。根据高速铁路桥梁的设计习惯，分为工点总体设计和构件设计两部分。工点总体设计的内容包括全桥孔跨布置、下部结构和基础设计、工程数量计算。构件的设计包括整个项目采用的梁部、桥墩、桥台、基础等构件的标准设计。辅助设计软件可实现总体设计所需的全桥孔跨布置、下部结构和基础的设计、工程数量的计算、BIM 模型的创建功能。

桥梁构件信息以数据库和构件单元库的方式进行存储，如图 4-38 所示，便于编辑和管理。梁部构件由梁部类型（如简支梁、连续梁、连续刚构等）、几何参数、工程数量、模型库文件名和单元名构成，如图 4-39 所示，在梁库管理界面链接梁部模型。

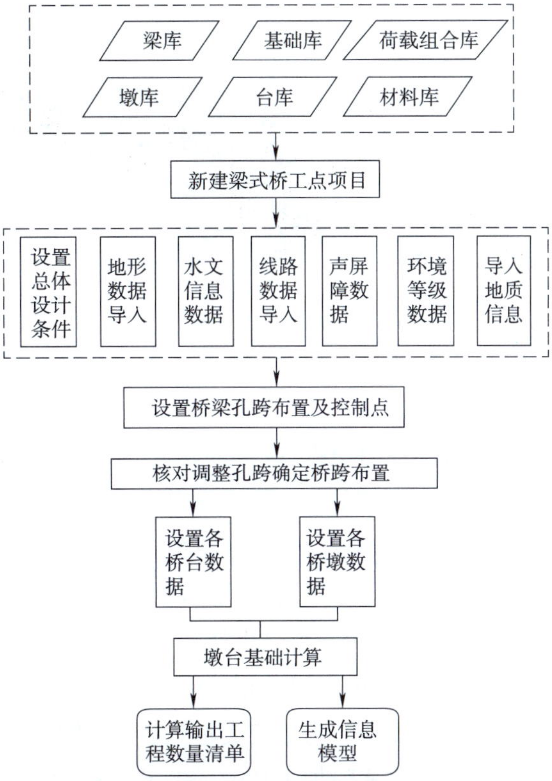

图 4-37　桥梁 BIM 设计流程

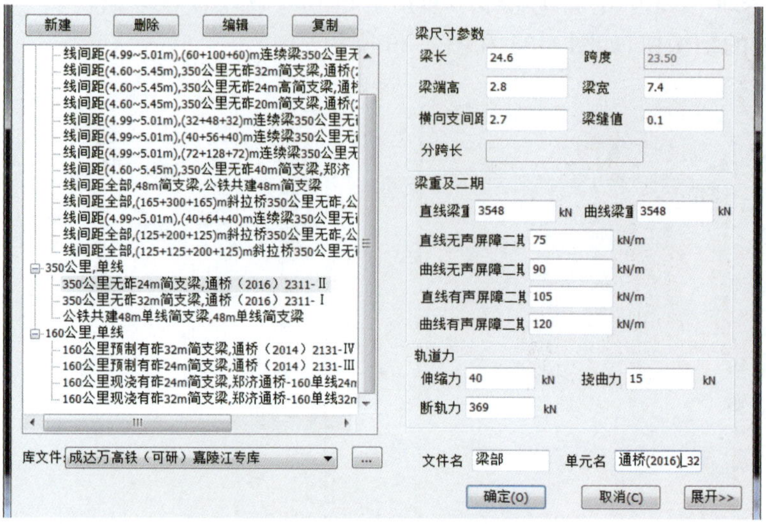

图 4-38　梁部构件库管理界面

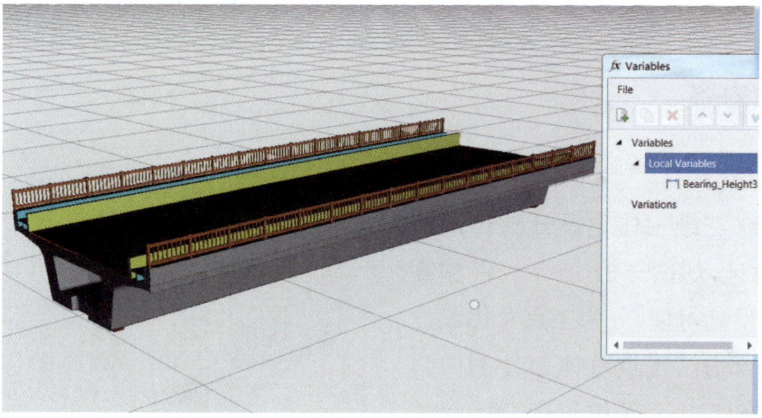

图 4-39　简支梁共享单元模型

桥墩构件由顶帽、墩身的几何参数、桥墩计算信息、模型库链接所需的文件名和单元名等内容构成,如图 4-40 所示。以重力式实体墩为例,桥墩库管理界面、链接的桥墩模型示例、顶帽模型示例如图 4-41 和图 4-42 所示。

采用协同的方式获取线路、地质等设计信息作为桥梁设计的基础信息,如图 4-43 所示。在设计过程中,用户可以根据需求,实时对设计模型进行创建预览,从模型中查看桥梁的总体布置、桥台的位置以及相关的设计信息。

将信息类型分为数值类信息、字符类信息、工程量类信息三大类。模型的非几何信息以附加属性的方式附加于几何模型上,桥墩非几何属性如图 4-44 所示。

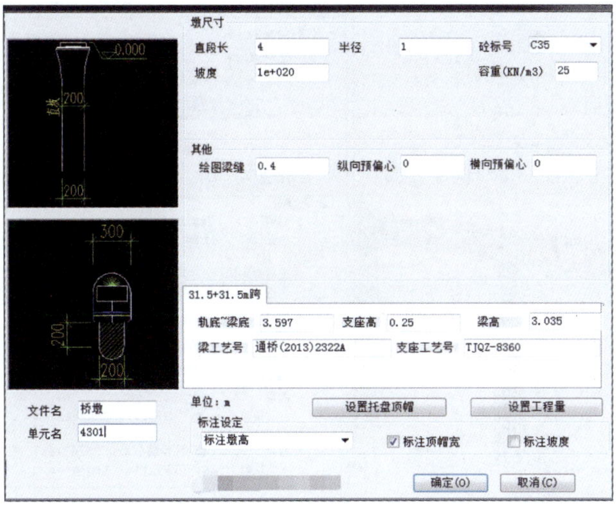

图 4-40　桥墩构件库管理界面

图 4-41　墩身参数化单元模型

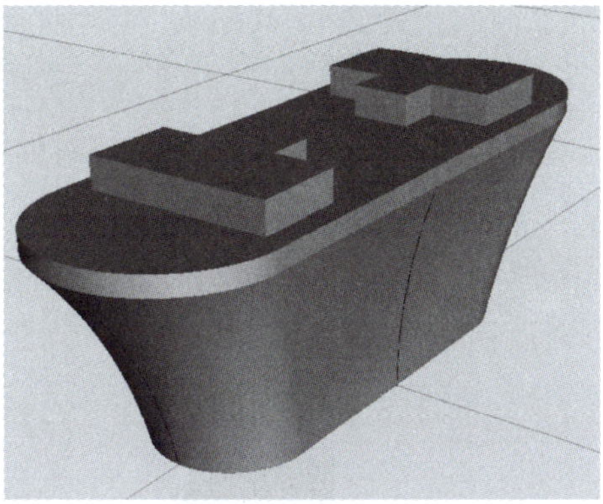

图 4-42　顶帽共享单元模型

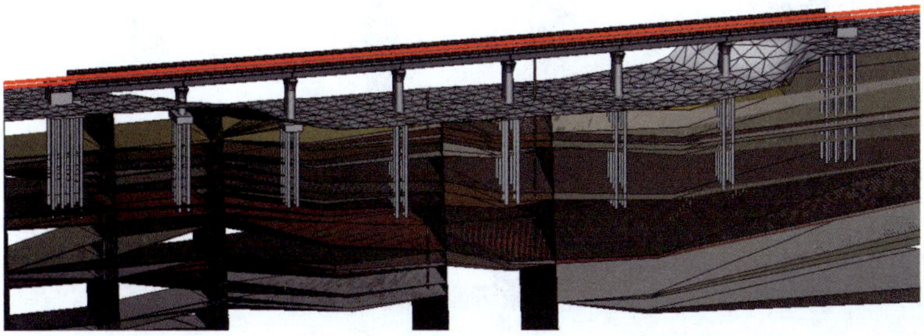

图 4-43　某梁式桥设计模型

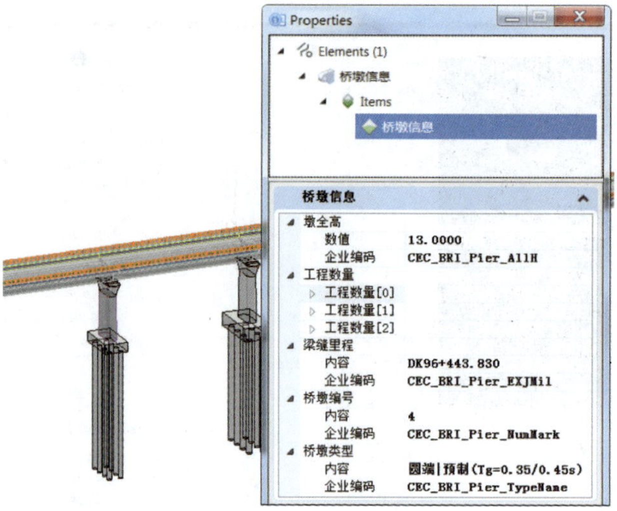

图 4-44　桥墩非几何信息

工程数量采用编码配合数量模板的方式进行计算输出。根据统计方法的不同，将工程数量分为构件本体数量和需计算的相关数量两种类型。构件本体数量随构件库进行配置和管理，可实现工程数量项的灵活配置。

2. 通用图设计优化

为了发挥 BIM 技术可视化优化设计的优点，建立连续梁 0 号块 BIM 模型，优化 0 号块支座顶部钢筋布置密集问题。

选取(40＋60＋40)m 连续梁，建立该连续梁 0 号块 BIM 模型，如图 4-45 所示。模型中包含底板钢筋、腹板钢筋、中隔板钢筋、竖向预应力筋、横向预应力筋、支座预埋锚栓、防落梁预埋钢板、临时固结钢筋等各种构件。

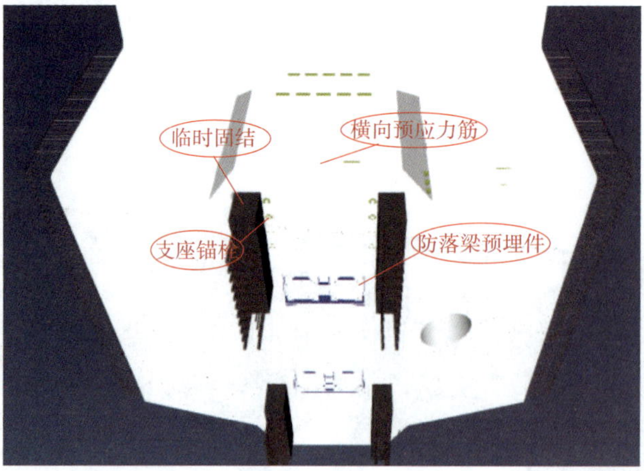

图 4-45　连续梁 0 号块 BIM 模型图

将底板支座部位隔离分析，针对出现混凝土缺陷的支座板周围和防落梁周围底板钢筋布置情况进行检查分析，如图 4-46 所示。

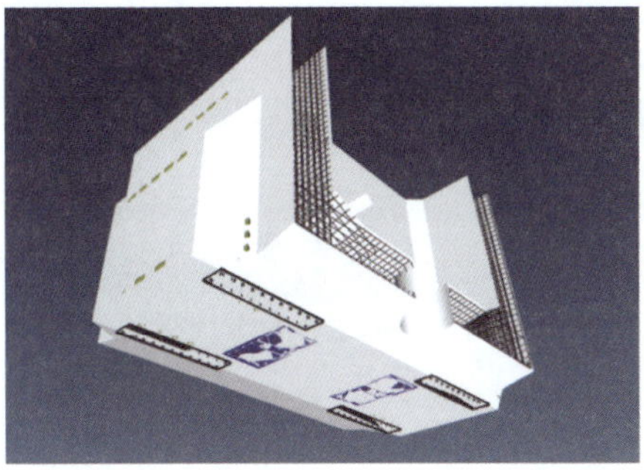

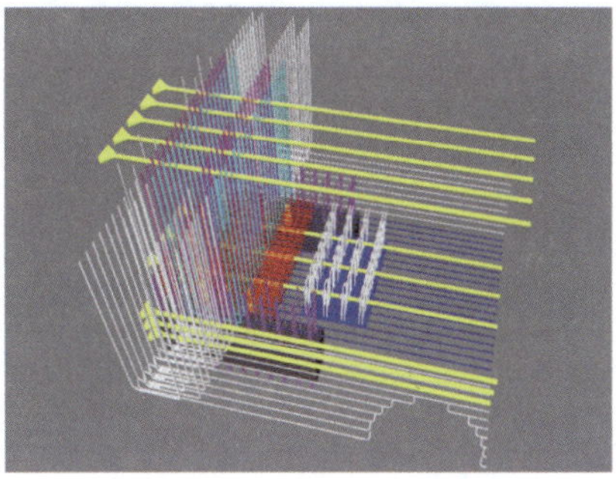

图 4-46　底板支座剖分图

经对支座周围钢筋进行检查分析，支座上方及沿纵桥向的两侧钢筋配置在此区域内存在沿底板纵桥向布置的底板分布筋（蓝色），沿纵桥向布置在腹板内的箍筋（洋红色、青色），支座上方牛腿中沿纵桥向布置的护面筋（绿色）和支座上方加强钢筋网片钢筋（红色），如图 4-47 所示。

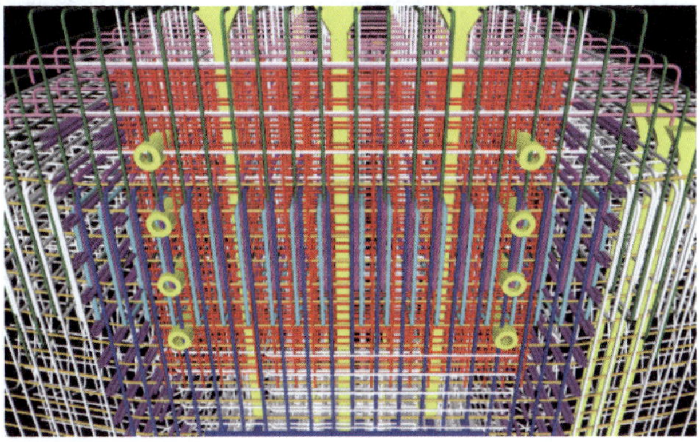

图 4-47　支座周围钢筋布置图

在支座附近区域有防落梁、临时固结等预埋件，当各预埋件与钢筋位置冲突时，可适当挪动普通钢筋的位置以满足预埋件放置要求。

考虑到绑扎误差及施工中钢筋位置挪动不恰当，可能造成多根钢筋并排布置的情况，局部钢筋布置间距较小，加之此处不便于振捣，对混凝土的浇筑造成不利的影响。对 0 号块底板支座位置附近的钢筋布置进一步优化调整，将网片位置上移，同时将5 层网片调整为3 层。优化中隔板底部上层钢筋布置，由两层调整为一层，同时将支点加宽牛腿护面钢筋与底板底面分布钢筋合并成一根，如图 4-48～图 4-50 所示。提出连续梁钢筋图设计时预留振捣通道的理念。

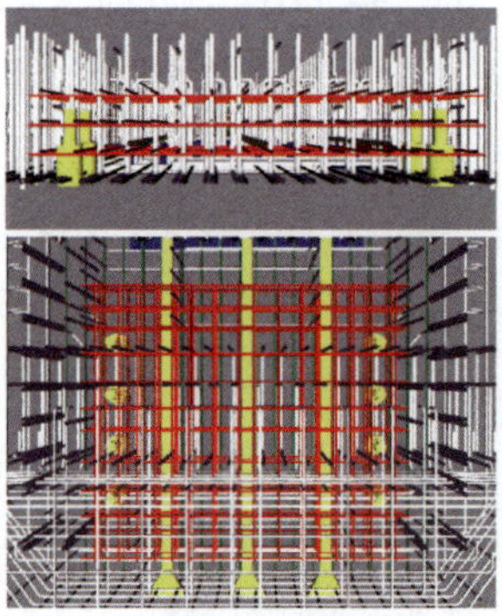

图 4-48　支座周围钢筋布置调整

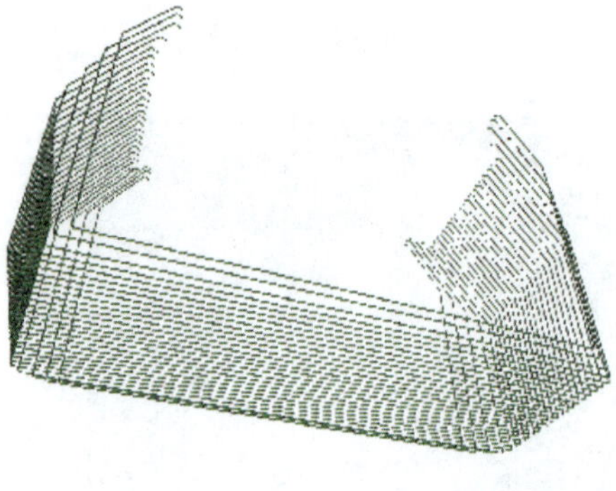

图 4-49　牛腿钢筋与分布钢筋合并

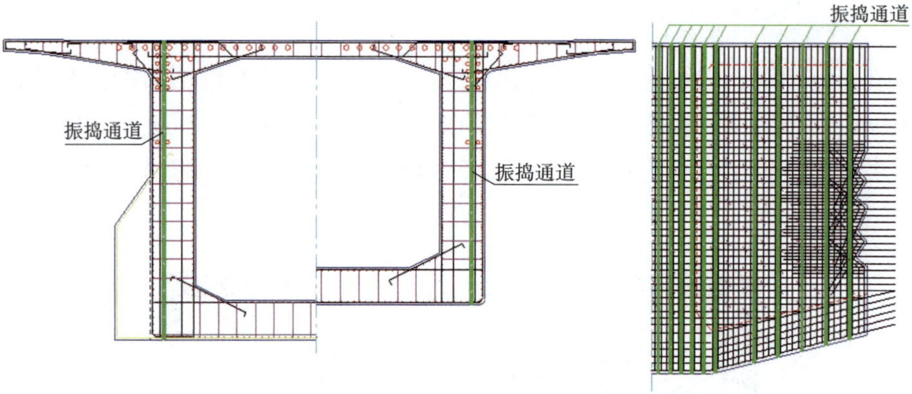

图 4-50　混凝土浇筑振捣通道

3. 全生命周期综合管理平台

BIM 技术与 GIS 技术互相融合，可以贯穿高铁桥梁全生命周期，深化多领域的协同应用。在勘察阶段，可通过地质遥感和倾斜摄影获得的信息建立电子勘察环境，将外业工作内业化，运用 BIM 与三维 GIS 相结合的方式实现桥位桥式方案的比选辅助三维选线，找出最合理的线路和桥梁布置方案，并将方案以直观的三维形式展示，辅助决策。在设计阶段，可进行 BIM 的深化设计，同时运用 GIS 将全专业的 BIM 模型进行整合，实现全线三维可视化设计，信息协同管理，最大限度将问题提前暴露，防患于未然，落实精细化设计，在此基础上进行相关施工深化设计和阶段施工模拟。在建设阶段，结合 GIS 平台和 BIM 模型进行项目管理平台建设。在平台上通过 BIM 模型进行施工管理；通过 GIS 准确定位到相关工点，并查询到工的进度计划安排，协调配置人、机、料、法、环。在运维阶段，通过建立 BIM+GIS 的铁路设施资产及运营维护管理系统，利用竣工 BIM 模型，将设施资产管理与设备运维管理集成到三维可视化平台，并结合物联网技术，将各设备的使用情况纳入到系统的管理范围，进行结构监测和现场管理，如图 4-51～图 4-53 所示。

BIM 模型到 GIS 平台的信息传递完整度是进行多源数据融合应用的关键，采用中铁设计自主研发的 BIM 模型转换软件可将几何图形、模型信息、材质等数据无损的导入到 GIS 平台中，为数据的应用打下了坚实的基础。

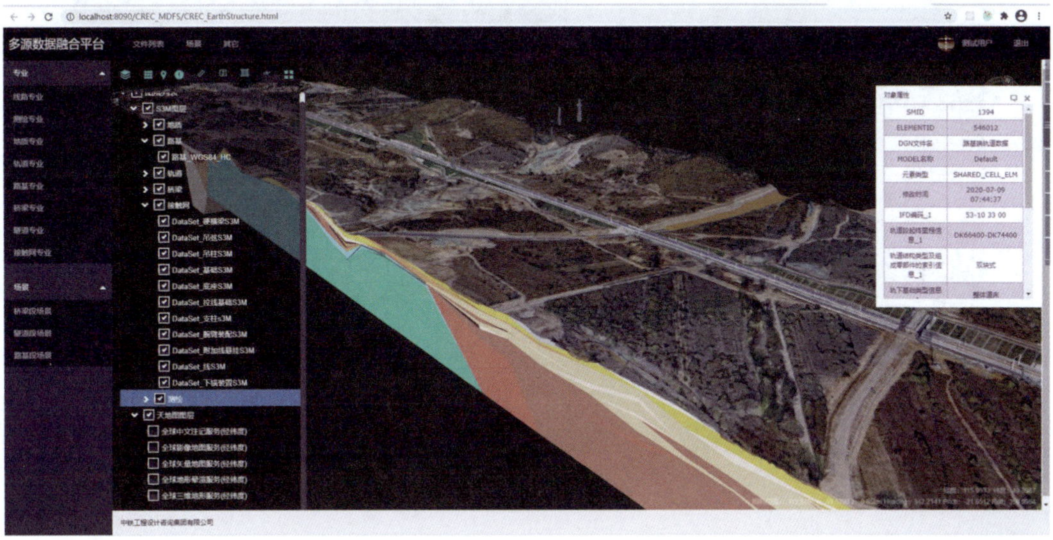

图 4-51　京张 BIM+GIS 融合平台 Web 端

图 4-52　京张 BIM+GIS 融合平台桌面端

图 4-53 康庄高架特大桥段 BIM+GIS 模型融合

4.2.4 技术特点和创新点

基于协同设计平台的组织方式对 BIM 设计资源、文件、流程进行管理。搭建统一的工作环境，对设计资源以工作空间的方式进行托管，对行业标准、企业标准、项目标准进行多层次配置和管理，对人员权限和流程进行文件级的配置和管理。在协同平台下进行文件版本控制、送审流程流转，形成规范的作业流程和作业标准，同时积累数字资产和知识库。

采用二三维一体化协同设计的方式将 BIM 设计与二维设计结合。创新的采用二维设计软件和 BIM 设计软件共用一套数据的方式进行桥梁工点设计，结合成熟设计软件计算功能和 BIM 软件可视化表达的特点。实现了设计数据贯通，高效完成 BIM 模型、二维图纸、工程量等设计成果。

采用 BIM 可视化、方便空间分析的优点进行连续梁结构配筋优化设计。在桥梁构件详细设计中，运用 BIM 软件可视化的优点和碰撞检查、距离量测等功能，核查优化二维设计中容易疏忽的盲点，使设计更加优化，便于现场施工的开展。

搭建多源数据融合平台，对设计成果进行虚拟实景校验。解决了 BIM 模型数据向 GIS 平台无损转换的问题，自主研发转换软件实现了模型的轻量化和信息的无损传递，使长大桥梁的 GIS 数据量得到明显的压缩，在数据加载速度和实时浏览方面均满足大场景下的应用需求，实现 BIM 设计成果的在线实时预览，完整保留了专业设计数据结构树，方便在大场景中进行筛选、查找和定位等操作。

4.3　京雄城际铁路桥梁工程

4.3.1　工程概况

京雄城际铁路是连接北京市与雄安新区的城际铁路，如图 4-54 所示，是完善京津冀区域高速铁路网结构的重要铁路线路。作为雄安新区首个重大交通项目，京雄城际铁路在建设过程中，注重在智能设计、智能建造、智能运维等领域进行科技创新探索和实践。秉承雄安新区“生态优化，绿色发展”的理念，将新技术、新设备运用到建设过程中，让“绿色京雄”成为京雄城际铁路建设的一大亮点。

图 4-54　京雄城际铁路雄安站

京雄城际铁路北起李营站，途径北京市大兴区、北京大兴国际机场、河北省固安县、霸州市后，到达雄安新区雄县，铁路线路全长 91 km，最高设计时速 350 km，铁路等级为高速铁路。线路所属地区位于华北平原北缘，为冲积平原，地形平坦开阔，地势由西北向东南缓倾。线路两侧大部分为耕地，局部段落跨越既有铁路和规划铁路，多线交叉并行特点显著。

固安特大桥主要为跨越 S371 省道、廊涿高速公路、廊涿城际、正兴街东延而设，采用 24 m 和 32 m 简支箱梁结合框架墩的形式跨越廊涿城际右线，如图 4-55 所示。

图 4-55　固安特大桥跨廊涿城际

霸雄特大桥主要为跨越津保铁路、津九联络线、荣乌高速公路和陈家柳北排干而设，如图 4-56 所示。桥址起于霸州北站南侧，收于雄安站北侧，与京港台高铁左右线、立折线、津九上下行联络线京雄段共计 7 线并行。

图 4-56 霸雄特大桥多线并行

雄安站特大桥是雄安站高架桥，规模 11 台 19 线，主要采用无砟轨道，如图 4-57 所示。小里程侧进站包含京港台高铁左右线、京雄城际双线、立折线、津九联络线上下联。大里程侧出站包含雄商铁路左右线、石雄城际双线、动车走行左右线。桥梁设计范围为京雄正线、京港台正线以及站台顺线路方向的 8 条到发线。

图 4-57 雄安站特大桥多线并行

4.3.2 技术标准和实施情况说明

1. 协同设计平台建设

针对铁路行业多专业、多系统集成的特点，搭建基于同一数据库的多专业协同设计平台，在京雄铁路项目实现桥梁专业内和专业间的三维协同设计。

为充分发挥软硬件资源的应用效率，保障设计软件的运行性能和稳定性，以物理服务器＋客户端的方式搭建京雄铁路 BIM 协同设计平台，如图 4-58 所示。

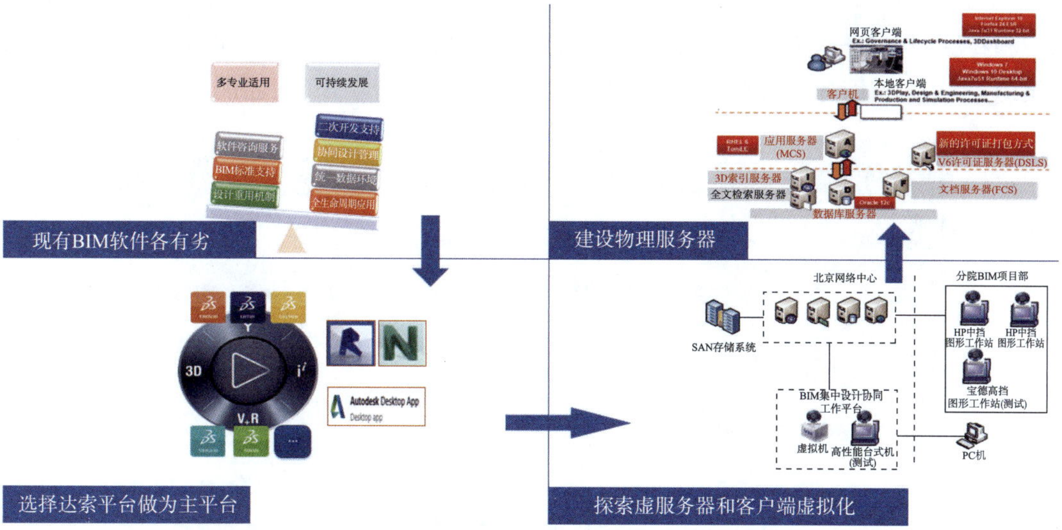

图 4-58　基于同一数据库的协同设计平台

完成中国铁路 BIM 联盟标准体系在京雄铁路 BIM 协同设计平台的部署，如图 4-59 所示。以 IFC 标准为主线，以 IFD 分类编码为子集，完成对桥梁工程 IFC 分类的定义和部署。为每个桥梁部件、构件节点匹配唯一的 IFC 类型，并附加属性信息。IFC 分类支持以工程结构树的方式组织呈现。

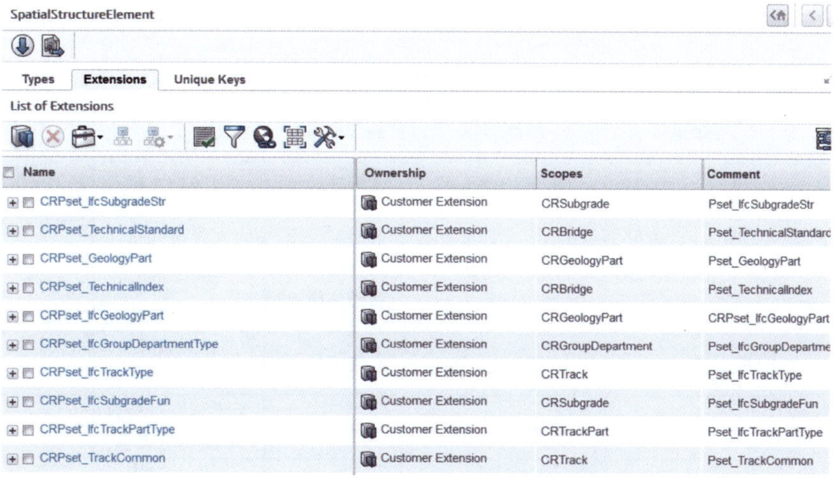

Name	Ownership	Scopes	Comment
CRPset_IfcSubgradeStr	Customer Extension	CRSubgrade	Pset_IfcSubgradeStr
CRPset_TechnicalStandard	Customer Extension	CRBridge	Pset_TechnicalStandard
CRPset_GeologyPart	Customer Extension	CRGeologyPart	Pset_GeologyPart
CRPset_TechnicalIndex	Customer Extension	CRBridge	Pset_TechnicalIndex
CRPset_IfcGeologyPart	Customer Extension	CRGeologyPart	CRPset_IfcGeologyPart
CRPset_IfcGroupDepartmentType	Customer Extension	CRGroupDepartment	Pset_IfcGroupDepartme
CRPset_IfcTrackType	Customer Extension	CRTrack	Pset_IfcTrackType
CRPset_IfcSubgradeFun	Customer Extension	CRSubgrade	Pset_IfcSubgradeFun
CRPset_IfcTrackPartType	Customer Extension	CRTrackPart	Pset_IfcTrackPartType
CRPset_TrackCommon	Customer Extension	CRTrack	Pset_TrackCommon

图 4-59　铁路 BIM 标准的部署应用

2. 设计数据标准化

BIM 设计分为三个阶段，每阶段的设计成果都以高度结构化的工程树进行组织，如图 4-60 所示。骨架树以点线面参数等轻量化形式描述每个专业工程主要信息，同时用于多专业之间的信息以结构化形式传递。设计模型树以专业领域和设计应用的视角确定模型的组织和粒度,其粒度取决于各专业软件开发程度。交付模型树以工点和信息深度的视角进行组织,与交付精度标标准和表达标准相关,满足工点的综合 BIM 应用。

设计骨架树　　设计模型树　　交付模型树

图 4-60　标准化设计数据

3. 设计单元标准化

为便于 BIM 设计同时有利于后期 BIM 数据的交付和使用,BIM 设计过程严格执行最小设计单元原则,见表 4-1,即以最小设计工点为 BIM 建模、交付和数据管理的基本节点。

表 4-1　桥梁 BIM 设计单元划分

所属段落	起始里程	终点里程	施工图图号	或工点二维设计名称	备　注
JXCJ_Seg3_QH	DK54+040.10	DK57+948.97	京雄施桥-01	固安特大桥	
	DK61+089.66	DK65+018.05	京雄施桥-02	固霸特大桥	Seg3 与 Seg4 分界里程 65+000;Seg3 部分
	LZDK54+827.35	DK57+949.58	京雄施桥-08	廊涿城际固安特大桥	
	LZDK61+089.61	右 LZDK62+262.28	京雄施桥-09	廊涿城际固霸特大桥	
	SLDK1+830.52	SLDK3+730.74	京雄施桥-07	天津至新机场客专固安特大桥	
	DK53+840		京雄施涵-01	1-2 m 钢筋混凝土框架箱涵	
	DK58+600		京雄施涵-02	1-4 m 钢筋混凝土框架箱涵	
	DK59+605		京雄施涵-03	1-2.5 m 钢筋混凝土框架箱涵	
	DK60+095		京雄施涵-04	1-2 m 钢筋混凝土框架箱涵	

续上表

所属段落	起始里程	终点里程	施工图图号	或工点二维设计名称	备　注
JXCJ_ Seg4_QH	DK65+018.05	DK81+561.78	京雄施桥-02	固霸特大桥	Seg3 与 Seg4 分界里程 65+000；Seg4 部分
	DK81+689.40		京雄施涵-05	1-6 m 钢筋混凝土框架箱涵	
	DK81+831.20		京雄施涵-06	1-4 m 钢筋混凝土框架箱涵	
	DK83+229.85	DK93+867.54	京雄施桥-03 A 段	霸雄特大桥 A 段	大里程为 Seg4 和 Seg5 分界里程 93+834.84
JXCJ_Seg5_QH	DK93+867.54	JGD2K102+000.60	京雄变桥-03	霸雄特大桥	
	JGD2K102+000.60	JGD2K104+634.00	京雄变桥-04	雄安站特大桥	
	JGD2K104+634.00	DZD1K5+012.84	京雄变桥-05	动车走行线特大桥	
	津九 SLD2K2+341.99	津九 SLD1K102+000.25	京雄变桥-09	津九上行联络线特大桥	
	津九 XLD2K2+713.07	津九 XLD2K3+696.56	京雄变桥-10	津九下行联络线特大桥	
	JGD2K98+714.28	JGD2K102+000.60	京雄变桥-11	京港台高铁雄安特大桥	
	JGD2K104+634.00	JGD2K107+901.83	京雄变桥-12	雄商铁路雄安特大桥	
	D2K104+635.76	D2K107+296.87	京雄变桥-13	石雄城际雄安特大桥	

4. 信息模型 IFD 定义

参照《铁路工程信息模型交付精度标准》开展桥涵 BIM 模型结构分解工作。将桥梁专业 BIM 模型划分为桥梁、框构和涵洞三个结构大类，在各大类别中根据设计工点的先后顺序做工点级结构分解，工点内部根据桥涵结构的空间层级继续分解，例如将桥梁自上而下分解为梁、墩、台和基础。

参照《铁路工程信息模型分类和编码标准》，为每一个桥梁构件匹配 IFD 编码。IFD 编码顺序参照列表的先后顺序排列，同一表格中多个编码的先后顺序自上而下排列；分类编码按照项目级和构件级进行划分并赋予不同的桥梁构件。选取简支箱梁、双线圆端形桥墩和桥梁支座展示 IFD。

(1)简支箱梁

标签：梁+设计+预应力混凝土+预制架设+施工图+商品混凝土。

IFD：53-12 10 08+54-01 23 00+54-08 30 00+54-17 60 00+55-02 40 10+58-03 13 10 10。

(2)双线圆端形桥墩

标签：墩台身+设计+钢筋混凝土+施工图+商品混凝土。

IFD：53-12 20 10 50＋54-01 23 00＋54-08 20 00＋55-02 40 10＋58-03 13 10 10。

（3）桥梁支座

标签：普通支座＋设计＋施工图＋桥梁支座。

IFD：53-12 30 10＋54-01 23 00＋55-02 40 10＋58-02 30 30。

5. 信息模型 IFC 定义

根据《铁路工程信息模型数据存储标准》（IFC-1.0 版），对桥梁工程构件进行 IFC 定义并添加相关属性信息，如图 4-61 所示。

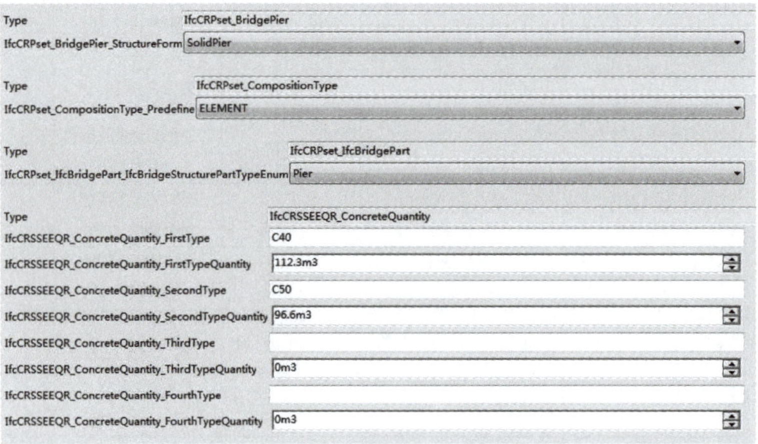

图 4-61　IFC 分类及属性

6. 模型精度控制

参照《铁路工程信息模型交付精度标准》，采用相应的模型精度等级，见表 4-2。

表 4-2　桥梁模型执行精度

建模内容	设计深度
桥梁	（1）几何信息：桥梁长度、桥梁跨度、定位信息； （2）非几何信息：桥梁名称、桥梁结构形式、孔跨布置形式、缺口里程
桥墩/桥台	（1）按照施工图输入墩台的几何信息，墩台尺寸、定位信息； （2）垫石平面形状、垫石长度、垫石高度、垫石横向间距、定位信息； （3）顶帽厚度、顶帽纵向宽度、顶帽横向长度、定位信息； （4）托盘顶面形状、托盘顶面纵向尺寸、托盘顶面横向尺寸、托盘侧面与竖直线间的夹角、托盘底面形状、托盘底面纵向尺寸、托盘底面模向尺寸、托盘高度、定位信息； （5）墩身顶面形状、墩身顶面纵向尺寸、墩身顶面横向尺寸、墩身坡度、墩身底面形状、墩身底面纵向尺寸、墩身底面横向尺寸、墩身高度、墩身里程定位信息； （6）建模几何精度为 1 mm； （7）具有编号、里程、线刚度、纵横向位移、纵横向偏心等信息

4.3.3 应用内容

1. 在设计过程中的应用

(1)缺口里程协同设计

桥梁缺口里程是桥梁与其他铁路工程的里程分界,稳定桥梁缺口里程是铁路桥梁设计中的首要环节,需综合考虑立交、水文、站场布置等因素并由多专业协同完成。获取三维数字地形和矢量化的平立交等信息,完成桥梁缺口里程初步计算,通过鼠标拖动调整缺口里程至适合位置,如图 4-62 所示,结合三维地形完成桥墩墩高自适应匹配,完成设计并形成缺口里程分布方案。

图 4-62 缺口里程协同设计

(2)桥式方案快速三维化

三维是 BIM 的要素之一,桥式方案的快速三维化是开展设计应用的基础,三维数字地形和铁路空间线位是快速三维化的前置条件。与传统设计模式不同,应用 BIM 技术进行桥式方案布置,设计工作通常在项目空间开展。项目空间作为信息模型数据的主要载体,能够集成、显示、引用和编辑多专业模型数据,为桥式方案的快速建立提供独立的工作空间。

应用骨架驱动模型的建模方法,骨架是桥式方案布置的核心。铁路空间线位模型能够同时表达平面坐标信息与高程信息,是一条在平面和立面同时起伏变化的三维曲线,称之为"线路主骨架"。空间线位支持基于里程位置的信息查询功能,在空间线定位到准确的里程点,便能获取指定里程位置的平面坐标和高程信息。在此基础上结合自上而下的桥梁结构高度反算,能够精准计算桥梁构件的定位坐标和高程,为每一个空间定位匹配局部坐标系,一系列桥梁构件局部坐标系的集合构成了"桥梁专业骨架",如图 4-63 所示。

桥式方案的快速三维化还需要"模板"。与公路桥梁不同,铁路桥梁在构件标准化方面较为完善。以桥墩为例,高铁桥梁中绝大多数简支梁桥墩往往采用相同的托盘和顶帽设计,只是在墩身高度和尺寸方面有所区别,而墩身尺寸与桥墩高度的关系又有规律可循。借助

BIM 在参数化方面的优势，建立简支梁桥墩通用模型并赋予其参数驱动的能力，墩身尺寸追随墩高参数协同变化，形成桥梁“模板”，如图 4-64 所示。对模板的复用节省了同种类型桥墩构件的三维化时间，提升桥式方案快速三维化的效率。同时根据桥梁不同部位的结构特点，最高可建立达到施工精度的桥梁模板，在模板中完整表达桥梁结构的设计意图以及梁墩台部的结构组成，支持与桥梁设计紧密相关的几何信息与非几何信息。

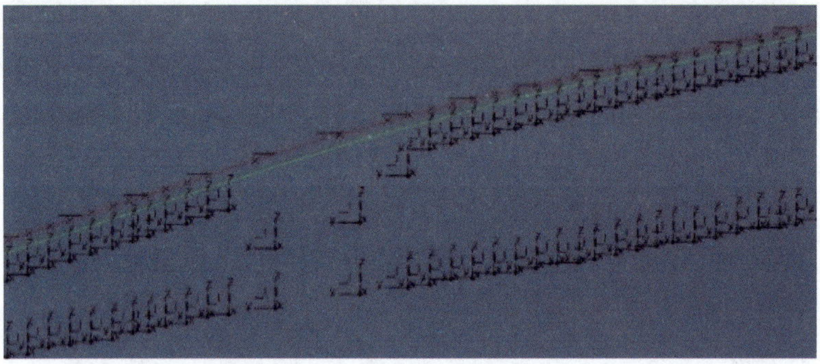

图 4-63　桥梁构件的空间定位“骨架”

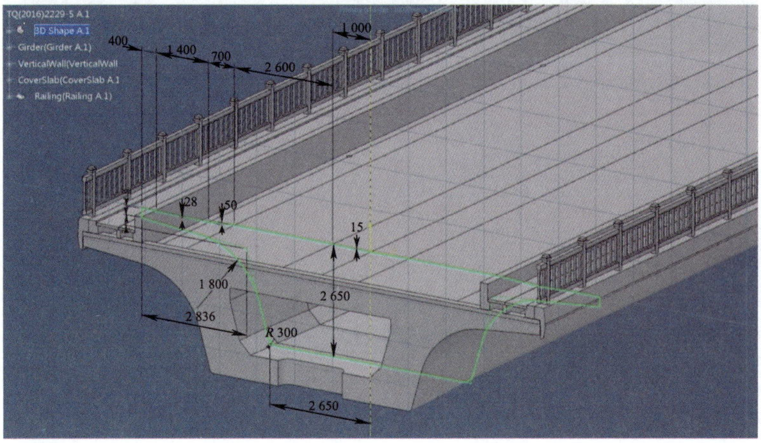

图 4-64　简支梁 BIM 设计(单位:cm)

(3)设计方案可视化比选

可研设计和初步设计阶段，综合运用 BIM+GIS 技术，建立大范围真实地理信息场景，结合桥式方案的快速三维化，实现桥梁设计方案的可视化比选，如图 4-65 所示。不仅建立三维桥梁模型，同时提供稳定方案所关注的地形、地质、地物等信息，让平面图中表达困难的跨越立交、跨越河流、邻近既有线干扰等内容变得更加直观，助力设计方案的快速稳定，提升勘察设计效率和质量。

图 4-65　设计方案可视化比选

(4)多线并行桥梁方案设计优化

雄安站特大桥是容纳 11 台 19 线的高架桥，具有线间距多变、道岔梁类型多、设计边界条件复杂的特点，多线桥共基础和桥面板悬臂切割增加了设计难度。与此同时，多线桥梁方案也为施工组织带来挑战。

通过建立三维 BIM 模型，准确模拟桥梁结构相对关系，用于指导多线桥梁曲线布置、辅助桥面设置等设计关键环节。在完成多线并行地段桥梁快速三维化基础上，组织开展基于 BIM 的桥梁设计审核，借助 BIM 参数驱动的优势完成对桥梁设计的实时修改，达到调整和优化多线并行桥梁方案布置的目的，如图 4-66 和图 4-67 所示。

与传统模式相比，基于 BIM 的多线并行地段桥梁布置，对设计意图的表达更加直观，结构物之间的位置关系清晰准确；在进行方案调整优化时可在既有成果上以参数驱动的方式修改参数并驱动模型改变，简便快捷，提高设计效率的同时将桥梁几何信息与非几何信息存储于 BIM 模型中，用于辅助施工建管。

图 4-66　立交空间方案验证与优化

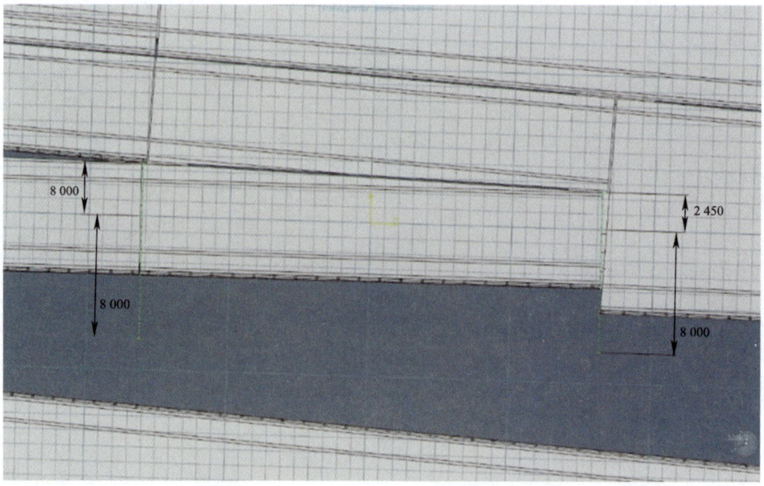

图 4-67　多线并行段落简支梁切悬臂

(5)BIM 模型关联有限元计算

结构有限元计算是铁路桥梁结构设计的重要环节,传统设计基于大型有限元程序对结构进行受力检算,有限元模型建模效率及精度有限,利用 BIM 模型开展有限元计算,能够节省有限元建模时间并提升模型精度,如图 4-68 所示。

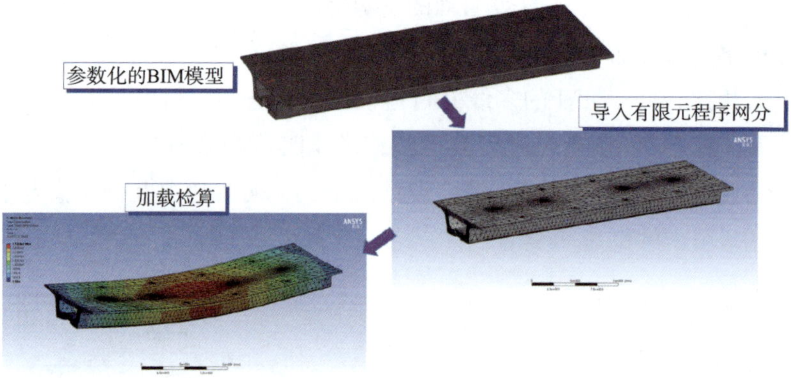

图 4-68　基于 BIM 的有限元计算

(6)混凝土结构设计出图算量

传统设计钢筋图及数量统计繁复,需耗费大量精力。基于 BIM 技术开发的钢筋出图与算量技术,可以实现一套数据两个用途,如图 4-69 所示,既实现三维设计又可以完成钢筋图的绘制和工程数量精确统计,并且统计结果精度可以达到免复核。

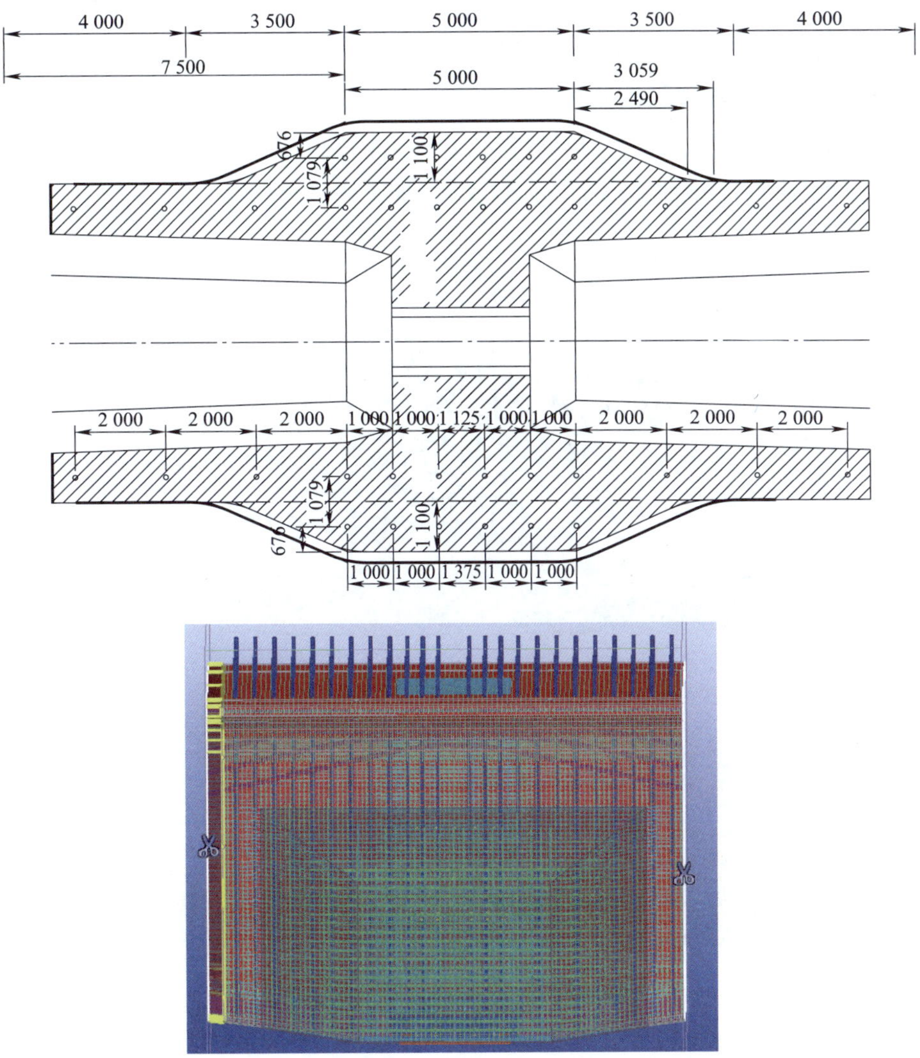

图 4-69　混凝土结构设计出图(单位:mm)

2. 在辅助施工中的应用

(1)大跨度连续梁墩顶转体精细化设计

京雄城际铁路 128 m 连续梁墩顶转体结构,靠近既有高速公路施工,采用墩顶转体设计、施工难度较大。利用 BIM 技术可以最大限度地降低墩顶转体结构与连续梁零号块钢筋及预应力干扰情况,如图 4-70、图 4-71 所示。

(2)连续梁 0 号节段钢筋深化及下料孔、振捣孔布设

由于连续梁 0 号块体积大,混凝土浇筑时间短,加上支座附近,除布置有梁体钢筋外,还有横隔板钢筋、支座局部承压钢筋等多种钢筋,如果混凝土下料通道及振捣通道不进行精确布置,则会影响混凝土浇筑时的流动性也无法保证精确振捣。采用 BIM 技术还原连续梁

0 号节段钢筋及预应力空间布置情况，如图 4-72 所示，并进行下料孔和振捣孔的布设，形成从梁顶直达梁底的振捣通路，可以降低连续梁零号节段施工质量风险。

(3)基于 BIM 数据的梁场钢筋自动化加工

打通简支梁钢筋 BIM 模型与自动化加工设备之间的数据接口，实现钢筋加工数据云端布置、远程访问获取并直接加工的全流程自动化，如图 4-73 所示。

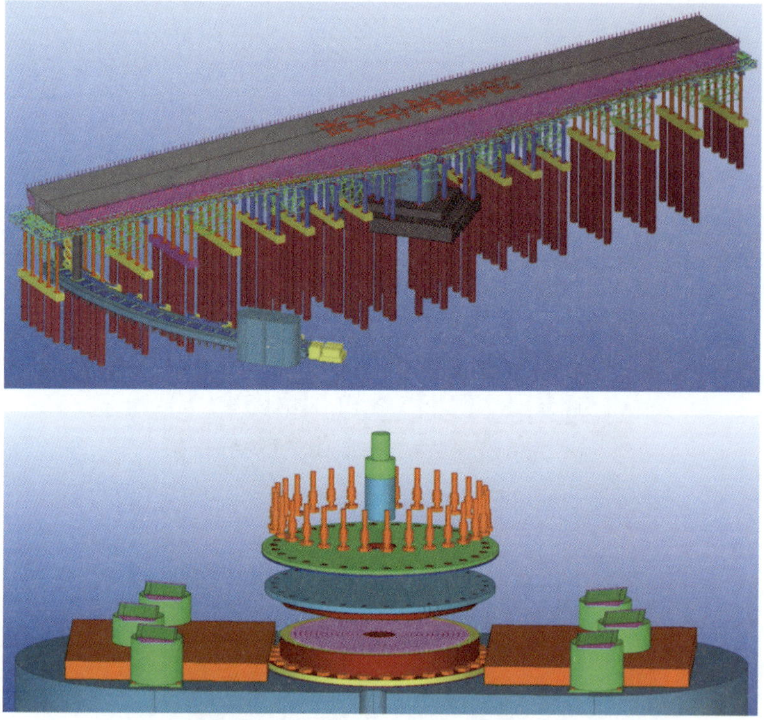

图 4-70　墩顶转体球铰 BIM 设计

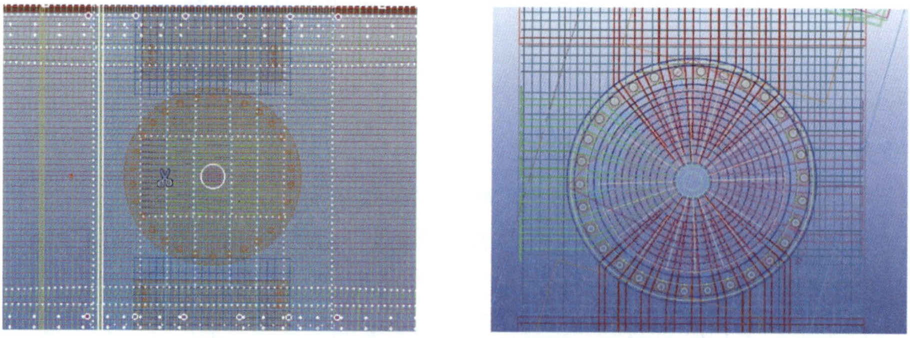

图 4-71　球铰上方梁体钢筋优化对比

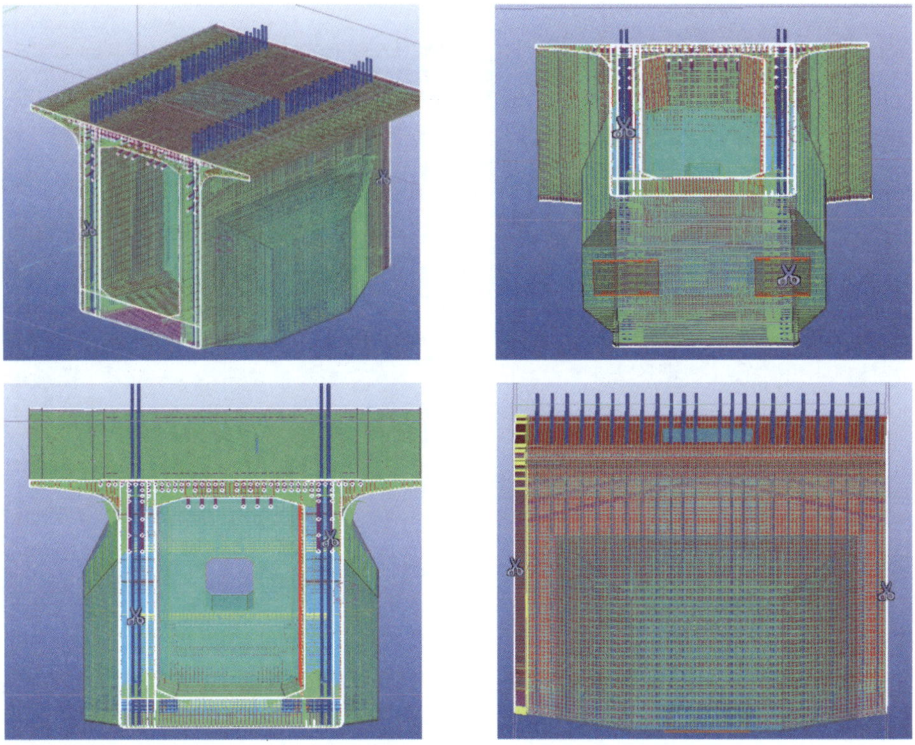

图 4-72　中墩 0 号块钢筋

图 4-73　钢筋自动化加工

3. 在建设管理中的应用

(1)数据自检与交付

BIM 模型数据向施工建管的传递需要数据标准化支持。结合铁路 BIM 标准,形成 IFC 数据自检工具,如图 4-74 所示,从数据组织结构、模型构件分类、模型属性信息等方面对导出的 . ifc 格式数据进行审核,审核通过具备向后传递的条件。

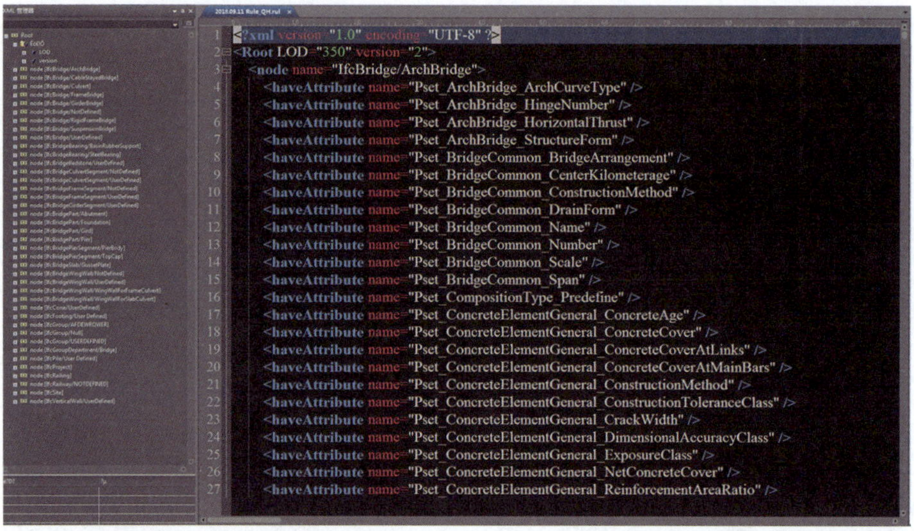

图 4-74　IFC 数据自检工具

(2)BIM 数据交付建设管理平台

交付建设单位一级建设管理平台。实现了 BIM 模型以铁路 BIM 联盟推荐的 IFC 数据格式向建设单位一级建设管理平台交付并用于建设管理。交付施工单位二级施工管理平台。开展 BIM 施工管理二级平台的建设和应用,以 BIM 模型为载体,利用 BIM 的形象直观、可计算分析、全生命周期管理等特性,关联施工过程中的进度、成本、安全、质量、物料等信息,建立 BIM 施工级管理平台,实现精细化、智能化管理,达到提升施工管理效率、质量,缩短工期、降低成本的目的。电子沙盘实现 BIM 模型和 GIS 的融合显示,如图 4-75 所示,将全标段的 BIM 数据导入到 GIS 平台中进行管理与展示,包括线路工点、地质模型、大临设施、管线拆改、房屋征拆、倾斜摄影模型等,如图 4-76 所示。

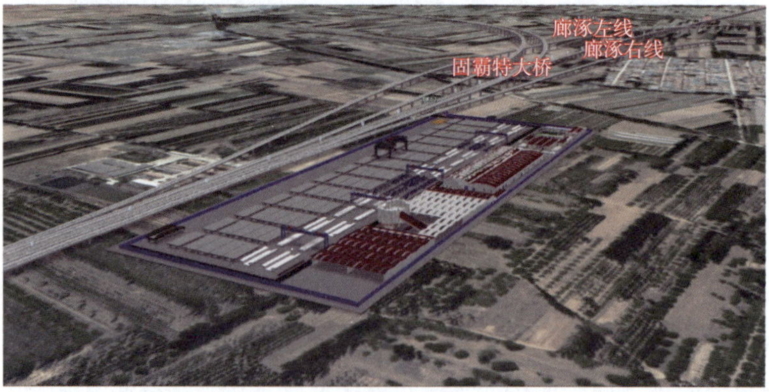

图 4-75　建设管理电子沙盘

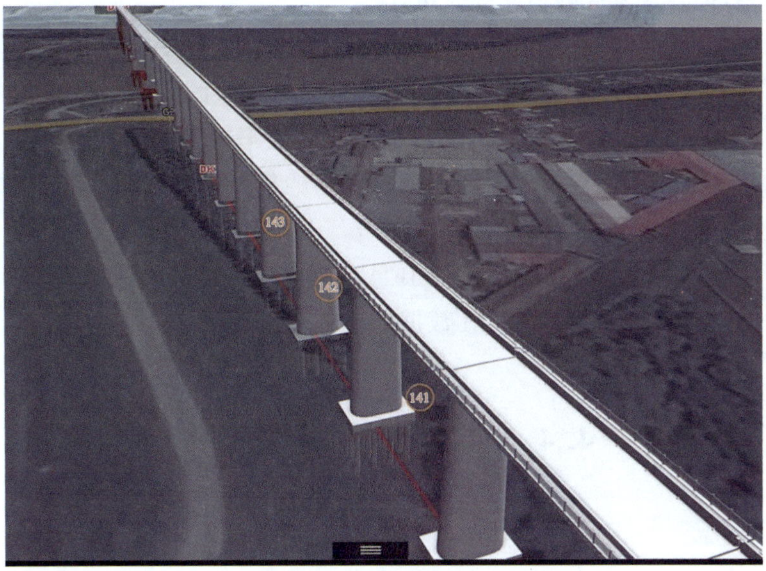

图 4-76　施工管理电子沙盘

(3)向建设管理交付

BIM 模型以中国铁路 BIM 联盟推荐的 .ifc 格式向雄安集团数字雄安 CIM 平台进行传递，如图 4-77 所示。

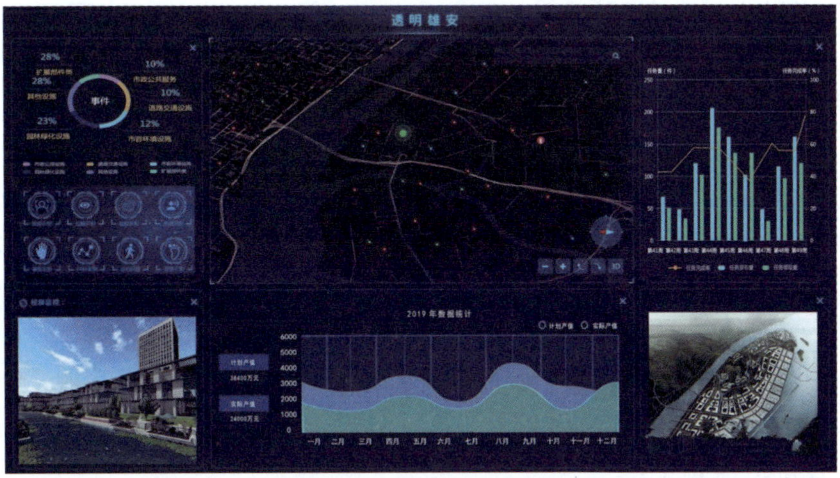

图 4-77　数字雄安 CIM 平台

4.3.4　技术特点和创新点

BIM 技术的应用，为多线并行段落桥梁方案的布置提供了可视化、即时交互的解决方案。弥补了传统设计表达方式中对空间结构、空间位置关系表达上的缺陷，例如道岔梁接续简支梁布置方案，提升了设计的精度和质量。

以京雄铁路大跨度连续梁跨越既有公路项目为依托，应用 BIM 技术对连续梁转体进行 BIM 优化设计和施工深化研究。同时，施工单位直接在设计 BIM 模型基础上进行深化研究，实现了真正意义上三维设计到施工全过程。通过施工现场反馈，基于 BIM 的大跨连续梁墩顶转体设计及施工深化显著地提高了施工现场的整体进度，保证了现场的施工质量和安全，从而实现工期目标和效益目标。

依托京雄城际 BIM 设计，开展对 IFC、IFD 及精度标准等标准的执行、部署及验证。实现了基于 IFC 标准的部署、建模及 BIM 数据交付和传递。

4.4 福厦客专桥梁工程

4.4.1 工程概况

新建铁路福州至厦门客运专线正线全长 277.42 km，全线设有福州南、福清西、莆田、泉港、泉州南、泉州东、厦门北、漳州 8 个站点，设计时速 350 km。全线正线路基 106 段、长 40.464 km、占比 14.58%；隧道 32 座、长 55.723 km、占比 20.09%；桥梁 85 座、长 181.233 km，占比 65.33%。

福厦客专位于福建省沿海地区，北起福州市，途经莆田市、泉州市，南至厦门市和漳州市，该线既可构建京福厦高速铁路客运通道，也是东南沿海铁路客运通道的重要组成部分。项目是福建省进一步加快经济社会发展的重要工程，也是加快福建省沿海新型城镇化建设、推进陆地协同发展的示范工程，有利于增强海西经济区辐射力和对台吸引力，强化福建省对外高速客运网，并在促进沿线城市开发、路网建设中发挥突出作用。

福厦客专建设条件复杂，桥梁类型众多，复杂大跨度桥梁多。全线贯穿福州、厦门等福建经济最发达地区，沿线人口众多、建筑物密集，既有铁路、高速公路、海湾航道、油气管廊交织密布。线路跨越的通航河流海湾主要有乌龙江、木兰溪、湄洲湾、泉州湾、安海湾及九龙江等 8 处。沿线与公路、道路交叉 127 处，主要有泉州绕城高速、G324 国道、湄渝高速、沈海高速、厦蓉高速等。跨越的铁路主要有厦深铁路、向莆铁路、漳泉肖铁路、鹰厦铁路等共 15 处。沿线跨越的管线主要有成品油管道、国防光缆、天然气管道、通信光缆、输水管道等，类型复杂。

全线包含了多种类型斜拉桥、系杆拱桥、钢桁梁、大跨度刚构、连续梁、无支座整体式刚构、大跨度简支梁等桥式，特殊结构桥梁长度占桥总长的 20%，见表 4-3。

表 4-3　福厦客专桥梁类型

序号	桥　　型	跨度/m	数量/座	结构特点
1	斜拉桥	主跨 432/400/300	1/1/1	高低塔四线混合梁/结合梁/结合梁
2	独塔斜拉桥	2-145/95+125	1/1	混凝土主梁
3	矮塔斜拉桥	主跨 224/180	1/1	连续梁和连续刚构加劲
4	系杆拱桥	主跨 112/72	1/1	简支体系
5	连续刚构拱桥	主跨 160	1	连续刚构拱
6	T 构	主跨 100/80/50/44/42/40	1/1/15/5/5/2	其中 100 m T 构采用转体施工
7	无支座整体刚构	主跨 3-70	20	无支座整体式结构
8	大跨连续刚构	主跨 168/146	6/2	主墩处墩梁固接
9	大跨连续梁	主跨 125/100	16/16	预应力混凝土连续梁
10	高架站	以 32 m 跨为主	4 座	福州南、福清、泉港、厦门北
11	大跨简支梁	40 m 简支梁	298/29	预制架设施工/现浇施工

全线复杂大跨度桥梁多，包含主跨 432 m 高低塔四线混合梁斜拉桥，(95+125)m 跨度混凝土独塔斜拉桥，主跨 224 m 和 180 m 混凝土矮塔斜拉桥，主跨 400 m 和 300 m 钢混结合梁斜拉桥，以及主跨 2×145 m 混凝土斜拉桥、主跨 160 m 连续刚构拱桥等大跨度桥梁，见表 4-4。

表 4-4　福厦客专主要大跨度桥梁

序号	桥　　名	跨越节点	结构跨度	桥长/m
1	乌龙江特大桥	乌龙江	(72+109+432+56+56)m 高低塔四线斜拉桥	726.8
2	青口特大桥	福厦普速铁路	2—100 mT 构(转体)	201.6
3	太城溪特大桥	沈海高速	(95+125)m 独塔斜拉桥	221.3
4	雷公山特大桥	沈海高速	(35+118+224+118+35)m 矮塔斜拉桥	531.0
5	木兰溪特大桥	沈海高速	(30+145+145+30)m 斜拉桥	350.0
6	湄洲湾跨海大桥	湄洲湾主航道	(96+180+96)m 矮塔斜拉桥	373.6
7	跨斗尾疏港高速特大桥	斗尾疏港高速	(82+146+82)m 连续刚构	311.8

续上表

序号	桥　　名	跨越节点	结构跨度	桥长/m
8	泉州湾跨海大桥	绕城高速	(76+160+76)m 连续刚构拱	313.6
9		南北主干道	(94+168+94)m 连续刚构	357.6
10		泉州湾主航道	(70+130+400+130+70)m 斜拉桥	800.0
11		沿海大道	(94+168+94)m 连续刚构	357.6
12		绕城高速	(94+168+94)m 连续刚构	357.6
13	安海湾特大桥	安海湾主航道	(40+135+300+135+40)m 斜拉桥	650.0
14		城市联盟高速	(94+168+94)m 连续刚构	357.6
15	西溪特大桥	既有福厦线	(94+168+94)m 连续刚构	357.6
16	九龙江特大桥	九龙江西溪	(94+168+94)m 连续刚构	357.6

4.4.2　技术标准和实施情况说明

1. BIM 设计平台搭建

基于 Autodesks 平台进行建模，软件配置情况见表 4-5。

表 4-5　BIM 设计软件配置表

	功能及用途	版本
Revit	BIM 模型数据读取、深化设计建模，数据导入导出等	2018
Navisworks	BIM 模型整合查看、碰撞检测等	2018
Infraworks	BIM 模型整合，方案设计、景观设计	2018

同时运用 Dynamo for Revit 建模方法。Dynamo for Revit 是一款典型的、树状架构的、流式的可视化编程工具，以代码块为基本单元，以定义流程图的方式引导数据的流转，如图 4-78 所示。每一个代码块被称为流程中的一个节点(node)，节点的左边连线是输入(input)数据，节点的右边连线是输出(output)成果，节点内进行数据处理，完成某项功能。层层节点依次逻辑相连，最终构成一个完整的脚本，运行脚本就可以完成一次建模工作。

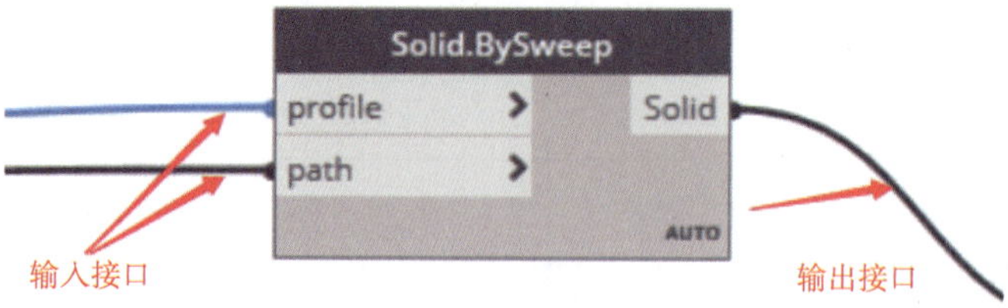

图 4-78　Dynamo 输入输出接口

dynamo for revit 能够让用户调用 revit 管理的 API，帮助用户在 Revit 中实现参数化设计、快速建模、批量处理模型信息等工作，提高工作效率。

2. BIM 实施技术路线

针对福厦客专全线桥梁特点，以梁部结构、桥墩、基础、附属结构为对象，分别建立模型构件库，复杂大跨工点单独设计建模，最后完成全桥结构的拼装，进行模型整合查看、碰撞检测。

福厦客专桥梁 BIM 实施技术路线：①制定项目 BIM 设计标准、原则；②创建通用桥梁标准构件族库；③建立参数化自适应族库；④特殊桥型工点化设计建模；⑤参数化模型装配；⑥全桥结构拼装；⑦模型的反馈调试与碰撞检查；⑧BIM 构件属性以及编码的添加；⑨BIM 模型应用。

3. BIM 设计 IFD 定义

执行铁路 BIM 技术标准，是实现 BIM 全生命周期应用的根本保障。将铁路 BIM 技术标准中的 IFD V1.0 标准进一步结构化后，存储在公共数据库中，面向各专业提供标准编码查询服务。同时，结合福厦高铁 BIM 设计应用需求，遵照 IFD V1.0 的标准框架，增加了信息分类和编码，在 IFD V1.0 的基础上，对桥梁专业对象进行了扩充，并同步到“铁路工程建设管理平台”。

针对斜拉桥和拱桥，铁路 IFD V1.0 编码类型比较宽泛，停留在第三、第四层级，无法全面概括斜拉桥和拱桥的所有构件类型，尤其是主梁构件，缺乏齿块、隔板等编码。本项目细化大类构件的编码分类，进一步补充梁段、索塔下一层级编码，进而完善桥梁专业构件 IFD 编码体系。依托于福厦客专 BIM 项目，本项目开发了基于 BIM 元数据的自动化建树、编码和赋值的工具软件，不仅解决了元数据编码准确赋值不遗漏问题，同时提升了“铁路工程管理平台”的易用性，拓展了元数据的应用价值，如图 4-79 所示。核心思想是通过内部协同分析构件的空间位置及 IFD 标准(53 表)自动组织构件结构树，再与“铁路工程管理平台”协同工作，生成元

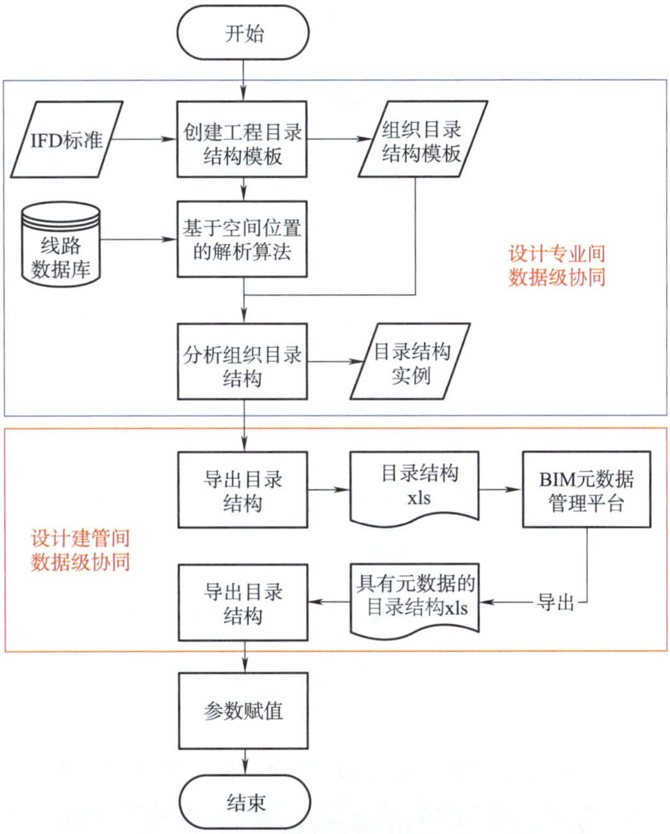

图 4-79　自动编码插件工作流程

数据编码，实现自动将元数据编码绑定到模型构件的功能，工作流程如图 4-79 所示。

开发的软件产品作为 revit 的插件在 revit 2018 中运行，用户界面如图 4-80 revit 菜单中的“BIM 元数据”子菜单。

本项目开发的基于 BIM 的全自动协同工作插件，基于 IFD 标准的数据库、线路专业的 BIM 设计成果，与“铁路工程建设管理平台”协作，实现了自动创建 BIM 构件树、自动生成实例化编码、自动绑定实例化编码到 revit 模型文件等工作，如图 4-81 所示。

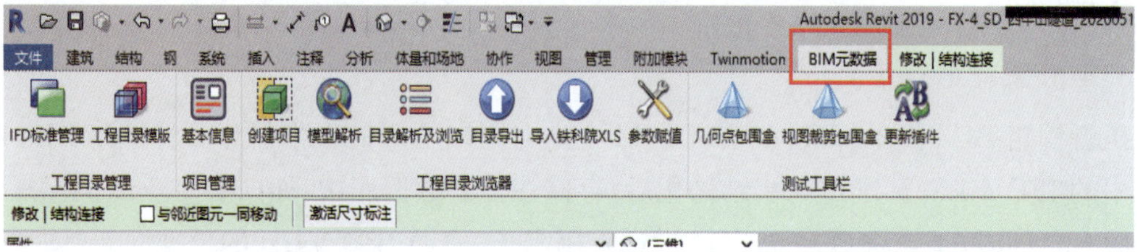

图 4-80　Revit 菜单中的“BIM 元数据”子菜单

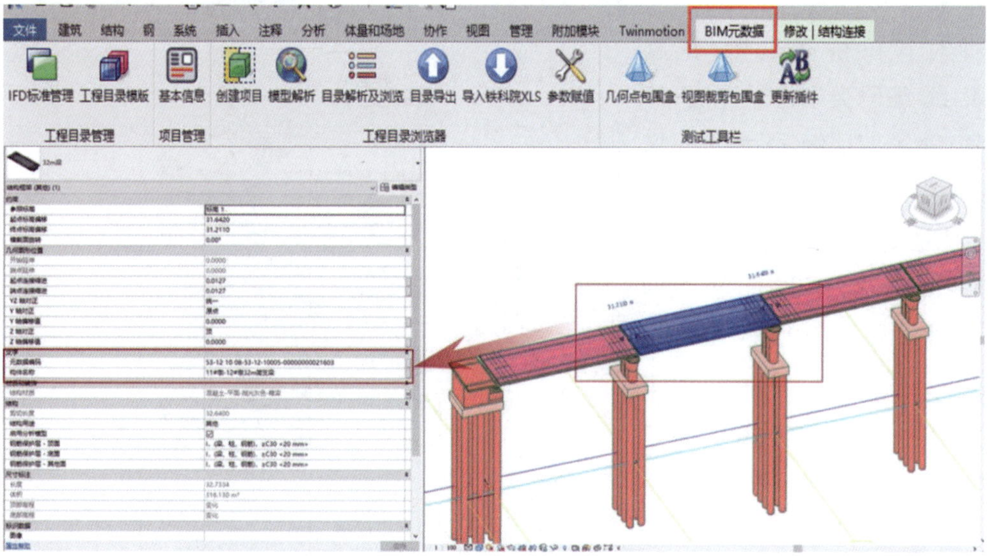

图 4-81　桥梁属性编码添加

4.4.3　应用内容

1. BIM 设计

全线桥梁种类多样复杂，包含 7 座大跨度复杂斜拉桥，3 座拱桥，3 座钢桁梁，连续刚构，T 构；常规三跨连续梁以及道岔、渡线、多跨等特殊连续梁；标准以及非标简支梁；桥墩、桥台、承台、桩基础等诸多桥梁结构。桥梁专业特殊结构多位于曲线线路上，双向曲线造型结构较多。

桥梁专业基于参数化、模块化设计思路，运用 revit 进行桥涵 BIM 精细化建模，建立高速铁路桥梁构件库以及各种特殊结构桥梁，从而实现基于 BIM 三维设计的桥梁工程应用。

采用通用图选型的设计思路进行模块化设计，前期建立一套自适应族库，包含标准梁、桥墩、桥台、基础、涵洞等，设计建模过程中仅需调用并修改参数，再进行基于线路模型的装配，大大提高效率。

(1)梁部

简支梁建模，利用公制结构框架-梁和支撑标准构件族样板创建简支梁的构件族，如图 4-82 所示。具体步骤为新建一个族，选择公制结构框架-梁和支撑，定义有助于控制对象可见性的族的子类别；布局有助于绘制构件几何图形的参照平面，添加尺寸标注以指定参数化构件几何图形；绘制不同梁段位置横截面形状，拉伸或融合创建实体单元，最后添加材质。

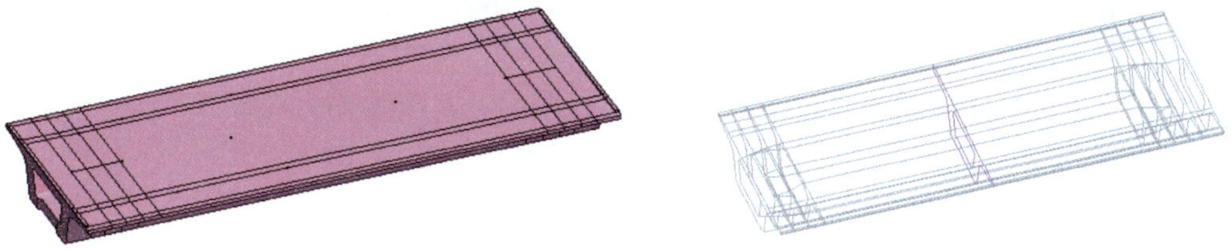

图 4-82　32.6 m 简支梁

福厦高铁，连续梁常见跨度有(32＋48＋32)m、(40＋56＋40)m、(40＋64＋40)m、(48＋80＋40)m、(60＋100＋60)m、(70＋125＋70)m 等。建模步骤为依节段划分，分别创建公制结构框架－梁和支撑构件族，如图 4-83 所示。在结构样板项目文件中按照线路走向依次生成各节段。

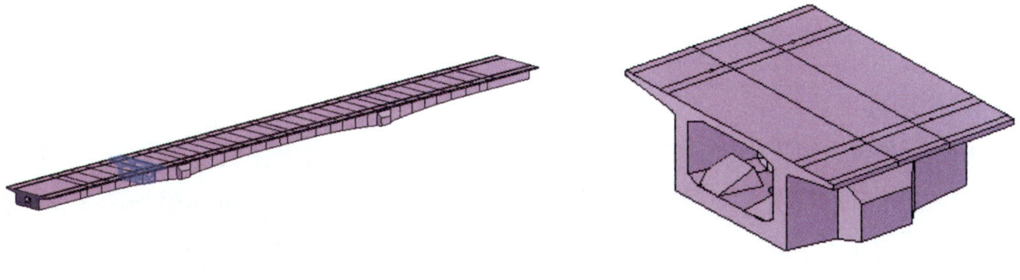

(a)整体结构　　(b)0＃节段

图 4-83　(70＋125＋70)m 连续梁

(2)墩台及基础

福厦客专区间正线墩高小于 20 m 的桥墩，采用流线形圆端型实体桥墩，墩高 20～26 m 采用斜坡实体桥墩；墩高大于 26 m 采用圆端型空心墩。正线、联络线及动走线均采用矩形空心桥台。

圆端形桥墩分为垫石、顶帽、托盘、墩身四部分，如图 4-84 所示。桥台分为桥台台顶、桥台背墙和锥坡，如图 4-85 所示。基础包含桩基础和明挖基础，如图 4-86 所示。

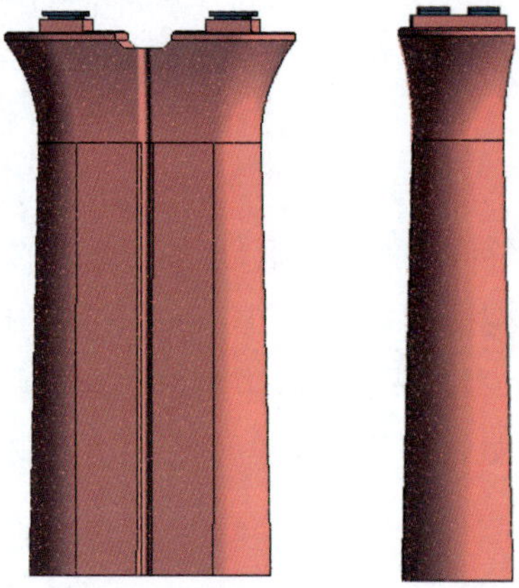

(a)圆端形实体墩

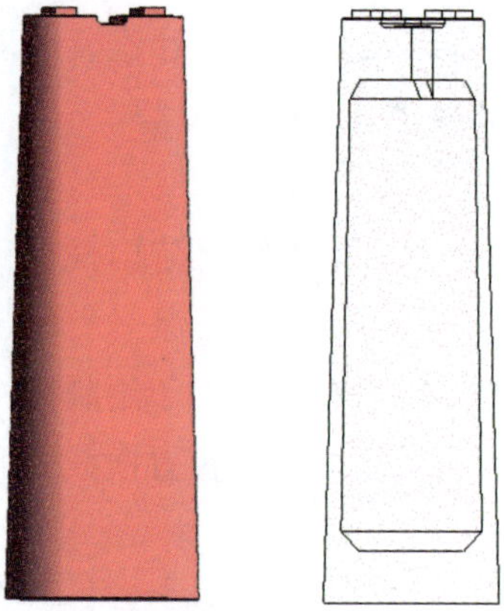

(b)圆端形空心墩

图 4-84　圆端形桥墩

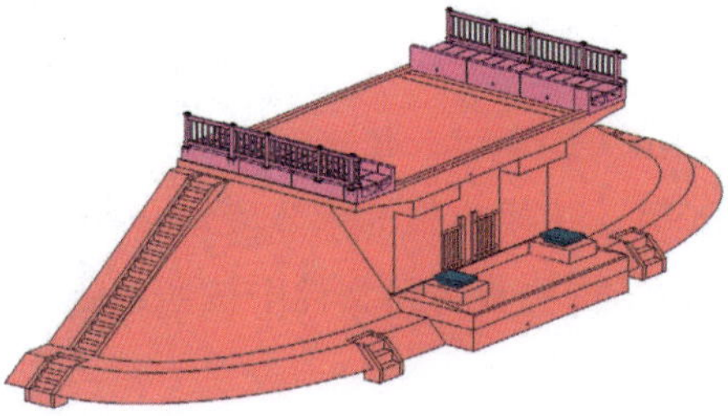

图 4-85　正线矩形空心桥台及锥坡

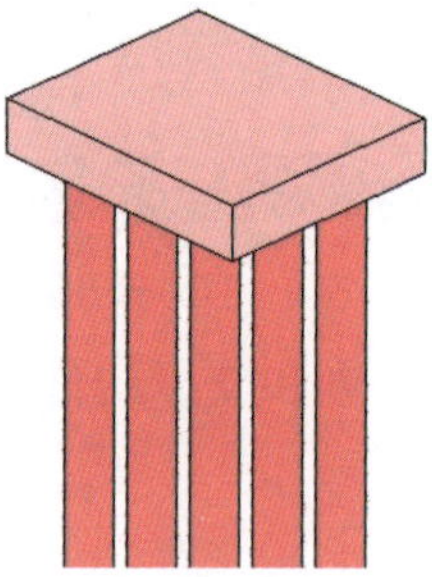

图 4-86　基础

(3)桥面附属工程

正线桥面布置、桥面附属等构造，如图 4-87 所示，部分桥按《客运专线铁路常用跨度梁桥面附属设施》办理；部分桥按《新建铁路福州至厦门铁路 预制装配桥面设施施工图》办理。

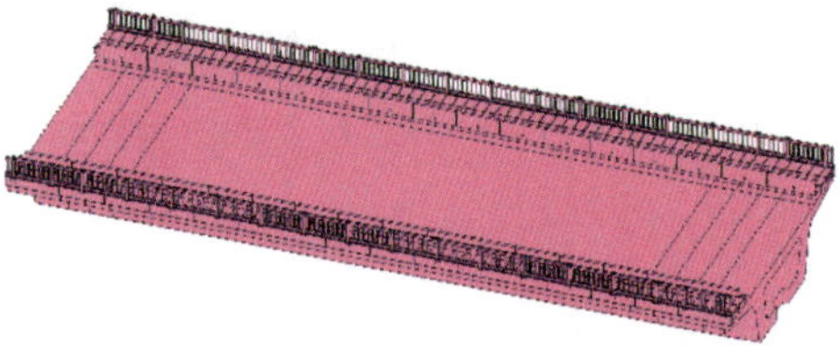

(a)梁体桥面附属

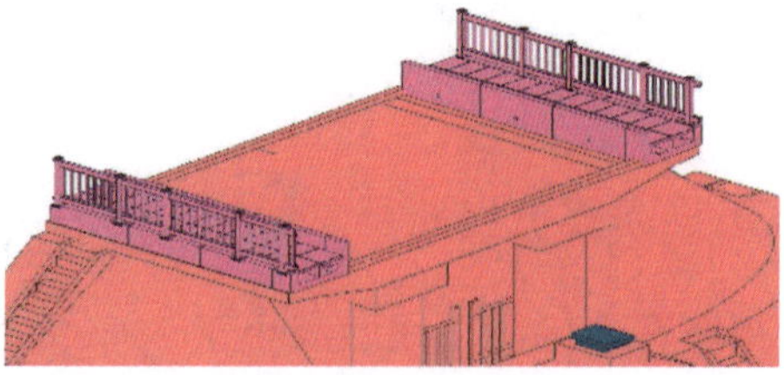

(b)桥台桥面附属

图 4-87　桥面附属

2. BIM 模块化设计

根据福厦客专 BIM 模型交付格式要求，本项目围绕 dynamo for revit 可视化编程技术，攻关研发了一系列建模工具插件，充分利用施工图设计成果数据，进行参数化 BIM 设计，大幅度提高了福厦桥梁 BIM 设计的效率和质量，在拱桥、斜拉桥等复杂桥梁以及双向曲线造型结构梁设计建模过程中发挥了较大作用。

根据本线标准化桥梁构件库需求，以参数化桥墩为例，采用公制体量标准构件族，建模过程中设置实例参数对模型进行参数化设计，如图 4-88 所示，以满足不同桥墩的要求。

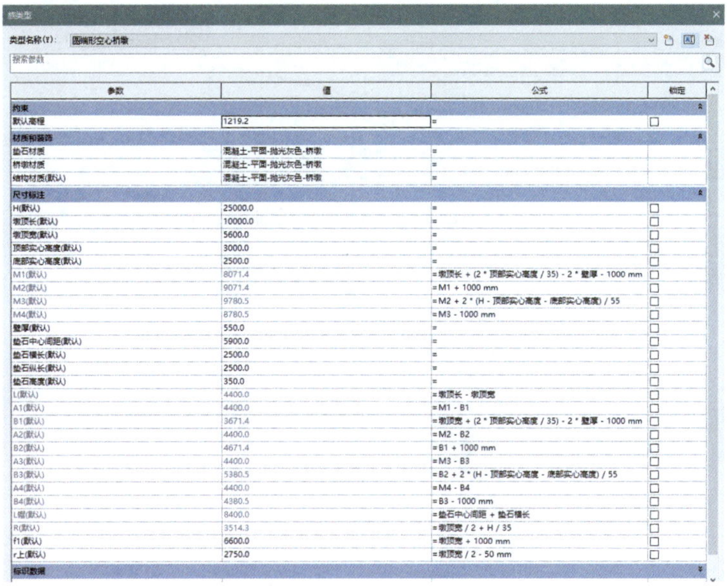

类型名称(Y)：圆端形空心桥墩

搜索参数

参数	值	公式	锁定
约束			
默认高程	1219.2	=	☐
材质和装饰			
垫石材质	混凝土-平面-抛光灰色-桥墩	=	
桥墩材质	混凝土-平面-抛光灰色-桥墩	=	
结构材质(默认)	混凝土-平面-抛光灰色-桥墩	=	
尺寸标注			
H(默认)	25000.0	=	☐
墩顶长(默认)	10000.0	=	☐
墩顶宽(默认)	5600.0	=	☐
顶部实心高度(默认)	3000.0	=	☐
底部实心高度(默认)	2500.0	=	☐
M1(默认)	8071.4	= 墩顶长 + (2 * 顶部实心高度 / 35) - 2 * 壁厚 - 1000 mm	☐
M2(默认)	9071.4	= M1 + 1000 mm	☐
M3(默认)	9780.5	= M2 + 2 * (H - 顶部实心高度 - 底部实心高度) / 55	☐
M4(默认)	8780.5	= M3 - 1000 mm	☐
壁厚(默认)	550.0	=	☐
垫石中心间距(默认)	5900.0	=	☐
垫石横长(默认)	2500.0	=	☐
垫石纵长(默认)	2500.0	=	☐
垫石高度(默认)	350.0	=	☐
L(默认)	4400.0	= 墩顶长 - 墩顶宽	☐
A1(默认)	4400.0	= M1 - B1	☐
B1(默认)	3671.4	= 墩顶宽 + (2 * 顶部实心高度 / 35) - 2 * 壁厚 - 1000 mm	☐
A2(默认)	4400.0	= M2 - B2	☐
B2(默认)	4671.4	= B1 + 1000 mm	☐
A3(默认)	4400.0	= M3 - B3	☐
B3(默认)	5380.5	= B2 + 2 * (H - 顶部实心高度 - 底部实心高度) / 55	☐
A4(默认)	4400.0	= M4 - B4	☐
B4(默认)	4380.5	= B3 - 1000 mm	☐
L帽(默认)	8400.0	= 垫石中心间距 + 垫石横长	☐
R(默认)	3514.3	= 墩顶宽 / 2 + H / 35	☐
f1(默认)	6600.0	= 墩顶宽 + 1000 mm	☐
r上(默认)	2750.0	= 墩顶宽 / 2 - 50 mm	☐
标识数据			

图 4-88　桥墩参数化设计

1）复杂桥梁 BIM 精细化设计

（1）拱桥

以梅山特大桥的钢管混凝土系杆拱桥为例，如图 4-89 所示，拱圈主要构造线为空间曲线，需采用 Dynamo For Revit 可视化编程技术进行 BIM 设计。建立主梁空间轴线，先获取线路平面，通过偏移高程值以获得实际线路空间曲线，此曲线即为主梁轴线。

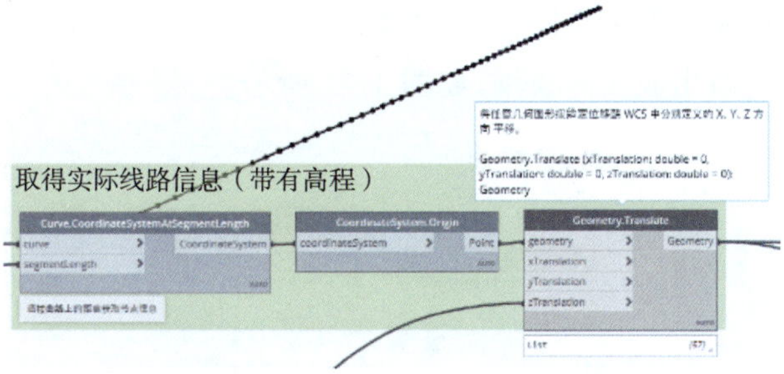

图 4-89　Dynamo 建立主梁空间轴线

建立拱肋模型时，首先获取线路空间曲线的局部坐标系，根据信息偏移空间坐标后从而获得拱肋的拱轴线；然后建立垂直于拱轴线的平面并赋予拱肋截面以形成拱肋实体模型，如图 4-90 所示。

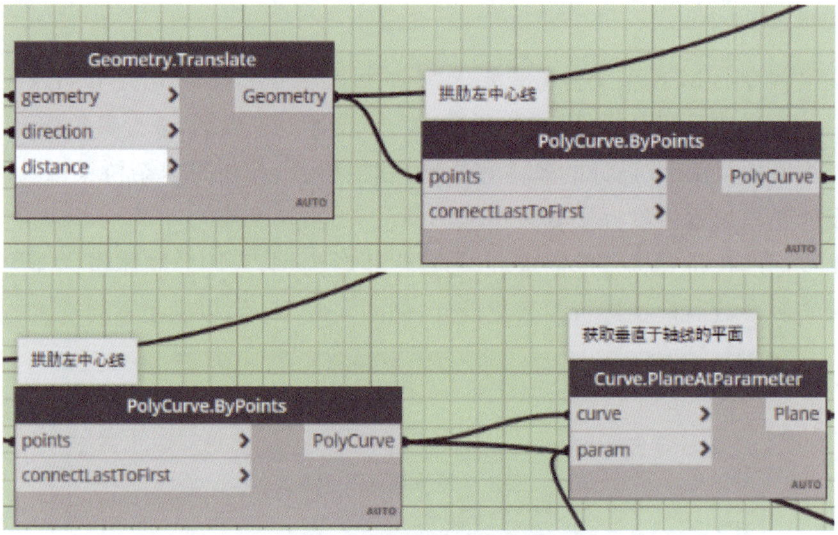

(a)Dynamo 编程生成拱轴线

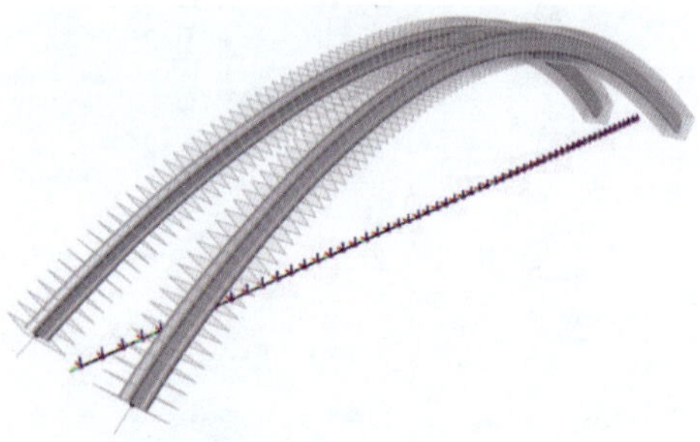

(b)Dynamo 编程节点

图 4-90　赋予拱肋截面并放样形成拱肋模型

建立横撑模型时，采用拱肋轴线与横撑在主梁上纵向坐标确定的垂直于主梁轴线的平面交点确定空间坐标，横撑之间的杆件通过相对坐标定位并赋予截面，然后通过放样各点的连线生成实体模型，如图 4-91 所示。

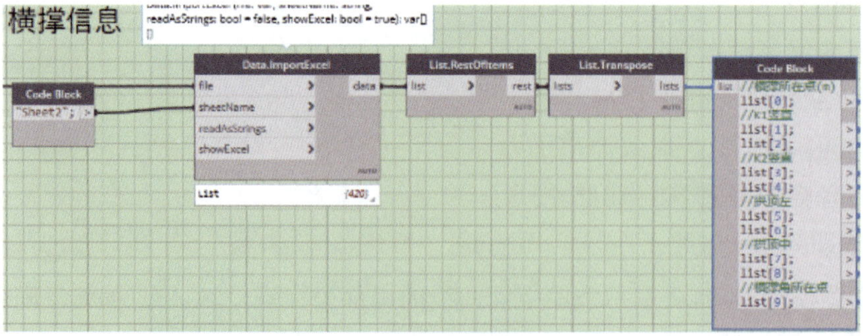

(a)Dynamo 编程节点

图　4-91

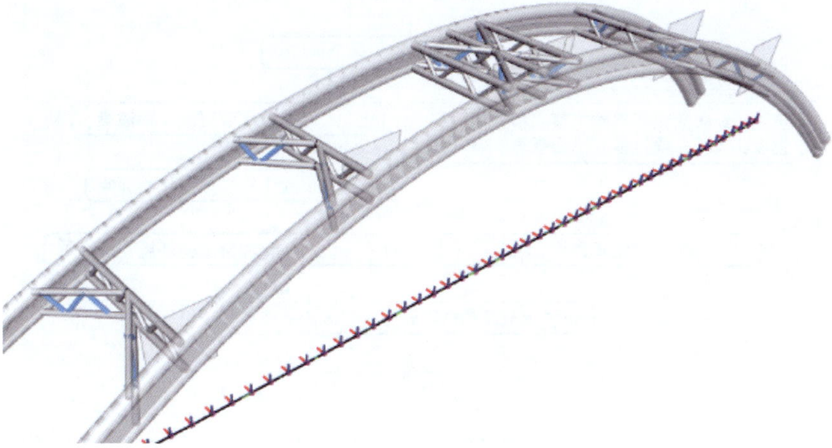

(b)生成横撑模型

图 4-91　Dynamo 建立横撑

建立拱桥吊杆时,采用拱肋轴线与吊杆在主梁上纵向坐标确定的垂直于主梁轴线的平面交点确定吊杆空间坐标,再通过相对坐标定位并赋予截面,然后通过放样各点的连线生成实体模型,如图 4-92 所示。

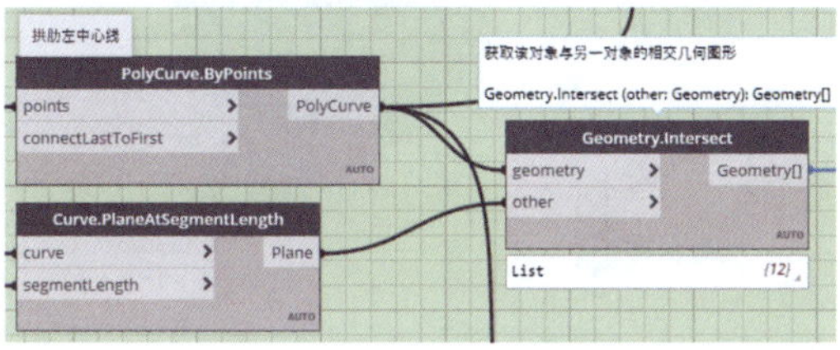

(a)Dynamo 编程节点

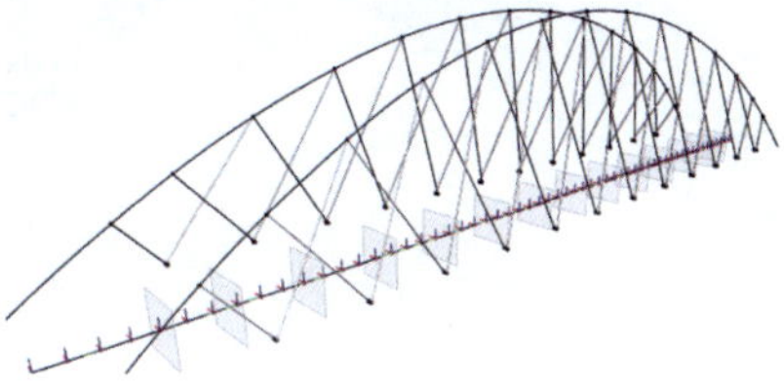

(b)生成吊杆模型

图 4-92　Dynamo 建立吊杆

建立拱脚模型时,通过节点形成闭合多边形,然后放样形成实体模型。建立主梁模型时,由梁节段沿主梁轴线装配而成。所有拱桥构件装配可生成完整的拱桥模型,如图 4-93 所示。

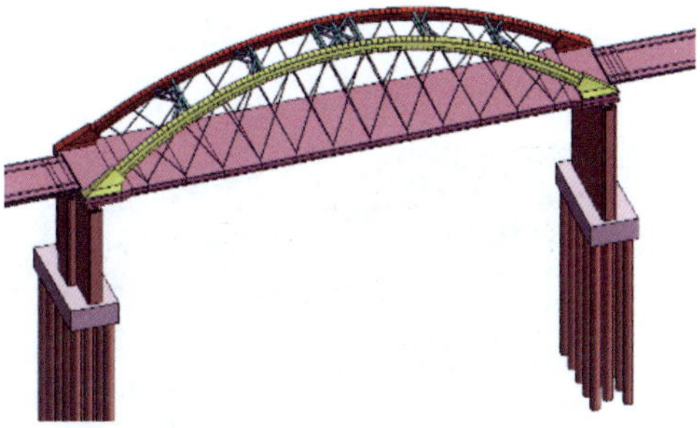

图 4-93　钢管混凝土系杆拱桥

(2)钢混组合梁斜拉桥

以安海湾特大桥主桥为例,桥跨布置(40+135+300+135+40)m 的双塔双索面钢-混结合梁斜拉桥。基于钢混组合梁斜拉桥的结构特点,制定"参数化、族库化、快速化"的 BIM 实施策略,通过参数化的技术手段实现精准、高效的 BIM 设计,如图 4-94 所示。

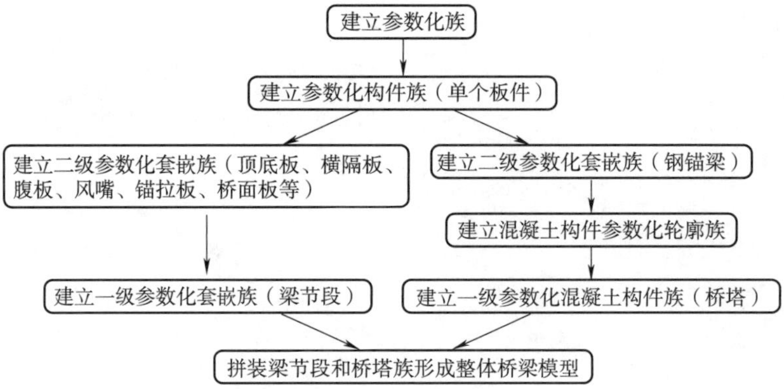

图 4-94　BIM 技术路线

斜拉桥主要由主梁、桥塔、拉索及墩台基础组成。建立梁节段时，以参数化加劲肋板件族为例，首先在 Revit 公制常规模型中参数化建立板件轮廓，再通过拉伸、融合、旋转、放样等操作建立参数化模型，如图 4-95 所示。将各个参数化构件族导入到一个公制常规模型嵌套族中，并进行参数化定位，形成二级参数化横隔板嵌套族。将各个二级参数化嵌套族导入到一个公制常规模型嵌套族中，并进行参数化定位，生成一级参数化主梁节段嵌套族。

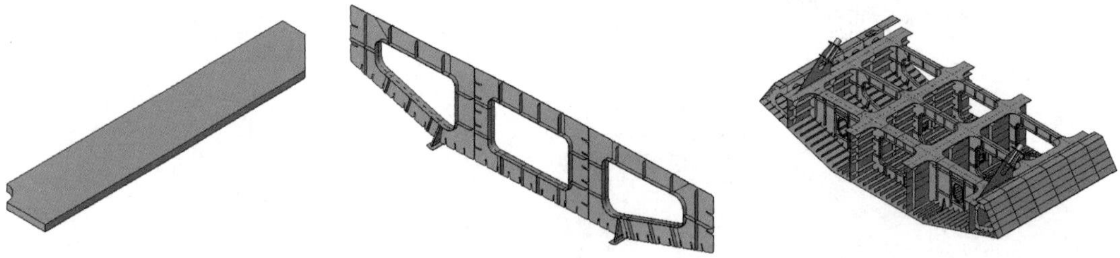

(a)参数化加劲肋板件族　(b)二级参数化横隔板嵌套族　(c)一级参数化主梁节段嵌套族

图 4-95　钢梁节段嵌套族建模

桥梁整体拼装时，根据桥梁平纵面线形，在考虑桥梁纵坡的情况下，拼装各个构件族形成主桥模型，主桥模型与引桥模型装配成完整的安海湾特大桥模型，如图 4-96 所示。

(a)钢梁节段细部构造　(b)锚固构造及栏杆细部结构

图　4-96

(c)安海湾主桥模型

(d)安海湾特大桥全桥模型

图 4-96　安海湾特大桥模型

(3)预应力混凝土部分斜拉桥

以福厦客专预应力混凝土部分斜拉桥为研究对象,制定了构建参数化族库的技术路线。

以参数化梁段族为例,先在 Revit 中建立轮廓族,根据混凝土箱梁断面的几何元素特点以及截面变化规律,定义轮廓族约束条件,形成以参数为驱动的主梁断面族库。通过制定桥梁构件的轮廓族,并以参数化图元为基础,通过驱动参数化引擎实现构件形状和尺寸的动态更新,并通过嵌套族的方式扩展了建模能力,也为桥梁构件参数化模型提供了一种更具灵活性的功能方法,实现了多座预应力混凝土部分斜拉桥的快速化建模,如图 4-97 所示。

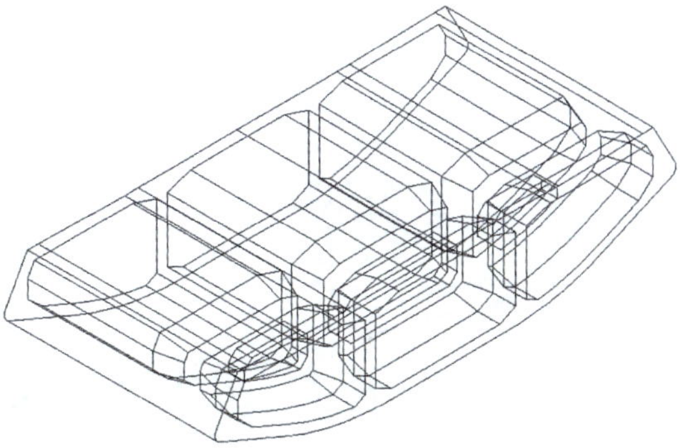

(a)箱梁混凝土节段参数化族

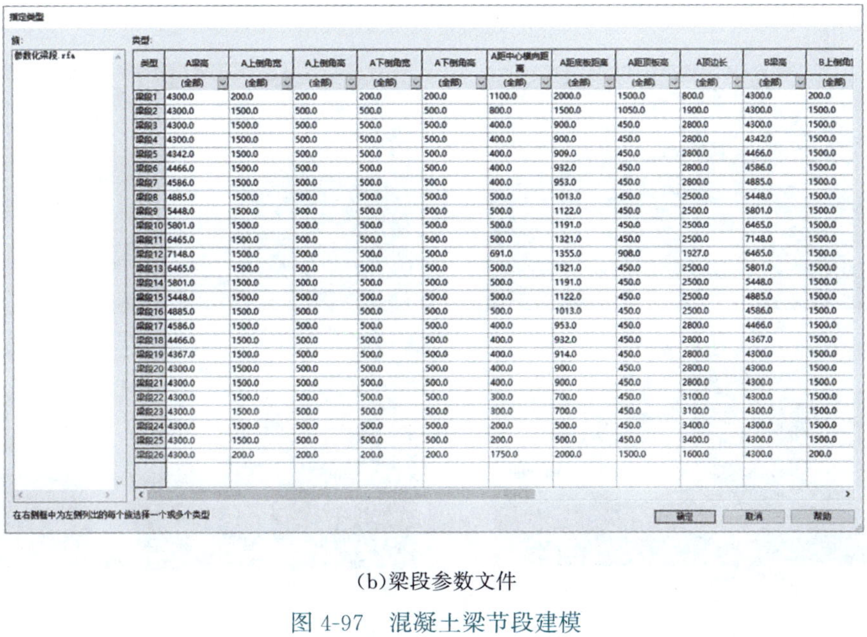

指定类型

族:

参数化梁段.rfa

类型:

类型	A梁高	A上倒角宽	A上倒角高	A下倒角宽	A下倒角高	A距中心横向距离	A距底板距离	A距顶板高	A顶边长	B梁高	B上倒角
	(全部)	(全部)	(全部)	(全部)	(全部)	(全部)	(全部)	(全部)	(全部)	(全部)	(全部)
梁段1	4300.0	200.0	200.0	200.0	200.0	1100.0	2000.0	1500.0	800.0	4300.0	200.0
梁段2	4300.0	1500.0	500.0	500.0	500.0	800.0	1500.0	1050.0	1900.0	4300.0	1500.0
梁段3	4300.0	1500.0	500.0	500.0	500.0	400.0	900.0	450.0	2800.0	4300.0	1500.0
梁段4	4300.0	1500.0	500.0	500.0	500.0	400.0	900.0	450.0	2800.0	4342.0	1500.0
梁段5	4342.0	1500.0	500.0	500.0	500.0	400.0	909.0	450.0	2800.0	4466.0	1500.0
梁段6	4466.0	1500.0	500.0	500.0	500.0	400.0	932.0	450.0	2800.0	4586.0	1500.0
梁段7	4586.0	1500.0	500.0	500.0	500.0	400.0	953.0	450.0	2800.0	4885.0	1500.0
梁段8	4885.0	1500.0	500.0	500.0	500.0	500.0	1013.0	450.0	2500.0	5448.0	1500.0
梁段9	5448.0	1500.0	500.0	500.0	500.0	500.0	1122.0	450.0	2500.0	5801.0	1500.0
梁段10	5801.0	1500.0	500.0	500.0	500.0	500.0	1191.0	450.0	2500.0	6465.0	1500.0
梁段11	6465.0	1500.0	500.0	500.0	500.0	500.0	1321.0	450.0	2500.0	7148.0	1500.0
梁段12	7148.0	1500.0	500.0	500.0	500.0	691.0	1355.0	908.0	1927.0	6465.0	1500.0
梁段13	6465.0	1500.0	500.0	500.0	500.0	500.0	1321.0	450.0	2500.0	5801.0	1500.0
梁段14	5801.0	1500.0	500.0	500.0	500.0	500.0	1191.0	450.0	2500.0	5448.0	1500.0
梁段15	5448.0	1500.0	500.0	500.0	500.0	500.0	1122.0	450.0	2500.0	4885.0	1500.0
梁段16	4885.0	1500.0	500.0	500.0	500.0	500.0	1013.0	450.0	2500.0	4586.0	1500.0
梁段17	4586.0	1500.0	500.0	500.0	500.0	400.0	953.0	450.0	2800.0	4466.0	1500.0
梁段18	4466.0	1500.0	500.0	500.0	500.0	400.0	932.0	450.0	2800.0	4367.0	1500.0
梁段19	4367.0	1500.0	500.0	500.0	500.0	400.0	914.0	450.0	2800.0	4300.0	1500.0
梁段20	4300.0	1500.0	500.0	500.0	500.0	400.0	900.0	450.0	2800.0	4300.0	1500.0
梁段21	4300.0	1500.0	500.0	500.0	500.0	400.0	900.0	450.0	2800.0	4300.0	1500.0
梁段22	4300.0	1500.0	500.0	500.0	500.0	300.0	700.0	450.0	3100.0	4300.0	1500.0
梁段23	4300.0	1500.0	500.0	500.0	500.0	300.0	700.0	450.0	3100.0	4300.0	1500.0
梁段24	4300.0	1500.0	500.0	500.0	500.0	200.0	500.0	450.0	3400.0	4300.0	1500.0
梁段25	4300.0	1500.0	500.0	500.0	500.0	200.0	500.0	450.0	3400.0	4300.0	1500.0
梁段26	4300.0	200.0	200.0	200.0	200.0	1750.0	2000.0	1500.0	1600.0	4300.0	200.0

在右侧框中为左侧列出的每个族选择一个或多个类型

确定　取消　帮助

(b)梁段参数文件

图 4-97　混凝土梁节段建模

根据桥塔造型划分桥塔节段，并使用公制常规模型样板来建立桥塔构件族，同时拼装成桥塔整体模型。墩台和基础均采用公制体量标准构件族，建模过程中设置对模型就行参数化设计，以满足不同类型墩台的要求。根据桥梁平纵面线形，在考虑桥梁纵坡的情况下，拼装各个构件族形成斜拉桥整体模型，如图 4-98 所示。

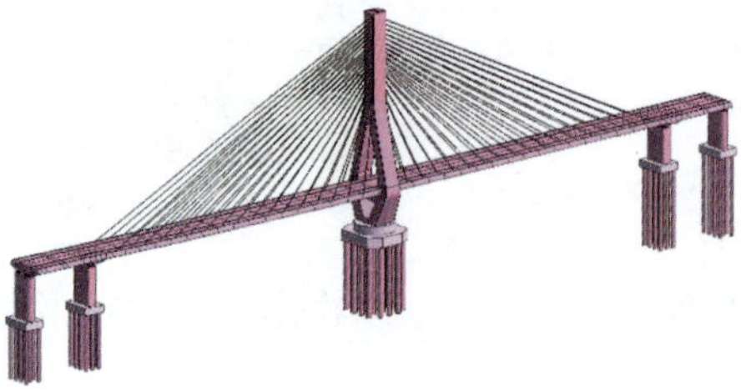

(a)太城溪主桥模型

(b)雷公山主桥模型

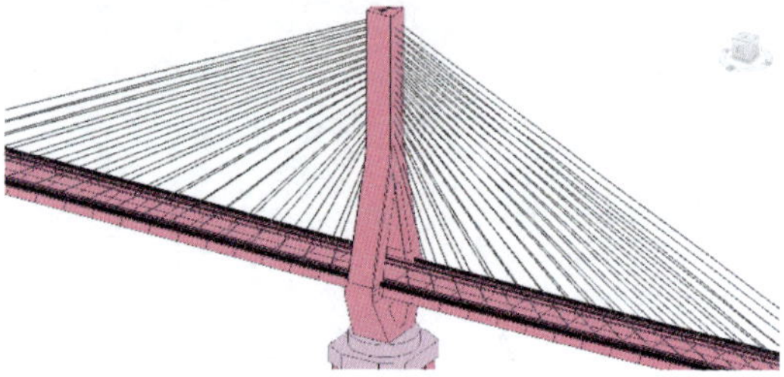

(c)木兰溪主桥模型

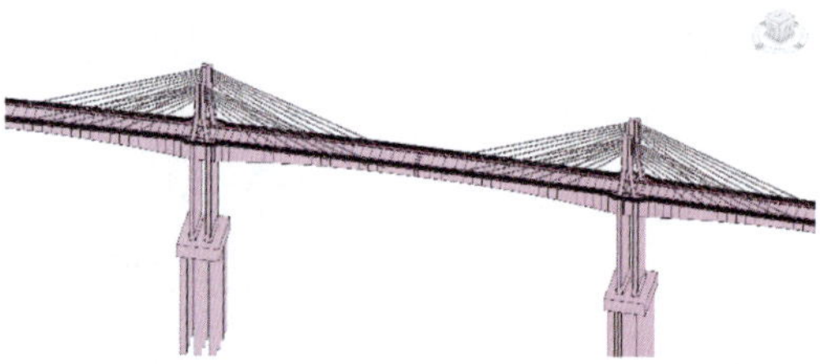

(d)湄洲湾主桥模型

图 4-98　福厦高铁预应力混凝土部分斜拉桥

2)桥梁模型整合

在完成沿线模型建立后，整合形成福厦客专全线桥梁 BIM 模型，如图 4-99 所示。

图 4-99　Infraworks 软件整合模型展示

3. BIM 成果创新应用

(1)结构分析

针对福厦铁路泉州湾跨海大桥,针对斜拉桥工点,将 BIM 与有限元结合,计算了结构的整体受力,同时对复杂节点进行局部应力分析,如图 4-100 所示。

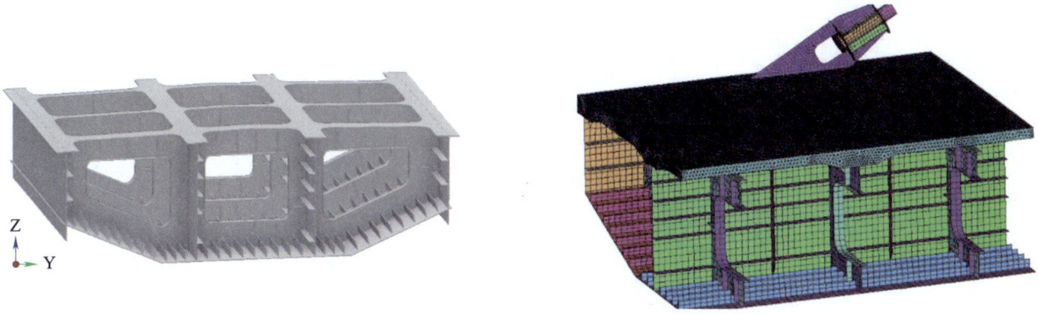

(a)标准梁段

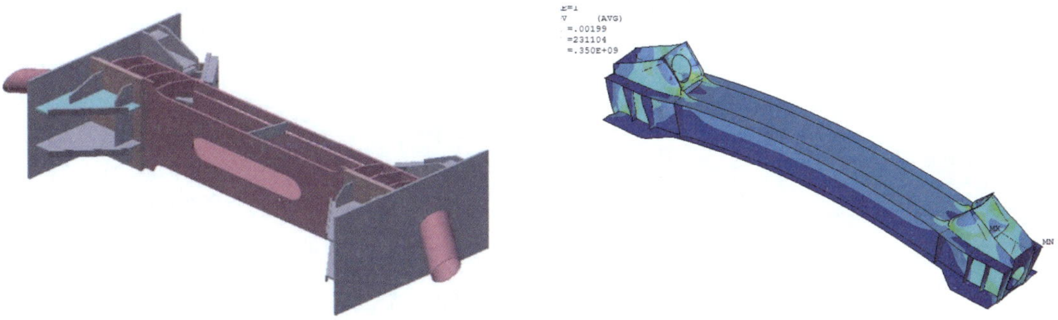

(b)索塔锚固区

(c)锚拉板

图 4-100　结构分析

(2)景观设计

针对福厦铁路大跨度斜拉桥,结合 BIM 进行了景观设计。索塔是斜拉桥的灵魂支柱,不仅起到支撑和传力的作用，也是决定大桥景观效果的重要因素，如图 4-101 所示。以泉州湾主桥索塔为例，运用 BIM 技术对比各索塔方案，更直观地展示不同类型索塔的外观效果。经比选索塔最终采用贝壳型。贝壳形混凝土桥塔造型新颖、美观，蕴含海洋元素。塔柱和横梁的圆弧元素的融入，克服了索塔高宽比较大所致比例不协调的问题。

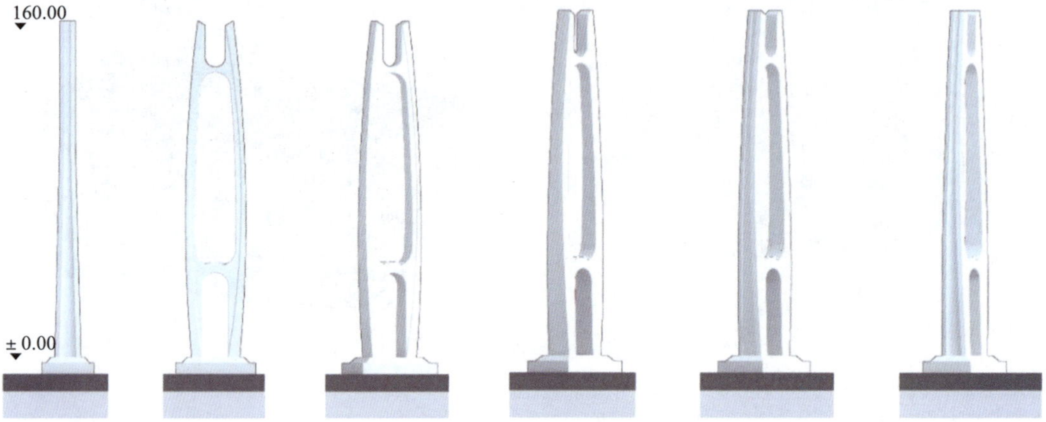

(a)泉州湾索塔正视图　(b)泉州湾索塔正视图　(c)角度一　(d)角度二　(e)角度三　(f)角度四

图 4-101　索塔设计

栏杆造型，考虑到与索塔造型呼应，反应海洋与地域文化，功能上考虑福建沿海气候，减少栏杆的风阻，如图 4-102 所示。通过 BIM 设计建模比选，提取波浪、帆船、水、贝壳等元素，进行艺术化的加工，泉州湾主桥选定了波浪形栏杆造型。

图 4-102　栏杆设计

通过 BIM 建模，将首次采用的连续刚构叠合拱体系直观展示。上下两层拱肋组成“月牙形”结构，如图 4-103 所示，线条更明朗，外形更加简洁美观。从海洋文化、古谯楼和莆田荔枝中汲取灵感。系列桥梁整体使用白色，与海洋文化的大背景相呼应，局部使用红色，红色既是中国的象征，又是福建省省内著名景点古谯楼的主体色，还是福建特产莆田荔枝的主体色。除钢桁架桥外，红色只应用于栏杆扶手贯穿于整条铁路线始终，将铁路的所有元素通过两种色彩变为一个整体。

图 4-103　拱桥景观设计

（3）斜拉桥施工模拟

基于斜拉桥 BIM 设计成果，进行了施工进度及工序的动态模拟，如图 4-104 所示，进入施工阶段后，在 BIM 设计成果的基础上开展更为全面的施组深化模拟。以桥塔施工为例，进行了下塔柱翻模法施工模拟、中塔柱和上塔柱液压爬模施工模拟、下横梁和上横梁附塔支架分层浇注施工模拟，开展可视化交底，缩短设计到施工的周期，指导现场施工。

图 4-104　BIM 技术指导桥塔施工

（4）梁场施工仿真模拟

结合地形数据文件，建立了梁场范围内的真实地形场景；融合制存梁台座、简支梁及整桥模型，以及梁场边坡防护模型，建立了梁场综合 BIM 模型。

将梁场三维模型导入至 Navisworks，导入项目施工进度计划，如图 4-105 所示，利用内置 Timeliner 模块进行制运架梁施工仿真模拟。

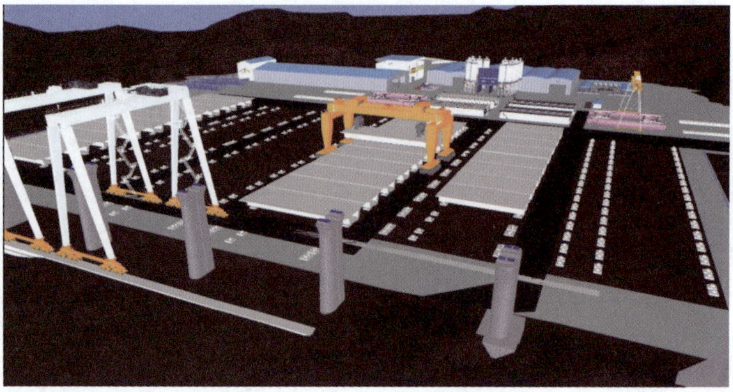

图 4-105　梁场施工仿真模拟

(5)健康监测延伸应用

基于 BIM 成果,开发建立了一体化管养平台,为后续福厦大跨度斜拉桥的健康监测预留了条件,可为运维提供保障。

基于 BIM 设计成果,采用物联网技术,为平台中各种传感器、监视器的布置提供更为直观的依据,如图 4-106 所示。等建成通车后,可确保在不同天气条件下,视频监视系统能够实施全范围监控列车行车情况。

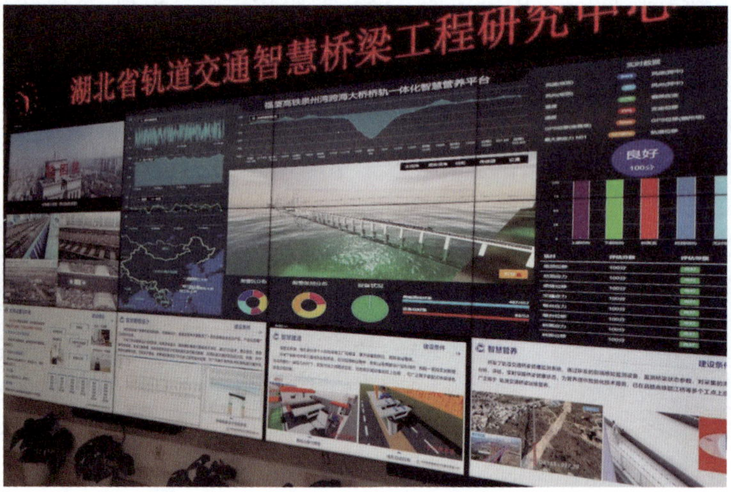

图 4-106　健康监测延伸应用

4.4.4　技术特点和创新点

(1)运用 Revit 进行桥涵 BIM 精细化建模,基于参数化、模块化设计思路,建立了一套高速铁路桥梁构件库。

（2）针对异型复杂桥梁，形成了一套高效设计建模方法。针对预应力混凝土斜拉桥，基于轮廓族建立参数化混凝土梁族，并以 excel 参数化表格联动构件模型，实现变高、变宽箱梁段的快速化建立。针对钢箱梁斜拉桥，基于公制常规模型建立参数化板件族，基于公制常规模型和参数化板件族建立参数化梁节段、锚拉板及钢锚梁嵌套族，并以 excel 参数化表格联动嵌套族模型，实现梁节段、锚拉板及钢锚梁嵌套族的快速化建立。针对特殊拱桥，通过 dynamo 可视化编程建立模块化拱肋模型，公制结构框架-梁和支撑建立参数化主梁族。

（3）根据福厦客专 BIM 模型交付格式要求，围绕 dynamo for revit 可视化编程技术，攻关研发了建模工具，充分利用设计成果数据，进行参数化 BIM 设计，大幅度提高了福厦 BIM 设计的效率和质量。

（4）基于 BIM 模型成果，进行桥梁结构分析、景观设计、健康监测、施工模拟等 BIM 应用。

（5）开发了数据编码自动赋值插件。为满足 BIM 设计成果与"铁路工程管理平台"之间的设计建造协同要求，福厦客专的每一个 BIM 构件宜有一个唯一身份证，即实例化编码。每一个实例化编码都由公共的 IFD 编码（类码）＋福厦项目特有编码组成。将 BIM 模型导入建设管理平台后，可进行设计与建设之间数字化交付。

4.5　西十高速铁路桥梁工程

4.5.1　工程概况

西十高速铁路位于陕西省东南部和湖北省西北部，是中长期铁路网规划项目。线路西起陕西省西安市，向东南引线穿越秦岭山脉，经商洛和十堰两市，与武汉至十堰铁路相接，形成西安至武汉又一快速铁路客运通道。线路行经渭河盆地及秦岭山地，连接关中平原与江汉平原，依次经过西安市灞桥区、长安区、蓝田县，商洛市商州区、山阳县，十堰市郧西县、郧阳区、张湾区。西安东站（含）至十堰北站（不含）新建正线全长 255.749 km，其中陕西省境内 169.393 km，湖北省境内 86.356 km。全线新设西安东、蓝田、商洛西、山阳、漫川关、郧西 6 处车站；新建正线桥梁长度 40.9 km/59 座，隧道长度 201.6 km/42 座，桥隧比重达 94.83%。

项目作为国家中长期铁路规划中高速铁路网纵向通道的重要组成部分，与武汉至十堰铁路连接，形成西安至武汉间的便捷快速铁路客运通道，主要功能是承担我国西北及蒙西地区与我国华中、华东南的鄂、湘、赣、闽、粤等五省区旅客交流，是国家高铁网中西安、武汉两大客运枢纽旅客交流的主通道，同时兼顾沿线旅游和城际客流出行，是一条以路网通道功能为主、兼顾城际客流的高速铁路干线。

西十高速铁路横跨四个地貌单元，即渭河盆地区、秦岭高中山区、秦岭南麓低山区、秦岭南麓及武当山北坡低山丘陵区。沿线地层分布主要受构造单元控制，西安至蓝田段渭河盆地区一级阶地区表层为第四系全新统冲积黏质黄土、砂类土及碎石类土；二级阶地区及一级阶地下部为第四系上更新统冲积粉质黏土及细砂、中-粗砂，细-粗圆砾土层；三级阶地下部为第四系中-下更新统冲积粉质黏土，细砂及中-粗砂，细-粗圆砾土；盆地边缘底部下伏新近系上新统泥岩、砂岩及砾岩。

线路经过地区由北向南分属黄河水系和长江水系，两大水系以秦岭为界。西安至商洛为黄河水系，较大河流有浐河、灞河；商洛至十堰为长江水系，主要河流有汉江及其支流。

1. 汉江特大桥

桥址位于湖北省十堰市郧阳区丹江口水库上游弯道河段附近，为跨越汉江而设，线路跨越汉江处，主河道宽约 500 m，地貌上属低山丘陵河谷区，汉江两岸岩层出露，山体自然坡面陡峻，地形起伏，桥址范围地面高程 154～243 m。

全桥孔跨布设为(60＋64＋86＋420＋86＋64＋60)m 钢桁加劲 PC 箱梁斜拉桥结构，如图 4-107 和图 4-108 所示。

图 4-107　汉江特大桥 GIS＋BIM 模型

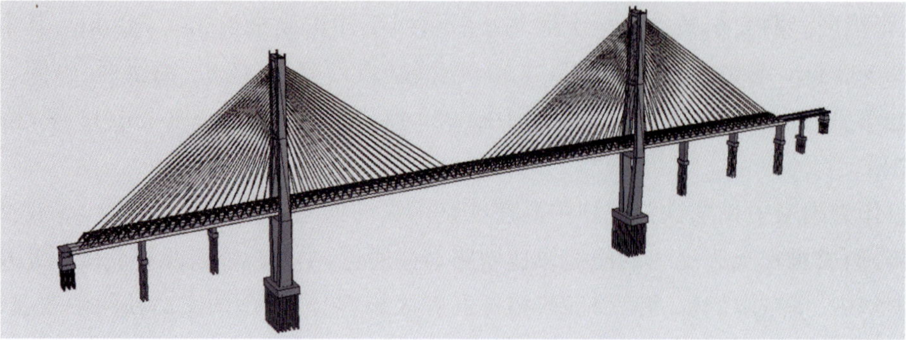

图 4-108　汉江特大桥 BIM 模型

2. 神定河特大桥

桥址位于湖北省十堰市彭家凹神定河河谷区，为跨神定河而设，河流蜿蜒曲折，沟左岸陡立，右岸为孤包、孤梁，两岸基岩裸露，周围交通条件便利。神定河发源于十堰市鸡笼山，全长 53.3 km，流域面积 270 km^2，为汉江支流之一。

全桥孔跨布设为(72＋3×128＋72)m 刚构连续梁＋(60＋2×100＋60)m 刚构，中心里程：DK262＋741.45，桥梁全长 1 093.3 m，最大桥高 108 m，如图 4-109 所示。

图 4-109　神定河特大桥 GIS＋BIM 模型

4.5.2　技术标准和实施情况说明

1. 三维综合应用平台

基于 GIS 技术强大的空间数据存储、管理、检索和分析功能，采用 GIS＋BIM 的方式形成铁路三维数字化设计成果综合应用平台，如图 4-110 所示，拓展符合铁路 BIM 模型表达的功能模块，主要包括项目管理、后台服务管理、用户管理、场景浏览操作、BIM 模型结构树解析、关联精细参考模型及设计资料、空间三维分析等，满足对 BIM 设计成果进行全方位多要素展示汇报、综合审查、多方案比选等。

平台主要包含以下功能：

(1)项目管理模块的信息添加与编辑修改，模型地址的关联，项目相关设计文件的上传与下载；

(2)项目全线基本信息展示，三维场景的加载与切换，数据图表统计与展示；

(3)模型的场景设置包括天气、剖切、测量、绘制、地形开关、地膜透明度、漫游模式切换、图层树加载与交互；

图 4-110　综合应用平台登录界面

(4)各工程类型的工程列表加载、每个工程的详细信息展示,工程关联 logo 图片与文件上传;

(5)工程关联的场景漫游演示脚本列表加载,工艺工法视频管理,音频上传与播放;

(6)工程关联的模型位置导航、模型结构树解析与存储、模型图层树展示与交互;

(7)结构树节点视角定位、模型高亮、关联设计文档上传与查询预览;

(8)BIM 模型服务模块的数据源上传与发布,模型服务管理与预览;

(9)结构树节点与虚节点的设计属性查询,构件关联精细模型展示;

通过解析 BIM 模型的 LID 定位码信息生成结构树,实现对 BIM 模型构件按照逻辑结构树进行定位管理和属性信息查询,如图 4-111 所示,可快速定位到桥梁模型的具体某一孔梁、某一号墩、某根桩,更加符合设计人员的使用习惯。

图 4-111　综合应用平台项目展示

通过建立 BIM 模型与场景漫游脚本、二维设计图纸、施工功法视频等多种素材之间的关联，方便用户随时查阅 BIM 设计的相关资料，有效弥补 BIM 三维模型信息的单一性。

2. 协同设计平台

基于多专业数据级协同，以数据为核心 BIM 设计，以专业软件为集成应用平台，架构如图 4-112 所示，按照以下步骤进行模型总装。

（1）按区间分带单元为划分原则，完成专业分装链接；

（2）将同区间分带单元的各专业模型进行二次链接，完成区间总装；

（3）项目总装。

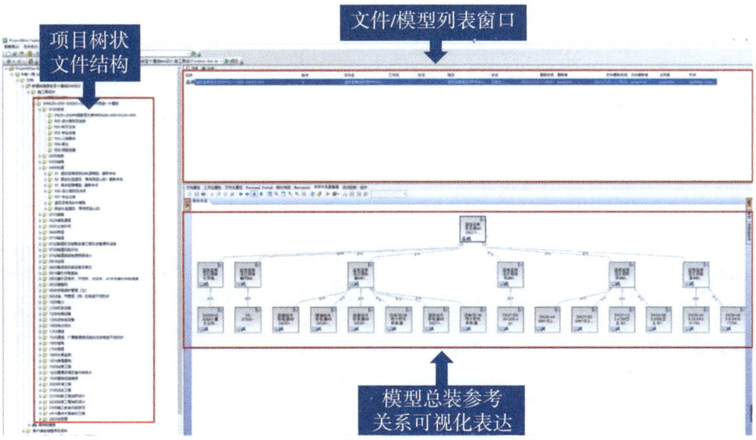

图 4-112　协同设计平台构架

总装后的模型通过自定义检测规程，实现项目专业间的碰撞检查，并可以添加批注等信息进行模型校验与审核。平台以设计过程管理为核心，服务于一线设计人员，基于服务器以图纸参考的方式实现各专业并行协同设计。并且能够智能化实现专业内及专业间参考关系的智能维护与管理。

协同设计界面通过定制开发实现多专业协同设计，如图 4-113 所示，保证了设计流程的标准化、设计标准的一致性、实现设计资源共享，及时发现专业冲突，有效避免设计返工。

3. 建造管理平台建设

根据铁路行业多专业、多系统集成的特点，搭建基于云技术、GIS 技术、互联网技术于一体的 BIM 综合管理平台，如图 4-114 所示。通过 PC 端支持电子沙盘、安全质量管理、技术管理、计划进度管理等模块全方位覆盖施工管理业务，为业主、施工、监理、设计等施工参与方提供强大的业务支撑。

平台使用微服务开发模式，java 语言开发使用关系型数据库 Mysql＋MongoDB，面向对象开发，采用 B/S 架构，如图 4-115 所示。围绕施工业务数据和 BIM 核心数据，建设方各个单位均可以参加项目的建造管理。

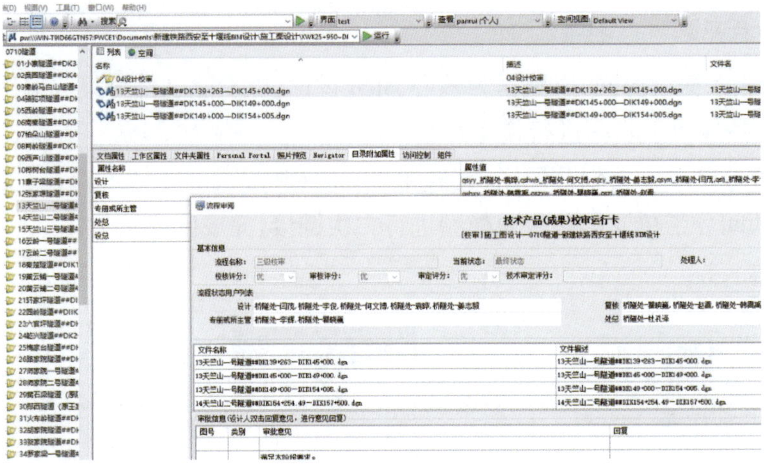

图 4-113　协同设计工作流程

图 4-114　建造管理登录平台

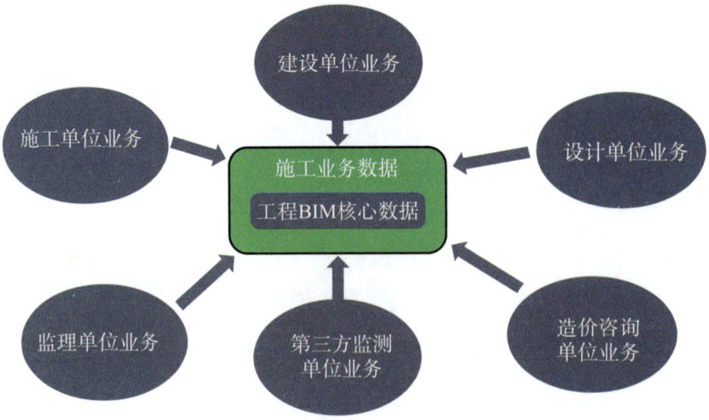

图 4-115　建造管理平台数据结构

建造管理平台与现有施工管理模式紧密结合，根据施工现场实际管理需求，提供强大、丰富的管理业务功能，能够应用于铁路、公路、市政工程，平台支持区域管理公司的多项目管理，同时支持项目下多标段、多施工单位的独立业务管理。

平台具有电子沙盘、质量管理、安全管理、技术管理、计划进度管理、施工管理、物料管理、文明施工管理、公文管理等管理模块全方位覆盖施工管理业务，为业主、施工单位、监理、设计等施工参与方提供强大的业务支撑综合平台。

BIM 与 GIS 集成应用，可提高长线工程和大规模区域性工程的管理能力，如图 4-116 所示。BIM 的应用对象往往是单个建筑物，利用 GIS 宏观尺度上的地形功能，将 BIM 的应用范围扩展到公路、铁路、市政等工程领域。基于本系统已经实现了多项目的 BIM 与 GIS 集成应用，实现了基于 GIS 的全线宏观管理、基于 BIM 的标段管理以及桥隧精细管理相结合的多层次施工管理。

图 4-116　建造管理平台项目展示

4. 设计数据标准化

设计数据标准化主要体现在对数据信息的分类和编码。对数据信息根据一定的分类指标形成相应的若干层次目录，构成一个有层次的逐级展开的分类体系。数据的编码设计是在分类基础上进行的，数据编码保持系统性、唯一性、可行性、简单性、一致性、稳定性。将每个阶段的设计成果都以高度结构化的工程树进行组织。交付模型树以工点和信息深度的视角进行组织，与交付精度标标准和表达标准相关，满足工点的综合 BIM 应用。

5. 项目标准

项目实施过程中主要根据铁路 BIM 联盟颁发的 BIM 标准为基础，结合项目特点及企业特点编制企业标准和项目标准。

(1)BIM 技术标准-铁路联盟

《铁路工程实体结构分解指南》(1.0 版)；

《铁路工程信息模型分类和编码标准》(CRBIM 1001—2014);

《铁路工程信息模型数据存储标准》(CRBIM 1002-1—2015);

《铁路四电工程信息模型数据存储标准》(CRBIM 1002-2—2016);

《铁路工程信息模型表达标准》(CRBIM 1003—2017);

《铁路工程信息模型交付精度标准》(CRBIM 1004—2017);

《面向铁路工程信息模型应用的地理信息交付标准》(CRBIM 1005—2017);

《基于信息模型的铁路工程施工图设计文件编制办法》(CRBIM 1006—2017);

《铁路工程 WBS 工项分解指南》(CRBIM 1007—2017);

《铁路工程数量标准格式编制指南》(CRBIM 1008—2017);

《铁路工程信息交换模板编制指南》(CRBIM 1009—2017)。

(2)BIM 技术企业标准

铁路工程 BIM 设计数据接口暂行规定(Q/YY 2004—2019);

铁路工程 BIM 协同设计流程暂行规定(Q/YY 2005—2019)。

(3)BIM 技术项目标准

《新建铁路西安至十堰 BIM 设计成果交付标准》;

《新建铁路西安至十堰线 BIM 设计应用指南》;

《西十施工图设计原则及 BIM 技术指导要求》。

西十高速铁路桥梁 BIM 设计根据以上标准及《西十 BIM 设计指导书》相关要求完成设计,涵盖了铁路 BIM 联盟颁布相关标准和企业标准、项目标准的主要内容和精度要求。西十高速铁路 BIM 桥梁设计时按照正向设计方式开展,对于主体工程应先设计 BIM 模型,再在 BIM 模型设计成果基础上开展出图、算量等设计工作,尽量以二、三维同源数据库的方式开展 BIM 设计,在设计过程中发挥 BIM 设计成果对质量的提升作用。

西十高速铁路 BIM 桥梁设计精度完全按照铁路 BIM 联盟颁布的相关标准精度要求执行,并且满足施工图交付要求。

6. 设计单元标准化

为了便于 BIM 设计成果的全过程应用,方便后期数据的交付使用。依据《铁路工程信息模型分类和编码标准》,对桥梁专业结构树组成与构件划分,制定划分桥梁专业最小设计单元和建立专业结构树技术原则,形成最小构件结构树,并对结构树成果进行结构化处理,形成专业节点 XML 文件与节点属性结构化数据。

在 BIM 模型设计过程中建立每个构件单元之间的逻辑结构关系,并实例化构件单元,解析生成结构树并与构件进行关联,最终以.xml 格式输出工程实例化结构树。

7. 信息模型 IFD 编码

根据《铁路工程信息模型分类和编码标准》中的表 51～表 59,在 BIM 设计过程中通过给最小单元附加 IFD 编码属性，桥梁专业将 BIM 最小设计单元进行详细分类。进而对桥梁结构进行了结构化分解，工点内部根据桥涵结构的特点进行层级划分。编码通过将表示单独含义的 IFD 编码组合在一起的方式表示桥梁结构构件。例如："预制架设预应力混凝土梁"采用 54-08 30 00＋54-01 23 00＋53-12 10 08 表示。

研发基于桥梁专业结构树的 BIM 模型构件属性信息添加软件，基于专业结构树与最小构件，实现 BIM 模型构件与节点编码信息的关联，实现 BIM 模型构件非几何属性信息的自动添加。

8. 模型精度控制

西十高铁主体工程 BIM 模型设计按照铁路 BIM 联盟颁布相关标准要求进行了落实，主要根据《铁路工程信息模型交付精度标准》，对不同的构件模型用不同的精度等级设计。主要构件均达到 LOD3.5 精度标准要求。

4.5.3 应用内容

1. 在设计过程中的应用

(1)标准简支梁构造及钢筋 BIM 设计

西十高速铁路 BIM 桥梁设计过程中对标准简支梁采用类似参考图设计的方式，模型设计完成后其他设计人员可直接使用，避免了重复劳动，如图 4-117～图 4-119 所示。

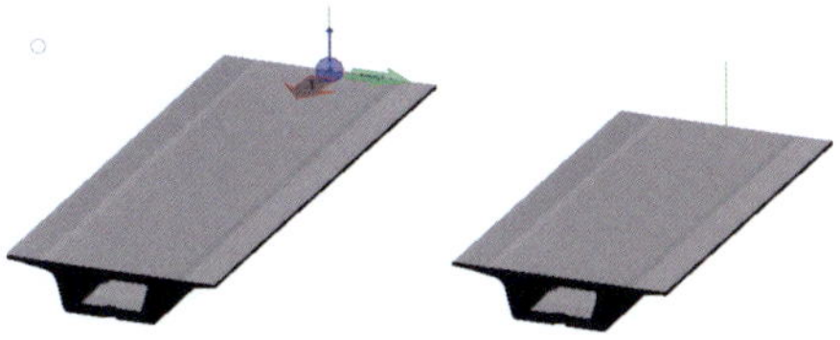

图 4-117　简支梁构造 BIM 模型

图 4-118　简支梁构造 BIM 模型细部

图 4-119　简支梁钢筋 BIM 模型

（2）桥梁桥面系 BIM 设计

西十高速铁路 BIM 桥梁设计过程中对桥面系采用参数化设计，如图 4-120 所示，可以通过设置参数程序自动创建桥面系模型。

图 4-120　桥面系 BIM 模型

（3）连续梁构造及钢筋 BIM 设计

由于连续梁设计较为复杂，工作量较大，设计过程中开发了连续梁构造及钢筋设计程序，可以快速创建连续梁构造及钢筋模型，如图 4-121 和图 4-122 所示。

图 4-121　连续梁构造 BIM 模型

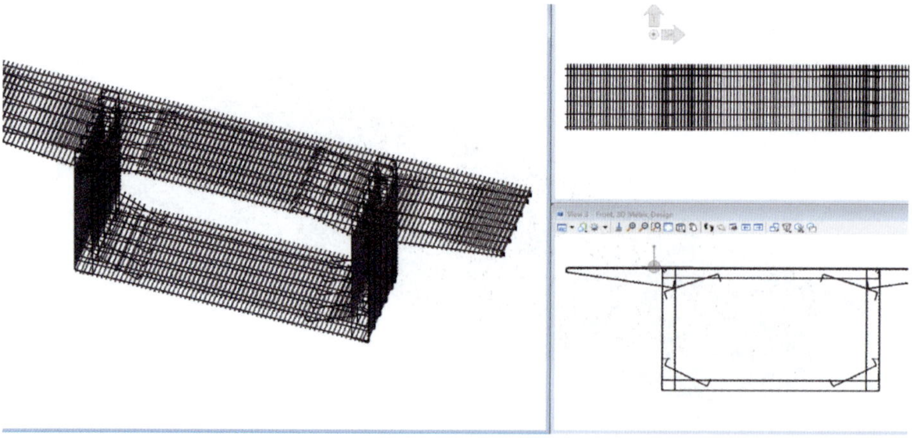

图 4-122　连续梁钢筋 BIM 模型

(4)下部结构构造及钢筋 BIM 设计

过程中开发了桥梁下部结构设计程序,可以通过设置参数程序自动下部结构构造及钢筋 BIM 模型,如图 4-123～图 4-128 所示。

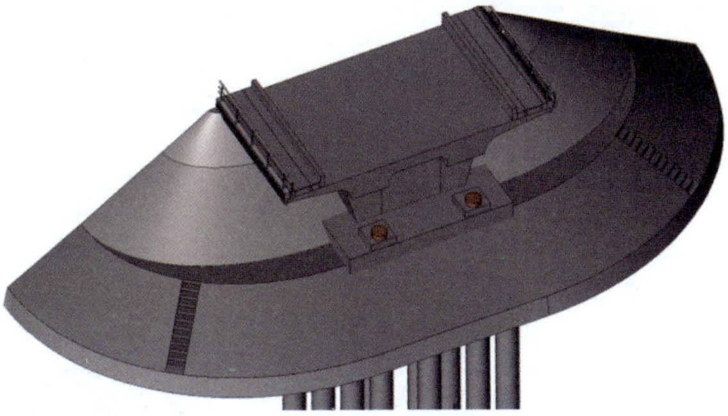

图 4-123　桥台及锥体 BIM 模型

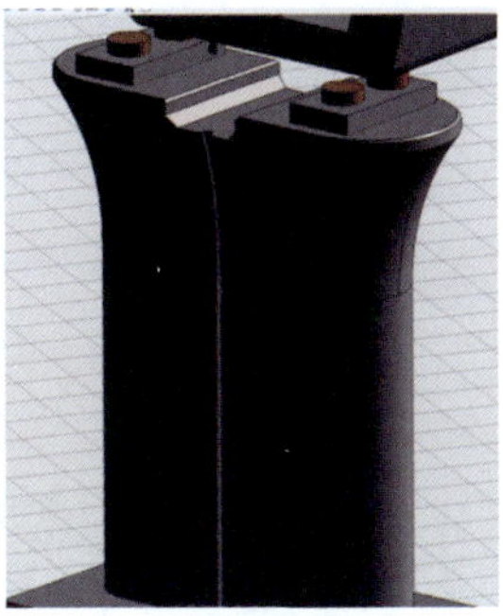

图 4-124　桥墩构造 BIM 模型

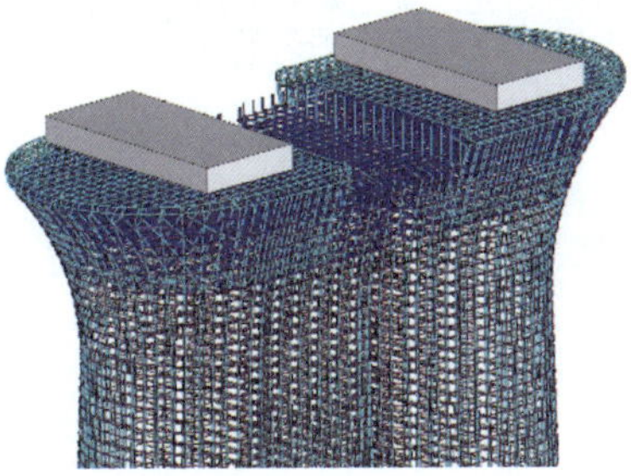

图 4-125　桥墩钢筋 BIM 模型

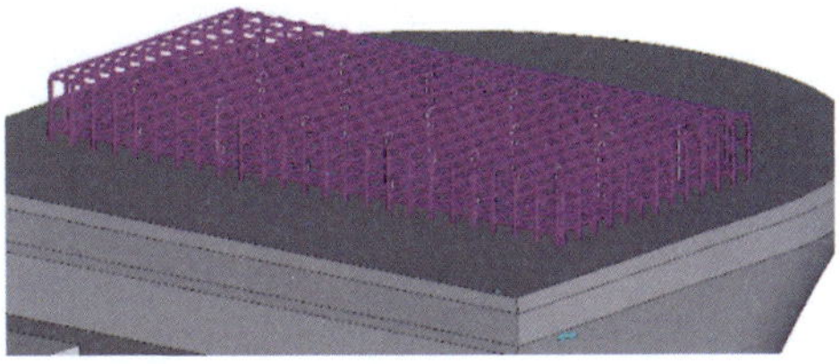

图 4-126　垫石钢筋 BIM 模型

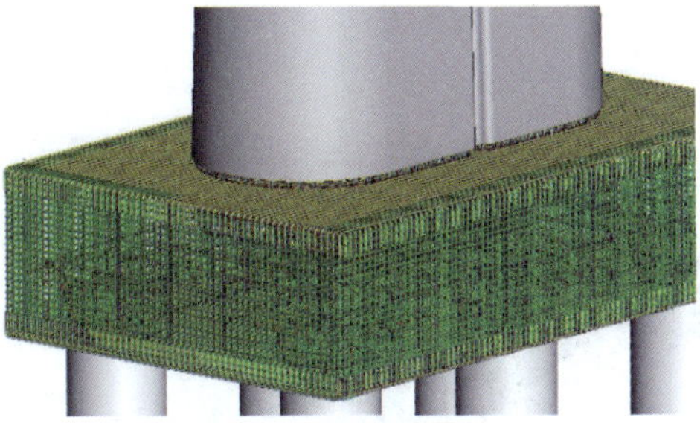

图 4-127　承台钢筋 BIM 模型

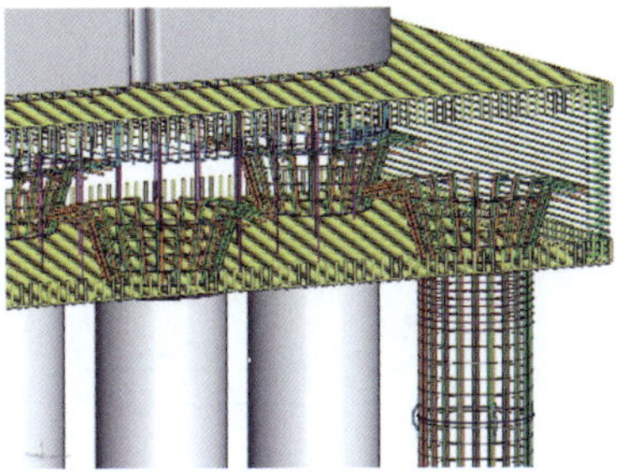

图 4-128　桩基钢筋 BIM 模型

(5)吊篮 BIM 设计

针对吊篮结构构件随桥墩表面形状改变,每一个构件形状都有所不同的特点。西十高速铁路 BIM 桥梁设计过程中开发了吊篮参数化设计程序,可以快速生成吊篮 BIM 模型,如图 4-129 和图 4-130 所示。

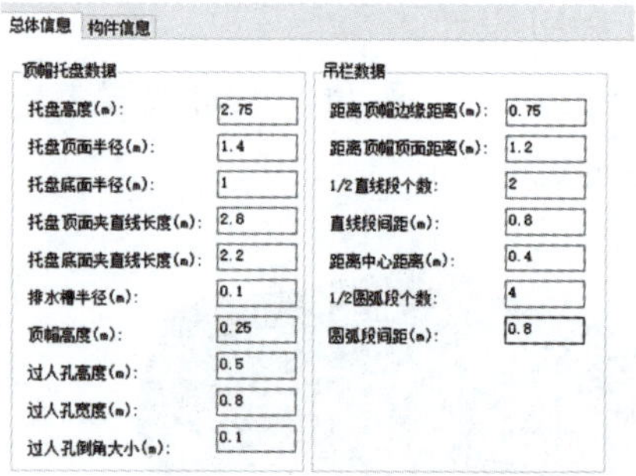

图 4-129　吊篮设计界面

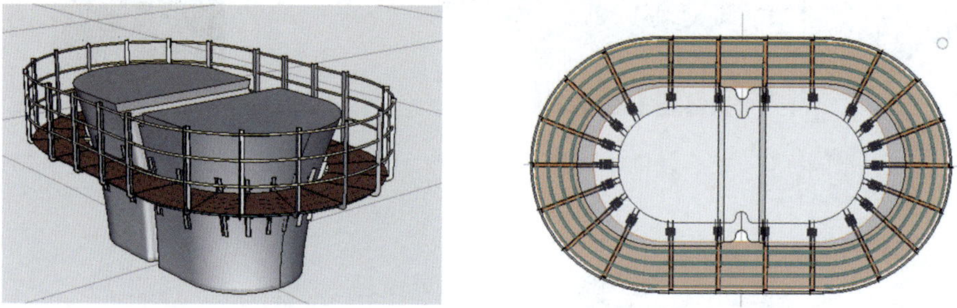

图 4-130　吊篮 BIM 模型

(6)基坑开挖、刷方 BIM 设计

传统二维设计中的基坑开挖、刷方设计一直是设计中较为困难的方便，利用三维环境下所见及所得的特点，设计过程中开发了基坑开挖、刷方参数化设计程序，如图 4-131 所示，可以快速完成刷方设计，并计算刷方量，如图 4-132 和图 4-133 所示。

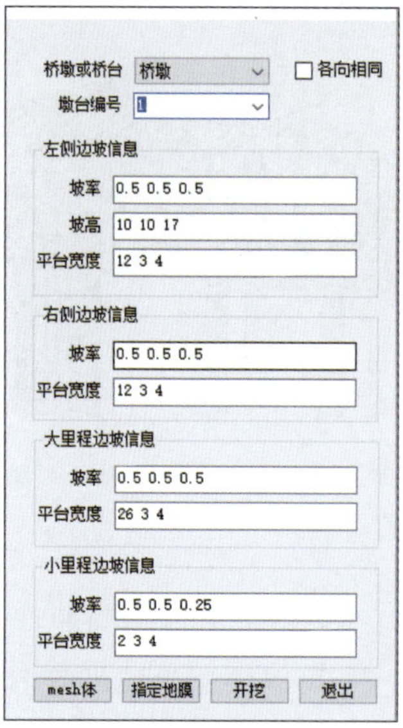

图 4-131　设计界面

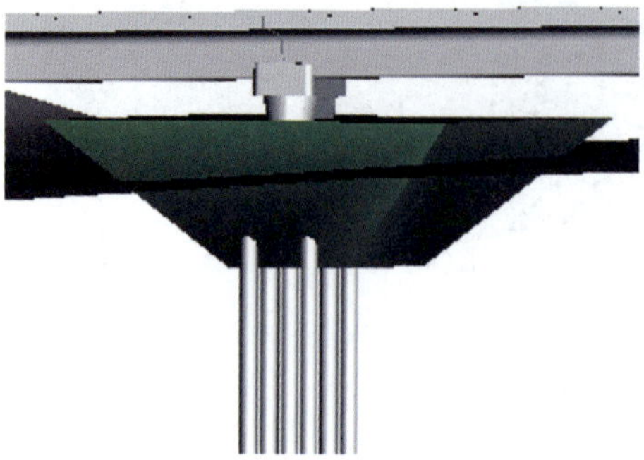

图 4-132　刷方体展示

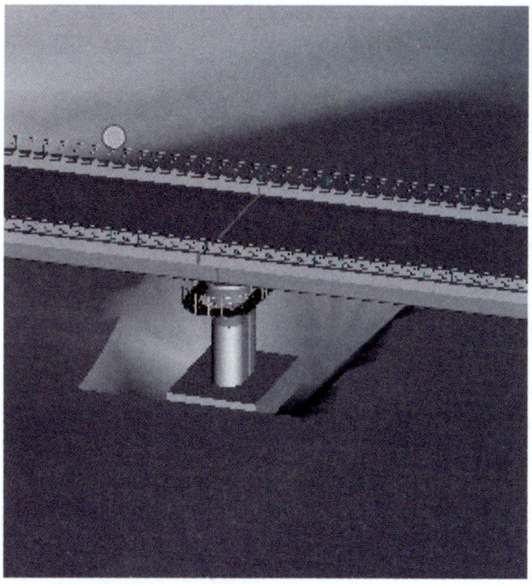

图 4-133 基坑开挖设计

(7)空间预应力钢束 BIM 设计

由于针对预应力钢束在空间上具有平弯和竖弯的特性,人工手动创建空间预应力钢束会带来极大的工作量。西十高速铁路 BIM 桥梁设计过程中开发了空间预应力钢束参数化设计程序,如图 4-134 所示,可以快速完成空间预应力钢束 BIM 设计,如图 4-135 所示。

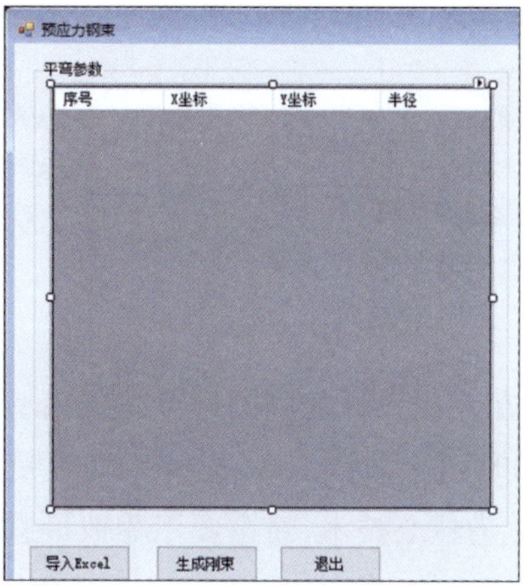

图 4-134 设计界面

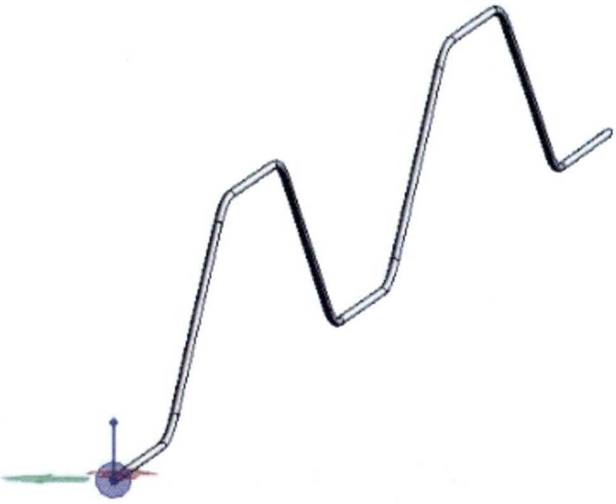

图 4-135 空间预应力钢束设计

(8)虚拟钻孔

西十高速铁路 BIM 桥梁设计过程中,直接在 BIM 地质模型上创建虚拟钻孔,提取桥梁设计所需的地层数据,并将地层数据直接传递桥梁下部结构计算模块,实现下部结构自动计算,如图 4-136 和图 4-137 所示。

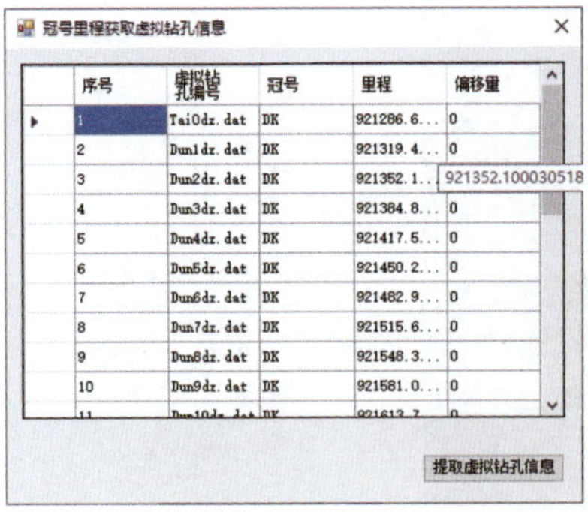

图 4-136　设计界面

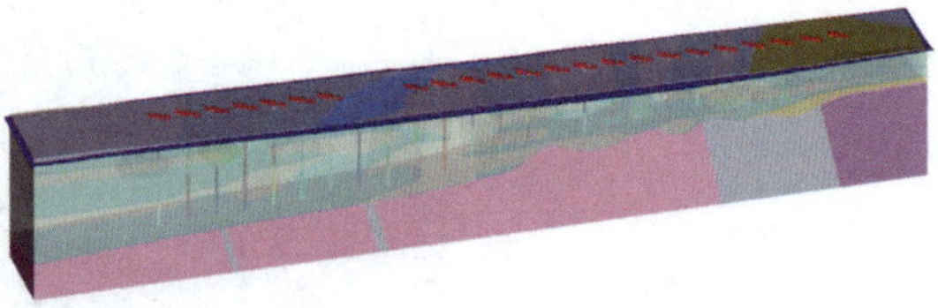

图 4-137　虚拟钻孔提取

(9)桥墩编号

在桥梁 BIM 设计中，由于构件数量较多，导致设计人员定位构件较为困难。为了方便设计人员能快速定位构件，西十高速铁路 BIM 桥梁设计过程中采用直接在桥墩 BIM 模型上增加编号的方式，如图 4-138 所示，使得设计人员可以方便、快速、直观地定位桥梁构件。

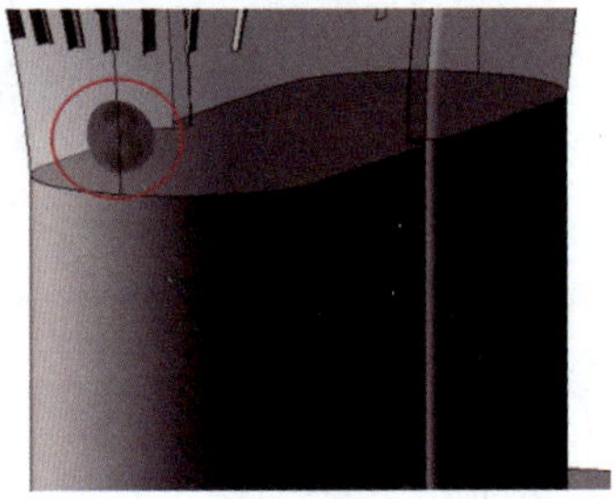

图 4-138　桥墩编号

(10)交互设计

为了方便设计人员在三维环境下进行桥梁BIM 设计，西十高速铁路 BIM 桥梁设计过程中开挖了下部结构调整程序，如图 4-139 所示。直接在三维环境下对设计模型进行修改，设计人员可更为直观地查看修改后的结果。

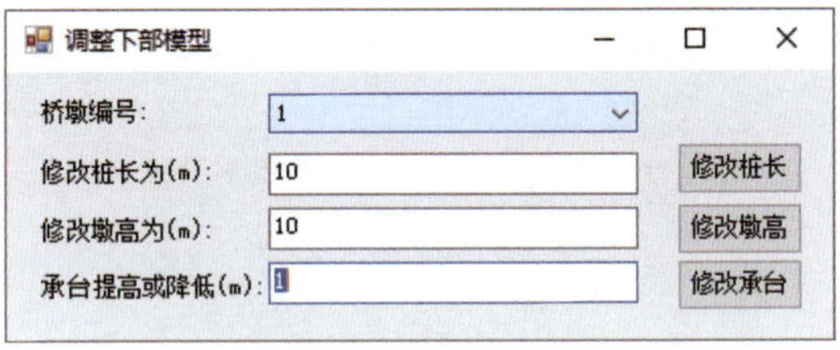

图 4-139　设计界面

(11)二维、三维同步设计

西十高速铁路桥梁工程采用二维、三维同步设计，在完成设计的同时桥梁三维模型和二维图纸同步自动生成，如图 4-140 和图 4-141 所示。同时西十高铁 BIM 设计工程数量依托传统方式或采用同源数据库的方式，以专业成果数字化为核心技术，对主要工程数量进行核对验证并直接生成工程数量。

(12)概预算编制

西十高铁 BIM 设计过程中通过编制 LID 码(身份定位码)：分别给各标段、特大桥(大桥、中桥或小桥)、桥面系、梁部、支座、下部结构等编码，以实现精确定位。再对工经专业所需数量分项进行 IFD 编码，生成带编码的工程数量汇总数据，工经专业通过对工程数量编码的解析，实现单项概预算的快速生成，如图 4-142 和图 4-143 所示。

图 4-140　全桥模型

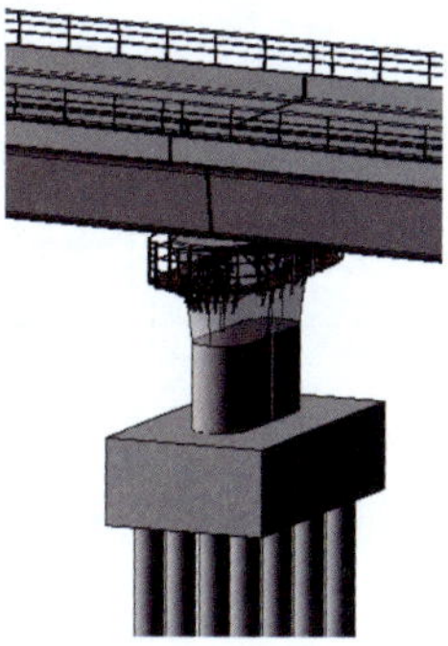

图 4-141　模型细节

图 4-142　概预算编制界面

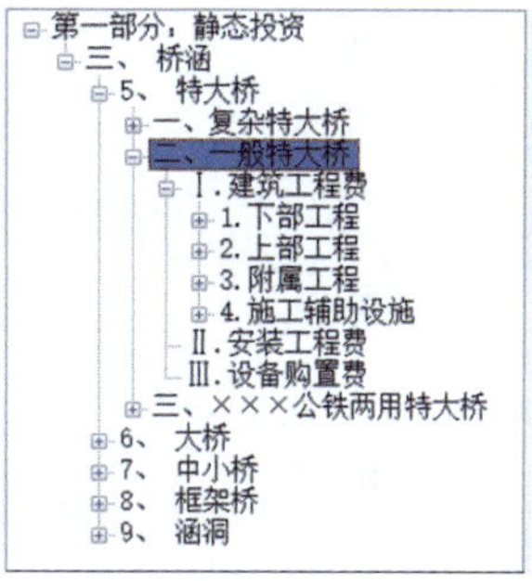

图 4-143　概预算内容

2. 在优化中的应用

(1)桥梁基础优化设计

在西十高铁 BIM 设计过程中，通过采用 BIM＋GIS 设计方式，在设计过程中发现许多桥梁承台埋置深度不足，有外漏现象发生，如图 4-144 所示。经过 BIM 优化设计，避免了施工过程可能出现的问题。

图 4-144　基础外漏

(2)桥梁侵占道路优化设计

在西十高铁 BIM 设计过程中,通过采用 BIM+GIS 设计方式,发现部分桥梁上跨道路处桥墩侵占既有线路。经 BIM 优化设计,解决了大量类似问题。

(3)专业接口优化设计

在传统二维设计中,专业接口一直是容易出现问题且不易发现的地方。在西十高铁 BIM 设计过程中,通过采用 BIM+GIS 设计方式,专业接口出现问题的地方可直观地发现,解决了大量专业接口设计不合理的问题,如图 4-145 所示。

图 4-145　声屏障在路桥衔接处接口问题

4.5.4　技术特点和创新点

(1)西十高速桥梁 BIM 设计全部采用 GIS+BIM 的方式,真实的还原了工程现场实际情况。

(2)西十高速桥梁 BIM 设计实现了二维、三维同步设计,基于中心数据进行计算分析、快速生成 BIM 模型、完成二维图纸绘制及工程量计算。

(3)西十高速桥梁 BIM 设计针对上下部及附属结构的不同特点,开发了大量辅助程序,极大地提高了工作效率。

(4)实现了基于 BIM 设计成果的施工图出图技术。

(5)实现了基于 BIM 的工程量计算与预算编制。

(6)完成与其他专业开展 BIM 协同设计及平台技术验证。

后　记

BIM 在中国已经从初始的萌芽和测试阶段，真正步入到发展普及的实施阶段。工程领域内各企业的工作重心，已经从研究学习 BIM 转移到如何合理实施应用 BIM，并将其延续到整个项目的全生命周期中，从而实现效益最大化。由此可见，BIM 技术将是今后工程领域的发展趋势。无论是对现有桥梁的运营管理，还是对未来桥梁的规划、设计、施工，BIM 技术都将贯穿于桥梁工程的整个生命周期，其产生的经济效应与社会价值无可估量。但是目前我国在高速铁路桥梁 BIM 技术研究与实践方面仍面临诸多挑战，具体表现如下。

(1)现阶段缺失针对桥梁工程的核心建模软件，阻碍了 BIM 技术在桥梁工程中的应用推广。在设计阶段，虽然多款软件均可作为核心建模软件，但目前尚未有软件能够实现模型信息的全生命周期完整传递，因此，现阶段国内的 BIM 技术的应用研究主要面向特定的工程，还不能够实现 BIM 技术在不同桥型的应用推广。

(2)国内 BIM 技术应用研究主要集中在设计和施工阶段，缺乏 BIM 技术在运维阶段的理论研究和工程应用。理论研究认为 BIM 技术应用于全寿命周期内取得的效果最好，但是由于现阶段设计和施工单位都难以将完整的 BIM 模型移交给运维单位，再加上缺乏合适的 BIM 运营管理平台和现有技术手段有限，因而目前的现状是早期阶段对 BIM 技术的应用比较频繁，运维等后期阶段较少。

(3)当前设计阶段软件二次开发主要针对特定的工程且能够实现的功能有限，不具有普遍的工程适用性。为解决不同设计软件间和不同阶段 BIM 模型的数据传递问题，不少研究机构考虑在现有软件基础上进行二次开发的解决方式，但是由于桥梁类型众多和软件二次开发具有较大难度，目前二次开发成果只能保证信息在软件间单向传递，同时建立的桥梁族库类型有限且参数化程度不高。

(4)国内 BIM 技术在桥梁工程的应用研究尚处于初级阶段。研究内容主要面向实际的桥梁工程，倾向于分析 BIM 技术在桥梁工程各阶段的应用优势和桥梁三维参数化建模的方法，应用研究深度较浅。相反，对于 BIM 基础理论、核心软件的开发和数据传递格式等方面的研究较少，但恰恰是这三方面的研究对发挥 BIM 技术在桥梁工程中的最大价值起着决定性作用。

(5)BIM 模型与其他技术的集成应用成为趋势。将 BIM 模型和二维码与射频技术、单点测量与三维扫描技术、云技术、RFID 技术等结合，这样能够更好地发挥 BIM 在桥梁工程中的价值，更好地实现 BIM 理念。随着未来新兴技术的出现，BIM 技术将包含更加丰富的内容，有待于进一步挖掘。

为了能够更好地将 BIM 技术引入高速铁路桥梁工程领域，我国铁路桥梁工程技术人员应当在以下几个方面开展更深入的研究：

(1)技术数据和相关标准的深入。进一步完善基础标准，研究数据存储标准、数据交付标准、数据交换格式等，实现数据集成和信息化管理。

(2)专业软件与通用软件的数据共享和功能结合。从现有商用 BIM 软件出发，整合国内外软件开发资源，围绕高速铁路桥梁工程，开发适合其专有工程、技术特点的软件平台与工具，以桥梁工程应用需求为推动力实时创新软件功能，包括模块框架、管理体系等；同时基于数据与模型标准，完善通用软件与专业软件之间数据的交换性、完整性和兼容性。

(3)信息管理和信息应用的融合。以数据库、数据平台为基础，结合数据的快速录入、海量数据存储、三维模型快速显示等模块，提供以云计算平台为支撑的信息管理机制，解决 BIM 信息的集成、提取和利用问题。

(4)全生命周期信息管理和应用框架建设。在高速铁路桥梁工程中集成全生命周期的信息数据流，实现其在各个环节的完整传输和有效扩展，从而进一步解决信息不对称、数据不兼容、应用不精准的现状，形成完整的应用框架。

(5)智能交通融入智慧城市。结合信息、通信与勘探技术，将高速铁路桥梁信息整合至城市系统，实现对民生、环保、公共安全、高铁网络服务等各种需求的智能响应，进而实现智慧高铁、智慧城市等应用。

本书用词说明及释义

序号	中文名称	英文简称	英文全称	释　义
1	倾斜摄影	—	Oblique Photography	通过在同一飞行平台上搭载多台传感器，同时从一个垂直、四个倾斜等五个不同的角度采集影像，用于创建与高铁桥梁相关的三维BIM真实场景模型
2	建筑信息模型	BIM	Building Information Modeling	以三维数字技术为基础，集成建筑工程项目各种相关信息的工程数据模型，是对工程项目相关信息的详尽表达
3	地理信息系统	GIS	Geographic Information System	结合地理学与地图学以及遥感和计算机科学，用于输入、存储、查询、分析和显示地理数据的计算机系统，可以满足高速铁路桥梁勘测及施工建管的需要
4	物联网	IoT	Internet of things	将各种信息传感设备与网络结合起来而形成的一个巨大网络，实现人、机、物的互联互通，可以实现高铁桥梁三维可视化信息管理
5	人工智能	AI	Artificial Intelligence	研究、开发用于模拟、延伸和扩展人的智能的理论、方法、技术及应用系，可以提升桥梁智能化施工管理水平
6	虚拟现实	VR	Virtual Reality	囊括计算机、电子信息、仿真技术，其基本实现方式是计算机模拟虚拟环境从而给人以环境沉浸感，可以实现桥梁从界面到空间的可视化表达效果
7	混合现实	MR	Mixed Reality	过在现实场景呈现虚拟场景信息，在现实世界、虚拟世界和用户之间搭起一个交互反馈的信息回路，以增强用户体验的真实感
8	大数据	—	Big Data	所涉及的资料量规模巨大，在合理时间内达桥梁施工建管资料的撷取、管理、处理并整理成为判断决策的依据

续上表

序号	中文名称	英文简称	英文全称	释　义
9	骨架	SK	Skeleton	骨架为工程主要的定位、分界、轮廓等控制性点、线、面和体等图形元素，可以作为桥梁建模的定位工具
10	数字高程模型	DEM	Digital Elevation Model	通过有限的地形高程数据实现对地面地形的数字化模拟，用一组有序数值阵列形式表示地面高程的一种实体地面模型，与 DOM 一起构成全生命周期三维地形环境
11	数字正射影像图	DOM	Digital Orthophoto Map	按一定图幅范围裁剪生成的数字正射影像集，同时具有地图几何精度和影像特征的图像，与 DEM 一起构成全生命周期三维地形环境
12	智能建筑	—	buildingSMART	一个中立化、国际性、独立的服务于 BIM 全生命周期的非营利组织，旨在促进在建筑工程全生命周期过程中，参与各方间的信息交流与协同合作
13	工业基础类	IFC	Industry Foundation Classes	用于建筑数据表示和交换的标准，其目的是支持高铁桥梁工程项目全生命周期内各个阶段信息的共享与交换
14	工程分解结构	EBS	Engineering Breakdown Structure	在高铁桥梁工程系统功能分析的基础上，按功能、技术将桥梁工程系统分解为一定细度的工程子系统而形成的树状结构，可以体现桥梁工程系统的特点，以便于后期规划、设计、施工的开展实施
15	工作分解结构	WBS	Work Breakdown Structure	把高铁桥梁工程项目，按一定的原则分解，项目分解成任务，任务再分解成多项工作，以可交付成果为导向对项目要素进行的分组，它归纳和定义了项目的整个工作范围每下降一层代表对项目工作的更详细定义
16	企业知识语言	EKL	Enterprise Knowledge Language	CATIA 中提供的基础脚本语言，将各种知识工程的接口“粘合”在一起，通过简单的语法提供基础的编程的功能
17	组件应用架构	CAA	Component Application Architecture	CATIA 的一整套 C++函数库，用户可以在 VC++编程环境下编制程序，与 CATIA 进行通信，从而对 CATIA 进行二次开发

续上表

序号	中文名称	英文简称	英文全称	释　义
18	高速铁路工程测量平面控制网	—	—	高速铁路工程测量平面控制网在框架控制网(CP0)基础上分三级布设,第一级为基础平面控制网(CPⅠ)主要为勘测、施工、运营维护提供坐标基准;第二级为线路控制网(CPⅡ),主要为勘测和施工提供控制基准;第三级为轨道控制网(CPⅢ),主要为轨道铺设和运营维护提供控制基准。在高铁桥梁勘察、施工、运维阶段广泛应用
19	激光雷达	LiDAR	Light Detection And Ranging	一种集激光、全球定位系统(GPS)和惯性导航系统(INS)三种技术于一身的系统,用于获得点云数据并生成高铁桥梁设计、施工、运维所需的精确数字化三维模型
20	全球卫星导航系统	GNSS	Global Navigation Satellite System	能在地球表面或近地空间的任何地点为用户提供全天候的三维坐标和速度以及时间信息的空基无线电导航定位系统
21	北斗系统	—	—	我国着眼于国家安全和经济社会发展需要,自主建设运行的全球卫星导航系统,是为全球用户提供全天候、全天时、高精度的定位、导航和授时服务的国家重要时空基础设施
22	实时动态载波相位差分技术	RTK	Real Time Kinematic	实时处理两个测量站载波相位观测量的差分方法,将基准站采集的载波相位发给用户接收机,进行求差解算坐标。这是一种新的常用的卫星定位测量方法,它的出现为工程放样、地形测图,各种控制测量带来了新的测量原理和方法,极大地提高了桥梁外业勘察和施工的作业效率
23	电子沙盘	—	—	通过多媒体、互动式、多样化的展示方式,将场地展示传统的二维展示方式和三维静态展示方式升级为三维动态数字虚拟方式,广泛地应用于桥梁方案设计和建设管理
24	三维激光扫描	—	Ridar Scan	利用激光测距的原理,通过记录被测物体表面大量的密集的点的三维坐标、反射率和纹理等信息,可快速复建出被测目标的三维模型及线、面、体等各种图件数据,用于桥梁预制构件的外观检测及虚拟预拼装

续上表

序号	中文名称	英文简称	英文全称	释　义
25	故障预测与健康管理	PHM	Prognostic and Health Management	通过设备管理中的状态感知，以及对设施设备健康状况、故障频发区域与周期的监控，通过数据监控与分析，预测故障的发生，从而大幅提高高铁桥梁运维效率
26	数字孪生	—	Digital Twin	数字孪生是充分利用物理模型、传感器更新、运行历史等数据，集成多学科、多物理量、多尺度、多概率的仿真过程，在虚拟空间中完成映射，从而反映相对应的实体装备的全生命周期过程。数字孪生是一种超越现实的概念，可以被视为一个或多个重要的、彼此依赖的装备系统的数字映射系统
27	结构健康监测	SHM	Structural Health Monitoring	针对工程结构长期服役安全的需求，建立一种状态监测、特征识别和状态评估的自动化系统，为结构的管理和养护提供决策支撑。高铁桥梁健康监测将传统离线、静态、异步的人工检测方法，转变为了在线、动态、同步的现代监测技术

参考文献

[1] 王艳. BIM 技术在钢结构桥梁精细设计及施工中的应用研究 [D]. 镇江:江苏科技大学,2018.

[2] 刘杰,马润平,胥润东. BIM 技术在摩洛哥布里格里格河谷斜拉桥中的应用 [J]. 铁路技术创新,2014(2):88-92.

[3] 中国国家铁路集团有限公司. 中国铁路圆满完成年度建设任务和“十三五”规划目标 [EB/OL].(2021-01-06).

[4] 杨玲玲. BIM 技术在铁路基础设施智能运维中的应用及前景分析 [J]. 现代城市轨道交通,2021(6):96-102.

[5] 刘为群. BIM 技术应用于数字铁路建设的实践与思考 [J]. 铁道学报,2019,41(3):97-101.

[6] 陈苏. 基于 BIM 及物联网的城市地下综合管廊建设 [J]. 地下空间与工程学报,2018,14(6):1445-1451.

[7] 周静. “BIM+VR”技术在建筑设备运维管理中的应用研究 [D]. 长春:长春工程学院,2020.

[8] 张天高,李春龙,刘誌航. 基于 PHM 系统的接触网全寿命周期管理研究 [J]. 电气化铁道,2018,29(S1):62-66.

[9] 潘永杰,赵欣欣,刘晓光,等. 基于 BIM 的大跨度桥梁 PHM 系统关键技术研究与应用 [J]. 铁道建筑,2018,58(1):5-9,19.

[10] 陈华鹏,鹿守山,雷晓燕,等. 数字孪生研究进展及在铁路智能运维中的应用 [J]. 华东交通大学学报,2021,38(4):27-44.

[11] TAO F,CHENG J F,QI Q L,et al. Digital twin-driven product design,manufacturing and service with big data [J]. The International Journal of Advanced Manufacturing Technology, 2018, 94 (9-12):3563-3576.

[12] TARABEN J,MORGENTHAL G. Methods for the automated assignment and comparison of building damage geometries [J]. Advanced Engineering Informatics,2021,47:101186.

[13] TAGLIABUE L C,CECCONI F R,MALTESE S,et al. Leveraging digital twin for sustainability assessment of an educational building [J]. Sustainability,2021,13(2):480.

[14] RAUSCH C,LU R D,TALEBI S,et al. Deploying 3D scanning based geometric digital twins during fabrication and assembly in offsite manufacturing [J]. International Journal of Construction Management,2021:1-14.

[15] GHAHREMANI K,KHALOO A,MOHAMADI S,et al. Damage detection and finite-element model updating of structural components through point cloud analysis [J]. Journal of Aerospace Engineering,2018,31(5):04018068.

[16] SHAO S,ZHOU Z X,DENG G J,et al. Experiment of structural geometric morphology monitoring for bridges using holographic visual sensor [J]. Sensors (Basel,Switzerland),2020,20(4):1187.

[17] YOON H, HOSKERE V, PARK J W, et al. Cross-correlation-based structural system identification using unmanned aerial vehicles [J]. Sensors (Basel, Switzerland), 2017, 17(9): 2075.
[18] 郑明新，杜子真，康蒙，等. 基于 BIM 技术的框架桥下穿既有铁路智慧监测平台研究 [J]. 重庆交通大学学报(自然科学版)，2021，40(11)：88-93，100.
[19] GIROLAMI M, FEBRIANTO E, YIN G, et al. The statistical finite element method (statFEM) for coherent synthesis of observation data and model predictions [J]. Computer Methods in Applied Mechanics and Engineering, 2021, 375: 113533.
[20] FEBRIANTO E, BUTLER L, GIROLAMI M, et al. Digital twinning of self-sensing structures using the statistical finite element method [EB/OL]. 2021: arXiv: 2103. 13729. https://arxiv. org/abs/2103. 13729
[21] YE C, BUTLER L, CALKA B, et al. A digital twin of bridges for structural health monitoring [C]// Structural Health Monitoring 2019. October 24-26, 2018. Lancaster, PA: DEStech Publications, Inc., 2019.
[22] 段晓晨，喇海霞，胡天明，等. 桥梁工程运维成本三维非线性智能控制研究 [J]. 铁道工程学报，2020，37(9)：102-107.
[23] FARRAR C R, KEITH W. Structural health monitoring: a machine learning perspective [D]. UK: John Wiley & Sons, Ltd, 2012.
[24] 鲍跃全，李惠. 人工智能时代的土木工程 [J]. 土木工程学报，2019，52(5)：1-11.
[25] 刘天成，程潜，刘高，等. 基于 BIM 平台的平塘特大桥结构健康监测信息融合技术研究 [J]. 公路，2019，64(9)：18-22.
[26] 张少朋，杨斌，卢孟凡. 基于 BIM 技术的铁路桥梁专业技术交底研究 [J]. 铁路技术创新，2020(1)：46-50.
[27] 曹文. 基于图像的三维重建在逆向工程中的应用研究 [D]. 大连：大连理工大学，2015.
[28] 涂峻伦. 基于 BIM 技术的大跨度预制混凝土构件外形检测方法研究 [D]. 桂林：桂林电子科技大学，2020.
[29] 齐成龙. 基于达索平台 CAA 架构的桥梁基础 BIM 建模及审核工具开发 [J]. 结构工程师，2020，36(6)：214-220.
[30] 齐成龙. 东平水道特大桥 BIM 设计及应用 [J]. 铁路计算机应用，2020，29(1)：55-59.
[31] 齐成龙，王永. 使用达索 Component Family 和 CAA 二次开发进行桥墩批量 BIM 建模 [J]. 河南城建学院学报，2018，27(1)：42-49.
[32] 齐成龙. 基于达索平台 CAA 架构的混凝土连续梁桥主体结构 BIM 建模工具开发 [J]. 图学学报，2018，39(2)：346-351.
[33] 齐成龙. 基于达索 CAA 架构的桥梁缺口 BIM 设计程序开发 [J]. 结构工程师，2020，36(5)：180-185.
[34] 宋福春，陈冲，张兴，等. BIM 技术在大跨度斜拉桥设计中的应用 [J]. 沈阳建筑大学学报(自然科学版)，2016，32(1)：115-123.
[35] 张磊. 大型桥梁工程的 BIM 设计体验[C]//第十七届全国工程建设计算机应用大会，北京，2014.
[36] 陈竟翔. BIM 技术在桥梁工程设计优化方面的应用 [J]. 开封大学学报，2016，30(2)：90-96.

[37] 王毅,杨光. 基于 BIM 的钢箱梁自动建模研究 [J]. 中国市政工程,2016(4):74-75,106.

[38] 张昊,王荣香. 基于 Solidworks 的 BIM 绿色施工在人行景观桥梁工程中的研究应用 [C]//绿色·建材·钢构 助力"一带一路":第六届中国中西部地区土木建筑学术年会论文集. 兰州,2016:341-345.

[39] 汪彬. 建筑信息模型(BIM)在桥梁工程上的应用研究 [D]. 南京:东南大学,2015.

[40] 陈浩. BIM 技术在桥梁设计的应用探讨 [J]. 工程建设,2016,48(6):56-59.

[41] 李兴,王毅娟,王健. 基于 CATIA 的 BIM 技术在桥梁设计中的应用 [J]. 北京建筑大学学报,2016,32(4):13-17.

[42] 张建军,杨晓,马宏深,等. 基于 Autodesk Revit 软件进行桥梁 BIM 设计的方法研究 [J]. 中国市政工程,2016(4):94-97,108.

[43] 冯川,廖勇. 基于 CATIA 的 BIM 在简支 T 型桥梁上的应用 [J]. 土木建筑工程信息技术,2015,7(2):14-19.

[44] 刘彦明. 基于 Bentley 平台的铁路桥梁 BIM 设计系统 [J]. 铁路技术创新,2017(1):12-14.

[45] 傅萌萌,曾敏,黄卫,等. 深茂铁路潭江特大桥 BIM 设计研究 [J]. 铁路技术创新,2016(3):58-61.

[46] 刘智敏,王英,孙静,等. BIM 技术在桥梁工程设计阶段的应用研究 [J]. 北京交通大学学报,2015,39(6):80-84.

[47] 元宇. 淮安市淮海路跨京杭运河大桥工程设计 BIM 应用 [J]. 土木建筑工程信息技术,2017,9(1):45-49.

[48] 史瑞英,贺洪波,张现林. BIM 技术在永川长江大桥施工中的应用研究 [J]. 图学学报,2016,37(4):556-560.

[49] 张海华,刘宏刚,甘一鸣. 基于 BIM 技术的桥梁可视化施工应用研究 [J]. 公路,2016,61(9):155-161.

[50] 王东伟,李响,王侥钢,等. 乐清湾大桥斜拉桥索塔施工 BIM 技术应用 [J]. 公路,2016,61(11):100-104.

[51] 龙腾,唐红,吴念,等. BIM 技术在武汉某高架桥工程施工中的应用研究 [J]. 施工技术,2014,43(3):80-83.

[52] 张为和. 基于 BIM 的夜郎河双线特大桥施工应用方案研究 [J]. 铁道标准设计,2015,59(3):82-86.

[53] 杨光,周魏,沈佳明. BIM 技术在金汇港大桥工程中的应用 [J]. 城市住宅,2014(11):106-108.

[54] 唐国武,王伟,杜伸云,等. BIM 在合肥南环线钢桁梁柔性拱桥施工中的应用 [J]. 土木建筑工程信息技术,2011,3(4):76-81.

[55] 马也犁. BIM 技术在非对称外倾拱桥施工中的应用研究 [D]. 成都:西南交通大学,2016.

[56] 高红星. 大型钢桁架桥梁仿真的 BIM 技术应用研究 [D]. 大连:大连理工大学,2014.

[57] 胡振中,路新瀛,张建平. 基于建筑信息模型的桥梁工程全寿命期管理应用框架 [J]. 公路交通科技,2010,27(S1):20-24.

[58] 洪磊. BIM 技术在桥梁工程中的应用研究 [D]. 成都:西南交通大学,2012.

[59] 李亚君. BIM 技术在桥梁工程运营阶段的应用研究 [D]. 重庆:重庆交通大学,2015.

[60] ZHANG N, TIAN Y C, WANG J W, et al. BIM-based automated drainage system design in prefabrication construction [C]//Construction Research Congress 2020. March 8-10, 2020, Tempe, Arizona. Reston, VA, USA: American Society of Civil Engineers, 2020: 1146-1155.

[61] BOSCHÉ F, GUILLEMET A, TURKAN Y, et al. Tracking the built status of MEP works: Assessing the value of a scan-vs-BIM system [J]. Journal of Computing in Civil Engineering, 2014, 28(4): 05014004.

[62] RAFSANJANI H N, NABIZADEH A H. Towards digital architecture, engineering, and construction (AEC) industry through virtual design and construction (VDC) and digital twin [J]. Energy and Built Environment, 2021

[63] ZHANG S R, JIANG P Q, ZHANG Z L, et al. WebGIS-based collaborative construction quality control of RCC gravity dam using sensing devices [J]. Journal of Construction Engineering and Management, 2021, 147(3): 06020004.

[64] PAN Y, ZHANG L M. A BIM-data mining integrated digital twin framework for advanced project management [J]. Automation in Construction, 2021, 124: 103564.

[65] LU Q C, PARLIKAD A K, WOODALL P, et al. Developing a digital twin at building and city levels: Case study of west cambridge campus [J]. Journal of Management in Engineering, 2020, 36(3): 05020004.

[66] XIANG Z M, RASHIDI A, OU G. Automated framework to translate rebar spatial information from GPR into BIM [J]. Journal of Construction Engineering and Management, 2021, 147(10): 04021120.

[67] 刘炼. 基于 BIM 技术的三维地形场景构建研究 [J]. 电脑与电信, 2020(6): 74-76.

[68] 刘孟涵. BIM 地形建模技术在高速铁路测绘中的应用 [J]. 铁道勘察, 2019, 45(3): 9-12.

[69] 廖哲男, 魏巍, 赵亮, 等. 大体积混凝土 BIM 智能温控系统的研究与应用 [J]. 土木建筑与环境工程, 2016, 38(4): 132-138.

[70] 杨能辉. 农田水利工程小型预制构件检测方法研究 [D]. 南昌: 南昌大学, 2017.

[71] 赵文良, 王瑞昕, 赵韵琳. 水利工程基于 BIM 设计获取三维地形方法 [J]. 内蒙古农业大学学报(自然科学版), 2018, 39(6): 69-72.

[72] 铁路 BIM 联盟. 铁路工程信息模型表达标准(1.0 版)[J]. 铁路技术创新, 2017(6): 13-105.

[73] 铁路 BIM 联盟. 铁路工程信息模型分类和编码标准(1.0 版)[J]. 铁路技术创新, 2015(1): 8-111.

[74] 铁路 BIM 联盟. 铁路工程信息模型数据存储标准(1.0 版)[J]. 铁路技术创新, 2016(1): 5-177.

[75] 王同军. 中国智能高速铁路体系架构研究及应用[J]. 铁道学报, 2019, 41(11): 1-9.

[76] 王同军. 基于 BIM 技术的铁路工程建设管理创新与实践[J]. 铁道学报, 2019, 41(1): 1-9.

[77] 王同军. 铁路 5G 关键技术分析和发展路线[J]. 中国铁路, 2020(11): 1-9.

高速铁路基础研究与技术创新丛书

第一期(16 册)

(一)基础理论与基础技术系列

高速铁路散体道床宏细观力学行为 赵春发 翟婉明 张 徐 著

ISBN 978-7-113-28857-0

高速铁路线路系统动力学 龙许友 时 瑾 王英杰 编著

ISBN 978-7-113-28997-3

高速铁路弓网关系研究 韩通新 著

ISBN 978-7-113-28941-6

(二)动车组系列

高速列车轻量化设计 李 明 伊召锋 米莉艳 等编著

ISBN 978-7-113-28972-0

(三)供电系列

高速铁路受电弓 韩通新 编著

ISBN 978-7-113-28975-1

高速铁路接触网检测技术 韩通新 著

ISBN 978-7-113-28961-4

(四)工程设计系列

高速铁路桥梁抗震设计 陈兴冲 张永亮 编著

ISBN 978-7-113-28964-5

高速铁路轨道工程 BIM 正向设计软件开发与实践 姚 力 刘大园 董凤翔 等编著

ISBN 978-7-113-28934-8

(五)工程施工与组织系列

高速铁路桥梁 BIM 技术研究与实践 盛黎明 苏 伟 刘延宏 宋树峰 编著

ISBN 978-7-113-28938-6

高速铁路岩溶路基边坡变形与稳定 白明洲 师 海 田 岗 等编著

ISBN 978-7-113-28880-8

高速铁路工程地质灾害超前预报图形判别和解译　　李　忠　郝娜娜　等编著

ISBN 978-7-113-28935-5

(六)通信与列控系列

高速铁路宽带无线信道测量与建模技术　　周　涛　何睿斯　艾　渤　编著

ISBN 978-7-113-28930-0

(七)测量与检测系列

(八)高铁运营与经济系列

高速铁路社会效益研究——基于时空经济分析　　李红昌　夏璇璇　著

ISBN 978-7-113-28942-3

(九)现代信息技术系列

高速铁路物联网技术　　史天运　孙　鹏　张惟皎　陈瑞凤　编著

ISBN 978-7-113-29029-0

(十)安全・健康・维护系列

高速铁路道砟飞溅机理及防治　　高　亮　石顺伟　殷　浩　著

ISBN 978-7-113-28906-5

高速列车多目标均衡综合节能技术　　张　雷　李　明　司志强　等编著

ISBN 978-7-113-28976-8